卢泰宏 著

品牌思想简史

品牌思想从何而来
品牌思想向何处去

卢泰宏

A BRIEF HISTORY OF
Brand Thoughts

机械工业出版社
CHINA MACHINE PRESS

本书是品牌思想史的开创之作。以主题和时序为经纬，构建简明的品牌思想史整体框架；以思想变迁和核心人物为中心，在充分史实的基础上抒发思想精髓和洞见。

书中品牌思想的演进包括：基本问题答案之溯源和变迁，品牌思想演进的大格局与脉络流变，传统时代的品牌化模式，现代品牌理论思想的形成及其里程碑，知行合一的双栖规范，大变局与多元创新，以及品牌思想的学科基因和未来趋势。本书的侧重点是20世纪80年代开启的现代品牌理论和战略品牌管理规范思想的形成和发展。

本书既是品牌研究领域的基础学术著作，也是品牌知识的高级普及读物；既适合大学本科生、研究生和相关的研究者阅读，也适合企业管理和品牌实务人士学习。

图书在版编目（CIP）数据

品牌思想简史 / 卢泰宏著. — 北京：机械工业
出版社，2020.4
ISBN 978-7-111-65334-9

Ⅰ.①品… Ⅱ.①卢… Ⅲ.①品牌营销–思想史–研究–世界
Ⅳ.①F713.3-091

中国版本图书馆CIP数据核字（2020）第060960号

机械工业出版社（北京市百万庄大街22号　邮政编码100037）
策划编辑：侯春鹏　　　责任编辑：侯春鹏　廖　岩
责任校对：郭明磊　　　责任印制：郜　敏
北京圣夫亚美印刷有限公司印刷
2020年6月第1版第1次印刷
169mm × 239mm · 25.25印张 · 3插页 · 367千字
标准书号：ISBN 978-7-111-65334-9
定价：99.00元

电话服务　　　　　　　网络服务
客服电话：010-88361066　机　工　官　网：www.cmpbook.com
　　　　　010-88379833　机　工　官　博：weibo.com/cmp1952
　　　　　010-68326294　金　书　网：www.golden-book.com
封底无防伪标均为盗版　机工教育服务网：www.cmpedu.com

序

　　品牌在商业世界和人类社会中已经随处可见、触手可及而不可缺少，品牌的社会文化影响在当代有增无减、引人入胜。但是，企业对品牌采取短期实用主义的态度仍司空见惯，品牌化的进程也往往忧喜参半，品牌全球化常常事倍功半。究其原因，对品牌知识和历史的认知匮乏乃是根本原因之一。品牌的思想往往缥缈在烟雨朦胧之中，品牌的历史更是被束之高阁。令人遗憾的是，专门论述品牌思想史的书籍至今在全球文献中尚处空白。笔者试图提出品牌思想史的框架和纲要，为这一新领域拓荒铺路、抛砖引玉。其中难免有疏漏不当或谬误之处，敬祈方家和读者不吝赐教。

　　说到品牌，似乎每个人都耳熟能详；问及品牌思想，许多人却一知半解；若论及品牌思想之脉络和流变，响应者更是寥若晨星。如果想要充分掌握集魅力和魔力于一身的现代品牌规律，并真正释放出品牌的灿烂光辉和巨大能量，上述这种状态就是根本的障碍。摆在你面前的这本《品牌思想简史》，将有助于你扫除这个障碍，引领你进入精彩而奥秘、美妙又兴奋的品牌思想殿堂，领悟品牌思想进化之精髓和神韵。那些未能参加这场品牌思想盛宴的人，很可能会在未来的角逐中不幸沦为输家。

为什么写这本书

　　近百年来，品牌受到社会的追捧，品牌方面的书籍在今天可谓充栋盈车。

　　已有的品牌类书籍大致可分为三大类：学术类——经典的品牌教科书和品牌专著，如凯勒的《战略品牌管理》和阿克的《管理品牌资产》；实战类——大多是广告或咨询公司基于不同角度、不同层次编写的品牌营销咨询实战方面的书，如奥美集团编著的《奥美的观点》和林斯特龙的《品牌洗脑》等；历史类——

大多是单个公司品牌传记或品牌发展故事，如《可口可乐传》和《麦当劳传》等，属于品牌实践的微观历史阐述。

遗憾的是，上述三类品牌领域书籍虽然数量庞大，但内容却相对聚集。整体上，依然存在以下两个空白点：一是作为专业图书，基本只是知识的横截面，没有展现知识的纵向发展，也看不到变化的来龙去脉。如凯勒的《战略品牌管理》《哈佛商业评论》杂志的文章汇编《品牌管理》等，虽然有系统、有归纳，但每一个版本都只是反映了某个时间点的综合。二是关于品牌故事的书，只是反映品牌活动的历史，而且局限于微观单一品牌的视野中。

要想填补这两个空白点，就需要发展品牌专业图书的一个新品类——综合品牌史，特别是品牌思想史。因为综合品牌史着眼的是纵向的发展演化，同时又是在高于实践的理性层面上展开。即以纵向弥补横向之局限，以思想克服个案之表浅。

品牌思想史不同于品牌学教科书，前者以纵向为主，后者以横向为构；前者着眼前因后果，后者意在归纳理论现状；前者的价值重在领悟开窍、令知其所以然，后者的贡献重在知识系统的整合，以培育专业学养。品牌思想史也不同于企业品牌故事，前者关注宏观和普遍，后者限于个别和特定；前者分析思想，后者讲述故事；前者究其逻辑，言必有据，后者重在外部传播，难免哗众取宠。

全球范围内，尽管营销史和品牌史的研究已经受到关注，营销史的专业期刊《营销史研究》2009年已经在英国创立，品牌史的研究文献也并不鲜见且日见增长（英文为主），但是，如果细分而论，实践活动史、理论史和思想史是各有侧重，且有所区别的。单就品牌思想史而论，遗憾的是，全球至今还没有一本可以参考的专门书籍。**品牌思想史的综合和整合至今还是一个空白。**这一课题在世界上仍处在方兴未艾之中，在中国则更是一块非常薄弱的学术之地。学科思想史的根基底气不足，也制约了中国市场营销学和品牌学术领域的发展和创新。

笔者在品牌领域研究、教学和企业咨询培训约30年，虽年已七旬，决意再做一次自我的挑战、学问的探险。这或许恰如苏东坡所言，是"老夫聊发少年狂"吧。笔者的这次冒险也可称为拓荒辟新之旅，希望为品牌思想史的开拓抛砖引玉，**铺上一块垫脚石。这是笔者写作本书的兴趣和基本动机。**

环顾世界，对品牌的渴望和需求，恐怕没有任何地方可以比得上今日之中国了。随着中国近 40 年经济的蓬勃发展，中国创建全球性品牌的冲动，可谓与日俱增。可以说，当下的中国已经成为全球最迫切需要和追求品牌的一个国家。

不幸的是，许多事实表明，中国对"品牌"（Brand）这一西方舶来品，虽然喜欢却相知不深，一厢情愿而常常事与愿违，"学费"付出不少，成绩却不尽如人意。所以，企业界、政府乃至全社会对品牌的真正修炼已经势在必行，迫在眉睫。笔者主张，这种真正的学习，应该从品牌思想史的高度展开，将西方品牌之精华思想及其来龙去脉的演变，作为广泛而深入的启蒙。这种启蒙力求达到科学、全面、正宗、可靠和有效。而当下的情景是，一方面，期待为此目的有好的品牌思想史启蒙读物；另一方面，优秀的品牌思想史启蒙读物又无处可获。这是本书写作的另一个动因和出发点。

本书的写作宗旨

在品牌思想史这块空地上，既无可仿，亦无束缚。

让本书既成为能经受时间洗礼的地道的学术著作，又是一本优秀的品牌知识高级普及读物，这是笔者的愿望和本书的写作宗旨。学术性和普及性二者之间能否兼顾？世界上一些经典的著作已经给出了肯定的回答，在中国如冯友兰的《中国哲学简史》就是一个例证。

兼顾二者的关键，首先在"简"字上，即重刻整体格局，抓住主要的和重点的内容，以反映出品牌思想史的精髓和灵动，而轻描淡写不重要的枝节。删繁就简三秋树，才能领异标新二月花。本书名为"简史"，即此意也。其次，为了二者兼顾，就必须既追求学术的思想性和严谨性，又要尽量深入浅出，简明易读甚至生动有趣。

笔者相信，有人物的历史才是活的历史，有脉络的历史才能产生启发。品牌思想史的精魂在于活的思想，而不是材料的堆砌或事件的罗列，因此，使历史变活的核心人物举足轻重。为此，本书试图简约勾画出品牌领域最基本而重要的思想和人物，按选择的若干主题展开演进的脉络，并且以人物的论著揭示思想的变化。

笔者相信，"至广大而尽精微，极高明而道中庸"是学问的最高境界。当然，既要高屋建瓴达到"广大",又要一针见血洞察出"精微",实在不是轻而易举之事。笔者以勤补拙,努力登高而远眺,入微而辨真,清源头以察流变,观人物而悟其智。

此愿甚高,然能否达到豁然贯通之境界,未可知也!

内容结构与特色

品牌思想史是其基本问题"何谓品牌"和"如何品牌化"的答案和流派的演进史。

本书以人物和思想为中心,考察不同时代如何回答这两个基本问题,其思想主张是通过研究这两个问题的回答是如何发展变化的,从而展示出近百年来品牌实践、品牌理论的演化。

本书以主题为纬,以时间为经,构成全书。全书包括以下五大主题共13章:

第一篇 品牌的渊源和早期的开创(第1、2章);
第二篇 现代品牌理论:演进的脉络与人物(第3、4、5、6、7章);
第三篇 双栖规范与实战工具的进化(第8、9章);
第四篇 巨变中的创新(第10、11章);
第五篇 品牌思想的历史文化脉络(第12、13章)。

全书在内容上重演进之脉络、重核心人物、重思想之精髓、重比较评析。力图体现以下四个特点。

基础性

以可靠的材料建构有说服力的框架,呈现出品牌思想发展中的基本问题、核心问题、挑战性问题,凸显重大理论思想贡献和主要人物、品牌思想创新的里程碑等;并且提供品牌思想的基础文献和重要引用数据等。

整体性

纵向涵盖不同的品牌发展时期,从过去——现在——未来;横向兼顾品牌的学术和实战两个方面,将不同的思想流派和各种主要的品牌人物都囊括其中。

简明性

深入浅出，主题鲜明，重点突出，语言流畅。

通透性

思想的历史贵在贯通与透彻，推崇见识。本书从关联中显示脉络，在比较中见异同，注重人物剖析和历史洞察。

如何使用此书

作为品牌思想的启蒙读物，本书面向所有的人。凡是对品牌有兴趣的读者，所有品牌领域的有志者，一切关注思想发展的思考者，都适合阅读此书，且会各有所获。

作为品牌思想的学术开拓之作，笔者力图以严谨的学术、历史的方法，挖掘思想，提炼精华，辨明脉络流变，识别趋势方向。本书对研究者和大专院校相关专业的学生是一个福音，可以为他们提供丰富的学术营养和创新的启示。

研究者

本书助力品牌研究者强化学术基础，开启创新思路和提高研究效率。

品牌研究者阅读本书，应特别用心体察本书所勾勒的品牌学术思想的框架和大格局，品牌核心人物创新思想的产生，重大学术概念的确立，品牌思想发展之来龙去脉。以第3~7章和第12~13章内容修炼和夯实学术基础和研究功底，从第8~11章中发现新的研究机会和有价值的创新选题。建议研究者善于利用本书每章结尾的注释，其中包含筛选出的经典或重要的品牌文献。书尾的索引和附录是"被引用最多的品牌经典论著"和人物背景等，也都为研究者提供了学术的线索和方便查证的工具。

学生和入门者

本书为每一位学生和对品牌感兴趣者普及正宗的品牌基础知识并修炼品牌基本功。

初学者面临的最大风险是在太多的信息和书籍中走弯路、被误导，浪费时间而不得要领。初学者利用本书，可以尽快掌握品牌领域中基本的、重要的、有价值的知识。初学者应特别用心体会本书的目录框架，以从整体上大致明了品牌知识的演进轮廓和重点所在。建议可以先认真研读最后一篇"**品牌思想的历史文化脉络**"，以窥见全貌，防止落入只见树木不见森林的陷阱。更要紧的是，不要仅仅知其然而不知其所以然，为此，建议特别抓住书中各章提出的各种问题，带着问题研读和思考，因为书中的许多知识内容都是源于问题的。这一点是帮助学生打好基本功的诀窍和关键，切不可疏忽之。反复阅读全书，将有希望逐步融会贯通，打下扎实的品牌专业基础。

公司管理和实务人士

本书为公司实现品牌愿景强化理论思维，增添品牌智慧和战略远见，推进实务人士品牌认知的升级，提供品牌战略的最新方法和武器。

公司高层既可浏览也可深读本书（某一部分），这将提升其品牌理论思维，为公司品牌愿景注入智慧和战略远见，为实现其品牌的宏图愿景增加信心和底气。

建议品牌实务人士在浏览全书的基础上，应特别重视第 1~2 章和第 12 章，这将帮助你们更新品牌意识和品牌观念。书中所揭示的品牌认知升华和品牌化战略升级的历史轨迹，将有助于实现这一具有决定性意义的思想更新。而第 8~10 章这三章，则提供了巨变中的新思想和实战工具 / 方法的更新路径，包括数字化品牌战略如何转型和新兴市场品牌如何崛起，显然值得实务人士详细阅读，以了解这场前所未有之大变局的思想之源和主要趋势，并获得有效创新之方法思路，而不至于在颠覆性的狂风暴雨中迷失方向。

致　谢

本书得以问世，要感谢中国营销研究中心（CMC）许多位成员的协助，尤其是赵广志、何佳讯、周志民、何云、朱翊敏、杨柳、郝佳等。广志提供原版资料，并与我讨论书中的某些问题。佳讯和志民尽管十分繁忙，但对我写作过程中的一些学术询问，总是在第一时间给予响应和协助。何云以她对品牌的热忱和难得的文字功底，为本书的写作提供了别开生面的建设性意见。翊敏在美国学术访问期间，不辞辛苦搜索整理，提供了本书附录中"被引用最多的品牌论著"的初稿。杨柳不惜宝贵的业余时间，细致校正了部分初稿。郝佳多次提供了相关资料。此外，笔者感恩以我的学生为主体的 CMC 整个团队，这是一个生机勃勃、龙腾虎跃的超过百人的大家庭，虽岁月流逝，然情怀依旧，此乃笔者教师生涯之大幸。

感恩我工作 30 余年的中山大学，该校图书馆罗春荣副馆长及若干馆员在资料的获取上提供了不厌其烦的热忱帮助和方便。每每在古树青草相伴、翠瓦红楼幽现的中大校园里散步，孙逸仙先生和陈寅恪先生的思想精灵似乎一直在空中飘荡，给笔者以启示和信念。感谢谷歌学术搜索的智能搜索功能，帮助我大大提升了工作效率。

特别感谢机械工业出版社陈海娟副社长对本书的鼎力支持，衷心感谢该社侯春鹏编辑为本书尽心付出的辛劳。在完稿和出版过程中，还有幸得到中国人民大学出版社的于波、石岩等无私的帮助，也真是可遇不可求的幸运。

最后，要感谢家人的温暖，在我漫长的学术生涯旅程中给予的支持和生活照顾，为我在美国期间的写作提供了良好的环境，让我可以实现研究和写作的心愿。

前　言

　　"不要告诉我世界是怎样的，要告诉我如何创造世界。"

　　这是 20 世纪 60 年代在美国大学校园兴起的美国嬉皮士思潮诞生出的一句醒世名言。许多学校告诉学生的，都是"知识是怎样的"，许多教科书也都只是知识的系统归纳，并不讲解知识是如何从无到有的。优秀的教师之所以难得，是因为他们在某种程度上弥补了这个缺陷，给予学生创造的启发和开窍。一般而言，"如何创造"需要我们的教育另辟途径，**从横断面式的教科书教学转向纵向来龙去脉式的思想史学习**。思想史解答重要的思想是如何形成和发现的，即展示出前人是如何创造世界的。学科的思想史揭示某学科主要思想理论的出现背景、渊源和演进的来龙去脉，即发现或发明的历史契机和足迹，以及可能的未来趋势。

　　20 世纪最著名的哲学家之一维特根斯坦，在 1934 年说过一句经典之言："要知道我们说的东西很容易，但要知道我们为何这样说却非常难。"　所谓知其然，而不知其所以然。思想史的价值就在于让我们"知其所以然"，从而可以更好地创造未来。2019 年入选美国科学院院士的华人科学之星颜宁谈到自己在美国普林斯顿大学念研究生时，所用教材都是经典或前沿的原创论文。她告诉大家一个重要的秘诀："我们上课就是回顾科学史的创造"。

　　品牌思想史是修炼品牌内功的不二法门。它为领悟品牌精髓赋智，为品牌学术创新赋能，为创建强势品牌赋力。特别在中国，还需要**品牌思想的启蒙**。

　　21 世纪中国正在进入品牌长征的伟大新阶段——品牌全球化和价值提升。

全球品牌发展的历史机遇，正在向新兴市场敞开大门。全球著名品牌宗师阿克（A. Aaker）指出：**"下一批重要的全球品牌将出自新兴国家。"**这是继20世纪六七十年代日本品牌（如索尼、丰田）、韩国品牌（如三星）实现了全球飞跃之后，中国品牌的新机遇。2017年国家正式设立每年的5月10日为"中国品牌日"，就是一个信号。

遗憾的是，现实中品牌思想贫乏又朦胧，品牌的短期实用主义比比皆是。曾记否？中国在接受"品牌"这个舶来品之初的1980年前后，"名牌"一词满天飞舞，将"品牌"误为"名牌"或"商标"的认知和实践大行其道。曾记否？想当然"打造名牌"的例子曾经遍地开花，却往往一地鸡毛。1995—2005年前后，中央电视台的"标王"广告盛极一时，可谓你方唱罢我登场，慷慨激昂。时过境迁回头一望，当年的热闹早已无踪无影，大多数"标王"已不存在。

对品牌的种种误解来源于良莠不齐，甚至鱼目混珠的诸多以品牌为标签的书籍海洋。人们需要优秀的品牌启蒙，犹如在雾霾中渴望新鲜的空气，这正如《今日简史》的作者赫拉利所指出的："在一个信息爆炸却多半无用的世界，清晰的见解就成了一种力量。"

毋庸置疑，冲动有余而认知不足的品牌盲动，犹如在黑暗的疾风恶浪中行船，随时都有触礁沉没的危险。中国正在跨入品牌新时代，最紧迫的就是修炼内功，克服各种品牌幼稚病，更新品牌认知，升级品牌战略的版本，这才能真正开创出世界级的品牌新天地。

云深不知处，只在此山中。让我们现在就开启品牌思想的探索之旅吧！

目录

序
前言

第一篇
品牌的渊源和早期的开创

1 马太效应：品牌追求的起因 / 003

西方早期对品牌追求的主体是企业，其思想的渊源是马太效应。本章追溯了在三类马太效应的驱动下，追求品牌的初始原因和史迹。

2 源头活水：早期重要的品牌实践与思想 / 024

企业家在品牌的历史上是第一批英雄。现代品牌理论建立之前，企业创建品牌的优秀个案并不鲜见。本章将首先论证品牌学术曾经严重落后实践之史实，然后挖掘早期开创企业品牌的重要实践活动，进而归纳出本章之重点——品牌化的经验模式，并且挖掘与西方早期品牌化有所不同的中华老字号创立的人文特征。

第二篇
现代品牌理论：演进的脉络与人物

3　理性之光：现代品牌理论的前奏 / 057

本章是品牌思想从传统走向现代的关键。从 1955 年开始，列维提出的品牌形象和帕克的现代品牌结构，显示出学术的理性之光，奏响了通向现代品牌理论的前奏曲，在品牌思想的历史上，具有里程碑的意义。加上品牌从产品框架中独立出来，以及特劳特和里斯的定位论和舒尔茨的整合营销传播，都为现代品牌理论的诞生准备了条件。

4　开山鼻祖：阿克和品牌资产理论 / 078

本章聚焦在阿克如何首先揭开品牌资产的神秘面纱，奠定了品牌资产理论的第一块基石；分析了他的开创性著作和他的品牌资产模型，并介绍了其人物风貌、学术创见和学术风格，以及阿克之女珍妮弗青出于蓝而胜于蓝的学术创新。

5 品牌圣经：凯勒和基于顾客的品牌资产理论 / 099

继阿克之后，凯勒独领风骚，将现代品牌理论推向新的高峰。他首先确立了"基于顾客的品牌资产"这一理论根基，进而在若干关键点创新突破，以科学逻辑重构品牌知识系统，凯勒式的"战略品牌管理"这棵大树终于成型，并执全球品牌学术之牛耳。这就是现代品牌的凯勒时代。本章系统分析了凯勒和他的代表著作《战略品牌管理》，对其主要的学术思想、学术创新和学术风格进行了剖析。

6 全新逻辑：品牌关系和品牌社群 / 126

世纪之交的品牌思想突飞猛进，出现了三个新的里程碑：弗尼亚的"消费者品牌关系质量"（BRQ）；施密特的"品牌体验"（BE）和莫尼兹的"品牌社群"（BC）。"顾客浸合"（CE）这个崭新的制高点也清晰显现出来。这不仅是品牌思想创新出的全新逻辑，也深刻改变了"何谓品牌""如何品牌化"的基本答案。

7 另类思想：卡普菲勒和欧洲品牌学派 / 152

本章专门考察全球品牌思想的重要旁系——欧洲品牌学派的代表性人物和基本思想，重点介绍了卡普菲勒、切纳托尼和埃略特的品牌思想和著作。着重辨析比较了欧洲学派与美国学派的主要学术分野，追溯了分歧背后的根源，指出两者之间的差异根本在于其对基本问题"何谓品牌""如何品牌化"有不同的回答。

第三篇
双栖规范与实战工具的进化

8 知行合一：战略品牌管理 / 177

本章顺着品牌思想史中知与行的关系演化这一脉络，解读品牌学术与品牌实战如何汇流形成了双栖规范"战略品牌管理"。透视《战略品牌管理》的内涵，分析它怎样面向实践，解决"如何品牌化"中最核心的实战问题。

9 多元创新：品牌新思维和新工具 / 208

本章以五位杰出品牌人物的新著作及一本精要为代表揭示21世纪战略品牌管理的创新。这些创新都触及品牌思想史的基本问题，一方面，"什么是品牌"被一再重新解构；另一方面，在"如何品牌化"的创新战略上大胆进取，成果骄人。这反映出品牌思想创新的两个大趋势，其一是创新思维的多元化趋势。多角度和多主题的开拓，个性鲜明，向不同的方向切入和深入。其二是重视解决实际问题的趋势。学术与实战结合的取向十分鲜明突出，都花大力气开发有效的新方法和新工具。

第四篇
巨变中的创新

10 重构规则：从传统到数字 / 231

本章的主题是数字化如何改变了基本问题的答案和品牌游戏规则。笔者试图勾勒出正在变化中的数字化时代的品牌战略和品牌学术思想的重大变化。从数字化和数字化营销的创新思想的溯源出发，笔者识别并指出了数字化时代品牌化战略的实战创新反映在三个方面：品牌传播数字化、品牌化路径创新和品牌管理战略创新。归纳了数字化时代品牌学术理论的创新态势和三大创新点：数字化品牌新概念、数字化品牌关系的新境界、数字化品牌资产的新趋势。

11　新兴品牌：从西方到东方 / 257

本章立足于 21 世纪新兴市场品牌的新机遇，探索新兴市场品牌崛起的创新思想。为此，重点介绍了全球三位重量级的学者及其相关的思想和著作。重点阐述了两位西方学者——库马尔和斯廷坎普——的开创性学术贡献，分析了其著作《品牌突围》中提出的新兴品牌全球化的"路径说"，以及他们解决实际问题的思想方法和风格。在此基础上，特别讨论了新兴市场的特定情境中，品牌学术研究如何在基本问题上从模仿到创新的重大思想。

第五篇
品牌思想的历史文化脉络

12　寻千百度：什么是品牌和如何品牌化 / 279

什么是品牌？如何品牌化？这是品牌思想史的两个基本问题。本章追溯其答案的历史演变。沿着实践和学术两条路径深入，显示出认知和实战发展过程中的若干关键节点；呈现出代表性学者的品牌观，以及品牌重心从企业向顾客的移动中，品牌被赋予的不同内涵和境界。

13 极目鸟瞰：品牌思想的脉络地图 / 304

现代品牌从何而来？向何处去？本章是品牌思想演变的一个全景概览，粗线条勾勒了品牌思想的发展轨迹、基本格局、重要人物、范式更替和未来趋势。

BRIEF CONTENTS

Part 5　Historical and Cultural Insight of Brand Thoughts

Appendices

Index

第一篇

品牌的渊源
和早期的开创

"三点式问题"通常是哲学层面回答一切问题的框架。例如人类的基本问题有三个：我是谁；我从何而来；我要去哪里。在学科史和思想史中，"三点式问题"是：WHAT（是何）–HOW（如何）–WHY（为何）。**品牌思想史的基本问题就是：什么是品牌？如何品牌化？以及为什么追逐品牌？**不同的人在不同的时代对这三个问题的不同答案，及其演变的过程，构成了品牌思想史。

　　本篇包括追求品牌的动机溯源（第1章）和早期重要的品牌实践和思想成果（第2章）。试图让读者了解品牌问世之渊源，以及进入现代品牌时代之前以企业家为主角的对品牌化的探索。值得注意，这些**早期的探索和认知都是企业主导的视角，**它表明品牌思想的源头是企业主导。尽管后来顾客主导占了上风，企业主导依然是品牌思想中的一种不可或缺的视角。而且由于发展阶段的不同，对于新兴市场的企业，企业视角依然具有对照、反观和启发的现实意义和价值。

01 马太效应：
品牌追求的起因

进入 20 世纪以来，市场营销[1]领域八仙过海，各显神通。试问，市场营销界的"至高宝典"是什么？

"开创一代产品"曾经是一座高峰，如福特汽车。"创造销售奇迹"曾经是另一座高峰，如吉拉德。这之后，一座无以比拟、更雄伟的高峰——"品牌"赫然耸立，如可口可乐和麦当劳。一言以蔽之，在现代营销的时代，最高境界是在顾客心智中创建品牌。**营销之精髓在品牌**。正如现代营销之父**科特勒**（P.Kotler，1931–）所言："*对营销天才的真正考验不是生产一种成功的产品，而是缔造一个成功的品牌。*"[2] 被称为广告教皇的**奥格威**（David Ogilvy，1911–1999）则说过："*任何人都可以销售产品，但只有真正的天才能够创立全球性的品牌。*"[3]

近代西方商业的突飞猛进，其奥秘之一是"品牌"（Brand）。**现代品牌源于西方，这是西方商业的伟大发明之一**。品牌是商业文明的奇葩，是人类文化的骄傲之一。在商业世界和现代人类社会中，品牌无所不在，触手可及且不可缺少。品牌渗透个人生活，品牌改变商业和社会，品牌影响人类的未来。但是，品牌不是自然之物，而是人造之精灵。本书的第一个问题是：**品牌是西方人发明的，西方人为什么发明和追逐品牌？**

简约而言，**品牌之奥秘，核心在马太效应**。西方人发明品牌，与他们的基督教思想有关。在基督教的《圣经·新约·马太福音》中，有如下一节：

因为凡有的，还要给他更多，使他丰富有余；凡没有的，连他仅有的，

也要夺去。⁴

这种"有了的更有，没有的更没有"，就是社会学中著名的"马太效应"。人类的经济商业活动，当然也遵从马太效应。例如，钱多的人比钱少的人更容易赚钱，富有的人比贫穷的人更容易借钱，等等。那么，**商业活动中最大的马太效应是什么呢**？西方商人最聪明的答案就是：

品牌具有最大的商业马太效应。有了品牌，企业就更有市场优势，就容易获得更高的利润，就更容易实现市场扩张，就更可以在市场竞争中立于不败之地，就更能够赢得尊重和基业长青。所以，对企业家来说，尽管品牌并不是任何情况下唯一的选择，却是最高的选择。尽管创建品牌是一个需要长期投入、艰苦而有风险的选择，却是一个更加长远而富有智慧的选择。

1.1　可口可乐与索尼

走进商业思想的宝库，从卓越公司的身上，几乎都折射出品牌的耀眼启示和智慧的光芒。可口可乐公司（Coca Cola）的理念就是："**品牌是最宝贵的无形资产**"，其第二任董事长伍德鲁夫（R.W.Woodruff）早就说出了令人深思的经典名言："如果我的工厂被大火烧毁，如果遭遇世界金融风暴，只要有可口可乐的品牌，第二天我又将重新站起。"半个多世纪后，后任董事长内维尔在2019年撰写了《长期价值》一书，⁵ 总结了可口可乐长盛不衰的秘诀——坚持长期价值的长期主义。他说的"长期价值"，首先体现在品牌上。可口可乐在全球品牌价值排行榜上稳居榜首，这绝非偶然！

卓越的公司都选择打造品牌为不二法门。跨国公司进入新的国家、新的消费市场时，都是品牌广告先声夺人，未见其产品，先闻其品牌。如20世纪80年代初，日本一些电器品牌和美国宝洁（P&G）开始进入中国市场，消费者首先都是被其大型霓虹灯或电视广告"洗脑"，其品牌名称耳熟能详且几乎人人皆知后，具体产品的销售才大量铺开。

可是，在品牌诱人的光环背后，却充满着追求品牌之路的艰辛和风险，追求品牌就要有勇气面对品牌陷阱。选择的痛苦才是对企业家的真正考验。所谓品牌陷阱，主要指在不成熟的市场中，"穿鞋的怕光脚的"，浑水摸鱼可以赚到快钱，真品牌反而无可奈何。急功近利者的逻辑是：短期主义甜头多、风险小，何必走建立品牌这条投入大、见效慢、吃力又不讨好的路呢？一旦这种逻辑成为通行的"货币"，真正的品牌之路就希望渺茫了。

在品牌旗开得胜的时代，产品和服务的提供商几乎无不标榜自己是品牌主义的奉行者和信徒。可是，正如《西游记》中有真假猴王和《水浒传》里有真假李逵，品牌实践中也有"真和假"，从根本上区分真假的试金石，在于你奉行长期主义还是短期主义：是做销量还是做品牌？是卖货第一还是品牌第一？是以假充真还是真材实料？是一诺千金还是忽悠欺骗？是热衷于一时的"爆品"，还是扎根长远的品牌？

一个发人深省的实例，来自亚洲的首先创立了全球品牌的索尼（SONY）。

索尼曾经长期是全球消费电子类的最佳品牌。然而许多人却并不知道，其开创人盛田昭夫（Akio Morita，1921-1999）当初开创索尼品牌时，有过怎样的冒天下之大不韪。

盛田昭夫（Akio Morita，1921-1999）

1946 年，井深大和盛田昭夫创立公司，1958 年，公司更名为索尼。索尼的这两位开创者，第一创始人井深大是执着的技术研发专家，为索尼注入了技术基因，例如发明"特丽珑"彩电；盛田昭夫则塑造了作为日本名片的"SONY"品牌，让索尼名扬四海。所以，盛田昭夫当之无愧被称为"索尼先生"。

在索尼的历史上，井深大、盛田昭夫、大贺典雄等都是立下了丰功伟业的企业领袖。[6]井深大是第一创业人和晶体管时代的灵魂和领军人物，开发出索尼晶体管收音机和"特丽珑"彩色显像管；大贺典雄用"CD光盘"将索尼带进了数字时代并且实现了索尼的国际并购。[7] 那么，为什么在一般公众心目中，提到索尼大多数人只想到盛田昭夫呢？如果说，井深大一生钟爱的是技术，大贺典雄兼有对音乐的内在执着热爱和追求商业赢利的精明高超，那么，盛田昭夫就是营销、品牌和跨文化沟通的世纪天才。盛田昭夫是营销的天才和奇才，可称之为"营销之圣"。在全球卓越企业家的殿堂中，**盛田昭夫被列为 20 世纪最具影响力的企业家之一。**

这位一生光环无数的盛田昭夫，可圈可点之处难以言尽。例如，他是苹果公司创始人乔布斯的偶像。20 世纪 90 年代，乔布斯曾亲自到索尼公司向盛田昭夫请教管理之道。可是，盛田昭夫自己认为一生最值得肯定的，却是早年他对自创品牌的死心塌地。他晚年说**其职业生涯中所做的最好的商业决定，就是早年进入美国时拒绝做宝路华品牌的贴牌供应商。**[8]

宝路华公司提出可采购 10 万台索尼产品，条件是不能标"索尼"的品牌。这 10 万台的订单额比当时索尼公司的总资本还多，以致一号人物井深大和在东京的整个董事会都要求盛田昭夫接受宝路华的条件。盛田昭夫冒天下之大不韪，公然对抗董事会，拒绝了这份订单。

盛田昭夫拒绝了宝路华这份订单，选择自创品牌。没有盛田昭夫当年的拒绝"贴牌"，就没有索尼后来最宝贵的品牌资产。20 世纪 50 年代中期，在盛田昭夫的提议和坚持下，公司完成了"SONY"的品牌命名。经过艰苦奋斗，索尼品牌进入了美国市场，并最终成为全球著名品牌。

盛田昭夫将品牌看得高于一切是融入其血液中的信仰。盛田昭夫一生的最高追求是"让索尼享誉全球"。盛田昭夫当年拼死创建品牌的勇气和决心，成为他一生之最大骄傲，也启示我们什么是真正的品牌精神。盛田昭夫不顾一切追求品牌才实现了索尼品牌梦想的故事启示我们，真正踏上品牌之路，不仅需要智慧，更加需要勇气和坚守。**品牌意识和内心对品牌的强烈追求，是创建品牌的前提和第一步。**

　　企业为什么要追求品牌？让我们先简要浏览一下，全球品牌学术界的两位顶级学者阿克和凯勒（K.L.Keller）在其代表性的著作中对这个问题的回答。本书后面将会全面介绍他们的品牌思想和论著。

　　1991年，美国加州大学伯克利分校的阿克教授在他著名的《管理品牌资产》（*Managing Brand Equity*）一书中，率先总结回答了"为什么需要品牌"这个问题。阿克的回答是：品牌因为能够提供价值而被需要，他从两个角度——公司和消费者——描述了品牌的价值。[9]后来凯勒教授在其代表作《战略品牌管理》一书中，做了进一步的归纳。他们的答案一言以蔽之，是因为**品牌对公司和对消费者提供了多方面的价值**（见下表）。

表　为什么需要品牌

品牌对消费者的价值	品牌对公司的价值
• 识别产品的来源 • 追溯供应商的责任依据 • 减少风险 • 降低搜寻成本 • 质量承诺 • 象征意义 • 质量信号	• 简化处理或追踪的识别工具 • 合法保护产品独特性的工具 • 满足顾客质量要求的标志 • 赋予独特联想的途径 • 竞争优势的源泉 • 高的财务回报

资料来源：凯勒，《战略品牌管理》，2009年。

　　凯勒的回答可简化为"3+3"，即品牌为消费者提供的价值是：

- 使决策变得容易（减少决定购买产品花费的时间、金钱，减轻认知负荷）；

- 降低风险（降低消费者的不确定性）；

- 提供精神上的满足（情感象征）。

　　品牌对公司的利益和价值是：

- 核心竞争优势；

- 财务的高回报；

- 顾客的独特联想。

阿克和凯勒的答案当然没有错，但却是有局限性的。这仅仅是现时代对"为什么追求品牌"的一个回答，是一个越来越趋向顾客立场的回答，而不是一个追索历史的视角和答案，也不会是未来的答案。需要提醒指出，为什么我们不能满足于这个现代式的答案？因为它仅仅适用于顾客成为主流力量之后的现代时期，在进入现代品牌时期之前的漫长时间里，品牌是以公司、产品和企业家为中心的，消费者和顾客还没有成为重要的角色。顾客导向或基于顾客的品牌视角是后来才导入的。所以，尽管顾客的视角在现代战略品牌管理中非常重要，但早期的品牌动机溯源主要应该取企业的视角，即公司自身为什么追求品牌？所以，本章回到历史中寻求西方公司最初萌发的品牌动机和原因，看一看品牌如何发源于各种不同的商业情境中，其答案归结为一句话，是因为马太效应的驱动作用，可以概括为以下三个方面：生存马太效应、经济马太效应和精神马太效应。

1.2　生存马太效应：按行业的品牌追求动因

如果我们考察了解到各类品牌问世的具体情境和动因，就基本明白了品牌产生的初衷。下面，让我们先考察制造商品牌，其次考察零售商品牌和B2B品牌，最后考察服务品牌等。

制造商为什么追求品牌

首先，历史上最初大规模出现的品牌是制造商品牌。

将品牌用于产品，开始于200多年前，例如"百威"（Budweiser）啤酒始于1795年、"高露洁"（Colgate）始于1806年等。到19世纪中叶，随着从美国为代表的跨区域消费大市场的形成和发展，**产品品牌**大量涌现形成浪潮。例如始于1853年的"李维斯"（Levi's）、始于1867年的"雀巢"（Nestle）、始于1869年的"亨氏"（Heinz）、始于1876年的"通用电气"（GE）、始于1888年的"柯达"（Kodak）等，都是典型的百年品牌的例子。

制造商的品牌动因之一：规模市场和包装商品催生了商品标识和品牌

西方人发明品牌，最初是由于市场规模化的需要。将商品铺向大规模的市场，必须有包装和标识。早期的食品、粮油等都是散装的（在中国，直到 20 世纪 60 年代，大量的食品和日用品都还是散装的），规模市场带来了包装商品。19 世纪包装商品的大量出现，包装上的标签、标识乃至特定的名称应运而生，并开始普遍化。其中一部分发展演变成品牌包装。例如，海因茨（H.J.Heinz）通过生产革新和促销活动创立了亨氏（Heinz）品牌。

宝洁公司的"象牙香皂"

宝洁公司为了将"象牙香皂"（Ivory Soap）推向美国全国市场，开始了最早的品牌包装和品牌广告。

制造商的品牌动因之二：防假冒，将标签发展为商标

标签或标记（label）很可能被模仿和假冒，于是想到需要再申请法律保护，这就诞生了商标（trademark）。企业开始为商品申请"商标"并谋求"商标法"的法律保护。

佩蒂的文章《从标签到商标》考察了美国品牌概念的法律渊源。[10] 据他的考证，在美国，联邦**商标注册开始于 1870 年**，标签的版权注册始于 19 世纪 30 年代；传单始于 19 世纪 30 年代；外观设计专利的商标注册始于 1855 年。法国在 1857 年颁布了商标法，英国在 1862 年颁布了商标法。第一份国际商标协议《巴黎公约》出现在 1883 年。1890 年前后，大多数西方国家都建立了商标法。品牌名称、标签、设计都成了可以受法律保护的资产。

早期一个典型的例子是**李维斯牛仔裤（Levi's）**。19 世纪下半叶，李维和雅各布在美国发明了供西部淘金热使用的高耐磨牛仔裤，宝贵的并不是牛仔裤

的工艺发明，而是他们的品牌意识："除非用专利来保护这项发明，否则这种裤子就会被争相效仿，失去价值。谁都有可能去仿造生产这样的裤子，到时我们将两手空空。"[11] 没有钱申请专利的雅各布，与出钱申请专利的李维联手，1873 年"李维斯"（Levi's）商标（和品牌）由此诞生。

李维斯牛仔裤的创始人
和早期广告

可口可乐问世之初，用专利保护其"神秘配方"。20 世纪初，可口可乐被市场接受之后，许多仿冒的可乐纷纷出现，可口可乐费了很大的力气，还是对付不了这些杂牌军。可口可乐的主要防御武器，就是运用"商标法"的法律手段。1887 年，可口可乐在美国注册了商标。在这一过程中，也促使美国的商标法不断修改完善。当然，可口可乐后来又在品牌包装识别上实现了创新突破，并且申请了外观专利，以严谨的品牌识别系统和强大的品牌传播，使其竞争者望尘莫及。

从宝洁公司包装箱上的星号到商标，可以看出，商标只是发展品牌过程中的第一步。迫于竞争的压力，优秀的公司尤其需要脱颖而出，当产品本身已经难以显示出差异时，当商标的法律保护力不从心时，必须另辟新径，品牌成为竞争情境中实现有效差异化的首选。

制造商的品牌动因之三：市场扩张需要以品牌为杠杆

19 世纪末，**产品品牌**开始形成浪潮，这与以美国为代表的跨区域消费大市场的形成和发展有很大的关系。

从区域市场走向全国市场乃至全球市场，如果用品牌作为杠杆，就会顺利得多。市场扩张依靠品牌开路，这正是100多年前美国一些制造商公司的选择——制造商全国品牌或全国产品品牌（National Manufacturer Brand）因此出现。

20世纪初，美国因为交通改善等方面的突破，消费品市场从小区域迅速大范围扩张到全国。制造商的市场从区域到全国依靠的是品牌，进而出现了全国性的品牌，这也对品牌识别和品牌塑造提出了进一步的要求。

全球化靠品牌。不单产品从区域走向全国要借助品牌，公司实现全球扩张更需要品牌的力量，因为品牌更容易突破区域市场的障碍。20世纪40年代，美国的可口可乐利用第二次世界大战的机会走向全世界，便是品牌全球化扩张的表现。麦当劳迅速铺遍全球，也是通过品牌来推动。以品牌"拉动"全球市场，全球化即品牌全球化，这是跨国公司的共同战略。

零售商为何追求品牌：渠道竞争诱发出了自有品牌

制造商拥有了大市场和品牌之后，具有了强势的市场地位和话语权。例如宝洁（P&G）公司是无数经销商、零售商期盼合作的"财神爷"，因为宝洁能给它们提供赚钱的机会。这种状态，就像今天中国酒业的流通企业与贵州茅台公司的关系一样。不过，在西方，渠道商和零售商早就以一场品牌革命打破了这种格局。

这场品牌革命称为"自有品牌"的兴起。自有品牌的出现，标志着品牌不再局限在制造商手中，零售商或渠道商开始创建自己的品牌来抗衡制造商的品牌权威。

译自英文的**"自有品牌"**（Private Brand，亦指Private Label、Store Brand）一词，指的就是渠道品牌和零售品牌。

为什么零售商要追求自有品牌？就是为了争夺话语权。营销渠道的竞争一向激烈，特别在制造供应商–中间商–零售商的纵向博弈过程中，制造商通常处于强势地位，掌握话语权，控制中间商和零售商。制造商的优势主要表现在品牌商品上，例如美国宝洁和中国茅台。于是，一些有实力的零售商（及渠道商）想到，为什么我们不自己建立品牌？由此，零售商开发自有品牌的思想出现了。

自有品牌的发端，可以追溯到 100 多年前，通常列举的两个事例是：1863 年成立的美国大西洋与太平洋茶叶公司（后来称为 A&P）以自己的品牌贩卖收购的茶叶；1882 年英国零售商玛尔科开始运作自己品牌的商品。但是，**自有品牌的真正大发展是在 20 世纪中期，零售商规模超过制造商规模之后**。例如，开始是沃尔玛屈从宝洁，依赖宝洁供货，后来变成宝洁屈从沃尔玛，要靠沃尔玛得到消费者。因为沃尔玛的规模不断扩大，远远超过了宝洁的规模。**"自有品牌"成为商业时尚，是品牌实践发展中的大事件。**

自有品牌是指零售商（或渠道商）控制选定的代工（OEM）产品，以自己的品牌在自己的卖场销售。即自有品牌有三个"我"：产品由我控制、品牌由我打造、销售由我实现。20 世纪 70 年代以来，自有品牌逐渐发展成商业中的庞然大物，全球自有品牌年销售额达到 1 万亿美元，大型零售商自有品牌已占总销售额的半壁江山，[12] 具有与制造商品牌抗衡的实力。自有品牌的范围可以十分"广阔"，在大型连锁超市中常常看到不少热销的商品，都是被零售商做成了自有品牌的定制商品，自有品牌已经覆盖了众多不同的产品类别。例如美国大型零售商"好事多"（Costco）的卖场中，自有品牌柯克兰（Kirkland）的保健品、瓶装水、服装、面包、牛奶等畅销类别的消费品，已经越来越普遍。

零售商最能准确把握哪些商品畅销或可能畅销，它们将自有品牌布局在热销商品上。通常，自有品牌的销售毛利率会达到 25%~30%，这比代销制造商产品的毛利率几乎高出两倍。依托大型零售连锁品牌，自有品牌的成本比制造商的品牌成本更低而可以降低售价来促进销售，消费者因购买自有品牌更合算而被"粘住"，于是，自有品牌可凭借价格优势和卖场控制与制造商品牌竞争。沃尔玛、好事多等大型零售商从下游采购商转变成了让制造商头疼的品牌竞争者。

显然，零售商自有品牌对制造商品牌如宝洁、雀巢等构成了巨大的威胁。消费者则随着购买力的升降，在高质量的制造商品牌与更便宜的自有品牌之间摇摆。

两位全球著名营销学者库马尔（N.Kumar）和斯廷坎普（J-B. E. M.

Steenkamp）注意到这种改变和趋势是根本性的，在商业上具有战略的意义，他们在 2007 年出版的《自有品牌：狼来了》（*Private Label Strategy*）一书，[13] 就是探讨供应商与零售商之间品牌竞争战略的专门著作，书中列举了许多相关的调研数据，立足于帮助供应商摆脱困境。

库马尔和斯廷坎普的著作

B2B 品牌的动因：不甘于当"幕后无名英雄"

B2B 行业的供应商，如原材料、能源、电力、大型设备等，销售额通常比消费品市场大得多，但工业品、关键零部件、关键原材料的供应商，过去往往只是幕后无名英雄。

供应链的竞争，导致 B2B 供应商为了争夺大客户、大订单，不得不将品牌纳入竞争力的重要组成部分。从早期的壳牌（Shell）、杜邦（DuPont）、IBM、通用、波音，到后来的英特尔（Intel）、微软、思科、甲骨文、SAP、西门子、利乐等，B2B 品牌已经占了半壁天下！

壳牌是最先树立品牌意识的 B2B 企业。1891 年，壳牌是煤油商标，1897 年成为公司名称（壳牌运输和贸易公司）。**壳牌品牌兴起于 20 世纪初。**1907 年皇家荷兰石油公司和壳牌运输与贸易公司合并后，壳牌成为新荷兰皇家壳牌集团的简称和标志。壳牌 1901 年推出了第一个品牌图标———一个河蚌壳。多年来，壳牌标识不断修改，当前的品牌徽是 1971 年推出的，是近 50 年来世界上认可度最高的符号之一。

另一个全球著名的 B2B 公司——创立于 1802 年的杜邦，也是从早期就开始注重品牌识别。从 20 世纪 90 年代开始，杜邦将品牌战略提升至新的高度，通过在体育赛事上亮相来传播其品牌。杜邦声称："品牌是杜邦知识密集型战略实现可持续增长的关键组成部分。"[14]

将 B2B 品牌推至最高峰的，是英特尔公司。1990 年，其品牌战略 "Intel Inside"，使英特尔从幕后走到台前，1992 年英特尔成为全球最大的芯片制造商。[15] 英特尔品牌战略的成功证明和强化了 B2B 企业也需要创建品牌的理念，带动了全球要素品牌战略的兴起。

B2B 的品牌创立，企业实践在前，学者研究在后。相关重要的论著都出现在 2004 年之后。例如，科特勒和合作者的《要素品牌战略》（*B2B Brand Management*）一书的英文版出版于 2006 年。[16]

杜邦公司的商标

银行品牌的动因：诚信和承诺的符号

在历史上，银行甚至比制造商更早想到要创立品牌，例如 J. P. 摩根（J. P. Morgan）的品牌始于 1799 年，花旗银行（Citibank）的品牌始于 1812 年，汇丰银行（HSBC）的品牌始于 1865 年。以银行为代表的服务业为什么如此重视创立品牌呢？

这是因为在服务领域，缺乏有形产品的支撑，更加需要靠商业信誉争取顾客。银行品牌的核心是信誉，以品牌释放诚信的市场信号，吸引和维系顾客。

市场经济的运行基础是诚信。为了区分商品质量的优劣和信任的深浅，品牌可以作为诚信和承诺的省力符号，市场因此需要品牌。反过来，公司追求品牌的基本原因，就是为了赢得市场的信任。

在 18 世纪西方工业革命之前的小农经济或农耕时代，交易在本乡本土的小圈子内发生，信誉的基础是熟人之间的知根知底和口碑。农业社会的情境中，都是在小范围内做生意，例如村里近邻，信任是靠世代的人际关系和了解。

工业革命开辟出跨越地理区域限制的市场，市场空间扩大了无数倍，当做生意的范围越来越大，延伸到不同城市、不同国家乃至越洋跨海时，交易更多发生在素不相识的人之间，买家如何相信商品的质量？卖家如何相信合作者？陌生人之间的交易靠什么保障？完全陌生的人，凭什么相信你？或者，你凭什么值得信任？除了发展法律等市场环境的保障，西方商人开始建立自我诚信的特殊标志——品牌。人们相信的理由和方法变得十分简单——即认准某个品牌而减少风险或获得保障。

服务 / 娱乐品牌的动因：让无形呈现出有形

除了银行的先行，服务业的标杆公司较早领悟到服务提供的是无形商品，服务质量的保障比有形产品更困难，由此出现了"服务品牌比产品品牌更加重要"的思想。

联合速递（UPS）的品牌始于 1907 年，丽思卡尔顿酒店（Ritz-Carlton）和迪士尼（Disney）从 20 世纪初开始创建品牌，由此取得长期的行业霸主地位。

20 世纪初开始创立，发源于欧洲瑞士和英国的丽思卡尔顿酒店，一开始就提出了"酒店之王和王者的酒店"（"king of hoteliers and hotelier to kings"）的口号。如何实现呢？它是依靠品牌战略成为酒店服务业的全球之冠和标杆：以品牌保证了完美的服务质量承诺，以品牌实现了全球连锁扩张和品牌延伸。

1923 年创立的迪士尼，超越了许许多多辉煌一时却又销声匿迹的娱乐商业公司，它是如何"销售欢乐"而又可以长久的呢？迪士尼的选择是建立品牌，以不断创造品牌形象（米老鼠、唐老鸭等）、提供丰富多彩的品牌联想和难以忘怀的品牌体验而长盛不衰。

很难想象，如果没有品牌，如何能够成为行业霸主。这些品牌先行者的成功带动了全球酒店、银行、餐饮企业、娱乐企业、医院、学校、航空交通企业、专业服务机构等追逐品牌。

1.3　经济马太效应：附加价值让品牌疯狂

马太效应在经济上表现为额外的附加价值和财务收益，实现的路径包括：品牌溢价、品牌授权、品牌资产杠杆。这是驱动品牌化的极大经济动因，并且已经得到了种种量化的证明。为简明起见，以下仅列举品牌对公司市值和利润的影响。

公司市值与品牌价值。现代社会经济生活中，人们观察衡量及比较公司的实力，最经常使用的两个指标是：公司的市场价值（简称"公司市值"）和品牌价值。放眼全球，2018 年市值超过 5 000 亿美元的公司只有苹果、亚马逊、微软、阿里巴巴、腾讯，其中苹果和亚马逊的市值已经超过 1 万亿美元。英特品牌公司（Interbrand）的数据显示，全球最有价值品牌前 100 的品牌资产都超过了 8 000 万美元，如可口可乐已经超过 700 亿美元。品牌价值与公司市值的比例高低，表明品牌在公司价值中的贡献大小。诸多知名公司品牌价值占公司市值的比重，请参见下表。品牌价值占公司市值的比例甚至可能高达 70%。对一家卓越的快速消费品品牌公司而言，公司的绝大部分价值来自无形资产和商誉——有形资产净值可能仅占总价值的 10%。

表　品牌价值占市场价值的比例（2010）

品牌	品牌价值（百万美元）	市场价值（百万美元）	品牌价值所占比重
可口可乐	70 452	146 730	48%
IBM	64 727	200 290	32%
微软	60 895	226 530	27%
谷歌	43 557	199 690	22%
通用电气	42 808	228 250	19%
麦当劳	33 578	80 450	42%
英特尔	32 015	119 130	27%
诺基亚	29 495	33 640	88%
迪士尼	28 731	81 590	35%
惠普	26 867	105 120	26%

资料来源：Interbrand."Best Global Brands 2010." Yahoo Finance,February,2011.

公司利润与品牌的相关性。这方面有过许多研究，著名品牌学者库马尔和斯廷坎普在 2010 年前后经过对大量公司的调研，得出企业利润率和品牌相关性的如下结论：

无品牌的企业（合同制造商、OEM 企业）毛利润率只有 7%，如富士康。拥有品牌的企业毛利润率为 28%~51%，如 HTC 为 28%，华为为 40%，苹果为 41%，宝洁为 51%。显然，以有无品牌分类，不同类别的公司利润差异是非常显著的。[17]

品牌溢价：化妆品品牌、奢华品牌

有品牌的商品价格，可以高于同类无品牌商品价格的几成至几倍甚至几百倍。这一发现使得企业家对品牌更加趋之若鹜。

以形象、象征驱动的化妆品、酒和奢华品，显然更依赖品牌来支撑价格。欧美化妆品和奢华品牌问世之初的许多故事，都说明创始人很早就发现了品牌宝贵的溢价效果。[18]

除了市场交易中的溢价，品牌还可以直接变成滚滚而来的财源，这就是"品牌授权"；或者，品牌还可以成为资本并购这种大生意中举足轻重的财务杠杆。

品牌授权

一旦拥有了强势的品牌，财源就滚滚来，赚钱变得更加容易。**品牌授权**（Brand Licensing）充分体现了品牌的商业马太效应。品牌授权是租赁品牌的无形资产，其实就是"品牌出租"。品牌授权也是成熟的品牌获取附加回报的一种商业模式，将已经具有品牌资产和品牌影响力的品牌通过授权的商业合作进行市场渗透（至不同的领域和零售终端），实现品牌利益或回报最大化，以最低的成本获取巨大的经济收益。

迪士尼不仅成功创立了娱乐世界的伟大品牌，而且是开创品牌授权道路的领头羊，20 世纪 三四十年代米老鼠形象大受欢迎，迪士尼开始将其授权，许可玩具、图书等时尚消费品"租用"米老鼠的形象。迪士尼也是品牌授权获利最多的品牌公司，2017年迪士尼消费品全球授权的总销售额达到530亿美元（居全球授权商之首位）。[19] 人们熟知的米老鼠、迪士尼仙女等都是迪士尼的授权产品。

2016 年，全球品牌授权的规模已经达到了 2 722 亿美元。[20] 在娱乐、电影、体育、设计、动漫、形象创意等文化或时尚产业领域，品牌授权尤其活跃和有效。品牌授权包括品牌名称、图标、卡通人物形象等授权。例如在全球电影市场，一部电影来自票房的收入其实只有 30%~40%，另外一大块的收入是靠电影版权和衍生品的出让，即品牌授权的收入。美国电影《星球大战》前后三部的总票房是 18 亿美元，其电影衍生产品的授权总收入达到 45 亿美元。

品牌授权主要是为强势品牌服务的，其前提是建立起强势品牌。被许可方通常需要向品牌授权方支付 2%~10% 的品牌使用费，又称为品牌授权金（分成比例：零售 5%~8%；批发 10%~12%；促销 15%），品牌成为名副其实的"摇钱树"。国际上通过各种商业法律、条款和合同来保证品牌授权的利益和这种商业游戏规则。[21] 当然，这种高回报对于品牌持有者也是有风险的，主要体现在品牌租用过程中，尽管品牌授权商对被授权方通常都会进行品牌管理的培训，品牌形象和品牌资产还是可能被损害或稀释。例如服装品牌鳄鱼（Lacoste）由于过度授权，销售额曾经从 4.5 亿美元（1982 年）下跌至 1.5 亿美元（1990 年）。

金融资产杠杆

品牌是一种最值钱的无形资产。在品牌可以溢价和授权获利之外，更大的经济利益来自收购兼并的商业活动中。20 世纪 80 年代中期，美国开创了并购交易中为品牌作出高价格的创新商业模式。这一时期的兼并和收购浪潮，促使美国华尔街为了获得投资或接管利润而寻找价值被低估的公司，品牌就是公司价值被低估的最主要的资产之一，因为品牌没有被列在资产负债表中。华尔街行动的内在动因就是认为具有强势品牌的公司其收益和利润业绩会更好，从而可以为股东带来更大的价值。因而，品牌的金融杠杆功能在企业并购的大潮中开始显现，品牌成为一个神话般的财务杠杆。

这一切，推动品牌在商业世界中冉冉上升，使其成为最耀眼夺目的商业明星。企业家开始因品牌的经济杠杆效应而追逐品牌，并且开始相信，品牌真的是公司的战略资产。

1.4 精神马太效应：商业梦想寄托于品牌

商业史证明，在商业文明的高等境界和伟大企业家的心目中，商业的终极目的不仅仅是赚钱，而是精神的梦想或信仰。韦伯（M.Weber，1864-1920）在其名著《新教伦理与资本主义精神》中指出的资本主义的宗教精神，一直渗透在西方企业家慈善济世的行为之中，例如微软的比尔·盖茨、脸谱的扎克伯格等人慷慨捐赠出其身家财富的绝大部分，而令世人肃然起敬。

现代管理宗师德鲁克在《组织的管理》一书中，讲述了一个对企业家极有启发的故事。

三个石匠相互询问为何而工作。第一个石匠说"我要赚钱谋生"，第二个石匠一边敲铁锤一边说"我要做出全国最好的石匠作品"，第三个石匠抬头展望，眼睛中充满着梦想的光芒，说"我要建造一座大教堂"。

这个故事描述了企业家的三个层次或境界：养家糊口、出类拔萃、精神领袖。品牌被引入商业领域之后，商业世界不断惊喜地发现，因品牌而被尊重是**一种放大的被尊重**，品牌是实现精神梦想的最佳载体，**品牌是具备魔力和魅力的**。品牌的商业化，释放出品牌的无穷潜能，品牌的社会功能和文化价值也得以弘扬和彰显。

在一般意义上，企业家有以下三个梦想。

企业家的第一个梦想是"基业长青"。

企业家的最低梦想是"活着""企业不死"。当我们看见多数企业都陆续死去，超过百岁的企业已是凤毛麟角，就知道这并不容易。

产品会被不断替代而"死去"，公司创始人和领导者不论如何优秀，也受限自然规律无法永远年轻。只有品牌是企业可以永远传承下去的载体。

企业家的第二个梦想是"建造教堂"。

"建造教堂"意味着树立精神偶像和拥有一批粉丝的长久追随。创业企业家所具有的人格魅力和领袖精神，构成了伟人的光环，这种光环需要融入品牌之中，成为品牌精髓和品牌的基因，才能够更好地发扬光大，浩气长存。

企业家的第三个梦想是"受人尊重"和"受历史尊重"。

光有财富不一定得到尊重，只有注重社会利益和关注人类命运的品牌，才会引起千千万万人的共鸣和参与。

试问，如何实现这些伟大的梦想？ 标准答案是：仰仗品牌！

唯有品牌可能基业长青、天长地久；

唯有品牌可以让人至信、至爱；

唯有品牌可以带来世界和历史的尊重和敬意，即至尊。

这一思想，正是全球著名品牌学者帕克（W.C.Park）教授 2016 年在他的新著作《品牌崇拜》（*Brand Admiration*）中，运用理性逻辑和一批案例揭示的道理：杰出品牌可能产生"至信、至爱、至尊"的魅力。[22]

上述品牌追求的各种不同的动因，大致归因在下表中。例如，市场规模的扩大而需要"识别产品的来源"，于是标识出现了；防止假冒需要"合法保护产品的独特性"，于是商标注册和保护专有出现了；追求"高的财务回报"的附加价值动机，让奢侈品品牌出现了；等等。

表　追求品牌的初始原因：企业驱动

起因	品牌行动	早期个案
规模包装产品	需要（品牌）标记	宝洁（19 世纪末）
防止假冒商品	需要商标或专利保护进而品牌化	李维斯（1873 年）；可口可乐（1887 年），
大市场扩展	制造商品牌全国化	宝洁 象牙香皂（1890 年）
全球市场	全球品牌	可口可乐，麦当劳
金融信用	银行品牌	J. P. 摩根（1799 年）
渠道竞争	自有品牌，零售品牌，连锁品牌	大西洋与太平洋茶叶公司（1863 年）

（续）

起因	品牌行动	早期个案
供应链竞争	B2B 品牌	壳牌（1891 年）；杜邦（1802年）
无形服务的承诺	服务品牌	丽思卡尔顿酒店（1927 年）；
高利润	催生化妆品品牌 – 奢华品牌	巴宝莉（1856 年），路易威登（1854 年）
品牌授权获利	需要强势品牌	迪士尼（1923 年）
品牌资产杠杆	战略性品牌并购	雀巢（20 世纪 80 年代）
受尊重	魅力品牌、偶像品牌，	哈雷摩托（1903 年）
社会营销	组织品牌，国家品牌，非营利品牌	现代奥林匹克（1894 年）

为什么追求品牌？了解上述追求品牌的初始动因之后，需要补充指明的是，**随着时间推移，马太效应这一答案总体并没有过时，但是上述三类马太效应的比例有所变化。**21 世纪以来，精神马太效应或品牌的社会文化追求的趋势上升越来越显著。在现代品牌时代和数字化时代，随着顾客逐渐上升为品牌世界的主导力量，追求品牌的动因也更偏向顾客，且出现了新的动因。例如，满足顾客体验、顾客关系和顾客的幸福感。又如，互联网品牌化的动因离不开独角兽法则——只有前三名才能生存下去。独角兽法则迫使公司必须尽快尽多吸引粉丝和网上流量，才能成就品牌。

1.5 小结

品牌思想史就是品牌基本问题答案的演变史。

为什么追求品牌？历史上早期的答案与现代教科书中"为什么需要品牌"的回答并不完全相同，早期的答案是以企业视角为主导，现代的答案是以顾客视角为主导。这是因为，在不同的发展时期，品牌舞台上的主角并不相同，品牌的早期主角是企业家和产品，品牌的现代主角是消费者和顾客。

本章追索的早期品牌化的公司动因，具体包括：

1. 市场扩张的需要（标识、商标、传播）

2. 竞争的压迫（自有品牌、B2B 品牌）

3. 高利润（经济杠杆）

4. 被尊重（精神理想和长青梦想）

品牌来源于西方的基督教思想。公司创建品牌的主要驱动力可以归纳为三类：生存竞争、追逐高利润和被尊重。选择品牌之路的思想根源，可以归结到最终是因为马太效应——"有了的更有"。生存马太效应、经济马太效应和精神马太效应这三类马太效应，至今还在全球驱动品牌的创立，只不过，三者的比例或比重各有不同而已。

那么，早期的企业家到底如何创建品牌？下一章将从实践切入，去发现品牌化宝贵的源头活水和早期企业家闪光的品牌思想。

注　释

［1］"营销"是英文 Marketing 在中国目前最普遍的中译表达。但"营销"一词带来许多负面的联想和后果，在中文语境中，常常被误解成"为了销售而营造，甚至不惜手段的钻营"。显然，这完全背离了现代 Marketing 的本意和精神。关于 Marketing 的术语中译法，应当重新界定和更新。否则，对"营销"一词在中国的重新启蒙就势在必行。参见：卢泰宏《为"营销"正名》http://www.cmmo.cn/article-217537-1.html。

［2］阿克. 品牌大师 [M]. 陈倩，译. 北京：中信出版社，2015：序.

［3］转引自此书前言. 参见：卡恩. 沃顿商学院品牌课：凭借品牌影响力获得长期增长 [M]. 崔明香，等译. 北京：中国青年出版社，2014.

［4］参见《圣经》之《马太福音》25:29。

［5］艾斯戴尔，比斯利. 长期价值 [M]. 高洁，译. 北京：中信出版社，2019.

［6］江波户哲夫. 盛田昭夫 [M]. 马英萍，译. 北京：东方出版社，2010.

［7］内森. 索尼秘史 [M]. 司徒爱勤，译. 北京：中信出版社，2013.

［8］内森. 索尼秘史 [M]. 司徒爱勤，译. 北京：中信出版社，2013：49-51.

［9］阿克. 管理品牌资产 [M]. 吴进操，等译. 北京：机械工业出版社，2012.

［10］Petty R D. From label to trademark: The legal origins of the concept of brand identity in nineteenth century America[J]. Journal of Historical Research in Marketing,2012,4(1):129-153.

［11］埃文斯等 . 他们创造了美国 [M]. 倪波，等译 . 北京：中信出版社，2013.

［12］据 2005—2006 年的数据，零售商自有品牌已占总销售额的 10%~90% 左右，如沃尔玛为 40%。参见：Kumar N, Steenkamp J B. Private label strategy: How to meet the store brand challenge [M]. Harvard Business School Press，2007: Table1-1.

［13］Kumar N, Steenkamp J B. Private label strategy: How to meet the store brand challenge[M]. Harvard Business School Press, 2007. 中译本: 库马尔，斯廷坎普 . 自有品牌: 狼来了 [M]. 段纪超，译 . 北京：商务印书馆，2010.

［14］参见 https://en.wikipedia.org/wiki/DuPont。

［15］参见 https://en.wikipedia.org/wiki/Intel。

［16］Kotler P, Pfoertsch W. B2B brand management [M]. New York: Springer，2006.

［17］库马尔，斯廷坎普 . 品牌突围 [M]. 北京：中国财富出版社，2013: 52.

［18］埃文斯等 . 他们创造了美国 [M]. 倪波，等译 . 北京：中信出版社，2013.

［19］参见 https://www.licenseglobal.com , "Top 150 Global Licensors"。

［20］参见 https://en.wikipedia.org/wiki/Brand_licensing。

［21］格里高 . 品牌授权原理 [M]. 朱晓梅，吴尘，译 . 北京：清华大学出版社，2017.

［22］Park C, MacInnis D, Eisingerich A. Brand admiration: Building a business people love [M]. New Jersey: Wiley, 2016.; 中译本 : 帕克等著 . 品牌崇拜 [M]. 周志民，等译 . 北京：华夏出版社，2019.

02 源头活水：
早期重要的品牌实践与思想

在品牌的历史上，企业家是第一批英雄。在现代品牌理论建立之前，企业创建品牌的案例并不鲜见。本章贴近品牌的早期实践，去发现品牌化宝贵的源头活水和早期企业家闪光的品牌思想。

本章首先论证品牌学术曾经严重落后实践之史实，然后挖掘早期西方企业开创品牌的重要实践活动，进而归纳出本章重点——品牌化的经验模式。本章还将聚焦与西方早期品牌化有所不同的"中华老字号"，在比较的意义上，探讨了"中华老字号"创立的人文思想特征。

2.1　品牌的传统时代和品牌学术滞后

从溯源的角度，有文献表明，品牌的实践可以追溯到很古老的年代，至少有若干世纪了。[1] "品牌"这一术语很早便已经问世了。在应用于商业活动之前，品牌早就应用于人类社会活动的其他方面，例如宗教。本书并不涉及历史中品牌的蛛丝马迹，而以19世纪以来的品牌演进为对象，因为品牌演进中的转折点就出现在最近的100多年。

在品牌演进和思想发展的历史上，有**两个时间点**是至关重要的，一是品牌**开始进入商业应用的时间点**。在西方一般认为始于19世纪，至今有一个多世纪了。如果考虑中国历史上的老字号，则有更长远的历史，如"陈李济"（广东，中药，始于1600年）已经有400多年了，"同仁堂"（北京，中药，始于1669年）也有约350年了。二是**现代品牌理论和实践的规范基本形成的时间点**。这个时间约为 20 世纪 80 年代，至今不到半个世纪。

第一个关键时间点开启了品牌进入产品和商业领域的大门。此后，品牌才更加生机勃勃、活力无限，才有了真正的生命。品牌在市场经济肥沃的土壤中，迅速生长，开花结果，品牌成为商业利器，发挥出史无前例的商业价值。

第二个关键时间点将品牌推进到现代时代。从此，学者开始将品牌作为研究对象，品牌开始登上学术的殿堂。品牌实战和品牌科学的结合、战略品牌管理和品牌理论规范的形成，使得品牌成为现代思想智慧和现代社会的精良工具，不仅应用于商业和企业的产品，而且全方位应用于人类社会的各个方面，以及从国际组织（如奥林匹克）到国家到个人（如明星）的不同层面之中。品牌展现出广泛的社会文化价值。

为此，笔者将 19 世纪初至 20 世纪 80 年代之前这段时间称为"**品牌的传统时代**"，将 20 世纪 80 年代之后称为"**品牌的现代时代**"。品牌的传统时代与现代时代之间的根本区别，将在第 4 章深入讲述。一般而言，在传统时代之前，品牌基本上只是历史尘埃中的一些蛛丝马迹或考古的对象。传统时代之后的几十年，现代品牌理论和学术得以快速发展，也得益于企业早期的品牌实践，它为前者提供了理论的土壤和基础。所以，传统时代优秀企业开创性的品牌思想和实践创新活动是宝贵的财富，具有承前启后的地位和无可取代的价值。

让我们首先关注品牌的传统时代——企业和产品为主角和主导的品牌发展历史。**品牌的传统时代是企业家和企业为主角的时期**。在这个时期，消费者、顾客和学者都还处在配角的地位，还没有成为品牌历史舞台上举足轻重的主导角色。当然，首先应该考察品牌学术和学者明显落后于实践的基本事实。

品牌学术严重落后于实践之考察

在 21 世纪的全球品牌排行榜上，可以发现一批至今依然生气勃勃活跃在市场中的高价值品牌，这些品牌已有上百年的历史了，如亨氏、通用电气等。

另一份来自《美国商业周刊》（*Business Week*）的统计，显示当今的全球百强品牌榜中，有 30% 的品牌创立于 1900 年以前，如下表所示。

最早创立的世界百强品牌

创建年份	品牌
1892	Coca-cola
1876	GE
1890	Mercedes
1812	Citibank
1850	American Express
1869	Gillette
1795	Budweiser
1898	Pepsi
1855	Merrill Lynch
1891	Merck
1799	J. P. Morgan
1888	Kodak
1865	HSBC
1869	Heinz
1869	Goldman Sachs
1891	Wrigley
1806	Colgate
1867	Nestle
1837	Tiffany
1862	Bacardi
1851	Reuters
1853	Levi's
1864	Smirnoff
1880	Johnson & Chandon
1743	Moet & Chandon
1863	Heineken
1849	Mobil

（续）

创建年份	品牌
1850	Wall St Journal
1820	Johnnie Walker
1866	Jack Daniels

　　相对企业家的品牌实践，品牌学术的春天姗姗来迟。**粗略而言，品牌学术比品牌实践在时间上晚了至少100年。**只要注意以下两部代表性学术论著的发表时间，就大致可以判断这一点。品牌理论的开创性经典论文《产品与品牌》，发表于1955年（请参见第3章）。现代品牌理论在20世纪80年代才起步，现代品牌理论的代表性成果《战略品牌管理》出现在20世纪90年代（参见第4章）。所以，品牌理论是非常年轻的，在学科和学术的丛林中，它还只是一株小树。

　　再让我们以市场营销学的重要英文文献为依据，进一步考察"品牌"这个术语进入学术文献和学者视野中的基本状况。笔者发现的重要表证如下：

　　据斯登（B.B.Stern）发表在《营销科学学刊》的文章考证，"品牌"进入"营销学"的时间是1922年。[2]

　　20世纪30年代，营销知识第一次整合，出现了一批营销教科书，其中具有代表性的是同在1927年出版的两本同名的教科书，即马兰德（H.H.Maynard）等人的《市场营销学原理》（*Principles of Marketing*），[3]和克拉克（F.E.Clark）的《市场营销学原理》。[4]在这两本教科书中，都可以找到品牌化（branding）的少量内容。只是，作者所说的"品牌"，都处于狭义的理解之中。马兰德等强调了品牌化对营销的重要性，但是所说的营销基本局限在营销渠道的框架之中。克拉克则是将"品牌"与"广告"并列，作为"销售的重要手段/工具"。这反映出，当时市场营销学术界的思想中，品牌的概念已经出现，但有很大的局限，**品牌仅仅被视为市场营销实战中一个战术工具而已。**品牌的深远含义还远远没有被发现和挖掘出来。

　　再看另一部很有影响的著作——营销史的奠基学者巴特尔斯（R.Bartels）的《市场营销思想史》（*The History of Marketing Thought*）。巴特尔斯的这本著作是以包揽无遗的文献和客观缜密的分析而著称的学科史著作，曾被列为美国营销学博士生必修的课程文献，该书可以反映市场营销学整体的研究进展状况。但是，从其第 1 版（1962）到第 2 版（1976）和第 3 版（1988），书中都没有出现以"品牌"（branding）为专门主题的论述。[5] 这意味着，在巴特尔斯写作的年代里，品牌论著的数量很少，品牌思想很微弱，不足以形成一个独立的主题。后来美国著名的营销品牌学者列维在他 2012 年的品牌史文章中，对巴特尔在著作中忽视了"品牌形象"而颇有微词。[6]

　　再看一看现代营销之父科特勒在全球建立声誉的经典著作《营销管理》（*Marketing Management*），其第 1 版出版于 1967 年。在此后几十年内，这本权威的教科书的许多版本中，"品牌"都是安排在"产品"的章节之下，相关品牌的论述并不多。而且该书早期版本中对品牌的定义也限于强调品牌的区分差异功能。直到 2006 年即该书的第 12 版开始，科特勒才将品牌作为营销学的核心内容而大大充实其内容，品牌的内容才独立作为一个新的基本板块出现在显著的位置，即第 4 篇"创立强势品牌"，包括第 9-11 章，共有三章之多。当然，这与品牌顶级学者凯勒作为该书第 12 版开始增加的第二作者是大有关系的。

　　品牌学术远远落后于实践的另一个证明是在 B2B 品牌领域。在实践中，B2B 品牌从 20 世纪初开始就陆续出现了，如壳牌、通用电气、IBM、英特尔等。但是，B2B 品牌方面的核心学术文献，包括品牌大家凯勒等人的 B2B 方向的相关论文（2004，2009，2012）[7] 和科特勒等在 2006 年出版的这方面的代表性著作《要素品牌战略》，[8] 发表时间无一例外是在 2000 年之后，B2B 品牌理论研究比品牌实践晚了不止 100 年。

　　上述学术文献的考察都表明，品牌作为学术领域在 20 世纪前半叶的市场营销学共同体中并没有形成独立成长的气候，更没有特有的理论和形成专门的学术规范。这一点与现代品牌理论的先驱学者法国的**卡普菲勒**（J.N.Kapferer）

的一个论断相吻合，他在其 1992 年的著作《战略品牌管理》的前言中曾经指出："20 世纪 80 年代是品牌概念的标志性转折点。"[9] 其意就是指现代品牌概念开创于 20 世纪 80 年代。可见，直至 20 世纪 80 年代，在外因和内因的共同驱动下，品牌学术研究才得以迅速升温、形成气候。在"品牌是公司最重要的资产"新思想出现之后，同时在市场的不断推动和催促下，品牌理论研究日益升温，并最终变成营销学乃至管理学领域中最受关注重视的学术研究领域之一。[10] 关于"品牌学术研究或品牌理论为什么会姗姗来迟"的缘由，笔者将在本书第 3—4 章中作答。让我们先回到早期品牌的历史情境中，考察品牌最初是如何创造成长的。

2.2 早期西方品牌化的开创

在没有品牌理论时，企业家是如何成功打造品牌的？

基本的答案是，企业家凭借的是他们的创新思想和悟性智慧，借助外部的力量——广告公司、设计公司和媒体，开创了一条成功创建品牌的道路。早期品牌化的目标，通俗而言，最初是"与众不同"，次而是"自我保护"，再到"名扬天下"。我们称之为"品牌化的经验模式"。

在归纳这个经验模式之前，让我们先回顾品牌化实践的早期事例。大致包括三个方面的内容：企业家的品牌创意；外包专业公司；品牌组织的创新。

千方百计的"与众不同"

品牌化始于"与众不同"的商业思想，下面的案例表明，企业家为此绞尽脑汁，想了各种办法。而且，种种创新之始主要是依靠企业家或公司经理人自身的努力，后来逐步依靠外部的专业设计公司和广告公司。

1. 宝洁：商品标签的诞生（1851 年）

19 世纪中期，宝洁公司无意之中发现了产品标识的价值。它的产品之一——蜡烛在辛辛那提生产，1851 年，在运送给俄亥俄州和密西西比河沿岸各城市的销售商的过程中，有码头工人开始在宝洁产品的纸箱上标上一个简单的星形。宝洁公司很快注意到，购买者会把这个星形记号看成质量的象征而积极购买。一旦在纸箱上找不到星形标志，销售商也就会拒绝接受这批蜡烛。这一发现启发了宝洁公司，公司开始在所有蜡烛产品的包装上都标上一个更正式的星形标签——"星星"品牌的雏形。其结果是，这一简单的标识为宝洁公司赢得了早期的忠诚客户。

也是在 19 世纪 50 年代，许多烟草商相继发现了一个生意诀窍，如果在产品包装上加上诸如 Cantaloupe、RockCandy、WeddingCake 或 LoneJack 之类的富有创意的名字，对烟草产品的销售非常有帮助。于是从 19 世纪 60 年代开始，烟草商向消费者直接出售加有品牌名称的小包装产品，这些吸引人的新包装受到了消费者的欢迎、关注和追捧。

上述原始的商业发现和创新，推动了商业化的图形标签、装饰物和符号的应运而生，商品标签开始在商业领域内获得广泛的应用。这是品牌标识之开始。相关的文献请参见 2012 年培迪的论文。[11]

2. Uneeda 饼干：图形标识（1898 年）

美国的 Uneeda 饼干是第一个以品牌标识在美国全国范围内推出的饼干，1898 年该饼干公司的总裁为这种饼干创造了一个图形符号，即淘气男孩的 Uneeda 饼干，并把它应用于广告活动中。

3. 宝洁象牙牌肥皂：第一个品牌广告

1882 年宝洁发明的象牙（Ivory）肥皂，是最早投放美国全国性广告的品牌。该产品开始投放了预算为 11 000 美元的平面印刷广告在全国促销，结果大获成功，1897 年其广告预算增加到 30 万美元，从而赢得了美国市场 20% 左右的市场份额。宝洁创造的品牌广告开辟全国市场的新模式，引起了其他品牌的纷纷效仿。

4. "桂格人"（the Quaker man）形象（19 世纪 70 年代末）

为了造成独一无二的品牌区分效果，除了可口可乐在包装瓶上的创新，经典的品牌实践创新还来自桂格麦片（Quaker Company）、柯达和迪士尼等公司。

象牙牌肥皂早期广告

19 世纪 70 年代末，美国著名品牌桂格燕麦片（Quaker Oats）首创在商标加入"（品牌）人"的形象以增加亲和力。公司创造了"桂格人"（the Quaker man）形象，并且在包装、广告和品牌塑造中广泛使用。品牌拟人化的创新手法，后来被许多品牌模仿。

5. 迪士尼开创品牌故事（1928 年）

1928 年迪士尼的创始人沃尔特创造了米老鼠的形象，这一创新创造出了惊人的消费者记忆和情感的效果。沃尔特将自己理想化的个性——乐观向上、值得信赖、是非分明、忠诚于朋友，注入米老鼠的身上，借助米老鼠的形象及系列有趣故事的影视传播，丰富了品牌个性和张扬了品牌魅力，极大地吸引并且长期吸引住了消费者。迪士尼发明的一系列品牌故事的巨大成功，也开创了一种发展品牌的重要方法——品牌故事法。

"桂格人"形象

6. 柯达：动人的品牌口号（1889 年）

1889 年，柯达公司的创始人乔治·伊士曼为"柯达"品牌创造了一句经典的品牌口号（slogan）：**"你只需按快门，其余的由我们完成。"**其成为经典，因为它炫耀的不是自己的产品卖点，而是给消费者带来的价值和体验。哈佛商学院著名教授李维特也说过："柯达销售胶卷，但从来不做胶卷的广告，它的广告只讲温馨的时刻。"[12]

7. 品牌 Logo 的专业设计

企业家意识到，品牌的"面孔"（标识）举足轻重，于是，品牌设计思想和设计水平成为品牌创建者十分关注的大事。一些著名的品牌，其 Logo 都是聘请外部的专业公司完成的，且与时俱进不时做出微调整，下图显示的奔驰汽车 Logo 的变迁（1902-2009）就是一例。

奔驰汽车 logo 的演变

无可奈何的"自我保护"

有了品牌的初步名声，市场和销售业绩应声而来，却也吸引了许多仿冒造假的竞争者。品牌化的目标必须考虑自我保护，从而产生了品牌的法律保护。李维斯的创始人早有先见之明，可口可乐则是在焦头烂额之后找到了自我保护的绝妙路径。

8. 李维斯：专利保护的原创思想（1873 年）

在大众消费品营销的历史上，19世纪末诞生于美国的李维斯牛仔裤（Levi's）是一个创新的奇迹。它经历 150 年而长盛不衰，并且让全世界着迷。它起源于美国西部淘金热而产生的迫切的实际需求——开矿环境中需要结实、耐磨耐穿的裤子。

两位犹太人移民提供了解决办法。李维（Levi Strauss，1829-1902）用大篷车的篷布做出了工装裤，雅各布（Jacob Davis，1831-1908）用铆钉加固了容易撕破的地方。从而引发了这种裤子的市场热销和巨大利润。

面对一个容易模仿和没有进入障碍的有利可图的市场，首创者应该如何做？雅各布认识到了他的小发明的市场价值，他想到了专利保护，但他没有钱去申请专利。于是，他向李维致函提出了一个有智慧的合作创意："共同申请专利权，我是发明者，您支付大约 68 美元的专利申请费用，分享一半的专利权。您可以在授权区域销售这种专利服装，我可以肯定您能从中赚到大笔的钱。"[13] 如果换一个卑劣的人肯定会毫不犹豫窃取雅各布的创意单独去干，然而李维接受了雅各布的提议。1873 年他们共同获得了专利。而在专利最终批准的前一个月，雅各布把自己的一半专利权卖给了李维。[14] 这个故事说明，直至今日依然重要的知识产权和商业合作的思想，在 150 年前已经被两位犹太商人首先运用，从而照亮了李维斯百年伟业的远大前程。李维的公司后来成功建立了品牌，使李维斯牛仔裤成为西方休闲和人人平等的文化符号，并且走向全世界。

9. 最早的注册商标（1876 年）

注册商标是保护品牌最早的一步。1876 年，英国政府批准了第一个注册商标，即英国贝司酿酒厂（成立于 1777 年）申请的在它储酒木桶上的红色三角形标志。

贝司酿酒厂商标

10. 可口可乐：用包装抵御假货（1915 年）

在品牌名称、标识 Logo 之外，如何既**创造品牌的差异性，又保护品牌的市场利益**？最精彩、最经典的一个故事是可口可乐瓶的诞生，可口可乐别开生面地运用包装来创造差异，其效果超越了想象。

20 世纪初，面对无法容忍的其他厂商对可口可乐的大量仿冒侵权，商标的法律保护往往也力所不及、难以落地。在数不清的无可奈何的诉讼官司之后，决定性的转折点来自可口可乐采用了标新立异的完美的包装瓶。1914 年，可口可乐提出"要采用一种以后能称得上是我们自己孩子的瓶子"，1915 年，可口可乐设计出了被称为"一步裙瓶"的包装，那是以当年流行的一种裙子而得名的。瓶身的设计采用了女性身体的比例和曲线，强化后的设计突出"体态完美"，这种瓶子拿取方便、手感舒服。它的巧妙而暗示的设计引诱人们去取它，并且感到心满意足，甚至可以说，新的可口可乐瓶会引起女人们的嫉妒。可口可乐公司为新瓶申请了专利，它成了可口可乐标志性的品牌特征。新的包装瓶不仅创造了极显著的品牌差异，并且为品牌的有效传播立下了不朽的奇功，因为人们仅仅凭这种瓶子的碎片都能轻易识别出可口可乐。其创新在于，产品包装的差异化设计不仅打击了冒牌货，更创造出了最大化的品牌识别效果，而成为品牌建立的创意经典之一。[15]

可口可乐瓶身

为了"名扬天下"，品牌创造差异，进行自我保护，最终是为了得天下的大市场。这一步更多依靠企业之外的专业公司的协同努力。跨国公司联合利华（Unilever）依靠智威汤逊广告公司（JWT）打造品牌就是借助外部专业公司的典型的例证。

11. 联合利华聘请广告代理（1902 年）

20 世纪之初，**智威汤逊**这家老牌广告公司开始为联合利华的品牌化服务，到今天已经超过了 100 年。1864 年创立的智威汤逊是第一家全球广告公司，为全球许许多多品牌贡献过智慧，它曾经是"广告语"（Jingles）的最佳代名词。

它为联合利华的力士（LUX）香皂确立了"美丽明星使用的香皂"这一品牌广告语。

智威汤逊最骄傲的就是，他们擅长用精准的广告语为客户发展品牌，除了人人耳熟能详的"钻石恒久远，一颗永流传"（A diamond is forever，1999年被《广告时代》评为世纪广告语），还有其为玩具反斗城写的"我不想长大"（I don't wanna grow up）、为家乐氏麦片写的"Snap, Crackle and Pop"等广告语。

智威汤逊为联合利华力士品牌制作的广告

钻石恒久远，一颗永流传

最后要特别提到，早期品牌化实践中的若干精彩创新之中，**最具长远意义的创新是宝洁公司发明的品牌经理制度**。与其他的创新不同，这是品牌管理组织的开创之举。

12. 宝洁：品牌经理制（1931年）

在大众消费品领域，美国宝洁公司的品牌管理创新举世瞩目。宝洁不仅长期占据全球最大广告主的位置，确立了品牌广告的信仰和操作规范，而且早在1931年就开创了品牌经理制这一重大的制度创新，这是现代品牌管理中非常重要的公司品牌组织建制的开创源头。

品牌经理制（Brand Manager）就是**"一个品牌，一位经理"**。同一家公司的不同品牌，由此可以相互竞争，这样可以充分发挥出每一个品牌的潜能，实现公司品牌化的最大市场效果。

宝洁公司开创的**"品牌经理制"**，发端于后来成为宝洁公司首席执行官的麦克尔罗伊（N.McElroy），他当时在公司负责一个新的品牌——佳美香皂的广告，在第一品牌象牙香皂的强势地位之下，佳美香皂的弱势很难扭转。麦克尔罗伊在 1931 年的一个备忘录中，提出了设立品牌管理小组的想法，主张每一个品牌的管理都应该自主独立、充分授权。由于宝洁公司实行的是多品牌战略，同类产品有众多的品牌，这一制度意味着公司鼓励同类品牌之间的内部竞争，或者说，将外部的竞争引入公司内部。他的这份三页的备忘录，被认为是宝洁公司历史上"最具影响力的报告"。

当时宝洁的总裁杜普以"勇于创新"闻名，他批准在 1931 年试行这个新的品牌管理制度。1937 年，宝洁在公司内部设立了新的职位——品牌经理，品牌经理就像是一个品牌的 CEO，必须对其品牌在市场上是否成功全权负责。同时，品牌经理拥有比原来的产品经理大得多的管理权限，他负责品牌的营销和广告规划并且协同与销售、生产等各方面的关系。可以说品牌经理决定了品牌的命运。

宝洁公司在历史上创造了给每一个品牌指定一位经理的品牌管理组织形式，对宝洁品牌的成长发展奠定了制度的基础，使宝洁品牌在众多的产品品类中长期高居榜首。1987 年，美国 38 类消费品中，宝洁在 19 类中名列第一，其余的也都进入前三名。公司后来的总裁，大多发迹于"品牌经理"的岗位。

这个早期创新的制度，至今依然具有生命力且被大量的公司效仿。许多公司的品牌经理的人选，大多来自销售部门或广告代理公司，而宝洁公司一直是从优秀的大学（不考虑专业背景）直接招聘品牌经理的候选人，让他们在宝洁文化中培养成才，直接面对市场竞争的考验。

宝洁发明的品牌经理制度，从公司内部组织上保证和强化了品牌的建立和管理，它是品牌管理实践中最重要的创新之一。当然，品牌经理制不是完美无缺的，几十年后发明的品牌家族组合管理，弥补了宝洁"品牌经理制"的缺陷。

2.3 早期西方品牌化的经验模式

传统时期品牌化的三个基本特征是：品牌处于战术的层面，品牌是"促销的工具"；以企业家 + 专业公司为主体；以经验模式为指南。

"品牌作为促销工具"是传统时期的主导思想。在市场企划中注入品牌的要素，利用品牌提升产品形象、分销推力、广告创意、包装吸引力等，从而达到刺激销售、强化销售业绩的效果。奥格威早期的广告名言"做广告是为了销售产品，否则就不是做广告"是非常具有代表性的，这句话迎合了传统时期客户的需要，也是广告公司在传统时期做品牌的指导思想。显然，在这种经验模式中品牌是处于营销战术的层面。

前面代表性的案例显示了，早期的企业家品牌梦想的实现主要依靠两个基点：

其一，企业家或优秀经理人自己，如品牌构思来源于他们的聪明才智；

其二，执行上，他们主要委托并依靠广告公司和大众传媒，落实具体的标识设计、广告创意和传播等问题。在这块新开垦的商业领地中，似乎并没有什么学术性的难题需要企业家去求助于学者或研究者的帮助，他们在那时只需要广告人、设计师和传播媒体。也就是说，传统时期品牌化的主体是企业家 + 专业公司，学者并不在其中。

从实操上讲，企业家抓住的是两个方面：创造识别的差异；加大传播的力度。西方品牌实践的早期阶段，所有的努力基本都沿着两个方向前进：一是造成差别与区隔或差异化，主要靠设计和商标保护；二是追求出名或最大限度的传播，主要靠广告创意和大众传媒。而早期的所谓"品牌管理"的内涵，正如墨菲（J.Murphy，1944-）所指出的，（当时的）品牌管理只是在公司和广告商、促销代理商之间保持联络沟通而已。[16]

在没有品牌理论时，企业家凭借他们的创新思想和悟性智慧，加上借助外部的力量——广告公司、设计公司和媒体的力量，开创了一条成功创建品牌的道路，我们称之为**"品牌化的经验模式"**。

归纳起来，**传统时期品牌化的经验模式有五个操作要点和三个要素。**

品牌化的经验模式的五个操作要点：

1）个性化品牌命名并且注册

2）设计独特的标识和包装等

3）挖掘广告创意

4）打广告让更多的人知道

5）讲品牌故事

品牌化经验模式的三个要素：创造区别；广告创意；大众传媒。

历史证明，这种"识别＋创意＋传播"的实践范式在当时的商业环境下获得了相当了不起的成功。让我们回顾通向品牌之路的一些早期伟大的实践案例，来说明品牌化经验模式的这三个要素。

品牌化经验模式要素之1：创造区别

早期的品牌定义都是强调差异化。英语"品牌"一词即源于古斯堪的纳维亚语"brandr"（火烧的烙印），烙印说（为了识别而在羊身上打上的烙印），反映了品牌的原始动机和基本的目的。尽管后来区分的方法和手段越来越丰富，目的并没有改变，中心的问题只有一个：如何在市场上将自己的产品（或服务）与同类区分开来。

品牌命名：起步于一个名字

名字的重要性通常被广泛认同。中国文化中有"名正则言顺"之说。 在商业中尤其如此。霍普金斯（C. Hopkins）在1927年就曾经强调过，**"能够有效传达信息的商品名称本身就是一种得天独厚的优势"**，"有些名字本身就具有广告的效果"，"柔如五月"（Mild as May）和"麦乳"就是这样的例子，这样的名字是一笔财富。"好的名字自然带来丰厚的利润。"[17]消费者喜欢"可口可乐""宝洁""柯达"之类的品牌名字。当品牌名"Gold Lion"被翻译成"金狮"时，则受到极大的厌恶和抵制，因为中国南方的谐音"今输"寓意不祥，改为"金利来"之后，消费者则趋之若鹜，让公司财源滚滚。

品牌命名因此广受关注，从语音音韵、心理联想、文化风俗、品牌延伸、跨文化翻译等各个角度探索品牌命名原则的研究也持续至今。科特勒等在《营销学导论》中说，一个好的品牌名称能够获得高水平的消费者感知和强烈的消费者偏好，将有助于产品的成功导入。[18]品牌大家凯勒后来在其《战略品牌管理》一书中总结了品牌命名的六条原则——可记忆性、富有内涵性、可爱性、可转换性、适应性和可保护性。

标识：视觉符号——专门的图标

品牌名称之外，要进一步丰富品牌区分的特征，主要依赖视觉符号。从最早的简单标签（Label）发展出品牌标识（Logo），即引入平面视觉设计，品牌的 Logo 是首要目标。例如，可口可乐的特定红色和手写的流线字体；IBM的特定蓝色和斑马条纹的字体；麦当劳的金色拱形门等。西方人对品牌标识设计尤其下功夫，研究出一整套品牌标识设计的框架和标准，包括图标、基本颜色、标准字体、组合方式等，其中，Logo 是核心部分。Logo 传达出品牌的个性特征，成为品牌的"面孔"。后来，为了适应市场和顾客的变化，Logo 也不是一成不变的，而是会"变脸"——发生调整和变化。

品牌化经验模式要素之 2：广告创意

除了品牌识别，这个时期品牌实践的第二个大突破是品牌广告。创意广告是为品牌画龙点睛、注入灵气的核心手段，即通过广告创意来提高品牌的知名度和吸引力，使品牌脱颖而出。对创意的狂热追求，使得天才的广告人和卓尔不群的广告公司横空出世，叱咤风云，留下许多传奇。通过广告建立品牌一度是**长期**影响极大的主流途径，为此需要多费些笔墨。

广告大师大卫·奥格威曾经说："任何傻瓜都可能做成一笔生意，然而，品牌创立却需要天才、信誉和毅力。"奥格威强调了建立品牌不同于赚钱，但是，他并没有将学术理论列为品牌创立的重要条

早期的肥皂广告

件。确实，学者在早期并没有登上品牌的舞台。

对于广告的发源和发展来说，**英国和美国是两个最重要的国家**。这两个国家具有最深厚的广告传统和最强的广告创造力。历史上最早的广告和广告公司都源自英国（15-18 世纪），[19] 英国早熟的广告意识与它发达的市场经济有关，为了抢占市场，作为最早市场武器的广告应运而生。美国在全球的广告领导地位，则是因为美国在 20 世纪开创了现代广告时代，美国纽约的麦迪逊大道是全球广告的圣地和象征。所以，在广告领域的文献方面，英国和美国常常此起彼伏、争夺创新权。"现代广告之父"在这两个国家各有其主。在英国，被称之为"现代广告之父"的是巴雷特（Thomas J. Barratt，1841-1914），他以非凡的广告创意开创了品牌营销的先例，例如梨皂（Pears Soap）广告。[20] 另一个也被称为"现代广告之父"的人在美国，他的名气更大，他的名字是阿尔伯特·拉斯克（Albert Lasker，1880-1952）。[21]

巴雷特（Thomas J. Barratt，1841-1914）

拉斯克（A.Lasker，1880-1952）

拉斯克从文案员做起，他领导了世界上当时最大的广告公司罗德广告（Lord & Thomas）长达约 30 年。拉斯克的手下这样评论他："他兼具明察秋毫和抓住重点的特质，同时他也是个预测消费者反应的天才。除此之外，他超凡的魅力是不可抗拒的。另外，他还拥有旺盛的体力，每天工作 15 个小时。"[22]

拉斯克出生于德国，在美国长大，从小家境富裕，父亲是银行家。他从小喜欢新闻，以为"广告即新闻"，直到有一天他茅塞顿开：原来"广告是纸上的推销员"（当时广告多印刷在纸上）。为了贯彻对广告的新界定和新思想，拉斯克在美国历史上首创了对广告文案人员的专业系统训练，强调"（推销）原则是每一位文案人员的准则"。拉斯克认为广告最重要的就是能写出紧紧抓住消费者眼球的文案。广告历史上最伟大的文案人之一霍普金斯（Claude Hopkins，1867-1932）就曾是他的雇员（1908 年），后来曾任罗德广告公司的 CEO。霍普金斯后来出版了《科学的广告》（*Scientific Advertising*，1923）一书，其观点得到了拉斯克的认同。

拉斯克还首创以电视连续剧（肥皂剧）为载体来插播广告，这是电视广告的重大创新。罗德公司因而赢得了众多广告大客户，并取得了突出的市场业绩。但是，拉斯克并不相信研究的作用，他的一句名言是："研究只能告诉你公驴有两只耳朵。"1942 年，拉斯克解散罗德公司创立了一家新广告公司 FCB，FCB 因后来发明了"FCB 方格"等经典策略工具而闻名广告营销界。

20 世纪 50 年代，广告创意和效果得以飞跃提升的奥秘是，广告大师伯恩巴克（William Bernbach，1911-1982）发明了将文案与艺术合一的团队，这是对一直以来霍普金斯等确立的文案挂帅的广告传统的重大创新。合作团队大大提高了视觉呈现创意人的地位和作用，原来他们只能被动地跟随文案的想法，现在则是合力互动，文字与形象合璧生辉，1+1 大于 2。伯恩巴克的广告公司因此如日中天，成为当时全球广告创意的龙头老大。1959 年，伯恩巴克为大众汽车"甲壳虫"创造的广告**"小为好"**（Thinksmall），其创意让大众汽车和该款车迅速闻名于世界，这一系列平面广告也成为经典且流芳百世。

20 世纪 50 年代后开始的广告创意革命（The Creative Revolution），使得广告突破了条条框框的束缚，释放出灵动的创意，冲破了"销售"的藩篱，走向为品牌塑造的更高境界。这场震撼人心的创意革命是由三位广告旷世奇才推动的，除了上面已提到的伯恩巴克，还有奥格威和李奥贝纳（Leo Burnett，1891-1971）。在广告思想史上，**霍普金斯曾经以《科学的广告》竖立起了第**

一座高峰，实现了广告从盲目的经验走向科学的提升。奥格威等三人则创造了广告思想的第二座高峰，他们将广告创意推向至高无上的地位，引发了无数广告人对广告创意的狂热追求，为许多全球品牌的成功立下了永不磨灭的汗马功劳。

霍普金斯认为自己"是一个保守而谨小慎微的人"，他的广告思想是将广告建立在"固定的准则上并且按照基本原则去做"。[23] 创意革命主张广告的中心是创意，创意的目标是创造出异想天开的广告，即要冲破占主导地位的霍普金斯的科学广告规范。伯恩巴克、奥格威和李奥贝纳是这场创意革命的三位旗手。其中最有冲击力的人物是**伯恩巴克**，他鲜明反对霍普金斯的保守思想和禁锢，激烈而尖锐地大声疾呼："决不要相信广告是科学！"创意革命提出了"大创意"（Big Idea）的醒目概念，奥格威关于大创意的一句话成为经典："除非广告源于大创意，否则它就像航行在黑夜中的船只，无人知晓。"

伯恩巴克（W. Bernbach, 1911-1982）　　奥格威（D. Ogilvy, 1911-1999）　　李奥贝纳（L. Burnett, 1891-1971）

伯恩巴克是纽约人，1947年伯恩巴克和两个伙伴在纽约麦迪逊大道上共同创办了以三人名字缩写命名的DDB广告公司（Doyle Dane Bernbach），这家公司后来是全球十大广告公司之一，除了上面提到的创意团队的重大创新和大众汽车的经典广告，伯恩巴克开创了最早的定位广告——为埃飞斯（Avis）出租车公司所策划的广告"埃飞斯在出租车业只是第二"，使这家公司的品牌在出租车行业脱颖而出、业绩非凡。

被称为"广告教皇"的**奥格威**是这场革命的第一旗手，他率先提出了"广告是为建立品牌的长期投资"的理念，后来还将他创立的奥美广告公司定位为"品牌管家"。注意，这是奥格威对他早期的广告名言"做广告是为了销售产品，否则就不是做广告"的战略性提升，从促销的奥格威转变成品牌的奥格威。

奥格威出生于英国，在《一个广告人的自白》这本书中，他坦言自己的离经叛道、特立独行，他说在牛津大学时，自己心思丝毫不在学习，终被学校除名；他说自己当过厨师、推销员、调查员、农民等。[24] 20年后，他更直白："我憎恨规则。"[25] 奥格威是外向而直接的人，他依赖过人的直觉（他常以音乐和热水浴来激发灵感），而不喜欢理性的逻辑；他重视体验、相信感觉，就是这样一个人，成了广告江湖里首屈一指的大英雄，看来，广告业需要的正是奥格威这样的人。这样的人最有可能在广告业发挥出特别的能量和才华。

比如，阐述"为什么广告是必不可少的？"这个问题，奥格威只用了以下几行字：

鳕鱼下蛋千万个，

母鸡下蛋只一个。

鳕鱼从不咯咯咯，

告诉你它做了什么——

所以我们瞧不起鳕鱼，

却褒奖母鸡。

这个故事只想告诉你，

广告是值得做的。

1948年，37岁的奥格威在美国创建奥美广告公司，后来使这间广告小作坊成为全球广告公司之翘楚。奥格威将他自己的广告基本法则称为"神灯"。1991年，晚年的奥格威强调，他对广告的原则性意见在今天的市场仍起作用，在世界任何一个国家都一样正确。

奥格威是广告和商业的出色思想家。奥格威与其他广告大师的最本质的不同，在于奥格威将广告与营销紧密地结合起来，建立了广告的营销之道。奥格威的过人之处，在于他追求"提炼出广告永恒的真谛"，而许多广告人都认为，广告只有变化，没有永恒。那么，到底什么是广告永恒的真谛呢？到底奥格威提出了哪些重要的广告原则呢？

从奥格威的全部三本著作：《一个广告人的自白》（1963）、《血，大脑和啤酒》（即中译本《大卫·奥格威自传》，1978）、《奥格威谈广告》（1983），[26] 以及奥美公司编辑出版的一本书——《广告大师奥格威：未公诸于世的选集》中，[27] 我们搜索相关的答案，从中择其精要列举如下：

- ✓ 广告的目标是，以有效的广告对人的福祉和商业做出贡献。
- ✓ 在现代商业世界里，除非你能把你制作的东西卖出去，否则，制作、独具匠心都是毫无价值的。
- ✓ 广告应该具有魅力、才情、品味，引人注目而且不落俗套。
- ✓ 每一个广告都是为建立品牌个性所做的长期投资。
- ✓ 除非广告源于大创意，否则它就像航行在黑夜中的船只，无人知晓。
- ✓ 最高领导人的最主要的职责是，创造一种让有创造才华的人有用武之地的氛围。
- ✓ 如果你经常雇用比你弱的人，就会变成一家侏儒公司。相反，如果每次都用比你强的人，日后必定会成为一家巨人公司。

奥格威的著作

　　李奥贝纳是广告史上另一位传奇人物。他在 20 世纪 50 年代中期创造的万宝路品牌形象广告（请参见第 3 章）震撼了全世界。他的广告创意思想用一句话表达，就是"与生俱来的戏剧性"。他说：我们的基本观念之一，是每一种商品中的所谓"与生俱来的戏剧性"，我们最重要的任务是把它发掘出来加以利用。

　　他中年（44 岁）才开始创立李奥贝纳广告公司，公司前台永远为客户放着一篮新鲜苹果。它服务过麦当劳、可口可乐、宝洁、三星等全球品牌。1967 年，76 岁的李奥贝纳在公司的告别演说（节录），成为世界广告业不朽的精神遗产：

　　有一天我终将退位，

　　而你们或你们的继任人可能也想把我的名字一并丢弃。

　　但是请容我告诉各位，

　　我会在什么时候主动要求你们把我的名字从门上拿掉。

　　那一天就是，

　　当你们整天只想赚钱而不再多花心思做广告时；

　　当你们不再夜以继日创造点子，成就李奥贝纳公司一贯秉持的好广告时；

　　当你们丧失有始有终、绝不虎头蛇尾的那股热诚时；

　　当你们不在意强烈又鲜活的创意，只埋头于例行作业时；

　　当你们开始把诚实正直打折时；

　　当你们不再是谦谦君子，只知道吹牛、自作聪明时。

品牌化经验模式要素之 3：大众传媒

　　大规模利用各种大众传媒为品牌做广告，是美国公司从 20 世纪 20 年代开创的传统。利用大众媒体扩大品牌声望的标杆公司是可口可乐和宝洁。可口可乐公司早在 1900 年广告就铺天盖地。宝洁公司则一直是全球投放广告花费最多的广告主。

1881 年，宝洁公司为象牙肥皂刊登了第一个平面媒体广告，"纯度高达99.44%""可漂浮在水面"成为最著名的广告文案之一。1882 年宝洁公司在全美国投入了 1.1 万美元的广告预算费用，从此走上了以大量广告投放建立品牌的道路。广告在宝洁的市场战略和品牌战略中占据举足轻重的地位，即使在20 世纪 30 年代美国经济大萧条期间，宝洁依然没有削减广告费用。在 20 世纪，宝洁是全球投放广告最多的消费品公司，通常广告支出占销售额的比重保持在6%~8%，以电视为主的大众媒体是宝洁公司品牌腾飞的杠杆。宝洁的电视广告将品牌置于首位，突出品牌定位的卖点（USP），成为品牌广告传播的一种经典模式。据《广告时代》的资料，2014 年，宝洁公司全球广告费用已经超过 100 亿美元，列全球之首；2015 年，宝洁公司在美国投放了 43 亿美元的广告费，是美国最大的广告商。

随着大众传媒在 20 世纪初的兴起，能够让品牌信息脱颖而出的新手段纷纷问世并且很快被采用，包括品牌口号（slogans）、吉祥物（mascots）和广告歌（jingles）等开始出现在美国 20 世纪 20 年代的广播和 20 世纪 30 年代的早期电视节目中。因为肥皂制造商赞助了许多最早的电视广播系列连续剧，故而这些连续剧又被称为肥皂剧（soap opera）。"插播广告"这一创造开始在这一时期在全球被广泛采用，成为一种最常用的广告方式。

如果说广告公司帮助品牌在竞争中脱颖而出，那么大众媒体就让品牌插上了飞向千家万户的翅膀。为了使传播有效又省钱，品牌商需要依靠另一类专业公司——媒体代理公司。媒体代理的使命是"以最小的成本，在鱼最多的地方捕鱼"。因此，市场调查行业和媒体代理发展出了一系列专业方法和技巧，从消费者调查到媒体监测、广告效果评估等。

最后，应该指出西方品牌化经验模式的局限所在。品牌化经验模式的主要局限可以概括为两点：品牌为了销售；品牌只是战术。即将品牌局限于销售的动机，在低层次上运用。当然，品牌活动只是企业的视角，是企业家＋广告人＋媒体人的舞台，顾客只是观众，为好的品牌喝彩，或者对差的品牌报以嘘声。难怪奥格威早期的广告名言是："做广告是为了销售产品，否则就不是做广告。"

企业在塑造品牌的道路上奔跑，他们需要联手的合作伙伴是像大卫·奥格威这样的杰出广告创意人或平面设计师或宣传媒体，而不是学究式的人物或理论，学者和大学似乎离品牌很远。直到 20 世纪 80 年代后，品牌出现了意想不到的商业情境，学者和学术理论才开始登上品牌发展的历史舞台。随之，现代品牌时代从根本上改变了品牌化经验模式的这两大局限，这是后话。

2.4 中华老字号创立的人文传统

在世界的东方，与西方早期的品牌平行，中国在 16-17 世纪开始出现了老字号（LaoZiHao, Time-honored Brand）。[28] 与最早的西方品牌相比较，最早的中华老字号出现更早。例如，陈李济（1600 年，明万历年间）、同仁堂（1669 年，清康熙年间）、鹤年堂（1565 年，明嘉靖年间）、六必居（约 1537 年，明嘉靖年间）、张小泉剪刀（1663 年，清康熙年间）等。此后，著名的中华老字号还有：

都一处（1738 年，清乾隆年间）

胡开文徽墨（1782 年，清乾隆年间）

日升昌（1821 年，清道光年间）

恒顺酱醋（1840 年，清道光年间）

老凤祥（1852 年，清咸丰年间）

全聚德（1864 年，清同治年间）

庆余堂（1874 年，清同治年间）

张裕葡萄酒（1892 年，清光绪年间）

作为商品区分的雏形，中国在秦朝的商品上发现了封印。还发现了宋代中期刻有白兔"商标"的铜印版，上面还刻有"认门前白兔儿为记"的字样（见下图）。[29]

宋代中期济南
柳精针店白兔商标铜印版

应该特别指出,中华老字号与欧美早期的品牌是各自独立生成发展的两条线,背后是不同的文化。发源于明清朝代的中华老字号,儒家文化色彩浓厚,封闭性突出。西方的品牌却是凸显出竞争文化、开放心态。某些文献中,将中华老字号简单等同西方的品牌之说法,并不合适,因为它们发源于两种不同的文化,"基因"并不相同。[30] 二者的初步对比参见下表。

表　中华老字号与西方品牌的比较

	中华老字号	西方品牌（早期）
命名特征	表意命名,文化伦理至上,地域显著	差异性,语音学,中性命名
表现形式	招牌、字号、楹联、匾额和对联；中国书法和装潢；幌子	专业标准设计,有利传播
制造与销售	厂店合一（前店后厂）	渠道分立,连锁销售
传播方式	传统口碑、顺口溜	大众传播,创意广告
市场范围	所在地域	突破区域局限,全国品牌
产品类别	中药、饮食、传统工艺等	工业化的大众消费品
利益保护	秘不外传、独此一家、家族特征	专利法律保护
商业伦理	货真价实、童叟无欺	市场承诺
主导思维	吉祥文化、和文化	扩张、竞争
综　合	（儒家为主）文化导向	市场导向

笔者强调,中华老字号具有明显的中国文化特征。老字号创立的文化导向特征,主要表现在以下三个方面。

1）中华老字号讲究"名正言顺"，所谓"名正"，其标准主要是儒家文化。儒家素来倡导的"仁、义、礼、智、信"五常，是中华老字号名称中使用最多的词语。

- 仁：同仁、聚仁、庆仁、仁祥、仁和
- 义：广义昌、德义斋、义利、义兴、义泰、义和、义善源、黄盛义
- 礼：礼和、礼康、礼让斋、谦礼堂、
- 信：志成信、世义信、谦信益、信赐福、公信、立信

中国道家的思想在老字号中也有所体现，例如胡雪岩 1874 年在杭州创立的"庆余堂"，其命名源于《易传》中"积善之家，必有余庆"，庆余隐含积善。《道德经》中的"德"和"谦"，是老字号经常采用的字。

- 德：大德兴、大德通、大德恒、正兴德、全聚德
- 谦：谦祥益、谦和、谦信、谦泰

这种注重名称含义和文化含义的命名，往往无法顾及读音的拗口或同音字或复杂字。即老字号命名不是将便于传播放在第一位，这不同于西方的品牌命名思想。老字号往往利用顺口溜的创意，来弥补这一点。例如北京街头曾经广泛流传的"头顶马聚源（帽子），脚踩内联升（鞋子），身穿瑞蚨祥（衣服），腰缠四大恒（银票）"。

2）追求大众文化认同又特别迎合吉祥意头的社会文化心理。中国自古以来，避忌求吉的社会心理源远流长。中国"老字号"命名用得的最多的是寓意吉祥如意的字：庆、丰、泰、祥、兴、发、安、利、顺、裕、荣、昌、源、盛、福等。例如，庆余堂（积善余庆）、长春堂（长寿不老）、内联升（步步高升）、老凤祥（龙凤呈祥）、东来顺（事事顺利）、日升昌（逐日兴旺发达）、恒顺（长顺）等。店铺逢年过节都挂出象征大吉大利的大红灯笼，向顾客道一声吉利话，也是为了迎合大众心理。民间儒文化和释文化的结合，形成和强化了中国商业中的吉祥文化。当然，这也符合西方后来倡导的"积极心理学"（Positive

Psychology）的思想。

3）老字号的表现形式中，中国文化传统的书法、对联和装帧设计十分讲究。同仁堂以一副历代人始终恪守的对联表达这个数百年老字号的诚信："炮制虽繁必不敢省人工，品味虽贵必不敢减物力"。老字号往往都以名流书法制成金招牌，黑底金字，字体厚重，给人以稳重、实在、可靠的感觉。

2.5 品牌思想里程碑1：品牌识别

早期品牌化经验模式的实践中，企业家追求品牌的第一步是差异化的区分，这个思想和目标，通过设计、广告、传播和商标、专利等种种努力，留下了许多精彩绝伦的案例和历久弥新的品牌故事，以及令人拍案叫绝的创意手法。探索和创新的逐渐沉淀，导致出现了一个专业概念——**品牌识别（Brand Identity，BI）**。品牌识别概括了早期品牌实践中主要的部分，构成了传统时期品牌思想的核心内容，可谓是品牌思想发展历程中的第一块里程碑。

品牌识别就是要清楚回答"我是谁"的根本问题，这也是品牌营销的第一个基本问题。

品牌识别的目标可以表述为八个字——与众不同，脱颖而出。实现这一目标却是"八仙过海，各显神通"，于是品牌界出现了一个又一个天马行空的传奇天才和群星灿烂的空前盛况。

品牌标识于是成为建立品牌的首要大事，随着品牌化需求的上升，一些专业（设计、广告、咨询）公司纷纷应运而生，为公司提供品牌标识的相关设计，也成为近一个世纪里众多广告公司风生水起的主要业务之一，例如世界著名的朗涛公司（Landor），就因设计品牌标识、品牌名称而闻名全球。历史上由来已久的设计领域，也因此生长出极具商业价值的新分支——品牌设计。[31]

后来，品牌识别的思想也孕育出另外一个普遍性的需求——**建立公司识别**。1958年，戈登·利平科特（Gordon Lippincott）提出了术语"公司识别"（Corporate Identity）。随后，在日本和中国台湾掀起了公司识别系统（CIS）的高潮。CIS模式通常表达为一个三层的金字塔，是一个包括BI（行为识别）、VI（视觉识别）

和 MI（理念识别）的识别系统。这种用 CIS 强化公司自身在市场中的差异（而不是顾客心目中的差异，或顾客体验的差异）的策略，曾经广受追捧、风靡一时，特别在 20 世纪 70 年代的日本和 20 世纪 80-90 年代的中国，是当时市场竞争的法宝利器。

品牌识别也是品牌学术最初的研究重点，品牌理论就是从"品牌名称""品牌识别"开始的。1992 年，卡普菲勒的《战略品牌管理》一书中，品牌识别是重要的内容。他创新提出了品牌识别棱柱（Brand Prism），从六个方面识别品牌，包括：品牌个性、品牌形象、品牌文化、产品、消费者、关系（请参见第 7 章）。阿克 20 世纪 90 年代的品牌三部曲著作中，提出了"核心识别"和"延伸识别"等概念。

在原先简单识别（名称、图标、商标等）的基础之上，品牌学者后来不断开拓出新的识别元素，例如 20 世纪 50 年代的品牌形象（Brand Image）、20 世纪 70 年代的与众不同的品牌定位（Brand Positioning）、20 世纪 90 年代的品牌个性（Brand Personality）及后来的品牌原型（Brand Prototype）等。

随着品牌思想从传统向现代的演变，品牌识别在品牌理论中的重要性和占据的位置发生了明显的变化。尽管品牌识别依然是某些学者的研究对象，[32] 尽管某些主题，如品牌命名（Brand Name）的研究一直延续到现在，品牌原型的研究也还在深入，但是，总的趋势是，品牌识别已经从核心滑向边缘。

这种趋势反映出品牌理论和战略的主导思维已经从自我走向关系。尽管有关品牌识别的具体研究，例如品牌名称、Logo 等研究论文至今还不时出现在营销专业期刊上，但是，品牌识别作为一个面向自我的研究范畴，已经由兴盛转向衰退。例如，在凯勒的《战略品牌管理》这本代表现代品牌理论的著作中，凯勒已经将品牌识别的内容归纳入"品牌元素"（Brand Elements）之中，即品牌识别作为一个概念被淡化（请参见第 5 章）。[33] 而从另一位品牌大家阿克身上，品牌识别重要性的弱化更加明显，阿克早年的著作中有不少品牌识别的内容，而在他晚年的代表性著作《品牌大师》（*Aaker on Branding*，2014）中，品牌识别已经隐去，不再露面（请参见第 4 章和第 9 章）。

2.6 小结

本章首先指出存在品牌化的经验时代，考证了早期品牌学术严重落后于实践的历史状况。其次，归纳了西方品牌化经验模式的要素和一般特征，创造区别、广告创意和大众传播是品牌化的基本要素。这三大要素也对应了"品牌与设计""品牌与广告""品牌与传播"这三大思想主题。

笔者又特别分析了与西方品牌并行的中华老字号的创建，指出老字号的中国文化特征是其有别于西方品牌化的根本所在。

最后，本章概括了发端于传统时代的品牌思想史上的第一块里程碑"品牌识别"。

在品牌学术姗姗来迟的早期阶段，品牌思想创新和企业品牌行为虽然是以经验为主的，却是出类拔萃和创新不断的，是品牌长青之树的源头活水，其影响一直延续到今日。这些源头活水在后来机缘成熟时滋养出了品牌学术之大树。下一章先要介绍的是，杰出的西方品牌学者率先以理性的思想之光，创造了重要的品牌专业概念，照亮了通向现代品牌学术殿堂的思想大道。

注　释

[1] 凯勒 . 战略品牌管理 [M]. 3 版 . 卢泰宏，吴水龙，译 . 北京：中国人民大学出版社，2009: 39-40.

[2] Stern B B.What does brand mean? Historical-analysis method and construct definition [J]. Journal of the Academy of Marketing Science,2006,34(2):216-223.

[3] Maynard H H, Weidler W C, Beckman T N. Principles of marketing[M]. New York:Ronald Press,1927.

[4] Clark F E. Principles of marketing [M]. New York:Macmillan, 1927.

[5] Bartels R. The History of marketing thought [M].3rd ed. Columbus: Publishing Horizons,1988；

Bartels R. The development of marketing thought [M].Homewood: Richard D.Irwin, Inc,1962.

［6］Bastos W, Levy S J. A history of the concept of branding: Practice and theory [J].Journal of Historical Research in Marketing,2012,4(3): 347−368.

［7］Kevin L K, Frederick E. A roadmap for branding in industrial markets[J]. Journal of Brand Management, May 2004,11 : 388−40;

Kevin L K. "Building a Strong Business−to−Business Brand," in Business−to−Business Brand Management: Theory, Research, and Executive Case Study Exercises, in Advances in Business Marketing & Purchasing series, Volume 15, ed. Arch Woodside (Bingley, UK: Emerald Group Publishing Limited, 2009), 11−31;

Kevin L K, Kotler P. "Branding in Business−to−Business Firms," in Business to Business Marketing Handbook, eds. Gary L. Lilien and Rajdeep Grewal (Northampton, MA: Edward Elgar Publishing, 2012).

［8］Kotler P, Pfoertsch W. B2B brand management [M].Berlin: Springer, 2006.

［9］Kapferer J N. Strategic brand management [M]. London: Kogan Page, 1992, Preface.

［10］Keller K L , Lehmann D R. Brands and branding: Research findings and future priorities [J]. Marketing Science, 2006，25(6）：740−759.

［11］Petty R D. From label to trademark: The legal origins of the concept of brand identity in nineteenth century America [J]. Journal of Historical Research in Marketing,2012, 4(1): 129−153.

［12］列维说："柯达卖胶片，但他们不以胶片为卖点，而以美好的回忆为卖点。"原话是 "Kodak sells film, but they don't advertise film; they advertise memories"。

［13］埃文斯等.他们创造了美国 [M]. 倪波，等译.北京：中信出版社，2013.

［14］埃文斯等.他们创造了美国 [M]. 倪波，等译.北京：中信出版社，2013：140−147.

［15］彭德格拉斯.可口可乐传（1884—2014）[M]. 高增安，等译.上海：文汇出版社，2017.

［16］Murphy J M. Brand strategy [M]. London: Director Books, 1990: 166.

［17］霍普金斯.我的广告生涯 [M]. 邱凯生，译.北京：中国人民大学出版社，2008: 第20章.

［18］Kotler P, Armstrong G. Marketing: An introduction [M].4th ed. New Jersey: Prentice−Hall, 1997.

［19］参见 Wikipedia 条目：Advertising Agency。

［20］参见 Wikipedia 条目： Thomas J. Barratt。

［21］Cruikshank J L, Schultz A W. The man who sold America [M]. Harvard Business Review Press,2010；另参见 Wikipedia 条目：Albert Lasker。

［22］Gunther J. Taken at the flood: The story of Albert D. Lasker [M].1990 ed. New Jersey: Harper and Bros,1960.

[23] 克劳德·霍普金斯. 我的广告生涯 [M]. 李宙, 章雅倩, 译. 长春: 北方妇女儿童出版社, 2016: 序言和第 1 章.

[24] 奥格威. 一个广告人的自白 [M]. 林桦, 译. 北京: 中国友谊出版社, 1991.

[25] 奥格威. 奥格威谈广告 [M]. 曾晶, 译. 北京: 机械工业出版社, 2003: 序.

[26] 奥格威. 一个广告人的自白 [M]. 林桦, 译. 北京: 中国友谊出版社, 1991; 奥格威. 奥格威谈广告 [M]. 曾晶, 译. 北京: 机械工业出版社, 2003.

[27] 奥格威. 广告大师奥格威: 未公诸于世的选集 [M]. 庄淑芬, 译. 北京: 机械工业出版社, 2003.

[28] 彭泽益, 等. 中国工商行会史料集 [G]. 北京: 中华书局, 1995.

[29] Eckhardt G M, Bengtsson A . A brief history of branding in China [J]. Journal of Macromarketing, 2009, 30 (3): 210.

[30] 游汉明, 等. 华夏文化之营销实务 [G]. 香港城市大学华人管理中心, 1997. 参见书中卢泰宏, 林一民所著《商业传播中的儒家传统与现代规范——中国老字号与西方品牌的文化比较》一文。

[31] 卢泰宏, 等. 整体品牌设计 [M]. 广州: 广东人民出版社, 1989.

[32] Park C W, Eisingerich A B, Pol G, Park J W. The role of brand logos in firm performance [J]. Journal of Business Research, 2013, 66(2):180−187.

[33] 凯勒. 战略品牌管理 [M]. 4 版. 吴水龙, 何云, 译. 北京: 中国人民大学出版社, 2014: 第 4 章.

第二篇

现代品牌理论：演进的脉络与人物

通过第一篇，我们了解到近一个多世纪品牌渊源的主要思想及其演变的粗线条，早期品牌实践中的开拓创新，即品牌化的经验模式。本篇将进入理性主导品牌的时空，阐释品牌学术如何发端，如何在 20 世纪 80 年代兴起并成为独立的专业领域，如何在 20 世纪 90 年代形成了现代品牌理论；在集大成之学术成果的推动下，专业范式的建立如何将品牌实践升华到前所未有的境界。

本篇是全书的重点，共有 5 章（第 3-7 章）。包括：现代品牌理论产生的背景和原因；最主要的思想贡献者及其基本思想和核心内容；主要的分支和流派，及其与主流的区别之所在，等等。

03 理性之光：
现代品牌理论的前奏

如前所述，尽管很长一段时间里，可口可乐、宝洁、奔驰、迪士尼等众多品牌早已在实践中展现了卓越企业家般的品牌梦想，但是品牌领域还没有学者的身影出现，品牌研究的魅力也没有展现出来。1955 年开始，情况有了根本性的变化。高屋建瓴的品牌学术概念出现了，革命性的品牌思想令人耳目一新，品牌一词不仅耐人寻味，而且曲径通幽、境界深远，犹如奏响了通向现代品牌理论的前奏曲。第一首前奏曲名为品牌形象，在品牌思想的历史上，它具有里程碑的意义。

3.1 品牌思想里程碑 2：品牌形象

品牌形象（Brand Image）是第一个学术突破口，1955 年由学术界提出，几乎同时得到了实务界的热烈响应，成为风靡约 20 年之久的商业新武器。

1955 年，加德纳（B.B.Gardner）和列维（S.J. Levy）在《哈佛商业评论》3-4 月号上发表了《产品与品牌》一文 [1]，他们分析了产品和品牌在消费者心目中的不同，其关键是提出了品牌的形象和符号对消费者的特殊意义，将产品和品牌从理论概念上区分开来。文中提出的品牌形象是重大的思想理论创新，加德纳和列维的这篇论文开启了品牌学术研究之门，是品牌形象的思想源头，被广泛引用，成为营销、品牌和广告、设计、传播等相关学术文献中经久不衰的经典之作。

品牌形象也为营销管理和广告公司提供了崭新的战略目标和独领风骚的商业利器。在这之后的 20 年时间里，营销、广告、品牌的实战中，人们都将品牌形象奉为圭臬，可谓在营销品牌史上开创了品牌形象的时代。

这篇文章也惊动了大名鼎鼎的广告教皇奥格威（请参见第 3 章）。奥格威在 1955 年美国广告协会年会上发表了题为"形象与品牌"的演讲，他极力赞扬了加德纳和列维的这篇文章，并且强烈鼓吹、大声疾呼将品牌形象应用于广告的实践中。1961 年，奥格威在其《一个广告人的自白》这本影响非常大的书中，以及奥美广告公司内部实务指南手册中，都将品牌形象列为最重要的广告理念。尽管若干年后奥格威还郑重其事地说明："我在 1955 年推广的品牌形象这个概念并不新鲜，霍普金斯在 20 年前就介绍过了。"[2] 霍普金斯的确早就提出过此概念，他曾主张："尽量为每个广告主塑造一种合适的风格，能恰如其分地创造产品个性是极大的成就。"只是直到 1955 年，品牌形象才开始鲜明醒目和富有魅力，这当然与奥格威的思想敏锐、独具慧眼大有关系，他真正解读和洞察出加德纳和列维以及霍普金斯的思想价值，并且推动这一创新思想在广告界落地生根、开花结果。由于奥格威在广告界如日中天的声望和巨大的影响力，品牌形象理论首先在广告公司实务中得到应用，之后迅速成为广告创新的目标和工具。1957 年，李奥贝纳公司副总裁泰勒（W.D.Tyler）在《营销学报》（*Journal of Marketing*）上发表了名为《形象、品牌和消费者》的文章[3]，提出广告应该塑造出超越产品卖点的形象。塑造品牌形象成了广告追求的新战略和新目标。**品牌形象广告开启了广告新时代，奥格威更说出了这个广告新时代的经典名言：**"任何广告都是对品牌个性长远投资做出的一份贡献。"

品牌形象广告的经典案例，首推 20 世纪中后期广为人知的万宝路香烟广告，这是李奥贝纳公司（请参见第 3 章）创造的伟大广告。该广告塑造了万宝路品牌鲜明独特的西部牛仔形象，使一个无名的滞销品牌变成了世界上最畅销的香烟品牌。奥格威评论说："毫无疑问，万宝路广告是李奥贝纳最伟大的里程碑。"

万宝路是 20 世纪 20 年代菲利普·莫里斯公司（Philip Morris）推出的女性香烟品牌，其广告语是"柔如五月"（Mild As May），推出后一直打不开

市场。直至李奥贝纳在 20 世纪 50 年代中期运用品
牌形象论对其进行变性定位，塑造并赋予万宝路品
牌阳刚粗犷、野性之美的自我形象——西部牛仔
（Marlboro Man），并在电视广告和产品包装上充
分表现出来，结果万宝路香烟的销量激增。至 1989
年，万宝路在美国香烟的总销量中已经占到 25%，
同时，带动菲利普·莫里斯公司后来居上，从 50
年代初在美国香烟市场份额不到 10%(行业第六位)，
上升到市场份额 43% 的第一品牌位置。1995 年，
美国《金融世界》（Financial World）发布万宝路

万宝路香烟的经典品
牌形象广告

的品牌价值达 446 亿美元，成为全球第一品牌。全球平均每一分钟消费的万宝
路香烟高达 100 万支！

　　从品牌形象论的提出，到万宝路香烟形象广告的横空出世，加德纳和
列维的这篇文章，可谓投下了一颗超级炸弹。发表这篇文章时，列维还是
一位在读博士生，他提出品牌形象的思想来源于他在社会研究公司（SRI）
的咨询经验。几十年后，列维成为营销学、消费者行为学和品牌理论的
大家。

3.2　列维的思想和贡献

　　美国学者列维（S.J.Levy，1921-　　），是品
牌思想史上的第一位学术人物，是品牌和营销思想
史上占有重要地位的一位传奇人物。

　　列维是全球在世著名营销学学者中最年长的一
位，他已经 98 岁（2019）了。他在博士在读期间
就提出了"品牌形象"的重要思想。九旬高龄，依
然在发表他的学术论著，他学术生命之长青，令人
羡慕和敬佩不已。列维也是一位性情中人。2017 年，

列维（S.J.Levy，1921-）

学术刊物邀请他撰写"自述"时，他写下了人生回顾。他没有局限于书写自己的学术历程和成果，而是写出了他的人生精彩。他在高中毕业时写的一首名为《青年》的诗中，居然嵌入了"品牌"这一他日后钟情和追求一生的学术目标。[4]

青年

世界的生命之血，欢乐，神奇的青年，

令人振奋，催人向上，传播光明和真理。

在世界的门槛上，带着崭新和宏伟的思想，

青年犁铧，雕刻它的利基，以知识为燃烧的品牌！

列维曾经在军队服役，1956 年，35 岁的列维在美国芝加哥大学获得了博士学位（心理学）。1961—1997 年，长达 36 年的时间，他在著名的美国西北大学凯洛格商学院营销系工作，并任冠名教授，1980—1992 年，担任营销系主任。1997 年，76 岁的列维从西北大学退休后，受聘转入美国亚利桑那大学埃勒管理学院，担任营销系主任和可口可乐荣誉营销学教授，他似乎忘记了年龄，继续开拓他的营销和品牌学术。在列维的一生中，除了学术研究、发表论著和教学培养学生外，他还为政府机构和许多著名公司（如卡夫，智威汤逊广告公司）做实战咨询顾问。

列维与现代营销之父科特勒的关系也是一个传奇，他们两人跨越半个多世纪的友情、学术合作和学术争辩是营销史上令人瞩目的学术风景线。

列维与科特勒的传奇

列维和科特勒同在凯洛格商学院，似乎还是同一种类型的人。两人都没有营销学的背景，列维学的是心理学，科特勒学的是经济学。对于营销学这个新领域，他们都具有与众不同且特立独行的长远考虑，都怀着将营销学布道社会并扩展至更大范围的宏图伟愿。他们的营销学思想都产生了深远的学术和社会影响。

　　列维与科特勒在学术上多次合作。最具影响的一次是 1969 年在《营销学报》上合作发表的论文《营销概念的扩展》（The Broadened Concept of Marketing）[5]，将营销推向了商业之外的广阔天地，建构了营销全方位的发展空间。这是**营销思想史上最大胆、最重要的经典论文之一**。两人合作的另一篇出格的论文名为《逆向营销》（Demarketing），发表在 1971 年的《哈佛商业评论》上[6]，他们表现出的特立独行和思想自由的学术精神，再一次震撼了营销界。在生活中，列维与科特勒的友谊超过 55 年。1962 年，科特勒入职美国西北大学凯洛格商学院时，比他年长 10 岁的列维是营销系教授。科特勒面临经济学和营销学二者择一的选择，与列维等同事交流之后，经济学背景的科特勒选择了陌生的营销学。科特勒这样评价列维："他对我的营销思想产生了相当大的持续影响"，[7] "他是一个非常有魅力和有趣的人，他具有原创的思想，以及对事情的鲜活洞察"。[8] 此后的几十年间，他们二人一直保持着亲密的关系。不过在学术上，他们却是互不谦让，下面的情境就是一个例证。

　　2015 年，列维 94 岁生日时，他应邀返回美国西北大学凯洛格商学院做了题为"品牌理论"（A Theory of the Brand）的学术演讲。这是列维自己选择的一个演讲题目，当他说到他相信"品牌化（branding）是营销的中心概念"时，科特勒出人意料地立刻站起来反驳说，他不同意列维的观点，他相信营销本身是中心概念，品牌只是其中的一部分。[9] 这是一个十分精彩的历史瞬间，列维对品牌的学术推崇和科特勒对营销的学术坚守都在这一刻显露无遗，正所谓君子和而不同。2017 年 5 月，列维再度回访凯洛格商学院，并与科特勒会面留下了这张珍贵的照片。

86 岁的科特勒（左）和 96
岁的列维（2017）

列维的创新思想和主要贡献

在营销思想的历史中，列维是 20 世纪营销学、消费者行为学和品牌研究最重要的思想贡献者。他引入了心理学、人类学、社会学和美学的思想和方法，是营销学、消费者行为学和品牌理论综合创新开辟新道路的思想先锋。1999年出版的《列维论营销》（*Sydney J.Levy on Marketing*）一书，[10] 其英文副书名中的三个关键词——品牌、消费者、符号——指明了列维贡献最大的三个领域。他与科特勒一起将营销开拓至社会的广阔空间，他对消费者行为研究有过重大影响，尤其体现在对品牌思想的创新，开创了品牌形象、符号主义和文化意义等重要方向。

列维主张品牌化是营销的核心。他将"品牌"列为自己的三个核心学术领域之首。2012 年，九旬高龄的列维（与合作者）还发表了论文《品牌概念史：实践与理论》。[11]2016 年，95 岁的列维出版了《品牌理论》（*The Theory of the Brand*）。[12] 这位学术老人，似乎年龄越大越钟情于品牌思想的学术建树。

列维对品牌学术的主要创新，是在品牌理论中开创了品牌形象 – 符号的学术流派。创新提出了品牌形象、符号 – 象征、品牌意义等十分重要的思想。他开拓的品牌理论研究，从消费者对营销和品牌的感知这个方向切入，并不断深入。20 世纪 50 年代至 80 年代初，列维发表了一系列的开创性论文，包括：《产品与品牌》（1955）、《品牌形象的意义》（1957）、《贩卖符号》（1959）、《符号主义与生活方式》（1963）、《营销中的神话与含义》（1974）等。他还是消费文化理论的拓荒学者。

列维的学术路径是：消费者研究 – 营销 – 品牌。他的学术起点是 20 世纪 40 年代末开始的消费者研究，他的若干消费者研究论文影响了消费者行为研究的历史发展。[13]20 世纪 40 年代，列维就预见到营销这个领域的巨大发展潜力，并且特别注重从社会视角来研究营销学。1961 年，列维开始在美国西北大学凯洛格商学院教授营销学课程。

列维开创性的思想成果对营销学的长期影响，除了上面提到的与科特勒合作的经典论文之外，还必须提到的是，他 1959 年发表在《哈佛商业评论》上的论文《贩卖符号》[14]，第一次提出了"营销不仅仅是简单的销售产品，营销也销售符号或象征"的理念。在营销思想史上，将营销与销售区分开来，并且认为营销高于销售，这是营销发展进程的一大步。因为此文，列维在 2000 年获得了美国营销协会（AMA）的成就奖。关于营销这个本质性跨越——营销不是销售，现代管理宗师德鲁克和现代营销之父科特勒随后都有重要的论述。

最后，应该特别指出一点，作为一位思想开阔、站在多学科制高点、领风气之先的大学者，列维的创新思想并没有全都获得美国学界的热烈响应。列维是品牌文化思想流派的发端者，他在品牌理论中开创了"形象－符号主义－象征－文化意义"的思想主张，在美国应者寥寥（如霍尔特，请参见第 9 章），没有被发扬光大，但在欧洲却博得了青睐，获得了更多的认可，成为了欧洲品牌学派的一个思想支柱（请参见第 7 章）。

3.3 从产品的框架中解放出来

在品牌思想发展史上，产品与品牌的关系是一个关键问题。品牌从产品的框架中解放之后，现代品牌管理完成了从产品导向到顾客导向的重大转变，树立了"品牌是消费者（顾客）所拥有的"基本观念。沿着这条脉络发展，一直通向 1993 年凯勒提出的"基于顾客的品牌资产理论"（CBBE）。后面我们会谈到，这个问题又是美国品牌学派与欧洲品牌学派的一个分水岭，也是发达国家与新兴（发展中）国家品牌化的一个重要区分所在。

在历史的发展进程中，以美国为代表的主流的现代品牌理论，早期迈出的十分重要的一大步，就是将品牌从产品的框架中解放出来。这一思想在美国实现转折的标志性时间点是 1985 年，美国沃顿商学院的品牌教授卡恩（B.E.Kahn）在 2013 年的一段话颇有代表性：

"在 1985 年之前，所有的品牌几乎无一例外都是以产品为核心。——品牌与产品之间的差异从 1985 年以后开始变得清晰起来。虽然在 1985 年以前品牌的概念已经存在了，但无论是消费者还是企业的经营者都没能体会到品牌的真正影响力，他们也没能认识到品牌是具有生命力的，更加**没能意识到品牌具有独立于产品的属性。**" [15]

　　有两个事实支撑卡恩教授的这一判断。一是，1985 年可口可乐公司推出了"新可乐"（New Coke），引发了意想不到的轩然大波，从根本上冲击了传统的产品观念，成为营销史和品牌史上最重要的象征性事件之一；二是，1986 年帕克（C.W.Park）教授在《营销学报》上发表了品牌是由三个维度构成的文章，从理性和学术上开启了品牌独立存在的空间。

　　1985 年以前，著名的品牌几乎都离不开产品，或者说，品牌都是以产品为核心，例如可口可乐、家乐氏（Kellogg's）、吉列（Gillette）、柯达、立顿（Lipton）等。在朦胧的意识中，人们并没有提出，更没有回答对于品牌自身来说最本质的问题：品牌是否具有独立于产品的属性和价值？品牌是否具有独立存在的空间？其答案在 20 世纪 80 年代中期发生的巨大情感激荡和深刻理性思考之中浮现出来，让我们先回顾第一件大事——新可乐的品牌风波。

　　可口可乐公司创立于 1886 年，1985 年元旦，即可口可乐百岁诞辰之时，化学工程师出身的 CEO 郭思达（Roberto Goizueta）极力向可口可乐的总裁罗伯特·伍德拉夫游说一项"伟大"的计划——改变可口可乐的配方，推出新口味的可乐产品，用"新可乐"（New Coke）全面取代市场上的"经典可乐"。这是他基于与百事可乐竞争的情况，经过多次市场调研后的决定，是他的管理团队、市场分析人员以及广告人员反复分析讨论的结果。《可口可乐传》一书的"序言"记录了这一历史场景：95 岁的伍德拉夫在沉默良久后叹息一声，用刺耳的声音说道："做吧"，然后缓缓闭上了眼睛。这就是可口可乐在其百年诞辰之际，一场意想不到的大"地震"的序幕。

　　新可乐上市后，遭到了消费者激烈的对抗和反对：大量的消费者完全不接受新可乐的口味，认为新产品不是他们长期熟悉、认同的可乐，完全不是他们终生的"老朋友"。整整三个月，可口可乐公司管理层被成千上万的电话和成捆成堆的信件所困扰，媒体上也尽是愤怒的报道。所有的来电来函和报道都是一个声音：要求恢复可口可乐的传统口味。消费者表达的都是被出卖的感受："改变可口可乐的口味就好比上帝要把青草变成紫色。"

固执的郭思达希望等待纷扰渐渐平息，但是事与愿违。他静观其变的结果是，消费者的愤怒愈演愈烈，最后演变成在可口可乐总部亚特兰大抗议新配方可乐的情绪激昂的示威游行。可口可乐公司终于宣布终止新可乐的计划并从货架上撤回所有的新可乐。

郭思达的依据是一系列的数据统计、市场份额分析等：无论可口可乐付出多少广告费用，无论可口可乐的营销渠道有多好，百事可乐的市场份额一直在缓缓上升，甚至在超市的销量已经超过了可口可乐，并且正在逼近可口可乐一直占优势的可乐饮料机和小贩售卖等渠道的销量。多次的街头口感盲测显示：大多数软饮料消费者更喜欢竞争对手百事可乐的口感。虽然这个差别很小，但不能忽视它的存在。

很明显，新可乐计划并非心血来潮，但是郭思达错了，因为他忽略了最重要的一点：可口可乐品牌与消费者的关系，以及消费者对可口可乐的基本体验和情感，可口可乐已经融入消费者的生活，变成了不可或缺的一部分。第二次世界大战期间，在前线的美国士兵寄给可口可乐公司的信件曾表达：可口可乐是大家的老朋友，是我们日常生活的一部分，是美国人的护身符，是大众的偶像。而这是任何品牌都没有获得过的无上荣光。

这很清楚地道出了新可乐上市为什么会引发轩然大波，暴露了公司管理者不自觉地将品牌等同于产品的思想局限，道出了"品牌既属于公司，也属于消费者"这一重要的新理念。**新可乐失败了，换来了品牌理念的升级：品牌不同于产品。**

品牌属于谁？这似乎不构成一个问题：品牌当然属于品牌主（投资创立品牌的人或机构）。直到 1985 年，可口可乐公司发生的营销史上的风波，将这个问题推向新的高度，并且不断冲击和改变人们对品牌的传统看法和认知。在学术层面，首先给出最深刻答案的学者是美国教授帕克，下面将细述他提出的品牌三维结构，这也是品牌思想的又一里程碑。

3.4　品牌思想里程碑 3：品牌的三维结构

如前所述，将品牌从产品框架解放出来的第二个关键事件是 1986 年美国帕克教授等提出的品牌具有的三个维度：功能的、象征的、体验的，这三个维度从学术思想和理论上进一步分离了品牌与产品。

1986 年，帕克等人在《营销学报》上发表论文《战略品牌概念》（Strategic Brand Concept-Image Management）[16]，提出了"品牌概念管理"（BCM）的框架，将品牌的内涵（和价值）区分为三个维度：功能的（functional）、符号的（symbolic）和体验的（experiential）。

这篇论文的出发点就是探索在理论概念上，品牌到底与产品有何本质区别。作者挖掘出品牌的三维结构，从理论上明确了品牌与产品的根本不同：产品只有一维空间，而品牌具有三维空间。品牌在符号（象征）意义和体验意义上都具有独立且不同于产品的属性和价值。显然，品牌不可能受到产品的束缚和桎梏，它一定会冲破产品的框架，在商业世界张开翅膀，恣意翱翔。

这一对品牌概念内涵高屋建瓴的研究成果，不仅从理论上厘清了品牌与产品的不同，也为现代品牌理论的建立和长远发展奠定了重要的基石，为后来发展品牌战略管理的流程、发展品牌与顾客的关系都提供了基本的方向和策略思路。例如，品牌的体验维度在 2000 年开始成长出"品牌体验"这个十分重要的分支（请参见第 8 章）。品牌的符号维度与品牌的象征意义相结合，从品牌情感延伸到品牌文化、品牌价值观，发展出品牌文化理论流派（请参见第 7 章）。

当帕克等人发表《战略品牌概念》时，品牌研究和现代品牌理论几乎还是一片待开垦的处女地。在帕克这篇论文之前，品牌研究的经典论文屈指可数，或许，只有加德纳和列维 1955 年发表在《哈佛商业评论》上的《产品与品牌》可以与之媲美。在帕克的此文之后，品牌研究的经典名篇不断出现，除了品牌大家阿克和凯勒的论著外，还有珍妮弗的《品牌个性》（1997）、苏珊的《消费者－品牌关系》（1998）、施密特的《品牌体验》（2000）和莫尼兹等的《品牌社群》（2001）等。帕克的这篇论文是品牌从经验为主走向理论思维的先声。

1987年，此文荣获了 Alpha Kappa Psi 学术奖。它也是帕克论著中迄今被引用次数最多的论文，总共被引用 3 246 次（谷歌学术搜索，2018）。在品牌思想史上，它是通向现代品牌理论的第二块里程碑。

发表这篇经典论文的那一年，帕克42岁，此后30余年，他在品牌学术领域不断耕耘、创新，发表了许多重要的论著，成为全球品牌学术领域为数不多的重量级学者之一，他是品牌学术殿堂中的一位大家。

帕克：如何在品牌学术领域创新

帕克是美国南加州大学马歇尔商学院（USC）的营销学教授和全球品牌中心（GBC）主任。他是全球品牌学术的核心学者，其论著被引用总次数不少于23 000次（谷歌学术搜索，2018）。

帕克是韩裔美国人，他是一位大器晚成的学者。在韩国国立首尔大学取得德语学士学位后，帕克进入美国伊利诺伊大学攻读硕士和博士学位，他改变了原来的专业而主修营销学。在30岁（1974年）取得博士学位后，先后在美国堪萨斯大学、匹兹堡大学任教，39岁时（1983年）升为教授。1986年，他因发表了著名论文而在品牌学术界崭露头角。1997年帕克到美国西海岸的南加州大学任教授。他在品牌和消费者研究领域的主要论著多在南加州大学完成。为了弥补起步较晚的弱势，帕克在学术

帕克（C.W.Park，1944-　）

上注重聚焦和合作，他的长期学术合作者马克琳（D.J.MacInnis）也是著名的学者（请参见第8章）。

帕克是一位异常勤奋的学者，他从31岁（1975年）开始发表论文（与J.N.谢斯合作），几乎每年在重要的专业期刊上都有论文发表。帕克还写了多本专业书、大量的会议论文等。他培养了24位博士（1982–2016），还花费大量的

时间用于企业咨询及解决实战问题。

在学术生涯最初 10 年，帕克的研究成果主要集中在消费者行为领域的信息处理决策方向，1986 年是他研究的转折点，此后他聚集于品牌研究领域取得了许多成果。

帕克及合作者在营销核心期刊上发表了诸多的论文，主题包括：品牌的三维结构、品牌稳定性、品牌联盟、品牌依附、品牌关系等。可以看出，帕克的品牌研究方向大致分为两个阶段：前期聚焦在品牌概念本身的理论建立和深入研究上，后期沿着品牌关系的主线创新挖掘关键性的主题。以下简述他最具开创意义的品牌学术思想论著。

帕克从学术上为品牌这一概念搭建了清晰的架构。品牌概念管理框架进一步厘清了品牌与产品的不同，为以后发展品牌战略管理的流程和品牌与顾客的关系提供了策略思路。《战略品牌概念》这一后来赢得了学术奖（Alpha Kappa Psi Award）的论文为帕克对品牌内涵的挖掘和丰满，开辟了充足的思想空间和找到了正确的成长方向。其中，品牌体验在 20 世纪末开始得到了重要的发展，品牌符号（象征）成了欧洲品牌学派开拓新方向的重要思想武器，并且是 21 世纪品牌研究中理论创新的起点之一。

1991 年，帕克等在《消费者研究学报》（JCR）上发表的论文中 [17]，区分了功能导向品牌（Function-Oriented Brand）和尊重导向品牌（Prestige-Oriented Brand），提出了品牌的（概念）稳定性（Brand-Concept Consistency）。前者是区分品牌与产品思想的进一步深入，并且走向品牌管理；后者为品牌的长期战略管理中"变与不变"提供了一个基本概念。这篇论文被引用超过 1 800 次（谷歌学术搜索，2018）。

1996 年，帕克和合作者在《营销研究学报》（JMR）上发表了名为《品牌联盟》（Brand Alliance）的论文 [18]，这是 20 世纪 90 年代中期这个新兴研究主题的核心文献之一。

从 2005 年起，帕克及合作者发表了大量论文，开拓了品牌学术的一个新概念——品牌依附（Brand Attachment）[19]，其中，2005 年的论文被引用高

达 1 800 次以上（谷歌学术搜索，2018）。2010 年，帕克等在《营销学报》
（*JM*）发表了《品牌依附与品牌态度强度》（Brand Attachment and Brand
Attitude Strength）一文 [20]，提出了有效的品牌依附测量量表，因为该量表十
分出色，这篇论文产生了很大的影响，被引用不少于 1 100 次（谷歌学术搜
索，2018）。2013 年，帕克等又发表了《消费者品牌关系的依附 - 厌恶模型》
（*Attachment-Aversion（AA）Model of Customer-Brand Relationships*）。[21] 这
些论文主要有两大贡献，一是使品牌依附成了一个新的研究方向；二是发明了
一个简洁有效仅含四个问题的 "品牌依附" 量表。

2016 年，帕克的成名论文发表 30 年后，他和合作者出版了《品牌崇拜》一书。
[22] 这本书反映了他晚年的学术思想和学术风格，是其最重要的一部代表性著作，
书中用了很大篇幅阐释 "品牌魅力管理"（BAM）（详情参见第 9 章）。

综上所述，帕克的学术风格可以概括为三点：聚焦深挖，合作成势，两栖
兼顾。

3.5　定位论和整合营销传播

列维和帕克的思想和学术贡献，为现代品牌理论的诞生起到了铺路和奠基
的作用。接下来，我们将介绍的，同样是营销领域的重大思想学术成果，是现
代品牌理论不可缺少的重要构件：20 世纪 70 年代出现的定位论和 20 世纪 90
年代的整合营销传播论。

定位论的发明

20 世纪 70 年代初，美国两位意气风发的广告人里斯（Al-Ries，1926–）
和特劳特（J. Trout，1939–2017）发表了定位（positioning）的新思想，这被公
认是营销史上最富有创见的新概念之一。2001 年，定位论被美国营销学会（AMA）
评选为 "有史以来对美国营销影响最大的观念"。2009 年《定位》一书被美国《财
富》杂志评选为 "历史上最佳商业经典" 第一名。

里斯和特劳特（1981）

1963 年，里斯在纽约创立 RCC 广告公司，并在公司内部提出了定位论的雏形概念"rock"。1968 年，新加盟的特劳特建议改用"positioning"（定位）来表达这一新思想。[23]1969 年，里斯和特劳特在《工业营销》上发表了《定位：同质化时代的竞争之道》一文，首次公开了定位的新概念。1972 年，《广告时代》连续刊登他们的系列文章《定位新纪元来临》，这是定位思想最初时的文献。八年后，即 1980 年，麦格劳 – 希尔出版社（McGraw-Hill）出版了两人的《定位：有史以来对美国营销影响最大的观念》（*Positioning: The Battle for your Mind*）一书。[24]此书让他们一举成名。2001 年，麦格劳 – 希尔又推出了该书 20 周年纪念版。目前，《定位》一书的累计销量已超过百万册，被翻译成十余种语言，堪称是营销领域和战略领域凤毛麟角的经典之作。

里斯和特劳特以"三个时代"的框架出色地概括了市场竞争的变化趋势和定位的创新思想：产品时代（20 世纪 50 年代）：卖点取胜；形象时代（20 世纪 60 年代）：外在吸引；定位时代（20 世纪 70 年代）：心理制胜。我们尤其不可忽视此书的原文副标题，因为它道出了定位的关键和本质，强调了定位是从心智上争取顾客，这是定位可以高屋建瓴超越以往观点的创新所在。2014 年，垂垂暮年的里斯在中国的告别演讲中，再次强调了定位的精髓：[25]

50 年前，我在纽约市开了一家广告公司，当时广告界受到三位思想家的影响：第一位是罗瑟·雷斯，第二位是大卫·奥格威，第三位是李奥贝纳。

雷斯的广告方法叫作 USP（独特销售主张）。如果百事可乐是其客户，雷斯会强调百事可乐的口味，因为研究表明，百事可乐的口感确实比可口可乐要好，这是产品时代。大卫·奥格威强调广告都是对品牌建设的长期投资，这是产品形象时代。李奥贝纳给我们带来了一个创意时代，他认为创意可以以一当十，一直追随他人就等于自杀，广告一定要与众不同，要有创意。实际上，他们都聚焦一点，那就是产品。

但是定位理论不一样，定位理论实际上并不强调产品，大家思考一下，每一家公司实际上在做什么？一般都聚焦于产品。但是定位理论并不是定位在产品上，而是把目光瞄准潜在顾客的心智。例如：百事可乐不单是做产品，还要把它定位到人们的心智中。人们的心智已经被可口可乐占据了，百事可乐只有取而代之才可能成功。

里斯和特劳特都有丰富的商业实践经验，如果没有当年的合作，就没有定位的伟大诞生。从 1967 年特劳特加入里斯的广告和营销执行公司任客户总监开始，两人合作了 26 年。他们合作出版了五本商业畅销书（包括《定位》和《22 条商规》）。但他们不是那种终生不渝的合作伙伴，1993 年，两人分道扬镳，各自发展。定位提出之后 15 年，特劳特在 1995 年另外出版了《重新定位》（Repositioning）一书。[26] 该书是《定位》的升级版本，凸显从消费者出发的定位思想，更彻底地落实如何完全面向消费者去建立定位。里斯则转向探索品牌创建的规则，2004 年，里斯和他的女儿劳拉（Laura Ries）合作出版了《品牌的本源》（The Origin of Brands）一书，将"类别第一"的定位联想发展为创立品牌的优先策略（请参见第 9 章）。

"定位论"在 20 世纪 90 年代扩散到品牌学术界，引出了"品牌定位"的概念，这一新概念盖过先前的品牌识别和品牌传播，成为品牌领域一度最强势的战略武器。如果之前的品牌差异依靠的是以设计为主的品牌识别及其系统，那么，现在的品牌差异就转向以市场和顾客为焦点的品牌心理定位，即从外部转向内心。

在营销定位论的基础上，品牌顶级学者凯勒进一步完善和深化了"品牌定位"，特别是创造了品牌定位的工具框架———POP（品牌相似点）和POD（品牌差异点），以及注入"品牌真言"（Brand Mantra）等，定位因而在品牌领域有了更丰满的内涵和操作规范。

鉴于"定位"一词已经被广泛采用，应该注意定位概念的发展演变，从思想进化的角度,定位有三个层面或视角: 传播的层面; 营销战略和品牌战略的层面; 以及（公司）战略的层面。

定位论的初衷是为广告公司提供一种全新的市场竞争工具，之后，"定位"成为营销领域的重大创新，是营销战略的核心构成要素之一，并且在品牌战略中举足轻重，对之后的公司战略管理也产生了非常大的影响。不过，战略管理中的"定位"与传播中的"定位"的含义已经大相径庭。

舒尔茨的"整合营销传播"（IMC）

现代品牌战略确立的创建品牌资产的流程中，整合品牌传播（IBC）是品牌营销的重要一环，它来源于整合营销传播（IMC），前者只是将品牌奉为传播的中心和焦点而已。

1992 年，美国西北大学传播学院教授舒尔茨（D.E.Schultz，1934- ）在《促销管理杂志》发表了首篇"整合营销传播"的论文[27]，次年他与合作者将这一思想扩充为《整合营销传播》（*Integrated Marketing Communications*）一书。[28] 这是 IMC 的奠基著作。该书合作者之一劳特朋

舒尔兹（D.E.Schultz, 1934-）

（R.F.Lauterbor），就是后来因提出 4Cs 替代 4Ps 而名声大震的学者。

舒尔茨这篇开创性论文所发表的学术期刊并不是一流的，学术界对他的响应也不是很热烈，数据显示，20 多年间该文被引用近千次（谷歌学术搜索，2018）。但是，相比之下，IMC 在营销实战领域却掀起了狂风巨浪，且遍及全

球，经久不衰。究其原因，是因为广告界、企业界对 IMC 响应迅速、趋之若鹜。从跨国广告公司开始，整个广告界将 IMC 视为争取客户的新战略武器，并且以 IMC 重新构造传播流程和公司内部组织架构。一个营销思想如此迅速成为广泛的企业行为，这在百年营销史上并不多见。

IMC 提出的新思想在于"整合"，它主张将各种分散的传播工具和途径协调整合成为"一个声音"，从而实现明显提高品牌传播效果的目标。其基本主张是，要将所有的各种沟通工具，如商标广告、公关、直销推广、CI 等结合起来，使目标消费者在多元化的信息包围中，对品牌和公司有更好的识别且更愿意接受。这种整合，不仅是横向（各种工具）空间的整合，也是纵向（演变）时间的整合。[29]

如果追溯历史，整合营销传播的思想在 1972 年已经显露。这一年，扬罗必凯广告公司（Young & Rubicam Advertising）的首席执行官耐伊在公司内推行"全蛋计划"（The Whole Egg Catalog），即组建广告、公关、直销、设计、促销等多方面的专家，整合成为一个能更好地与消费者沟通的综合团队。"全蛋计划"是整合营销传播观念在实践中的先行。广告界意识到，整合营销传播是更先进的争取客户的武器，他们积极响应并且大力推广 IMC 的理论方法。1994 年，我国台湾地区中文繁体版的《整合营销传播》一书跟随英文版（1993）问世，并且很快被带入中国大陆，多个出版社争相出版了其中文简体版的三个版本，使其成为中国大陆在 20 世纪 90 年代最畅销的营销书之一。[30]国际上一些有影响的广告公司和跨国企业，都以《整合营销传播》中的理念，纷纷强调与消费者有效和全面的沟通，提出了整体沟通策略和成捆策略等概念。全球广告公司迅速发展和建立起相应的内部组织和策略工具，例如：奥美公司推行"奥美行销合奏"和"O&M 奥美 360 度传播"；智威汤逊（JWT）则以"巨无霸广告公司"（Mega-agency）为标榜。传播方法的整合摒弃了单一做广告的服务模式，推动了广告公司进入全方位的营销服务模式，整合营销传播成为广告公司转型升级的目标和新的竞争力。

舒尔茨历经 10 余年，奋力推进 IMC 的深入发展，后又在 1997 年和 2004

年连续合作出书，或为提升 IMC 的学术地位，或为让 IMC 更加扎根于企业。1997 年，舒尔茨和两位合作者共同推出《新的营销范式：整合营销传播》（*The New Marketing Paradigm*：*Integrated Marketing Communications*）一书。[31] 舒尔茨等意在提升整合营销传播的高度，将 IMC 确立为新的营销范式，而不仅是一个营销传播的法则。从作者将该书名定为《新的营销范式》可以清楚地看出，其意 IMC 不仅是一个创新的传播范式，还是整个营销范式的创新。在舒尔茨的推广下，**"营销即传播"**的观念在实务界被奉为时尚，"营销即传播"的观点由此兴起。这一方面强化了营销传播在突破消费者认知障碍、改变消费者认知和占领消费者心智等方面的重大意义；另一方面，又忽略了营销作为整体的宏大价值和战略视野。正如阿克在 2014 年指出的，整合营销传播的主要困难不是在思想上，而是在组织行为上，因为"功能性的独立组织会抗拒成为整合营销传播计划中的成员，它们都相信自己是最有效的"。[32]

2004 年，舒尔茨和他的妻子海蒂·舒尔茨（Heidi Schultz）合著的《整合营销传播：创造企业价值的五大关键步骤》[33]，则是一本更加面向实战指引的书。IMC 带有浓厚的咨询和实战风格，源于舒尔茨是一个学术和咨询各半的学者。

舒尔茨以其十余年心血推行的 IMC 虽然没有如其所愿被公认为营销的新范式，但是他密切联系营销实战的学术风格和思想创新在全球产生了巨大的影响。整合营销传播在企业实践中开花结果，作为重要的营销传播观念和方法，被写入了科特勒的《营销管理》和凯勒的《战略品牌管理》等经典教科书中。在营销思想史上，整合营销传播的创始人舒尔茨应该占有一席之地。

舒尔茨教授身材高大魁梧，待人热情，自 2000 年起，他曾经多次来到中国亲自推广"整合营销传播"，在北大清华等高校 EMBA 开设相关课程。舒尔茨不仅是一个创造新概念的学者，他更给出了 IMC 实施的流程、方法和组织、准则和指引、培训和案例，提供这些实战的"干货"，是舒尔茨能够吸引众多企业响应的重要原因。

舒尔茨与笔者，及舒尔茨对笔者荣获科特勒理论贡献奖的亲笔祝贺（上海，
2001年10月）

3.6　小结

　　1955 年，列维等人开创性的品牌形象论文、1986 年帕克对品牌内涵结构的理性解释，释放出学术的理性之光，吹响了现代品牌理论的前奏之曲。加上为后来现代品牌理论的整合提供了重要构件的两个重要学术性成果——20 世纪 70 年代特劳特和里斯的定位，和 20 世纪 90 年代初舒尔茨的整合营销传播，这些都为现代品牌理论的诞生准备了条件。

　　相对而言，无论是列维和帕克、还是里斯和舒尔茨，他们的这些思想和成果，在广袤的品牌学术空间中，都像春天百花盛开之前各自独开的几支雪梅花。恰如宋代王安石诗所云："墙角数枝梅，凌寒独自开。遥知不是雪，为有暗香来。"寒梅暗香之后，迎来了现代品牌理论的春天。第一位登上品牌理论舞台振臂一呼的开山学者，是营销品牌学界历史上一位不可多得的全才——阿克。下一章我们将进入现代品牌的阿克时代。

注 释

［1］Gardner B B, Levy S J. The Product and the brand [J]. Harvard Business Review, 1955, March-April: 33-39.

［2］奥格威. 奥格威谈广告 [M]. 曾晶，译. 北京：机械工业出版社，2003: 序.

［3］Tyler W D.The image, the brand, and the consumer [J]. Journal of Marketing,1957,22:162-165.

［4］Levy S J, Sidney J. Levy: An autobiography [J]. Journal of Historical Research in Marketing,2017,9(2)：127-143.

［5］Kotler P, Levy S J. Broadening the concept of marketing [J]. Journal of Marketing,1969, 33(January) 1-15.

［6］Kotler P, Levy S J. Demarketing, yes, demarketing [J]. Harvard Business Review, 1971,79：74-80.

［7］Kotler P. M y Adventures in marketing [M]. Idea Bite Press，2017.

［8］https://www.ama.org/marketing-news/the-friendship-that-changed-marketing-forever/.

［9］同注释8。

［10］Levy S J. Brands, consumers, symbols, and research: Sydney J. Levy on marketing [M]. Thousand Oaks, CA: Sage Publications,1999.

［11］Bastos W, Levy S J. A history of the concept of branding: Practice and theory [J]. Journal of Historical Research in Marketing，2012 ,4(3)：347-368.

［12］Levy S J. The Theory of the Brand [M]. Evanston: DecaBooks, 2016.

［13］Levy S J. Interpreting consumer mythology: A structural approach to consumer behavior [J]. Journal of Marketing，Summer, 1981,45(3)：49-61.

［14］Levy S J. Symbols for sale [J]. Harvard Business Review, 1959，July- August：117-124.

［15］卡恩. 沃顿商学院品牌课：凭借品牌影响力获得长期增长 [M]. 崔明香，等译. 北京：中国青年出版社，2014：该书引言。

［16］Park C W, Jaworski B J, MacInnis D J. Strategic brand concept-image management [J]. Journal of Marketing, 1986, 50(10):135-145.

［17］Park C W, Milberg S, Lawson R. Brand extension decisions: Product level similarity and brand concept consistency [J]. Journal of Consumer Research, 1991,September:161-173.

［18］Park C W, Sung Y J, Shocker A D. Composite branding alliances: An investigation of extension and feedback effects [J]. Journal of Marketing Research,1996 November：453-466.

［19］Thomson M, MacInnis D J, Park C W. The ties that bind: Measuring the strength of consumers' emotional attachments to brands [J]. Journal of Consumer Psychology,2005,15(1):77-91;

Park C W, MacInnis D, Priester J. Beyond attitudes: Attachment and consumer behavior [J]. Seoul National Journal , 2006,12: 3-36;

Priester J, MacInnis D, Park C W. New frontiers in branding: Attitudes, attachments and relationships [J]. Society for Consumer Psychology, 2007,26.

［20］Park C W, MacInnis D J, Priester J,et al. Brand attachment and brand attitude strength: Conceptual and empirical differentiation of two critical brand equity drivers [J].Journal of Marketing, 2010, 74(6):1-17.

［21］Park C W, Eisingerich A, Park J. Attachment-aversion（AA）model of customer-brand relationships [J]. Journal of Consumer Psychology, 2013, 23：229-248.

［22］帕克等 . 品牌崇拜 [M]. 周志民，等译 . 北京：华夏出版社，2019。

［23］参见网址：www.cliff-china.com。

［24］Ries A I, Trout J. Positioning: The battle for your mind [M].New York:McGraw-Hill,1980.

［25］"定位之父"艾·里斯中国谢幕演讲。参见网址：www.cliff-china.com。

［26］Trout J, Rivkin S. Repositioning: Marketing in an era of competition, change and crisis [M]. New Delhi: Tata McGraw-Hill, 2010.

［27］Schultz D E. Integrated marketing communications [J]. Journal of Promotion Management, 1992, 1(1): 99-104.

［28］Schultz D E, Tannenbaum S I, Lauterborn R F. Integrated marketing communications [M]. Lincolnwood, IL: NTC Business Books, 1993.

［29］请参见卢泰宏等发表的整合营销传播系列七篇文章，连载于《国际广告》1996（9）至 1997（7）。

［30］舒尔茨等 . 整合营销传播 [M]. 何西军，等译 . 北京：中国物价出版社，2002: 推荐序 .

［31］Schultz D E, Tannenbaum S I, Lauterborn R F. The new marketing paradigm: Integrated marketing communications [M].Lincolnwood, IL: NTC Business Books,1997.

［32］阿克，王宁子 . 品牌大师 [M]. 陈倩，译 . 北京：中信出版社，2015: 256.

［33］Schultz D E, Schultz H. IMC, the next generation: Five steps for delivering value and measuring financial returns using marketing communication [M]. New York: McGraw-Hill, 2004.

04 开山鼻祖：
阿克和品牌资产理论

20 年前改变营销的颠覆性思想就是视品牌为战略资产。

——阿克

如上一章所述，1955-1986 年的 30 余年，品牌的理论思想和实践经历了几轮突破，"品牌识别""品牌形象""品牌与产品分离"和"品牌概念的三维结构"犹如一个又一个坚实有力的脚印，通向现代品牌理论殿堂。

20 世纪 80 年代开始掀起的品牌学术研究的巨浪，因"品牌是资本杠杆"而格外强劲，并且打破了大学的围墙，惊醒和吸引了学术界的佼佼者。相貌堂堂、才气超群的美国加州大学伯克利分校的营销战略教授阿克是打开现代品牌理论大门的第一人。

首先要问，何谓"现代品牌理论"？"现代"意味着什么？

简约而言，现代品牌理论建立在两个基石之上，一个是"品牌资产"，另一个是"品牌战略"。或者说，因为这两点，现代品牌理论才区别于传统，才形成了现代的结构和体系，品牌实践才异常兴奋，有如似火骄阳。所以，从"品牌"到"品牌资产"，从"战术"到"战略"，是"现代"区别于"传统"的两个分水岭。本章先解说现代品牌理论的第一块基石——品牌资产，并且重点围绕阿克这个充满魅力的人物而展开。不过，在走近阿克之前，我们必须先了解现代品牌理论兴起的历史背景和原因。

4.1 现代品牌理论兴起的背景与推动力

品牌学术研究何时开始大规模蓬勃兴起，又因为什么原因而兴起

品牌理论的先驱学者法国的**卡普菲勒**（J.N.Kapferer，1947– ）教授在其1992 年的著作《战略品牌管理》前言中指出："20 世纪 80 年代是品牌概念的标志性转折点"。[1] 美国品牌理论的领军人物阿克教授和凯勒教授在他们的著作中也都说过类似的话。这表明，**20 世纪 80 年代是品牌研究形成气候的拐点，或者说是现代品牌理论兴起的起点。**

为什么 20 世纪 80 年代品牌学术研究迅速升温、形成大气候？首先是因为外部出现了重大的驱动因素。外部的推动力量源于企业并购活动的火爆和全球化的加剧，品牌作为无形资产计入公司总资产价值的先例出现了，使得企业界和金融界对品牌这一无形资产刮目相看、趋之若鹜，随之，强化品牌研究的需求迅速浮出水面。所以说，**现代品牌学术研究的外部驱动源是资本市场。**

金融市场呼唤现代品牌学术研究

20 世纪 80 年代，大规模的并购浪潮席卷全球，品牌企业的并购中不断出现巨大的溢价现象，例如，20 世纪 80 年代前，企业并购的竞价一般不超过企业资产的 5 倍，1980 年后，并购品牌企业时竞价居然可以达到（账面）资产的 25 倍以上。[2] 1988 年，瑞士雀巢食品公司以总额 10 亿多美元的价格并购买下了英国 Rowntree 公司，收购价格是其财务账面总值的 6 倍之高。

宏观经济的数据也印证了这个拐点。道琼斯工业平均指数的市净率几十年的波动曲线表明，从 20 世纪 80 年代后期开始，公司的无形资产因为品牌价值的大幅度提升而出现了陡峭上升的大趋势。下图中，市净率（指公司净资产的市场价值与其账面价值之间的比率）等于 1∶1，表明资本市场估计的公司价值与其会计记录的账面价值一致；高于 1∶1，表明资本市场对公司的估值高于其账面价值。曲线显示，20 世纪 80 年代中后期出现了公司市值的大幅上扬，这主要是品牌附加价值的贡献。

1933-2002 年间道琼斯工业平均指数的市净率

一方面商业界确实感觉到品牌具有潜在的巨大增值效应，另一方面，如何确认品牌是否具有及为何会具有无形资产？特别是，如何合理衡量计算这种品牌无形资产？这都是金融并购市场中凸显出的全新问题，这些问题在当时说不清、道不明，缺乏科学的分析和答案。商业界为了驾驭这种新的商业情境，迫切需要学术界的帮助。

在 20 世纪 80 年代，品牌在营销活动中的功能也受到了挑战。如第 2 章所述，在传统时代，品牌的主导性功能是作为促销的工具之一，例如品牌形象和品牌偏好可以为增加销售做出贡献。20 世纪 80 年代初，大型超市的价格促销相当见效，消费者趋之若鹜。显然，在促销的王国里，降价是永远的王者，品牌不可能戴上促销的王冠坐上促销的最高位置。在降价促销的大浪中，品牌的影响力似乎一落千丈，例如卡夫这样著名的食品品牌，都萎靡不振长达数年。这不由得让企业和社会提出这样的质疑：品牌到底有多大的能耐？品牌的真正价值到底体现在哪里？

上述正面的和负面的商业环境，都对品牌研究和品牌理论提出了十分强烈的需求和呼唤，这是刺激品牌学术研究在 20 世纪 80 年代蓬勃发展起来的主要外部动因。

学术界内部的激励

另一方面，学术界内部也发出了"进军品牌研究"的强烈信号，最有力的信号来自以引导学术发展方向而闻名的美国营销科学研究院（MSI，Marketing Science Institute），它经过对其会员公司（包括美国 50 家顶级的公司）的调查，发现品牌资产是美国企业最亟待解决的议题。**MSI 在 1988 年指出，"品牌资产"（Brand Equity）是营销学术界最新的重要研究方向**，并且给予推动和研究资助。它从 1988 年开始资助品牌领域的项目研究，又连续举办品牌主题的学术会议，并且在 1991 年以后将品牌列为长期优先资助的研究领域。[3] 美国营销科学研究院是指引营销研究趋势和方向的学术灯塔，它发出的这一重大信号吸引并影响了美国大学商学院的教授们。正是在"品牌是公司最重要的无形资产"的新思想意识的不断推动和促进下，品牌理论研究日益升温，开创性的学术出版接二连三。1991 年，阿克开始出版他著名的《管理品牌资产》等"品牌三部曲"著作。1992–1993 年，两份英文品牌专业期刊相继创刊，这就是《产品与品牌管理杂志》（JPBM，*Journal of Product and Brand Management*）和《品牌管理学刊》（JBM，*Journal of Brand Management*）。紧接着，一些顶级营销学术期刊为品牌学术研究助力，1994 年，三份核心的专业期刊同时出版了品牌学术的专刊，这真是异乎寻常的学术信号。《营销学报》出版的是战略品牌管理的评述专刊；[4]《营销研究学报》出版的是品牌管理的研究专刊；[5]《哈佛商业评论》开始出版品牌管理精粹文章选集。[6]

品牌研究开始细分化，品牌价值、品牌资产、品牌对财务贡献的量化分析、品牌延伸、品牌个性等成为新的学术研究目标。[7]1998 年凯勒的《战略品牌管理》问世。后来，美国两家全球最顶尖的商学院也出版了品牌的标志性著作——西北大学凯洛格商学院的《凯洛格论品牌化》（2005）、沃顿商学院的《沃顿品牌课》（2013）。这一切，最终使得品牌理论成为营销学乃至管理学领域中最受关注和重视的新兴学术研究领域之一。

4.2　鼻祖人物阿克

如上所述，品牌学术发展的标志性起点人物，是美国的阿克教授。品牌理论从传统时代转向现代时代始于 20 世纪 80 年代，20 世纪 90 年代初期是品牌学术的关键时期，出现了一批超越经验的品牌著作。这个时期的品牌学术基本可以分为两条脉络展开，一条以大学为背景，以阿克为代表，以"品牌资产"的概念作为基点；另一条以公司为背景，代表人物是墨菲，以品牌实战问题的解决为己任。这里首先讲述阿克开创的现代品牌学术的主要路径脉络，后一条次要的发展脉络将在第 8 章（战略品牌管理）补述。下面，让我们先了解一下阿克这个现代品牌学术思想史中十分重要的起点人物。

阿克（David A. Aaker，1938- ）是著名的美国加州大学伯克利分校哈斯商学院（Berkeley-Haas School of Business）的营销学教授。他在美国麻省理工学院斯隆商学院获得管理学学士学位，在斯坦福大学获得统计学硕士和工商管理博士学位。

1990 年的阿克　　　　　　　　2010 年的阿克

阿克的研究和贡献涉及营销的多个领域，他既是原有领域的翘楚，也是新领域的开山奠基人。简言之，阿克的学术生涯出现了两次高峰，分别在营销战略和品牌两个领域。阿克的品牌高峰比他的营销战略高峰更高一筹，以致人们往往将阿克的学术贡献只归于品牌领域。

要了解阿克的营销和品牌思想，就必须读他的论著。他发表了 100 多篇论文和出版了 17 本著作。他的论著被翻译成 18 种语言，其英文著作发行量高达 70 万册（至 2006 年）。阿克在营销战略、品牌、广告、市场研究和商业战略都留下了非常重要的论著，他获得的三个学术杰出贡献奖项，犹如三个标杆显示出他在营销学术上的成就和他的学术风格：在营销科学上他赢得了康沃斯奖（Paul D. Converse Award）；在营销战略上他赢得了马哈爵奖（Vijay Mahajan Award）；在营销理论和实践上他获得了维沃奖（Buck Weaver Award）。

阿克在营销战略领域最有影响的著作是他为第一作者的《市场调研》（*Marketing Research*）教科书，至今已经出版到第 11 版（2013 年），[8] 这是众多同类书中被引用次数最高的一本。20 世纪 80 年代，阿克正处在年富力强的阶段（42~51 岁），这是他在营销战略研究上取得成果最丰盛的十年。在这十年内，他在主攻的营销战略领域发表了 32 篇学术论文，其中 13 篇发表在 A 类学术期刊上；他还出版了他引以为傲的两部代表著作。[9] 这两本书采用了双名双版本的特殊出版策略，成功吸引了两个不同的细分市场：《战略市场管理》（*Strategic Market Management*）针对大学教科书市场；《开拓商业战略》（*Developing Business Strategies*）针对商界市场。这两本书主体内容相同，表现形式各有特色，结果大获成功，总销量达到 22 万册（英文版）。

但是，到 20 世纪 80 年代结束时，"五十而知天命"的阿克依然强烈感到，他还没有找到自己最终的领域。直到 **20 世纪 90 年代进入品牌领域，他说才找到了自己最好的定位**。2006 年，68 岁的阿克在出版其自传时，将书名定为《从花歌到品牌世界》（From Far go to the World of Brands），[10] 其意是说，花歌（Fargo）是他的出生之地，品牌领域则是他最终的专业归属和最大的专业荣耀所在，是他自己最看重的专业领地。同时，外界和历史在论及阿克的学术贡献和社会影响时，对他的认知和第一联想也都更多集中在品牌领域上，例如《品牌周刊》就称阿克为"品牌资产的鼻祖"。营销学界的学者都知道，营销战略是大领域，品牌相对是小领域。阿克在"战略"和"品牌"这两个领域名声都很大，他却舍大取小，这就是阿克的学术见识、学术胆识和他的学术风格。

阿克的学术风格

文如其人。读阿克的著作，从《管理品牌资产》（1991）到《阿克论品牌化》（2014），都能清晰感受到阿克特有的学术气味或风格，那就是书中丝毫没有如同嚼蜡的陈腐和沉闷，而充满信手拈来的个案和生动明快的语言。阿克是灵动的，而不是学究式的；阿克是温暖的，而不是冷峻的。

如同其他的学术领域，不同的学者持有不同的价值取向和各自的学术风格。在品牌学术领域区分的维度，首先是学者在"科学"与"实战"这两极之间的位置，或偏向象牙塔的"科学"，或偏向解决实际问题的"实战"。

相比之下，**阿克的学术风格更具有显著的"实战派"学者特征：战略角度的取向、贴近实战、注重实用工具和模型的开发、以实地调研和案例分析方法为基础。**例如，他在《品牌领导》一书的前言中就说："本书的依据是基于品牌战略的实地调查。作者在欧洲、美国和其他国家进行了 300 多个案例研究。"阿克引用的一个品牌定义也很特别："品牌是商业战略的面孔（A Brand is the Face of a Business Strategy）"。**这些都是阿克的学术特色和有别于其他学者的地方。**可以说，阿克从来就是紧贴市场、很接企业"地气"的大学者。也因此，阿克在企业界和实战人士中更有亲和力、更有影响力。阿克在晚年甚至去创办自己的咨询公司，再一次证明了他偏好实战和渴望解决实际问题的学者梦想。

阿克的学术风格与他几十年学术经历密切相关。20 世纪 70 年代，他 30 多岁时，致力于市场研究和广告，是一位贴近市场的学者，他的教科书《市场调研》经久不衰，影响全球；20 世纪 80 年代，他 40 多岁时，将重心转移到战略领域，贴近企业的实战，写出影响非凡的《市场战略管理》；20 世纪 90 年代，他 50 多岁时，再次转移专业重心并情有独钟扎根在品牌领域；21 世纪之后，他投身于咨询顾问公司。在他的书中，案例常常贯穿全书，每章的开始，一般都引入品牌案例。在阿克的早期品牌论述中，品牌识别和品牌传播的分量很重，这应该是与他的广告研究经历直接相关的。

综上所述，阿克在品牌领域开疆拓土、驰骋在学术和实践之间近30年，他既是推开现代品牌理论大门、品牌资产理论的开山学者，又是亲临品牌实战的顶尖咨询大师。他是一位擅长基于战略和实战建立品牌理论的成功拓荒者和伟大贡献者。阿克在品牌领域的原创性著作有八本。他在52岁时提出的"阿克模型"，是他学术创获的代表。他在76岁时出版的《品牌大师》，则是其品牌思想之结晶和总结。阿克是灵性的、灵动的，充满温情的，在他的内心，或许更加喜欢用他的学术帮助企业解决问题。阿克的论著产生了全球性的巨大影响，他的学术思想智慧和实践洞察奠定了战略品牌管理的重要基础，他的品牌智慧通向品牌学术的远方。下面，让我们将重点转向阿克学术人生的第二高峰，具体了解阿克是怎样为现代品牌理论奠定第一块基石的。

4.3 品牌理论的阿克时代

1988年，当美国营销科学研究院提出将"品牌资产"列为重大研究发展方向时，加州大学伯克利分校的阿克教授正迈入50岁，他尽管已经是著作等身、大名鼎鼎的学者了，却依然豪情满怀、意气风发，立即将自己的专业焦点迅速投向崭新的领域——品牌资产。

在学术上，这几乎是前无古人的领域，阿克面对的问题和挑战是，如何拓荒品牌资产这块完全未开垦的处女地？如何将品牌资产开拓为新兴的学术领域？如何从0到1切入和把握品牌资产的基本问题？阿克认为，重要的问题包括：什么是品牌资产？为什么需要品牌资产？品牌资产的构成是什么？以及如何管理品牌资产？

阿克凭借深厚的专业功底、不可多得的洞察力，加上他的激情，用了不到两年时间，在1991年开始率先给出了他的原创性回应和一批有创见、有远景的答案。这就是后来被世人称为"品牌三部曲"的阿克的第一波品牌著作。这也是为品牌资产建立的第一个获得广泛认同的平台，它既是学术发展的平台，也是为企业解决品牌需求的平台。让我们首先从这里开始。

阿克的"品牌三部曲"

20 世纪 90 年代，阿克的"品牌三部曲"影响深远，它们是：1991 年出版的《管理品牌资产》（*Managing Brand Equity：Capitalizing on the Value of a Brand Name*）[11]；1996 年出版的《创建强势品牌》（*Building Strong Brands*）[12]，和 2000 年出版的《品牌领导》（*Brand Leadership*）[13]。这三本书奠定了阿克在品牌界的领先学术地位，也构成了品牌资产理论研究最初的发展平台。在被引用最多的品牌著作中，这三本书也是凤毛麟角之作（请参见本书附录 C）。

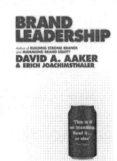

阿克的品牌著作

1991 年出版的《管理品牌资产》一书，已经成为品牌领域的经典之作。该书累计被引用次数在 2012 年超过了 5 000 次，2018 年超过了 1.5 万次（谷歌学术搜索），其学术生命力之强，令人刮目。

不了解品牌丛林的混沌和模糊，可能就不懂得阿克这本书的开山价值。1988 年，美国营销科学研究院提出的"品牌资产"是一个大难题，阿克是第一个攻克这道难题的学者。

阿克为这本书定的副书名，表明其基本的视角是品牌资本化，这正是现代品牌理论的出发点和立足点。《管理品牌资产》一书做出了三大贡献，其最大的贡献是，首次回答了品牌资产的含义和具体构成要素，这也是阿克写这本书的第一目标；其次的贡献是，最早强调了品牌联想的重要性，并且初步探讨了评估品牌资产的方法；贡献之三是，提出了管理品牌资产的若干基本问题。

强势品牌的新命题

1996 年，阿克出版的《创建强势品牌》一书，其创新意义首先在于抓住了品牌领域一个重大的焦点主题——"强势品牌"（ Strong Brand ）。阿克提醒我们，在广袤的品牌世界，无论是学术还是实战，强势品牌都有更加值得重视的价值，因为强势品牌才是公司的长期竞争优势和提高利润的稳定基础，才值得特别关注。从此之后，对强势品牌的机理研究（如品牌崇拜、品牌挚爱等）成为学术研究的长期目标，对强势品牌的追求成了品牌管理的现实目标，对强势品牌的价值评估和全球最有价值或最佳品牌排行榜的发布吸引了全社会的瞩目。这些都源于阿克强化和确立了强势品牌这一重要的战略概念。在阿克确立"Strong Brand"这一核心概念之后，曾经使用过的"Powerful Brand""Power Brand""World Class Brand"等表达都退居次要的位置，或者是作为"Strong Brand"的同义词使用。

如何建立强势品牌？这既是一个学术问题，也是一个直接面对实战的问题。阿克在这本书中提出，建立强势品牌，要从以下三个方向推进品牌战略，后来证明，这三个方向对后续发展品牌理论都是至关重要的。

1. 从视觉形象切入，强化品牌识别。这一思想确定了品牌战略从品牌识别转向品牌形象的发展方向。前者是企业自身的视角，后者是外部消费者的视角。

还有一点不应该忽略，在这本书中阿克表露出了一个有价值的新思想，他说："品牌识别是品牌战略制定者试图建立或保持的一系列独特的品牌联想。"这就在传统品牌理论的"品牌识别"和现代品牌理论的"品牌联想"之间架起了一座跨越的桥梁。正是有了这种连接，后来凯勒全力提升"品牌联想"的概念时，只是更替了品牌联想的主体而已（请参见第 5 章）。

2. 对多个品牌进行整合。这一思想为后来发展出来的品牌架构（Brand Architecture ）这一基本概念提供了思想出发点。

3. 测量品牌资产的重要性。这一思想将品牌资产评估列为品牌理论建设的重要部分，并且成为现代品牌理论的核心之一。

2000 年阿克出版了第三本书《品牌领导》。其中文翻译的书名或许容易引起误解，其实，这本书并不是要讲领先地位的品牌或品牌类别中的佼佼者，那是《创建强势品牌》一书已经探讨过的主题，阿克在这本书中提出的新问题是：如何强化品牌管理？或者如何才能更充分发挥出品牌的威力？阿克的基本答案是：必须将品牌置于最高的位置——领导的地位。如果将此中文书名改为"品牌领导力"，或许更加准确一些。

阿克提出了在信息经济环境中强化品牌管理的四条途径：品牌识别的深入完善；建立品牌架构；超越广告的品牌传播；全球品牌管理。可见，阿克不满足于传统的品牌识别和广告，不满意品牌的分割管理和区域管理。阿克的创新思维是，品牌管理应该在上述四个方面升级，而且都应朝着提升品牌管理的方向前进。

阿克完成前两本书之后，开始将注意力转向他认为的另一个关键问题——品牌管理，尽管他的第一部书《管理品牌资产》已经含有管理的视角，重心却还是放在"品牌资产"本身的解构上。阿克写第三本书《品牌领导》的动机是，试图通过这本书强调品牌管理应该上升到战略层面，这表明阿克已经感觉到战略层面品牌管理的重要性。遗憾的是，该书书名中的关键词"领导"（leadership）有些模棱两可，令人不得要领，容易误解。这使得阿克极力想树起"品牌领导"这个模式或关键词的努力，并未获得广泛的理解和认同。再加上阿克提出的四条路径虽然正确，从战略品牌管理的层面并不够全面和系统，结果导致阿克的这本书在上述三本书中，产生的影响是最小的。后来经卡普菲勒和凯勒等人的努力，启用了相关的另一个关键词"战略品牌管理"，成了品牌领域的主流概念和一面大旗，这是后话，请参见本书的第 8 章。

阿克所有的论著中，至今被引用最多和影响最大的是他的前两本品牌著作：《管理品牌资产》和《创建强势品牌》，前者被引用超过 1.5 万次，后者被引用超过 1.1 万次（谷歌学术搜索，2018）。

根据阿克在其自传中的资料，这三本书的成绩各有千秋。就理论学术价值而言，他的第一本书《管理品牌资产》是最出色的。正如 2000 年现代品牌理论的顶级学者凯勒在阿克获奖时所致评论中强调的，《管理品牌资产》一书为学术界和企业界贡献了加速提升品牌资产的平台。另外两本书也各领风骚。从出版销售的市场业绩而言，阿克说《创建强势品牌》是他最成功的一本书，该书头八年的销售达到 8.5 万册（英文版）。就美国之外的影响力而言，影响最大的是《品牌领导》一书，它在欧洲、日本等地掀起了"品牌的阿克浪潮"。[14]

　　以上的简述表明，在现代品牌理论第一个 10 年（20 世纪 90 年代），阿克的"品牌创建和管理三部曲"是开拓性的、原创性的、意义巨大的著作。阿克对现代品牌理论的贡献，首先因为他的《管理品牌资产》，使得"品牌资产"这一核心概念得以生根并且确立了其结构模型。因为他的《创建强势品牌》，使"强势品牌"成为品牌世界的主旋律。因为他的《品牌领导》，品牌管理启动了向上提升的思维。尽管后来有多不胜数的品牌论著，阿克的这三本书却依然光芒四射。阿克后来还陆续出版了以品牌为主的许多著作，直至 2014 年的总结性著作：《品牌大师》，这些后续著作将在第 9 章中一一介绍。

　　正如学界和企业界所公认的，阿克是现代品牌理论开风气之先的奠基学者和引领品牌领域进入新时代的叱咤风云的开山人物。现代品牌理论的晨曦和黎明是属于阿克的，我们可以称之为"品牌理论的阿克时代"。

4.4　品牌思想里程碑 4：品牌资产及阿克模型

　　品牌资产是 20 世纪 80 年代出现的最流行和最具潜在价值的营销概念之一。

——凯勒

　　美国营销科学研究院（MSI）在 20 世纪 80 年代的重大贡献是，确立了现代品牌理论的第一个关键的核心概念——品牌资产，为品牌学术的崛起指明了前进的方向，并且通过大力资助推动了这个方向的学术研究。正如阿克强调指出的，品牌资产"是改变营销历史的一个重要概念"。[15]

　　MSI 提出"品牌资产"作为品牌学术研究的核心，这是现代品牌理论的起点。不过，一路走来，许多基本理解还处在朦胧之中。例如，Brand Asset 和 Brand Equity 这两种表达常常交叉混合使用，二者有没有区别？区别何在？虽然 MSI 确立以 Brand Equity 作为第一关键词之后，后者的使用成为主流，但前者也并没有消失。一个权威的证据是，品牌大家阿克 2014 年在其重要著作《阿克论品牌化》中，就依然多采用 Brand Asset 这个表达。这两个短语在中文翻译时，早期有学者将 Brand Asset 译为"品牌资产"，将 Brand Equity 译成"品牌权益"；同时也有学者将 Brand Equity 译为"品牌资产"。后来趋于一致，Brand Equity 的中译主流表达为"品牌资产"。从词意分辨，Brand Asset 的含义更加接近"品牌财富"，阿克用 Brand Asset 表达的就是比 Brand Equity 更加广阔的含义。Brand Equity 的含义应该就是"品牌资产"。

从财富的角度理解品牌，开始用的概念是"**附加价值**"（Added Value），附加价值是指附加在产品（或服务）上的额外的增加值。后来出现了两个专用词汇："**品牌财富（财产）**"（Brand Asset）和"**品牌资产**"（Brand Equity），前者多指狭义的财务账面的财富，后者则指广义的资产，包括有形的和无形的，财务的和心理的等。学术上普遍采用的是"品牌资产"。通俗地说，"品牌资产"的观念就是"品牌即资产"。

这个新的学术领域一开始还是一片空白，包括不知道什么是"品牌资产"，[16] 更不知道其结构及关联、如何开发和管理等。品牌资产犹如被重重面纱遮盖下的一个宝库，它迫切期待天才学者的到来，将这个宝库打开。

阿克是最早对"**品牌资产**"的概念做出诠释的学者。他在《管理品牌资产》一书中说：

"品牌资产是指与品牌（名称和标识）相联系的，可为公司或顾客增加（或削减）产品或服务价值的资产（或负债）。"

值得注意的是，这表明阿克是从公司和顾客双角度来理解品牌资产的，他又首次归纳了品牌资产对公司和对顾客两方面的价值。

在书中，阿克认为品牌联想是"最重要也是最复杂的内容"，他用三章的篇幅（最大的内容比重）论述了"品牌联想"。在其第二本书中他又进一步将品牌联想与品牌识别连接了起来，这一思想为后来凯勒建构"基于顾客的品牌资产"理论时（请参见第 6 章）将品牌联想作为重要的基石铺平了道路。下面，让我们重点介绍阿克模型。

品牌资产的阿克模型

阿克的整本书都是论述品牌资产的构成，他分别论述了品牌资产的五种构成要素：品牌忠诚度（Brand Loyalty）、品牌认知（Brand Awareness）、感知质量（Perceived Quality）、品牌联想（Brand Associations）及其他专有资产（如专利、渠道关系）。阿克将这五种要素整合，就是通常所说的"阿克模型"（Aaker Model），下图表示了阿克的品牌资产五星模型。

阿克品牌资产五星模型

阿克品牌资产模型并不是定量模型，而是一个高水平、高质量的定性模型，简洁是其宝贵和难得之处，因为阿克准确把握了品牌资产的关键。阿克基于实践的理论洞察，做出了两个基本贡献：一是正确地反映了品牌资产主要来自消费者（占全部要素的 4/5）；二是在一群可能相关的概念和要素中，提炼并首次凸显了"感知质量""品牌联想""品牌忠诚度"及其对品牌资产的贡献。应该说，品牌资产的神秘面纱被阿克初步揭开了，这是品牌理论研究迈出的一大步。

阿克模型是阿克终生学术成就的最高标志之一。2014年，阿克在《品牌大师》的新著中，将初始提出的品牌资产要素从五个减少到三个，即把品牌（资产）价值的来源简化集中在这三个方面：品牌知名度、品牌联想和品牌忠诚度。[17]

值得指出的是，凯勒在后来提出了品牌价值链来解释品牌资产的来源（请参见第 5 章），品牌价值链从此在品牌学术界受到青睐。后来，人们似乎渐渐淡忘了阿克的五星模型，没有意识到阿克模型依然有其独到之处。这是因为，凯勒品牌理论的视角是顾客（消费者）角度，对象是 B2C 品牌。阿克品牌理论的视角是顾客 + 企业，对象包括 B2C 和 B2B 两类品牌。所以，在讨论要素品牌资产的来源时，我们又必须回到阿克的模型。例如，科特勒和弗沃德在《要素品牌战略》一书中，评估 B2B 领域要素品牌资产的内容，主要引用的文献依然是阿克的五星模型。[18]

当然，阿克也不免有局限和瑕疵。用后来发展得比较完备的现代品牌理论进行对照，我们就能看出，一方面，**阿克首先确立了"品牌资产"这个理论核心，最早提出并且抓住了品牌战略和管理中的一些重要理论概念和关键主题，如品牌资产来源、品牌识别、品牌架构、品牌评估，初步搭建起了局部的理论框架，并且提供了品牌营销的许多有效的方法工具。**另一方面，阿克开拓了具有品牌理论战略意义的若干个"点"和"块"，却疏于它们之间的整体关联，未能实现整体结构之美，没有构成内在逻辑自洽的、更完整清晰的现代品牌理论系统，这或许正是留给后来学者的重大机会。在后来学者的品牌理论创新潮流中，1997 年升起了一颗耀眼的学术明星，她就是阿克的女儿——珍妮弗·阿克（Jennifer Aaker，1967– ），她提出的"品牌个性"理论，影响巨大，堪称品牌思想史上的第五块里程碑。

4.5　品牌思想里程碑 5：品牌个性和珍妮弗的学术创新

在阿克晚年写的自传中，提及的人物有近百人，包括他特别回忆到的专业上的五位合作伙伴，生活中他的太太和三位女儿，以及他的许多好朋友。细数其自传中的人物，发现被他提及次数最多的一个人，就是他的女儿珍妮弗·阿克，阿克作为父亲对女儿的钟爱之情跃然纸上。1967年出生的珍妮弗充分自信，自立自强，完全不想依靠父亲的学术地位和光环，而立志要靠自己的努力来证明其学术能力和价值。她在上课面对学生时和在日常生活中，彻底回避自己的父亲就是大名鼎鼎的阿克教授。以致阿克教授只能偷偷地藏在教室后面观看女儿讲课。在学术取向和风格上，珍妮弗也与父亲保持距离。父亲的取向风格偏向战略思维、管理实战和立足于企业问题的研究，而女儿的取向风格则基于心理学，偏向理性和追溯本源的问题。珍妮弗曾经表示，她的兴趣是在比管理学更基础的研究上，后来的发展证明了她的这一想法既是深思熟虑的，又是高瞻远瞩的。

1997 年的阿克和珍妮弗

1989年珍妮弗在加州大学伯克利分校获得心理学学士学位，1995年在斯坦福大学商学院获得博士学位。博士毕业后，珍妮弗执教于加州大学洛杉矶分校（UCLA）。她因为发表了一篇在品牌理论发展中产生巨大影响的原创性论文，奠定了长远的学术地位，并且一举成名，这一年她刚刚30岁。这就是1997年她在营销核心期刊《营销研究学报》上发表的著名论文《品牌个性的维度》（Dimensions of Brand Personality），[19] 该论文发表之后获得了品牌学术圈的长期高度关注，总被引用次数超过了9 000次（谷歌学术搜索，2019），因而被列为品牌研究领域当之无愧的经典论文。

因其影响之大，学术圈内通常简称这一成果为品牌个性的"大五模型"（The Big Five），这是指珍妮弗实证出的品牌个性的五个维度(因子)：真诚(Sincerity)，激情（Excitement），能力（Competence），有教养（Sophistication），坚如磐石（Ruggedness）。从一般意义上讲，用这五个特征就可以基本表现出品牌个性，或者说，绝大多数的品牌个性，都可以用这五个特征及其不同的组合加以界定和描述之。

该论文建立的品牌个性维度模型，是珍妮弗以美国的数据进行实证得出的，难得的是获得了高水准的统计验证结果。后来的研究又进一步扩展，在其他多个国家（日本、西班牙、韩国）学者的合作下，该模型又得到了推广式的验证和调整。在日本和西班牙，该量表五个因子中有三个适用，另外两个被修改：在日本，"平和"取代了"坚如磐石"；在西班牙，"热情"取代了"能力"。[20] 在韩国的研究，则出现了两个新的文化因子——"被爱"和"受支配"。[21] 在中国文化情境中，品牌个性也有过初步的研究结果。[22]

品牌个性研究的开拓及其成果的学术意义，在于为其后续品牌研究的深入拓新提供了重要的基础和工具：**在品牌识别中，品牌个性成为一个基本的特征；在品牌定位中，品牌个性是一个视角；在品牌关系研究和管理中，品牌个性是一个前提；对品牌社群而言，品牌个性是产生独特魅力的内在条件。**

品牌原型（Brand Archetype /Brand Prototype ）这一既具魅力又朦胧依稀的研究领域，对品牌个性也投以热情的目光和崇高的敬意。原型研究源自著名心理学家荣格（C.G.Jung，1875-1961），他创立的人格分析心理学提出了人格结构的三个层次：意识（自我）、个体潜意识（情结）和集体潜意识（原型）。人类在历史发展过程中存在着"遗传痕迹"——集体潜意识，这种社会性的集体潜意识寄托了人类社会早期的崇拜和吸引的图景源泉，荣格把这种集体潜意识叫"原型"（archetype）。**原型的魅力在于能够引发人们深层的情感。**世界各地所发现的神话和原型之所以流传千百年，是因为它们反映了人类探寻生存价值的永恒追求。

品牌学术中的品牌原型研究偏向认知心理学的方向，是品牌个性再向深处的学术挖掘，两者都是在品牌人格化这支脉络上开出的花朵。从某种意义上来说，品牌原型希望找到品牌的 DNA，即不满足于表层的特征和解释，企图发现根本的、稳定的品牌意义的不同源头。例如，体育运动品牌类别的品牌原型是

"英雄"（Hero）；化妆品品牌类别的品牌原型是希腊神话中充满诱惑的女神"阿芙洛狄忒"（Aphrodite）。遗憾的是，品牌原型的研究虽然立意深远，也有所推进，但至今尚未出现如品牌个性"大五模型"这样的标志性成果。

在实战中，品牌个性越来越被品牌供应商、广告公司、市场研究公司和品牌咨询公司作为新的或主要的工具采用。20世纪40年代以来，品牌制造商开始逐步认识到，消费者是在社会／心理／人类学的意义上与品牌建立关系。品牌专业服务商开始使用动机研究和消费者研究收集数据，通过心理学和文化人类学的研究来洞察消费者购买行为和心理。品牌广告商开始以品牌个性灌输商品和服务，其基础是对品牌个性的充分把握，对目标消费者个性匹配的洞察力。

品牌个性在学术和实战两方面的基础价值，使其成为品牌思想史进程的第五块里程碑。

珍妮弗完成了品牌个性这一杰作之后，在她大学毕业后的第10年——1999年进入斯坦福大学商学院执教，2005年，她（38岁）晋升为营销学教授。在品牌领域施展出过人的才华，成为声名大振的营销学学者之后，珍妮弗将自己的研究方向回归到她初始的学科基因——社会心理学领域，又一次显示出她特立独行的个性。此后，时间－金钱－幸福、社交媒体等成为她新的研究主题。在营销学的核心期刊上，珍妮弗发表的最新论文多是有关幸福感、健康和情感的研究。[23] 具体来说，她研究个人如何选择花费时间和金钱，以及何时或为什么这些选择与持久价值相关联。珍妮弗还研究社交网络传播思想及故事在决策中的威力，她是获奖图书《蜻蜓效应：运用社会化媒体的制胜秘籍》（*The Dragonfly Effect：Quick Effective Powerful Ways to Harness Social Media for Impact*）的作者之一。从文化的视角探究品牌全球化的课题，亦是珍妮弗新的研究兴趣所在。

试问，这些主题与营销学相关吗？答案是肯定的，因为这些主题涉及人的基本需求或终极需求，可以说是最普世、最长远、最根本的"顾客价值"。

珍妮弗有关时间、金钱和幸福的研究产生了巨大的社会影响，她入选福布斯"全球最具影响力50大商业思想家"（The Thinkers 50，2015年第36位，

2017 年第 44 位）名单。[24] 在"2017 全球商业思想家 50 人"的榜单中，营销领域唯有珍妮弗一人！珍妮弗的智慧令人佩服，她的父亲阿克陶醉在品牌世界中，她却追求在更广袤的学术空间翱翔和创新。

珍妮弗·阿克（2016）

1997 年，珍妮弗在著名的"大五模型"的论文中，特别注明感谢的一位学者，就是她在斯坦福大学的博士论文导师凯勒教授。在品牌思想史上，阿克—凯勒—珍妮弗这三人之间形成的学术纽带弥足珍贵、不可多得。他们三人上下接力，各有所长：阿克是前辈、大家和开拓奠基者，是凯勒的伯乐；珍妮弗是后起之秀的新生力量，是阿克的女儿、凯勒的弟子；凯勒承上启下，不负厚望，将现代品牌理论推进到新的境界，开启了现代品牌理论的历史新篇章。

4.6 小结

十年磨一剑，经过 20 世纪 80 年代大约十年的品牌研究的修炼，20 世纪 90 年代品牌大厦完成了它的第一次理论建构。对品牌的崇尚和品牌战略的兴起，在西方企业和社会蔚然成风。恰如现代营销之父科特勒 2015 年在东京世界营销峰会上所断言的，1990 年代至 2000 年是"品牌导向"的历史时期。

本章首先解析了"现代品牌理论出现在 20 世纪 80 年代"的外部和内部的原因，全章的重点放在美国阿克教授如何奠定了品牌资产理论的第一块基石，介绍了他的开创性著作和他的品牌资产模型，并涉及他的人物风貌、学术创见和学术风格，以及他的女儿珍妮弗的青出于蓝而胜于蓝的学术创新。本章涵盖了品牌思想发展进程中的两个里程碑：阿克的品牌资产理论和珍妮弗的品牌个性。

学术思想史离不开学术的创新和学术的传承。学术纽带、学术继承和学术创新在现代品牌理论发展中都起了显著的作用。20 世纪 90 年代的品牌学术研究已经进入发展的快车道，阿克开山之后未过十年，第二位品牌学术大师已经脱颖而出，阿克之后的下一位是谁？

现代品牌理论的集大成者，就是与阿克有紧密学术关系的凯勒。下一章将浓墨重彩专门聚集在凯勒身上，看他是如何在阿克的基础上创新，使得现代品牌理论更加系统、更加严谨、更加科学和更有影响力，从而进一步确立和强化了美国在品牌理论领域的全球主流地位。让我们带着更加强烈的好奇心进入下一章，它将引领我们从品牌的阿克时代走向品牌的凯勒时代。

注　释

［1］Kapferer J N. Strategic brand management [M]. London: Kogan Page, 1992: Preface.

［2］卡普菲勒 . 战略性品牌管理 [M]. 王建平，等译 . 北京：商务印书馆，2000: 6.

［3］Maltz E. Managing brand equity: A conference summary [C]. Cambridge, MA: Marketing Science Institute, 1991.

［4］Zimmer M R. Strategic brand management: New approaches to creating and evaluating brand equity [J]. Journal of Marketing, 1994, 58 (Jul.).

［5］Special issue on brand management [J]. Journal of Marketing Research, 1994, 31(May).

［6］参见 : 乔基姆塞勒，等 . 品牌管理（哈佛商业评论译丛）[M]. 北京：中国人民大学出版社，2001.

［7］Keller K L,Lehmann D R. Brands and branding: Research findings and future priorities [J]. Marketing Science, 2006,25（6）：740-759.

［8］Aaker D A, Kumar V, et al. Marketing research [M]. 11th ed. New Jersey: John Wiley & Sons, 2013.

［9］Aaker D A. Strategic market management [M]. New York: Wiley, 2001.

［10］Aaker D A. From Fargo to the world of brands: My story so far [M].Cumbria: Iceni Books,2006.

［11］Aaker D A. Managing brand equity: Capitalizing on the value of a brand name [M]. New York: The Free Press,1991.

［12］Aaker D A. Building strong brands [M]. New York: The Free Press,1996。

［13］Aaker D A, Joachimsthaler E. Brand leadership: Building assets in an information economy [M]. New York: The Free Press,2000.

［14］Aaker D A. From Fargo to the world of brands: My story so far [M].Cumbria: Iceni Books,2006: 363，287－289.

［15］阿克，王宁子 . 品牌大师 [M]. 陈倩，译 . 北京：中信出版社，2015: 第一章 .

［16］卢泰宏，黄胜兵，罗纪宁 . 论品牌资产的定义 [J]. 中山大学学报 (社科版)，2000，40(4)：17－22.

［17］阿克，王宁子 . 品牌大师 [M]. 陈倩，译 . 北京：中信出版社，2015: 7－8.

［18］科特勒，弗沃德 . 要素品牌战略 [M]. 李戎，译 . 上海：复旦大学出版社，2010: 228；参见英文版：Kotler P, Pfoertsch W. B2B brand management [M]. New York: Springer，2006.

［19］Aaker J L. Dimensions of brand personality [J]. Journal of Marketing Research, 1997, Vol. XXXIV : 347－356.

［20］Jennifer L A, Veronica B M, Jordi G. Consumption symbols as carriers of culture: A study of Japanese and Spanish brand personality constructs [J]. Journal of Personality and Social Psychology, 2001, 81(3): 492－508.

［21］Yong S, Spencer F T. Brand personality structures in the United States and Korea: Common and culture-specific factors [J]. Journal of Consumer Psychology, 2005, 15(4): 334－350.

［22］黄胜兵，卢泰宏 . 品牌个性维度的本土化研究 [J]. 南开管理评论，2003(1):4－9.

［23］Jennifer L A. How happiness affects choice [J]. Journal of Consumer Research. August 2012, 39(2): 429－443；

Jennifer L A. Getting emotional about health [J]. Journal of Marketing Research, 2007,Vol. XLIV: 100－113.

［24］参见 Forbes, "The Thinkers 50", https://www.forbes.com/sites/jeffkauflin/2017/11/14/the-worlds-most-influential-business-thinkers.

05 品牌圣经：
凯勒和基于顾客的品牌资产理论

经过 20 世纪 80 年代品牌研究的铺垫，混沌而各自随性发挥的品牌理论局面终于变得逐渐清晰、稳定、结构化和逻辑化。其标志就是在阿克的奠基性工作之后，1998 年凯勒的著作《战略品牌管理》（*Strategic Brand Management*）英文第 1 版的问世，以及更早出现在欧洲的卡普菲勒的同名著作《战略品牌管理》（英文第 1 版，1992）。这三位学者的著作问世代表了现代品牌理论大厦的初步成型。其中，凯勒建构的现代品牌大厦更是首屈一指，更胜一筹，他的《战略品牌管理》被誉为"品牌圣经"。就其全球影响而言，可以说，**品牌理论的凯勒时代已经来到了！**

"品牌圣经"是如何诞生的？凯勒对品牌理论做出了什么重要的贡献？他是如何做出品牌理论创新的？这正是本章要回答的问题。让我们先从凯勒的学术成长说起。

5.1 贵人—新星—种子论文

凯勒（K.L.Keller，1956– ）现在美国常青藤名校达特茅斯大学塔克商学院（Tuck School of Business）任**荣誉冠名的营销学教授**。他在美国杜克大学（Duke University）获得营销学博士学位，1998 年前在美国加州大学伯克利分校、斯坦福大学、杜克大学等著名高校担任过营销学助理教授、副教授。[1]

凯勒在达特茅斯大学塔克商学院已经 20 余年，他潜心持续更新出版他的"品牌圣经"，他的名字和这部著作犹如一棵品牌大树。**谷歌学术的统计显示，**

在品牌学术领域，凯勒的被引用次数高达近 16 万次，位居第一且遥遥领先，第二名的被引用次数只有凯勒的一半左右。（谷歌学术搜索，2018）"会当凌绝顶，一览众山小"。凯勒这位立于现代品牌理论高峰的代表人物、全球品牌顶尖学者是如何成长起来的呢？

　　凯勒在学术上是凤毛麟角的人物，其学术生涯也是极其幸运的。凯勒在最好的时机（20 世纪 90 年代初）选择进入到品牌研究领域，此时的品牌学术研究正处在新兴的、有重大需求的关键时刻；凯勒在起步阶段选择跟随了最好的老师、品牌学术前辈大家阿克教授。这两个选择使得凯勒很快在学术起步阶段崭露头角。1993—1998 年，凯勒聚精会神花了五六年时间，终于铸成大器、自成一格，出版了其标志性著作《战略品牌管理》。大约 2001 年前后的一次"被选择"，让凯勒在更广大的学术领域上升到更高的高度，这就是被现代营销之父科特勒选为其闻名世界的代表著作《营销管理》的第二作者，借助于 2004 年出版的《营销管理》第 12 版，凯勒的名声大震。**可以说，阿克和科特勒是凯勒一生学术旅途中遇到的两位最重要的贵人。**

　　加州大学伯克利分校是凯勒品牌学术的起点，他在这所一流的大学，遇到了一流的导师和第一位学术贵人阿克教授，获得了营销学博士学位后的第一份工作，发表了崭露头角的论文，确立了品牌学术的终身方向。

　　1990 年年初，营销学术界的著名领袖之一阿克教授在著名的加州大学伯克利分校商学院任营销系主任，当年阿克名声鼎沸，正在以雄厚的实力和勃勃的雄心开创刚刚起步的品牌研究新领域。凯勒从杜克大学博士毕业，希望到伯克利工作，他幸运地遇到了阿克教授。阿克也正需要人才，他亲自面试并且立即录取了凯勒。阿克教授很看重凯勒，他曾说过："珍妮弗和我都从凯勒深厚的心理学和实验方法中受益匪

20 世纪 90 年代的凯勒

浅"。[2] 这两代人很快成为卓越的学术合作伙伴，他们联名在核心期刊《营销学报》上发表了重磅论文，这就是后来被多次引用的论文《品牌延伸的消费者评估》（请参见本书附录）。[3] 这篇论文最大的创新点是，在备受关注的品牌延伸研究领域，作者强有力地注入了消费者的学术新视角。

现代营销之父菲利普·科特勒是胸襟博大开明的一代宗师，他与许多学者都有论著方面的合作。不过，他在选择自己最有影响的传世著作——《营销管理》一书的合作者和继承人时，是非常慎重的。科特勒在独自精心打造其代表性著作《营销管理》30 多年之后（第 1 版于 1967 年问世），开始物色这部营销经典著作的合作作者。在众多年轻的杰出学者中，科特勒最终选中了美国达特茅斯大学的年富力强的凯勒教授。2004 年科氏《营销管理》的第 12 版（美国版及国际版）开始正式增加了第二作者——凯勒。这一年，凯勒 48 岁。在该版的扉页上，科特勒这样写道：

欢迎 K.L. 凯勒

我高兴地介绍《营销管理》第 12 版的合作者 K.L. 凯勒教授。凯勒是（美国）达特茅斯大学塔克商学院的营销学教授和 E.B. 奥斯本荣誉教授，他在杜克大学富奎商学院获得博士学位。凯勒是他这一代人中的顶级学者之一。他的创新研究和发表在品牌、品牌建立和品牌资产方面的论文，已经被大量引用，并且赢得了许多的荣誉。他还在一批大公司（埃森哲、美国运通、迪士尼、福特、英特尔、李维斯、宝洁和星巴克等）担任营销品牌顾问。感谢凯勒的努力，我相信，我们奉献出的这本著作是最出色的。

科特勒的这篇欢迎词包含了三个重要的信息：首先，表明了科特勒对品牌理论的重视和在营销管理中强化品牌战略的学术主张。从该书第 12 版开始，由于凯勒的加入，《营销管理》中新建构了独立的第 2 部分（品牌板块），显著提升了书中品牌的内容分量。其次，显示科特勒作为学术领袖对凯勒在品牌领域领先地位的认同。再次，对科特勒而言，他希望他的代表著作《营销管理》后继有人、源远流长，这是科特勒学术生涯中的大事。可以说，第 12 版双作者合作的确立，让近 75 岁的科特勒的这个愿望已经开始得以实现。

由于科特勒巨大影响力的杠杆，凯勒犹如一颗新星冉冉升起在品牌、营销和管理学界。"我之所以看得更远，是因为站在巨人的肩上"，这是大科学家牛顿的一句名言。凯勒居高而立，因为他站在阿克和科特勒这两位巨人的肩上。

《营销管理》英文版第 12 版
（2004）

世界纪录的种子论文

1990 年，33 岁的凯勒英姿勃勃、精力充沛，他双眼炯炯有神、亲切可爱。他和前辈大家阿克合作的论文在顶级的《营销学报》上发表，此后，凯勒的学术创新精神和潜质便一发而不可收地喷发出来。1993 年 1 月，处在创造力最旺盛年龄的凯勒（36 岁）在核心期刊《营销学报》的首篇位置上独立发表了他最富开创性的种子论文——《**基于顾客的品牌资产： 概念模型，测量和 管 理**》（*Conceptualizing, Measuring, and Managing Customer-Based Brand Equity*），[4] 首次提出了 CBBE 的核心概念。据引文分析的数据，这篇论文是品牌学术文献中被引用次数长期高居榜首的经典论文，该文被引用次数不少于 1.6 万次（谷歌学术搜索，2018），这在营销学文献中是非常惊人的世界级学术记录。四分之一个世纪过去了，凯勒的这篇论文在品牌科学的文献库中，依然是名列第一的种子论文，并且已孕育出现代品牌理论的雄伟大树。

同年，凯勒去澳大利亚新南威尔士大学做学术访问教授。在那里，凯勒做出了对他一生意义最重大的学术思考和决定： 在他的 1993 年论文的基础上，发展建构基于顾客品牌资产的现代品牌理论大厦，这应该是一部独树一帜的专著，一部可以托付此生的不断更新的传世之作。

新南威尔士大学位于澳大利亚东南部的半岛上，毗邻太平洋的校园离海滩咫尺之遥。也许，是那美丽而广袤浩瀚的大海为凯勒打开了超越又富有想象力的思想空间，激发了年轻凯勒的大创意和大灵感，孕生了奠定他学术生涯的基本思想和选择。不难理解，凯勒在后来漫长的岁月中都对澳大利亚抱有一份特殊的情怀和感恩。

凯勒在澳大利亚萌发的伟大学术创意，扎根于凯勒 1993 年发表的已经成为经典的标杆论文，试问，为什么这篇论文具有如此大的能量？凯勒当时只是一个年轻的学者（副教授），他站在阿克等前辈学者开拓的"品牌资产"的学术新高地和阿克五星模型的基础上，开创并且强化形成了一个崭新的学术视角和制高点——**"基于顾客的品牌资产"**（CBBE）。也就是说，其创新之处并不是提出"品牌资产"，而是提出了深入发展品牌资产理论的重要新视角和新路径。在这之前，"品牌资产"的理论开拓已经有了"财务视角"和"市场视角"，于是，在品牌学术圈以"品牌资产"为公认的基石的前提之下，出现了不同的诠释及可能生长发展的不同方向。起初有研究分析出"品牌资产"的定义存在有三种主要的不同理解，[5] 反映出看待品牌资产所持的不同的基本立场：企业的角度、市场的角度和顾客（消费者）的角度，这直接导致了品牌资产测量方法的多元化。[6]2016 年何佳讯进一步指出，**现代品牌理论的发展呈现出了三种取向的基本格局：基于企业的；基于顾客的；和基于市场（企业＋顾客）的。三位奠基学者——卡普菲勒、凯勒和阿克——分别代表了这三种学术视角。**企业（战略）角度是卡普菲勒建立并主张的取向；顾客角度是凯勒确立并主导的取向；企业与顾客兼顾的角度是阿克开创并且坚持的取向。[7] 现代品牌理论的三种取向或学术视角，是不同品牌学者或学派差异的根源之一。从逻辑上说，这可以形象地看成是攀登品牌资产这座高山的三条不同的路径，**逻辑上可能演变成品牌理论的不同学派。**

凯勒不仅仅是品牌资产新视角的提出者，更加重要和具有决定性意义的是，凯勒深入挖掘这一条路径，融会贯通品牌领域的种种概念和知识，在若干关键点上不断创新，最终使之浑然成为逻辑自洽的一体，而达到豁然开朗之学术境界。

凯勒认准了自己在 1993 年确定的学术新方向，他不断强化"基于顾客的"视角，他希望，立足于这块新的基石上能够整合、演绎和发展全部的品牌概念和知识。凯勒很幸运，在创新思维的驱动下，他在逻辑和结构上近乎完美地实现了对过去和现在的品牌知识的重构，最终以 CBBE 为基础建立起了整个现代品牌理论。他在 1998 年出版的《战略品牌管理》[8]是集大成的创新奠基之作，可谓独树一帜、自成一派，又居高临下、统领全局。其影响之大，遍及全球，其影响之深，刷新了整个品牌学术界，可谓开创了继阿克时代之后的**品牌学术新时代——凯勒时代。**

什么是品牌学术的凯勒时代

凯勒在品牌领域将现代营销"顾客导向"的基本思想贯彻到极致，牢牢扎下了"基于顾客的品牌资产"（CBBE）的根基，进而以此统领以前所有的品牌知识，经过甄别、修正、改写、重组和创新，整合出具有因果关系的、逻辑自洽的体系，即凯勒的《战略品牌管理》。

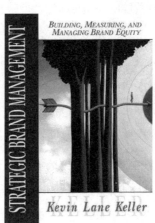

凯勒和《战略品牌管理》英文第 1 版，1998

5.2　共同追求的 SBM

在进入凯勒的这本奠基性著作之前，让我们先停住脚步，首先用心体验一下其书名"战略品牌管理"（SBM）的含义，这是修炼我们品牌学术功夫的关键所在。即先要识别辨明这本书书名传递的信息，追问**什么是"战略品牌管理"**？

先看一个有趣的学术事实，《战略品牌管理》这个书名至少被以下四个重要的学者分别坚持采用，这就是：法国的卡普菲勒（第 1 版，1992）、[9]美国的凯勒（第 1 版，1998）、英国巴斯大学的埃略特（Richard Elliott）等人（第 1 版，2007）[10]和美国西北大学凯洛格商学院的切尔内夫（Alexander Chernev）（第 1 版，2015）。[11]凯勒的 SBM 代表了主流的美国品牌理论，卡普菲勒的 SBM 代表了欧洲品牌学派，埃略特的 SBM 是品牌理论的文化视角，切尔内夫的 SBM 是市场战略的视角。这里提到的欧洲学者卡普菲勒和埃略特这两位人物，以及美国理论和欧洲学派之区别，我们将在第 7 章中展开分析介绍。美国的切尔内夫是营销学界的一颗新星，他因多次再版的《战略营销管理》一书而闻名业内，关于他和他的 SBM，请参见第 8 章。

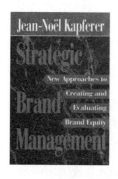

卡普菲勒（英文第 1 版，1992）

埃略特（英文第 3 版，2015）

切尔内夫（英文第 2 版，2018）

品牌学术领域的这几位举足轻重的学者，尽管都各有想法和见解，其著作的结构内容也都各自相异，但他们居然都抓住这三个关键词（战略 / 品牌 / 管理）不放，居然都不回避书名的重名而无意另取新的书名，这种现象并不多见，这究竟是什么原因呢？

执着固守相同的书名《战略品牌管理》（SBM），说明这些学者英雄所见略同，将共性看得比个性更重要，由此可以窥见一个特别重大的信息：20 世纪 80 年代后的现代品牌理论，不论是美国还是欧洲的学者，都采取了共同的基本立场：

在战略的层面或高度创建发展品牌理论；将品牌学术与品牌实战打通，知行合一，以解决实际问题和学术落地为荣。四位学者都强调这两个共同点，所以都坚持用这同一的书名。

"战略品牌管理"构成现代品牌理论的规范，这是现代品牌学术的一大特征。笔者将在第 8 章进一步阐述这一至关重要的特征。在此先简要说明一二。笔者认为，其"战略"二字是指 20 世纪 80 年代以后品牌作为战略资产的新阶段，所以，"品牌资产"是书中的第一关键词，创建 – 发展 – 评估都是以品牌资产为对象。其"管理"二字则强调，追求更加有效地在实践中创造品牌价值。"战略品牌管理"的内涵可以归结为以下两个要点。

一是指高度。战略高度的品牌管理，或强调战略视角的品牌管理。什么是战略的高度或视角？战略品牌管理与战术品牌管理的区别何在？

在营销战术的层面看待品牌的观点在美国曾经盛极一时，如阿克指出的，"从战术角度考虑品牌管理曾经是主导模式"。[12] 其特征是：品牌只是为了提升产品的竞争力，只是为了有助于拉动销售，只是从营销或销售的层面管理品牌，认为品牌管理可以外包给广告公司等。

相比之下，战略品牌管理的特征是：品牌是推动战略的重要资产，或品牌即资产。品牌战略作为一种公司战略，品牌是战略竞争力。品牌不仅仅是产品层面，而且有公司品牌及更大范围的品牌架构；品牌不仅仅由营销部门及营销传播部门运作管理，更被置于公司最高层次的管理（董事会）之中。

二是指面向"如何做"（HOW）的实战取向，即"品牌理论如何解决品牌实践问题"，重视在理论的基础上，突出应用工具和解决问题之方法，关注企业的实战和实施，而不是与实战分离的纯理论。当然，相对"战术品牌管理"而言，它更注重解决更长期更结构性的基本问题。

正如凯勒在其代表作《战略品牌管理》（第 3 版）的前言中所说："战略品牌管理是指通过设计、执行营销方案和活动，以建立、评估和管理品牌资产。本书的一个重要目标是，为经理们提供各种概念和方法，以提高品牌战略的长期盈利性。"

5.3 解读凯勒《战略品牌管理》之一：根基与定位

1998 年开始出版的凯勒的《战略品牌管理》一书，被誉为"品牌圣经"（凯勒本人在后来的版本序言中，亦重复了这个说法）。为了领悟凯勒时代的现代品牌管理思想的精华，我们需要对这部"品牌圣经"从多方面进行解读分析，其中心问题是：**凯勒如何创造了这部"品牌圣经"？**

理论支点与根基

阿基米德说：给我一个支点，我可以撬动整个地球。凯勒正是首先找到了理论创新的支点、整个品牌理论创新的源头，这就是前面已经提到的，凯勒在 1993 年发表的开创性种子论文《基于顾客的品牌资产：概念模型，测量和管理》[13]。所谓"CBBE"是"Customer-Based Brand Equity"的缩写，即**"基于顾客的品牌资产理论"**。正是在这篇论文中，凯勒提出了 CBBE 这一关键性的核心概念，以此为起点和基础，发展并且支撑起了凯勒的全部品牌理论。而凯勒的"消费者视角"这一学术思想的最早表现，则是前面提到过的 1990 年凯勒和阿克合作发表的论文《品牌延伸的消费者评估》，[14] 从两人的研究轨迹可以推断，在这篇论文的合作中，阿克关注的是品牌延伸的评估，凯勒关注的则是基于消费者角度的研究。可以说从这篇论文中，凯勒的"消费者视角"已经初见端倪。

这在后来成为凯勒整个理论框架的根基，正如凯勒在该书第 3 版前言中所指出的：

本书提出了一个品牌资产概念的框架，阐述了识别品牌资产的来源与结果，以及如何建立、评估和管理品牌资产的战术指导准则。鉴于消费者和顾客对于营销的重要性，本书从消费者的视角来阐述品牌问题，并将这种框架定义为基于顾客的品牌资产。

凯勒的《战略品牌管理》最重要的整体贡献和创新，是确立了以"CBBE"为基础的现代品牌理论框架。其重大的意义是，将品牌所有概念和问题的视角，都彻底转换并聚焦到顾客的角度上。例如，"品牌形象"的概念，从前多是从企业或品牌自身的角度来设计出某种视觉图形，例如"万宝路"的品牌形象是"西部牛仔"。凯勒却重新提出了基于顾客的如下新定义："（品牌形象）是顾客对品牌的感知，它反映为顾客记忆中关于该品牌的联想。"[15] 即品牌形象是顾客的联想。

凯勒在《战略品牌管理》一书中并没有定义品牌资产，但是他用心良苦地定义了"基于顾客的品牌资产"：**基于顾客的品牌资产是顾客品牌知识所导致的对品牌营销活动的差异化反应。**

这个定义表述完全不同于以往一般的品牌资产的说法。凯勒强调说，这个定义有三个关键点：（1）差异化反应；（2）品牌知识；（3）顾客对品牌营销的响应。首先，品牌资产源于顾客的差异化反应。若没有差异产生，该品牌产品就会被看成普通的商品。竞争则更趋于建立在价格的基础之上。其次，这种差异化反应来源于顾客的品牌知识，也就是顾客在长期的经验中对品牌的所知、所感、所见和所闻。因此，尽管品牌资产受公司营销活动的影响，但最终还是取决于顾客对品牌的认知程度。最后，构成品牌资产的顾客的差异化反应，从该品牌营销活动各种相关的顾客观念、喜好和行为中表现出来。[16] 这当然是彻头彻尾的基于顾客的思想。

基本的定位

凯勒在完成这部奠基著作的思想准备中，除了要以创新的思维越过知识整合的困难，在逻辑上能够自圆其说、自成一体，他还面临一个定位选择的困难：在学术性和实用性之间的偏好选择。他必须服从自己的学术风格，又必须考虑市场的需求和接受。这是因为凯勒受到他的老师阿克教授的影响，阿克让凯勒充分认识到市场战略和实战的重要性，以致凯勒最后将其书名敲定为《战略品牌管理》。这是通向成功的一个至关重要的决定。

尽管凯勒是将科学方法注入品牌学术的典型代表人物，他在此著作中表达的实战问题导向的意图却是非常清楚的。凯勒在该书"前言"中说：

本书阐明了三个主要问题：

1. 如何创建品牌资产？

2. 如何评估品牌资产？

3. 如何利用品牌资产拓展商业机会？

凯勒为这本标志性著作写了一篇小序，或许因为这个序言非常短小（不到半页），而常常被人忽视。在序言中，凯勒借用与他父亲的对话，看似不经意却直指问题的根本，点明了品牌学科之特质："品牌并不是精密科学。"即使站在学术的立场，品牌研究也是处在科学与实用之间，而不能只是追求"科学"。许多完全沉浸于论文中而罔顾解决现实问题的青年学子，恰恰忘记了凯勒的这一思想。

5.4 解读凯勒《战略品牌管理》之二：四大创新关口

确立 CBBE 这一理论根基，只是为现代品牌理论大厦打好了创新的地基，只是迈出了创新蓝图重要的第一步。凯勒如何在此基础上构建出理论大厦呢？主要靠的是突破了四个关口，竖起了四根撑起整个大厦的立柱。**这四个关键的创新是：重新发现品牌联想（Brand Association）；重构品牌营销；创立品牌价值链；建立品牌共鸣模型**。以下分别述之。

1. 重新发现品牌联想

品牌联想是第一个被打通的枢纽。这个枢纽是通向顾客视角的关键所在。

凯勒从心理学中的"联想网络记忆模型"（Associative Network Memory Model）出发，特别将"品牌"演绎成为顾客心理的联想集合，并且以"品牌联想图"直观表现出来。

品牌联想并不是凯勒的原创发明，在阿克的品牌资产模型中，品牌联想已经被阿克列为品牌资产的要素之一（请参见第 4 章）。一些先行者也早已从心理学的角度阐述品牌的核心内涵，例如 20 世纪伟大的广告人李奥贝纳曾经提出过，"品牌符号即品牌身份所产生的某种心理图像"。这已经非常接近凯勒后来表达的思想。然而，是凯勒挖掘出这块埋在黄沙中的"金子"，并且赋予了创新的意义。

在阿克等人强调品牌心理联想的基础上，凯勒将企业自我角度的品牌识别和品牌形象转换为顾客角度的品牌联想，**并且赋予品牌联想极为关键的理论角色。在凯勒创建品牌理论大厦的过程中，品牌联想成为凯勒最重要的创新突破之一，也是其品牌理论之根基。**

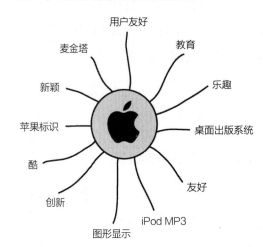

苹果公司可能的联想

来源：引自凯勒《战略品牌管理》第 4 版

2.重构品牌营销

在凯勒之前，因为品牌现实需求的升温，品牌实战促成了各种以品牌为中心的营销策略，这些营销策略来自不同的方向或不同的层面，例如品牌设计的、广告的、传播的、定位的、形象的，等等，可谓琳琅满目。

凯勒的突破性贡献在于，他整合和重构了品牌营销，使其具有整体性、关联性和深透性。他提出了**品牌营销的三部曲：A. 选择品牌元素；B. 优化营销策略和整合营销传播；C. 运用次级品牌联想杠杆**。如果说，其中第一步和第二步是原来就有的理论归纳，那么，第三步中的品牌联想杠杆则是凯勒对品牌营销的发展，这是基于品牌联想的一个全方位创新。

应该指出，进入数字化时代后，品牌营销出现了全新的内容，如何进一步更新凯勒的品牌营销框架，是一个新的挑战。

3. 创立品牌价值链

早在 2003 年，凯勒和莱曼（D.Lehmann）的论文提出了一个重要问题**"品牌如何创造价值？"**。[17] 同时，凯勒在 2003 年第 2 版的《战略品牌管理》（第 8 章）中增加了重要的理论内容**"品牌价值链"**（Brand Value Chain，BVC）。[18] 这是凯勒对这个重大问题的理论解答，也是凯勒品牌理论的一块基石。

品牌价值链是基于顾客的品牌资产这个根基与价值链思想结合的产物。品牌价值链模型以顾客品牌知识为关键点，由"营销投入 – 顾客心智的改变 – 市场业绩 – 资本市场收益"四个阶段完成，前为因，后为果。其结论是，品牌价值来源于顾客的品牌知识的变化。

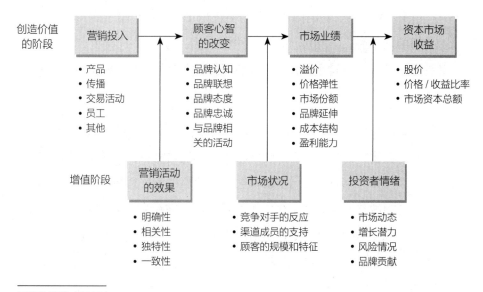

品牌价值链（BVC）

凯勒的**品牌价值链**模型不仅解释了品牌资产的来源，而且统一了早期对品牌资产的不同视角的理解。在这个模型中，**现代品牌理论的三种不同视角（企业的、顾客的、市场的）之逻辑关系得到了统一**。"营销投入"是企业的视角，"顾客心智"是顾客的视角，"市场业绩"和"资本市场收益"是市场的视角。或者说，品牌价值链模型统一了前述品牌资产的三种不同视角和学术观点。

如何评估品牌资产或品牌营销的绩效，是 20 世纪 80 年代"品牌资产"研究方向的基本问题之一，凯勒在《战略品牌管理》一书中为此花费了很多的篇幅。凯勒的"CBBE"和品牌价值链思想，对英特品牌等公司改进具体的评估方法产生了明显的影响（请参见第 9 章）。

品牌价值链模型是现代品牌理论的核心之一，若追问此发现之根由，是什么导致凯勒提出了品牌价值链模型，那是因为凯勒提出了与阿克不同的问题。恰如 20 世纪最伟大的科学家爱因斯坦所说：提出一个问题比解决一个问题更加重要。

阿克的问题是，寻找出"品牌资产的影响因素，或哪些东西构成了品牌资产"。这个"WHAT"式的问题引导阿克提出了"五星模型"。

凯勒的问题是："品牌如何产生价值？品牌资产（价值）产生和形成的逻辑是怎样的？"对这个"HOW"式问题的探究结果是凯勒找到了"品牌价值链"。

4. 建立品牌共鸣模型

"如何创建品牌资产"是品牌领域的基本问题之一，在漫长的时间里先后涌现过许多各具特色的答案。凯勒将这个问题的视角拉到基于顾客和消费者的立场，经过归纳整合的升华，建立了逻辑分明、前后有序的 **"品牌共鸣模型"**（BRP，Brand Resonance Pyramid），从而在理论层面上重新回答了"如何创建品牌？创建品牌的路径和步骤是什么？"的基本问题。

凯勒的这个模型，提出了"理性路径"和"感性路径"两条路径，通过"双管齐下"，自下而上分四个阶梯创建品牌的逻辑方法。如图 5-3 所示，品牌共鸣金字塔的左侧是理性路径，右侧是感性路径，达到金字塔顶部时，才能产生具有深远价值的品牌资产。

凯勒的"品牌共鸣模型"综合了以前的创建品牌的各种观点和众多方案，形成了一个清晰的结构和逻辑。这个工整有序的模型似乎是非常完美了。然而，值得指出的是，数字化时代的到来，使这个模型自下而上的严谨逻辑受到了冲击和挑战。一些新的品牌并不是按照这个逻辑而诞生的，甚至反其道行之，首先获得了品牌粉丝和他们的共鸣，再自上而下充实和夯实品牌的基础。这是后话，请参见第 10 章。这个金字塔如何修改或重建？且让我们拭目以待。

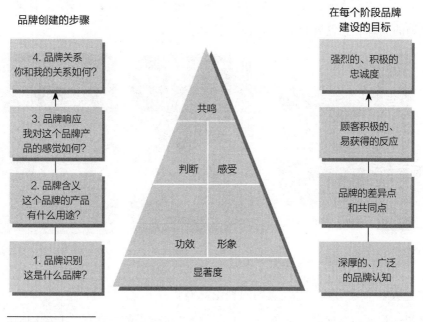

品牌共鸣模型

最后要问，什么是凯勒品牌理论的核心？

凯勒通过《战略品牌管理》第 4 版（2013）的修订明确回答了这个问题，他新建构了统领全书的第三章，将"品牌价值链"（BVC）和"品牌共鸣模型"（BRP）整合在新构成的第三章内，突出了其作为整个理论的核心的重要地位。

从 1993 年凯勒迈出了决定性的第一步（CBBE）之后，到 10 年后的 2003 年迈出了第二步（BVC），再到 20 年后的 2013 年迈出了第三步（确立理论核心），凯勒终于实现了"确立根基"和"架构体系"的两大理论使命。他的标杆著作《战略品牌管理》问世之后，做到了与时俱进，不断更新。让我们再沿着时间的进程，看一看凯勒是如何更新他的传世之作的。

5.5 解读凯勒《战略品牌管理》之三：结构框架与版本更新

从 1998 年开始，凯勒的《战略品牌管理》大约每隔五年更新一版，2020 年该书出版第 5 版。如果我们追溯对照该著作在 20 余年中的版本演变，会对凯勒的品牌思想发展有进一步真实具体的了解。

凯勒的《战略品牌管理》第 2/3/4 版

从第 1 版至第 5 版，凯勒的理论基石不变；主线保持不变，即建立品牌资产—管理和发展品牌资产—评估品牌资产；全书的总体风格和结构框架基本不变。

其版本的更新主要在内容上，包括两个方面：反映品牌理论新进展和学术文献的更新；反映实战的个案每次都有大比例的更替。从其目录（第 4 版）可以概略把握其内容逻辑（见下表）。

表《战略品牌管理》（第 4 版）简目

第 1 篇	概论
第 1 章	品牌与品牌管理
第 2 篇	制定品牌战略
第 2 章	基于顾客的品牌资产和品牌定位
第 3 章	品牌共鸣与品牌价值链
第 3 篇	建立品牌资产：品牌营销的设计与执行

（续）

第 4 章	选择品牌元素
第 5 章	设计市场策略
第 6 章	整合营销传播
第 7 章	次级品牌联想杠杆
第 4 篇	**评估与解析品牌业绩**
第 8 章	开发品牌资产评估和管理系统
第 9 章	品牌资产的来源
第 10 章	品牌资产评估
第 5 篇	**发展与提升品牌资产**
第 11 章	品牌构架战略
第 12 章	新产品命名与品牌延伸
第 13 章	长期品牌管理
第 14 章	区域和市场细分的品牌管理
第 6 篇	**展望**
第 15 章	进一步的探究

让我们进一步追寻其不同版次的特点和变化。

1998 年凯勒的《战略品牌管理》的第 1 版的学术贡献主要有三方面：

1）整合创新，确立了战略品牌管理的严谨逻辑系统和科学风格。

2）建立了该书长期发展的基本框架，这个基本框架可以称为**"基于顾客的品牌资产框架"**。其基石是品牌资产（BE）；其独特的理论是"基于顾客的品牌资产理论（CBBE）"。

3）创新提出或发展了一些重要概念：品牌知识（Brand Knowledge）、品牌联想（Brand Associations）和品牌营销（Brand Marketing）。

凯勒为了寻求品牌资产的来源，提出了（顾客的）**"品牌知识"**的新概念，他认为品牌知识的两个来源是（顾客的）"品牌认知"和"品牌联想"。这并不仅仅是概念，更重要的是，它为解决"品牌激活""品牌强化"等实战问题提出了基本的思路，即需要先找到具体品牌的品牌资产的来源是什么，正确的解决方案才会一目了然。

凯勒在其第 1 版就整合和提升了**品牌联想**在现代品牌理论中的核心地位。简言之，品牌联想是品牌与顾客之间最核心的"桥梁"和忠诚的"镜子"（心理投射），以及解决战略品牌管理一切问题的万能工具。

该书第 2 版（2003 年）做出了许多新的贡献，首先是凯勒提出了**品牌价值链**的模型。

第 2 版更新的另一个重点是，凯勒将 20 世纪 70 年代的"定位论"发展为**品牌定位框架工具**。此前的定位只是强调体现出与竞争者的差别（Difference），凯勒在第 2 版中则提出品牌定位的框架由三个要素形成的联想而确定：差异点（Points of Difference, POD）/相似点（Points of Parity, POP）/类别参照（Category）。也就是说，定位不单单靠差异点，类别联想和相似点联想也是定位可选的路径或必要支撑。

2002 年凯勒和合作者在《哈佛商业评论》发表的一篇文章《关乎你品牌必须回答的三个问题》，[19] 就是对《战略品牌管理》中提出的品牌定位框架的解释和通俗化推广。

在凯勒的体系中，**品牌定位被置于显著的、突出的位置**。如果与品牌形象、品牌识别、品牌个性等概念相比较，**品牌联想和品牌定位是凯勒体系中最被看重的概念**。前者是建立顾客视角的关键，后者是凯勒品牌战略的核心。这一点在其后来第 4 版的第 2 章中表达得相当充分。凯勒围绕品牌定位大费篇幅，使其内涵和工具超过了营销战略中的定位。他专门安排的"品牌真言"（Brand Mantra）一节（第 4 版，2-6），也是为了强化品牌定位。按照凯勒所说的，品牌真言反映了品牌的"精神与灵魂"，这已经超越了一般意义上的定位。该术语英语原文"mantra"一词有（宗教）"咒语"的含义，这意味着，如果许许多多人（包括顾客）反复诵念品牌真言，就会产生强大的心理能量和心理效果，这正是品牌所期待的效应。或者说，以品牌真言连接品牌与顾客的关系，就具有类似宗教信仰的加持力量。

第 2 版还提出了"战略品牌管理的流程"（第 1 章），即"识别和制定品

牌战略 / 设计并执行品牌营销 / 评估和解析品牌绩效 / 提升和维系品牌资产"。在后来的第 4 版中，凯勒提出的整合三个模型的"品牌规划模型"，是这个流程的进一步的发展和升级。

　　该书第 3 版（2008 年）中，对品牌案例和学术文献作了大面积的更新。品牌思想的亮点是，第 3 版强化了新的主导性学术概念——顾客关系和顾客资产（Customer Equity），以及顾客资产与品牌资产两者的关系。这是重要的思想信号，正如科特勒在 2016 年重新论述营销思想的演变时指出的，20 世纪 90 年代是"品牌资产的时代"，21 世纪头十年是"顾客资产的时代"。[20] 顾客资产的决定性意义，在 21 世纪 10 年代的品牌实战中很快体现出来了，例如中国的腾讯和小米。

　　凯勒在该书第 4 版（2013 年）的改进，首先是进一步明确和凸显了其理论体系的核心所在——品牌价值链模型和品牌共鸣模型，这是他通过建构新的第 3 章而强化的理论制高点。

　　其次，第 4 版中加入了非常重要的新的学术概念 "品牌浸合"（Brand Engagement），这是整个营销学在数字化时代建立的新的核心概念，反映了品牌顾客关系的新境界（详请见第 9 章）。

　　第 3 个主要的更新是，凯勒将他原先分散的三个品牌模型进一步整合起来，提出了品牌规划模型（Brand Planning Model）。[21] 原先的这三个品牌模型是：品牌定位模型（Brand Positioning Model）、品牌共鸣模型（Brand Resonance Model）和品牌价值链模型（Brand Value Chain Model）。这个整合模型为实施品牌战略提供了面向实践的理论框架，是一个新的理论进展。我们由此看到，现代品牌理论的整体性和逻辑性在凯勒的《战略品牌管理》第 4 版得到了进一步的体现和加强。

　　按照这本书五年更新一次的常规，凯勒的《战略品牌管理》第 5 版的预定出版时间是 2018 年。它未能如期问世，主要是因为数字化智能化时代的革命性变革带来了非同小可的影响，这是凯勒的《战略品牌管理》问世 20 年以来遇到的最大挑战。在《战略品牌管理》第 4 版（2013）的最后一章，凯勒曾经展望了品牌学术的未来，现在重新读这一章，会感到凯勒是以常规变化的心态对品牌研究的未来作了外推式的展望。凯勒虽然谈到变化，却对数字化这只灰犀牛的出现之快和可能的颠覆没有充分的估计和预见。其第 15 章作为这部重要著作的结尾，并没有洞察到正在出现的新范式，这是令人遗憾的。

凯勒的《战略品牌管理》第 5 版将于 2020 年问世，新书共 16 章。[22] 作者的基本立场是，既保留了他们认为依然有效的传统的内容，又引入了重大创新的内容。第 5 版除了常规性的更新（新的文献、案例和辅助参考块）之外，主要有两大改变。

第一个重大的改变是凯勒为第 5 版引入了合作作者——美国匹兹堡大学凯茨商学院的营销学教授斯娃米拉莎（V.Swaminathan），她的主要研究领域是品牌战略与品牌顾客关系，品牌化与数字化营销。引入合作作者是经典教科书延长寿命的典型做法和有效策略，凯勒也不例外。

第二个重大的变化是新建构了第 7 章 **"数字化时代的品牌化"**，约 40 页。该章综合了品牌战略向数字化转型的关键变化，其中特别将 "品牌浸合" 列为新的一节重点阐述。在新增的内容中，数字化传播的革命所占的比例是最显著的。

《战略品牌管理》英文第 5 版
（2020）

5.6 凯勒的学术风格和个性

任何杰出人物有所成就，都离不开其人格个性。凯勒的个性特点和学术风格是怎样的呢？

作为研究学者，**凯勒具备别人难以企及的两个创新特长或优势，一是极强的建构理论框架和概念模型的能力**。凯勒善于驾驭一大堆分散的知识和材料，发现基点和焦点，以一种主导思想渗透一切、贯通到底，而形成有因果关系的整体性结构。在他的理论体系中，完全立足顾客的 CBBE 是主导思想，品牌联想是枢纽，品牌价值链模型等是理论核心；**二是从旧概念中激活新思想的能力。**顾客导向、品牌联想、价值链这些概念，其实都不是凯勒的原创，但他有慧眼和深思，发挥他深厚的心理学功底，使老树开出灿烂的新花，从旧概念中挖掘出令人眼前一亮、耳目一新的结果。在这种意义上，凯勒是从传统中创新的高明学者。或者说，凯勒是一个稳健和严谨的创新者。

若将科特勒与凯勒的学术风格作粗线条的比较，笔者以为，科特勒具备更加高屋建瓴的气势和智慧、更不受束缚的学术想象力和更大胆的冒险勇气和魄力。科特勒是现代营销学的宗师，如同一位开宗立派的战略思想家。**凯勒则更像一位创新大工程的总设计师。**凯勒善于驾驭整体大局，他的创新构思独具匠心、他精心、严谨、扎实、有效。只是更加小心，甚至保守。

若再将阿克与凯勒的学术风格略作比较，会发现他们的学术风格和表达形式大相径庭。单就其论著而言，凯勒是典型的论文风格，凯勒的书好似论文的翻版，或长篇的专题综述，尽管也加入了面向实战的案例和流程等内容。阿克的书尽管是以深刻的思想引领，并且以创新模型为核心，却更像提出问题和讲商业故事的演讲，娓娓道来、深入浅出。若按照辈分，阿克年长，比凯勒大一辈。观其文风，却是相反，凯勒的表达老陈、严谨、滴水不漏；阿克却往往在书中营造启发性的面对面交流气氛。凯勒的著作内容严密、结构完整、引证丰富，阿克的著作却活泼随意、信手拈来、画龙点睛。

毫无疑问，阿克和凯勒二位都是做出了开创贡献的顶级品牌学者，他们都有深邃的学术思想，并都产生了巨大的影响。他们二人都兼顾学术和实战，他们的著作都是既有理论、也有案例。但是，就读者感受而言，读凯勒的书，犹如听古典音乐，必须正襟危坐，专心一意领悟其旋律。读阿克的书，好像听流行音乐，可以一边喝饮料，一边品其音韵。凯勒的书将你带入一座巍峨庄严的教堂，阿克的书让你坐上过山车。凯勒的逻辑结构使人惊叹，阿克的神韵智慧令人向往。

营销学界和品牌学界的一流学者，都具有两栖的本领，即兼顾学术和实战。所谓学术风格的不同，只是表现在是更靠近学术的一端，还是更靠近实战的一端。凯勒作为品牌学界的领军人物，也是一位两栖的学者：一方面有学术论著最高的被引用率，另一方面也有众多著名公司的咨询顾问经历。从凯勒的论文和著作中，我们可以充分感觉到，在品牌学术圈中，**凯勒的学术风格的主要特征是追求"科学"和理性逻辑**，凯勒自己明确说过，他"希望其著作有助于增加品牌科学的分量"。[23] 可以说，凯勒是**一位将科学注入品牌研究的开创性人物**。凯勒笃信理性实证、追求内在的逻辑和完美的模型。他也因为充分发挥了这一方面的优势和长处，成功在品牌学术领域脱颖而出、鹤立鸡群。

凯勒是以心理学背景进入品牌研究领域的，这一点形成并且决定了他研究的基本走势和特色：顾客取向的品牌理论。但凯勒的过人之处在于，他不局限于心理学的角度，他也同时吸收了阿克在学术上的强项——战略的取向，两者的融合形成了凯勒独有的研究特色：**内在取向是消费者—心理学、外在取向是战略—管理**，这就是凯勒特有的品牌学术路线和风格。以这种风格，凯勒超越了前人，成为站在品牌理论之巅的新一代的代表人物。

通观凯勒的论著，能够强烈感受到，将品牌知识系统化逻辑化模式化，是凯勒的基本追求，是凯勒的主要贡献所在。在佩服他所建构的品牌理论大厦的精巧之余，笔者也想指出，**品牌逻辑的追求和发现，既是凯勒的成功之处，也是凯勒品牌理论的过犹不及之处**。这是因为，品牌在人类生活中，毕竟不完全是理性之物，数字化、智能化时代的来到，使品牌的感性或非逻辑的一面愈来愈显著。在新新世代的面前，纯粹的逻辑和理性往往更暴露出它的无力和苍白。品牌需要科学，但品牌不完全是科学——这也正是凯勒自己说过的话。

为什么凯勒能够领先？

尽管凯勒在阿克之后才显露头角，尽管他的代表作《战略品牌管理》问世晚于卡普菲勒的同名著作，从被引用数据、全球影响力等综合指标，凯勒及其《战略品牌管理》赢得了全球领先地位，以致凯勒在序言中介绍此书时，也采用了"品牌圣经"的之称。为什么凯勒能够后来居上？

对照前面介绍过的阿克的品牌资产模型，我们可以看出，凯勒的高明之处是在阿克的模型基础上兼做减法和加法而实现创新。凯勒的减法是，将"品牌忠诚度"看作行为结果而删去，将"感知质量"看成"品牌认知"的一部分而取消之，从而更加深入更加聚焦在"品牌知识"上。同时，凯勒也做加法，他大大强化丰富并且更加凸显出"品牌联想"的地位，对其结构和杠杆作用不断深入挖掘，开拓出品牌联想网络的重要价值和更全面的策略方法，展现出了非常有价值的新方向。进入21世纪以来，随着社交网络和智能终端的发展，"品牌联想"的威力和潜力不减反增。

凯勒的代表作《战略品牌管理》跟随或仿照了现代营销大师科特勒已经非常成功的经典教科书《营销管理》的做法，认定"深度，广度和实用性"是营销教科书追求的三个基本评价尺度，并且使其同时完美地覆盖了这三个方面。凯勒在前言中称："尽管已有大量有关品牌的优秀书籍问世，但是没有一本书能真正将这三个方面结合得如本书充分彻底。"没有领先的理论，是没有深度；没有整合包含所有重要的相关主题，是没有广度；没有实施的方法和指引，是没有实用性。该书不仅以理论为骨架建立基本的知识模块，而且面向公司实战，将战略管理与品牌管理相结合，突出了"如何做"的品牌战略规划。

凯勒充分发挥出了他心理学的优势，他的这本书，外在是"战略实用的"，内在是"理性科学的"。在前面已经提到，阿克的学术背景是"战略"，凯勒的学术背景是"心理学"，结果却是凯勒在标杆性品牌论著的书名选择上，后来居上赢得主动，树起了"战略品牌管理"这一具有象征意义的大旗。

5.7 品牌思想里程碑6：凯勒和他的"CBBE"

现代品牌理论建立在**三块重要的基石**之上。第一块基石是"品牌资产"，由美国营销科学研究院在1988年确立，阿克是开创贡献者。第二块基石是"基于顾客的品牌资产"（CBBE），由凯勒在1993—1998年确立。第三块基石是"品牌关系"和"品牌社群"。前者的核心贡献者是弗尼亚（S. Fournier），后者的开创者是莫尼兹（M. Muniz）。如果没有第一块基石，就进入不了现代时期；如果没有第二块基石，就没有现代品牌理论体系；如果没有第三块基石，就没有通向 21 世纪的品牌理论的发展。

20 世纪 90 年代是现代营销理论取得重大进展的年代，两大进展一是关系营销、二是品牌理论。关系营销为营销确立了新的理论范式，并影响了 21 世纪的营销；品牌理论的大厦初步成型并走向成熟。关系营销和品牌理论起初并没有联系，凯勒提出的"基于顾客的品牌资产"（CBBE）理论打通了两者，关系营销和品牌资产都指向"顾客"和"顾客价值"，并且很快成为现代品牌理论之核心。

凯勒之所以成为现代品牌理论的执牛耳者，首先是因为他开创了"CBBE"的理论，以此为根基架构了他的代表著作《战略品牌管理》，并不断更新完善。凯勒是现代品牌理论之集大成的系统创新者，他重新界定了战略品牌管理的框架和主轴，系统回答了如何创建、发展和评估品牌资产的重大问题，开创出主流的现代品牌理论和战略。

在凯勒之前，品牌的专业知识尽管在不断增加和延伸，却似乎没有一条主线和中心，往往是若干个可能随意增添或减少的"板块"的拼凑，缺乏满足因果逻辑的整体。凯勒不满意这种状况，他相信科学可以提高品牌理论的水平，并且力图找到一个改变现状的学术支点。他找到了这个支点，就是**基于顾客的品牌资产理论（CBBE）**，它初现锋芒是 1993 年，发展成体系是在 1998 年，[24] 构成了现代品牌理论的主流思想。

1998 年,凯勒的代表著作《战略品牌管理》第 1 版问世。[25] 这一年,凯勒 42 岁。这本书的初版及其后续版本很快在全球品牌学术领域确立了领先和领导的地位。从 1988 年美国营销科学研究院提出"品牌资产"的方向，到 1998 年现代品牌资产理论自成一体，前后历经了 10 年，可谓"十年磨一剑"。品牌思想的第六块里程碑雄伟矗立起来，这可谓迄今最宏伟高大的一块品牌思想里程碑。

在这块巍峨的里程碑上，篆刻了不少的学术独创，其中首要的，就是凯勒基于"CBBE"理论于 2003 年提出的"品牌价值链"。[26] 20 世纪 80 年代人们曾经困惑良久的大难题——"品牌是如何创造价值的？"，因品牌价值链而获得了理性的答案。

凯勒对现代品牌理论和思想的主要贡献，可以归纳为以下三点：

1）凯勒开创了"基于顾客的品牌资产"理论，并以此为根基创建了引领全球的现代品牌理论体系。该体系以品牌价值链等为理论核心，以创建 - 发展 - 评估品牌资产为主线，在整体结构和因果逻辑上都超越了前人；

2）凯勒突破了品牌学术的若干关键问题，做出了整合和创新，包括：品牌联想和品牌知识、品牌价值链、品牌共鸣模型、品牌营销和品牌定位模型等；

3）凯勒将科学思维（特别是心理学）注入品牌学术领域，提升了品牌学科的科学性和严谨性，他又是品牌学科学术和实践的集大成整合者，促成了"战略品牌管理"规范的形成。

当然，凯勒的 CBBE 理论也不是万能的，因为它只是代表了品牌资产理论的顾客视角或取向。一些问题的求解，还必须求助或依靠品牌理论的其他视角，例如要素品牌（Ingredient Brand）和 B2B 的品牌资产研究中，[27] 由于既涉及 B2C，也涉及 B2B，其中 B2B 的部分，就必须引入品牌资产的企业视角，才可能获得完备的理论解释和实践指导。

5.8 小结

本章回答了"品牌圣经"是如何产生的这一问题，系统分析了现代品牌理论最核心的人物——凯勒的学术思想、学术成就和学术风格，对其理论根基和代表著作进行了透视，对其主要的学术创新进行了剖析和比较。

凯勒是继阿克之后独领风骚的一代品牌大家，他开辟了现代品牌理论的凯勒时代。凯勒在品牌领域彻底贯彻顾客导向的现代营销思想，提出了"基于顾客的品牌资产理论"，他以科学逻辑强化重构了"战略品牌管理"体系，建立了一整套新的品牌逻辑和品牌理论体系，产生了全球性的巨大影响。凯勒的理论是当代品牌理论的主流，他树立了品牌思想史上迄今最雄伟的一块里程碑。

凯勒的"基于顾客"的品牌理论和战略主张，原本只是针对单一的"顾客—品牌"的情境，在关系营销范式和数字化时代的大潮推进下，引发出现了别开生面的新局面，这就是从顾客视角延展到关系视角，以及互动情境中的品

牌新观念。于是，现代品牌理论舞台上又奏响了另一个充满激情的、崭新的主
旋律——品牌关系和品牌社群理论。这就是下一章的主题，让我们仔细聆听，
这个新的主旋律有何不同和奇妙，它又怎样将我们引入新的品牌思想空间。

注 释

[1] 凯勒的简历：Tuck School of Business, 1998－present；Visiting Professor of Business Administration, Duke University, 1997－98；Professor of Marketing, University of North Carolina at Chapel Hill, 1995－97；Associate Professor of Marketing, 1990－95, Assistant Professor of Marketing, 1987－90, Stanford University；Assistant Professor of Marketing, University of California, Berkeley, 1986－87.

[2] Aaker D A. From Fargo to the world of brands: My story so far [M].Cumbria: Iceni Books,2006: 274 10.

[3] Aaker D A, Keller K L. Consumer evaluations of brand extensions [J]. Journal of Marketing,Jan.1990, 54(1): 27－41.

[4] Keller K L. Conceptualizing, measuring, and managing customer－based brand equity [J]. Journal of Marketing, Jan.1993, 57(1): 1－29.

[5]卢泰宏,黄胜兵,罗纪宁.论品牌资产的定义 [J].中山大学学报(社科版),2000,40(4): 17－22.

[6] 卢泰宏.品牌资产评估的模型和方法 [J].中山大学学报（社科版），2002，42（3）： 88－96.

[7] 何佳讯.长期品牌管理 [M].上海：格致出版社，2016：1－6.

[8] Keller K L. Strategic brand management [M]. 1st ed. New Jersey: Pearson, 1998.

[9] Kapferer J N. Strategic brand management: Creating and sustaining brand equity long term [M].1st ed. London: Elsevier, 1992. 其法文版本出版于 1991 年。

[10] Elliott R, Percy L. Strategic brand management [M]. Oxford: Oxford University Press, 1st ed, 2007；2015 年第 3 版增加了第三作者 Simon Pervan。

[11] Chernev A, Strategic brand management [M]. Chicago: Cerebellum Press, 2015；2nd ed.,2017.

[12] Aaker D. Aaker on branding: 20 principles that drive success [M]. New York: Morgan James Publishing, 2014: Chapter1；参考中译版：阿克，王宁子.品牌大师 [M].陈倩，译.北京：中信出版社，2015.

［13］Keller K L. Conceptualizing, measuring, and managing customer-based brand equity [J]. Journal of Marketing, 1993, (57): 1-22.

［14］Aaker D, Keller K L. Consumer evaluations of brand extensions [J]. Journal of Marketing, Jan,1990, 54(1):27-41.

［15］凯勒. 战略品牌管理 [M]. 吴水龙，何云，译. 4 版. 北京：中国人民大学出版社，2014：46.

［16］Keller K L. Strategic brand management [M]. 4th ed. New Jersey: Pearson, 2013: 41.

［17］Keller K L, Lehmann D. How do brands create value [J]. Marketing Management，2003,May/June:26-31.

［18］Keller K L. Strategic brand management [M]. 2nd ed. New Jersey: Pearson Prentice Hall，2003：390-391.

［19］Keller K L, Sternthal B, Tybout A. Three questions you need to ask about your brand [J]. Harvard Business Review, 2002, 80 (9):80-89.

［20］曹虎，王磊，等. 数字化时代的营销战略 [M]. 北京：机械工业出版社，2017.

［21］Keller K L. Strategic brand management [M]. 4th ed. New Jersey: Pearson, 2013:105,Chapter 3，Fig. 3-6.

［22］Keller K L, Swaminathan V. Strategic brand management [M]. 5th ed. New Jersey: Pearson, 2020.

［23］凯勒. 战略品牌管理 [M]. 卢泰宏，吴水龙，译. 3 版. 北京：中国人民大学出版社，2009: 序言.

［24］指凯勒 1993 年发表的论文和 1998 年出版的《战略品牌管理》一书。

［25］凯勒《战略品牌管理》1998 年首次出版，2003 年 2 版，2008 年 3 版，2013 年 4 版。

［26］Keller K L, Lehmann D. How do brands create value [J]. Marketing Management，2003, May/June:26-31.

［27］要素品牌是指"为产品中必不可少的材料、关键零部件等构成要素所建立的品牌"。

06 全新逻辑：
品牌关系和品牌社群

2000 年之后，品牌理论和实践的思想发生了大的转向，新的焦点是以品牌—顾客关系为主轴和重心，品牌社群继而成为最活跃的主体。与以前的主题诸如品牌识别、品牌形象、品牌定位、品牌资产等相比，品牌思想的主要视角已经从品牌自身转移到品牌—顾客关系，品牌关系成为新的思想制高点，可谓品牌世界的整个主旋律都改变了。

新的主旋律也再一次刷新了"什么是品牌"和"如何品牌化"的基本答案，"关系"和"社群"已经成为新的核心关键词和一切答案的中心。为什么会出现这种新局面？为什么品牌关系比过去曾经居主导地位的品牌识别和品牌传播更加重要了呢？为什么品牌社群在 21 世纪会风生水起？品牌关系、品牌社群又孕育了什么崭新的思想和创新的品牌战略？为了回答这些问题，首先要先明白为什么会发生这种重大的转变。

6.1　新旋律的缘起

为什么品牌关系会成为学术领域新的主导？品牌关系这一新的主旋律的登台当然并不是偶然的，互联网及数字化技术是外部的关键驱动力量，特别是21 世纪社交媒体和智能手机的普及应用，是将品牌关系和品牌社群推上高峰的重要外因。

从学科内部发展的逻辑来理解，卢泰宏等人（2003）认为，品牌关系的兴起源于五方面的背景：（1）关系营销的盛行；（2）品牌的消费者导向；（3）体验经济的到来；（4）顾客关系资产的认同；（5）品牌个性的奠基性研究。[1] 其中，引发这种变化的学科内在原因主要有以下两点：20 世纪 90 年代开始，**关系营销已经成为市场营销学新的理论范式**。整个市场营销学的范式已经从交易范式经过服务范式转向了关系范式，关系范式不可避免地渗透影响到品牌理论。其次，所谓品牌顾客关系，就是顾客与人格化的品牌之间的关系，其前提是品牌人格化，即将情感、个性，甚至思想灵魂注入品牌，品牌因之"变活"而与顾客产生关系。20 世纪 90 年代后期"品牌个性"研究取得的突破，已经为品牌人格化打通了道路并且奠定了基础。

其中，第一个动因是根本性的，让我们稍多费一点笔墨，交代清楚这个大的转折。

20 世纪 80 年代末开始，营销思想出现了新的核心——关系（Relationship）和关系营销（Relationship Marketing）。**营销从以交易为核心转向以关系为核心**。即销售或成交不再是最重要的事，与顾客的关系才是重中之重。简单而言，销售只能代表现在，不能决定未来。顾客关系能够影响长远，好的顾客关系必然带来源源不断的销售和回报。这个道理虽然早就被一流商人的慧眼所识并收入他们的经商宝典之中，但营销理论的范式替代**却发生在 20 世纪 90 年代，这是百年营销理论演变中最重大的进展之一**。关系营销标志市场营销的重心从"物"回归到了"人"。营销学术界以理性的力量和极大的热情开拓了"关系营销"的空间，并且提供了解决实际问题的一系列实战工具和方法。关系营销并不仅仅是一个新概念，而是统领市场营销学的新范式。整个市场营销学范式演变的大趋势是，20 世纪 90 年代出现了从交易范式、服务范式转换到关系范式的更替。

20 世纪 50 年代提出的顾客至上营销，60 年代兴起的 B2B 营销，70 年代开拓的社会营销，80 年代热门的服务营销，到了 90 年代都被汇流、整合在关系营销的新范式之中。因为前面的种种营销思想，从本质上都是维系和发展顾客关系，其差异只不过是顾客的类型不同而已。进一步的研究发现，关系和文化背景密不可分，中国文化情境中的"关系"与西方文化情境的"关系"在内涵上就有很大的不同，这是需要特别注意的。由此在英文的学术文献中，西方的关系一词用 relationship，而中国式的关系是用汉语拼音"guanxi"来表达和区分的。中国情境的关系研究亦成为中国市场营销学本土化或中国情境研究的头号主题，这一话题，自当别论。

关系范式随之渗透到品牌领域，**品牌关系**登上品牌学术的中心位置是大势所趋。在这种学术转型中，如果说有什么特别之处，那就是品牌战略的实践也很快甚至同步反映出这一新趋势。"春江水暖鸭先知"，星巴克就是首先尝试品牌体验和品牌关系这一全新的品牌战略而大获全胜的创新典范。**星巴克在"广告建立品牌"之后，开创了品牌化战略的第二大道——体验创建品牌。**

星巴克创造了品牌神话。普普通通的一杯咖啡，卖到了全世界，卖出一年近 200 亿美元的销售额（2015）；公司市值超过 800 亿美元（2019）；在近半个世纪经久不衰。星巴克被美国《财富》杂志评为最受尊敬的企业，被《企业家》杂志评为最值得信赖的十大品牌之一。

1971 年创立于美国西雅图的星巴克，至今是全球最大的咖啡连锁公司，拥有遍布 60 多个国家和地区的超过 2.6 万家门店（2017）。1999 年进入中国市场，北京故宫内的星巴克店曾经引发东西文化冲突的热议。创造星巴克品牌神话的主要人物是董事长舒尔茨（Howard Schultz, 1952- ），1987年他收购星巴克，深挖品牌体验而使星巴克名扬四海，1992 年在美国上市。2007—2008 年公司业绩衰退，舒尔茨重新担任公司首席执行官，以品牌关系战略成功重振星巴克。

有关星巴克的许多商业图书中，有三本书尤其给人启发：其掌门人舒尔茨写的自传《一路向前》（2011）、米歇利写的《星巴克体验》（2010）和《星巴克领先之道》（2015）。[2]《星巴克体验》主要讲述 20 世纪 90 年代至 21世纪初的星巴克如何以体验取胜；《星巴克领先之道》主要介绍 2008 年以来公司实施的新战略——星巴克的品牌—顾客关系战略。如果以一句话概括，星巴克前一段卖的是生活方式体验，后一段卖的是品牌关系。也就是说，星巴克品牌的魅力和能量在于，它真正把"品牌体验"和"品牌关系"做到了极致。

在第一阶段，广泛流传的"我不在星巴克，就在去星巴克的路上"，宣扬星巴克提倡的生活方式，这源自星巴克品牌创始人舒尔茨所言：人生存的第一空间是家，第二空间是办公地点，而星巴克对应的第三空间是除此之外的另一个场所。它处于一种"非家、非办公"的中间状态，是使消费者感到放松、休闲的一个空间。

的确，星巴克抓住了现代消费者的一个痛点：在高压力、超负荷、快节奏的时代里，不停地加速所带来的窒息感和不断寻求更佳应对方法的挣扎，让越来越多的人开始寻求"非家、非办公室"的第三空间。

在第二阶段，星巴克在人文关怀上下大功夫强化品牌—消费者关系，例如美国的星巴克热心关怀帮助流浪汉的行动获得了广泛的传播和好评。2018年星巴克宣布，所有人都可使用星巴克的洗手间，即使不购买任何东西。观微见著，可窥见其打造友善人文关系之用心良苦。

舒尔茨相信，"爱、人文和谦逊"是领导力的特质所在。这一思维引导品牌走向受尊重的更高境界。于是星巴克公司的目标被修改为："成为世界上经久不衰的公司，成为最受欢迎、最受尊敬的世界著名品牌，注重并鼓励培养人文精神。"

星巴克的实践率先强有力示范证明了品牌体验和品牌关系的神奇威力，而掀起了企业家关注品牌关系的风潮。如果说，企业家们关心的是品牌关系带来的实效和如何建立好的品牌关系，那么，在品牌学术领域，理性的学者们又是如何推进品牌体验和品牌关系的呢？

6.2　如何解构品牌关系

20世纪90年代后期开始，品牌关系的学术研究拉开了序幕。其核心和主导学者包括弗尼亚、莫尼兹、施密特（B.H. Schmitt）和帕克、马克琳（D.J. MacInnis）

等人。弗尼亚是品牌关系的开山学者，她首先在 1998 年提出了"消费者—品牌关系理论"。莫尼兹是品牌社群的开山学者，他和合作者在 2001 年提出了"品牌社群"的新概念。施密特则是开辟"品牌体验"研究的奠基学者。帕克和马克琳是"品牌依附"的核心学者，而且是推动整合品牌关系研究的领军学者。笔者将依托这几位学者的研究思想和代表性论著，剖析"品牌关系"和"品牌社群"的学术思想是如何一步又一步深入发展的。为了将这一丰富多彩的复杂进程叙述清楚，让我们先作一些总体的铺垫。

品牌关系的重要性毋庸置疑，其研究进展既改变了品牌理论和市场营销理论，也直接改变了品牌战略。什么是品牌关系？首先应该明确，作为一个学术术语和学术研究方向，在严格意义上，**品牌关系是指品牌—顾客关系**。在研究文献中，这一学术术语并不泛指其他宽泛的、延伸的关系，例如品牌与媒体、品牌与品牌等关系。其次，品牌关系的复杂性是一言难尽的。在社会学意义上，关系本身就是变幻莫测甚至深不可测的：长远的还是短暂的？对抗的还是和谐的？依赖的还是独立的？利益的还是信仰的？理性的还是感性的？等等。这些问题导致的是品牌关系的性质和类别研究。

进而，学术研究关注品牌关系产生的机理是什么。

"物以类聚，人以群分"，消费者喜欢什么品牌，取决于消费者的自我，也取决于品牌的个性和意义。而品牌关系则产生于消费者和品牌二者之关联。从这个角度，品牌关系的研究视角落在三条线上：1. 消费者自我(Consumer-self)；2. 品牌意义（Brand Meaning）；3. 二者的关联、契合，以及互动，其中情感占了很重的分量。

出于战略品牌管理实施的迫切需要，人们又提出了品牌关系如何测量，如何发展品牌关系，品牌关系对公司业绩和品牌资产的影响等面向公司实战的问题。此外，数字化时代对品牌关系带来了什么变化和新的内容，也都构成了挑战性的新研究问题。

显然，品牌关系研究既是充满魅力的，又是复杂而神秘的。"品牌关系"作为现代品牌理论中"新的主旋律"，或者说作为当代品牌研究的**核心部分**，其研究的思想和路径是如何的呢？

如果以 1998 年弗尼亚的"品牌关系质量"为起点，品牌关系研究跨过第 10 个年头时，美国南加州大学的三位学者为了回答**品牌关系在学术方面是如何进展的**，对品牌关系的研究领域做了一次高水平的学术综述，这就是 2009 年出版的**马克琳**和帕克等三位学者编著的《品牌关系研究手册》（*Handbook of Brand Relationships*）。[3] 这是一本研究型工具书，对品牌关系研究的主要问题和进展做了综合，包括：品牌关系的界定（关系类型和关系维度）、评估和测量、关系情感化；品牌关系的输入和品牌关系的输出（心理的、行为的）；以及品牌关系战略等。

又过了近 10 年，马克琳和帕克对品牌关系的研究进展又做了一次整合，这就是 2018 年他们在《消费者研究协会会刊》上主编的《品牌关系、情感和自我》（*Brand Relationship, Emotions, and the Self*）[4]。这一次，他们将焦点放在品牌关系随时间的改变。其中，特别强调"自我相关的情感"（Self-Relevant Emotions）带来的品牌消费者关系的变化。显然，马克琳和帕克越来越相信，**情感在品牌关系中有关键性作用**。当然，这并没有涵盖数字化时代出现的顾客品牌关系的全部变化，却抓住了可能是最重要的因素之一。

在此，有必要补充介绍上述把握品牌关系研究总体趋势的两位学者。马克琳和帕克都是南加州大学马歇尔商学院的营销学教授，帕克教授在第 3 章中已经介绍过。让我们对后者稍作介绍，马克琳是继珍妮弗（请参见第 4 章）和弗尼亚之后，值得关注的另一位出类拔萃的女性营销学者。马克琳在美国匹兹堡大学获得营销学博士学位，作为女性营销学学者，马克琳擅长从情感的视角创新学术。马克琳的研究重点是消费者行为和品牌，她的学术论著总被引用次数至今不少于 1.8 万次（谷歌学术搜索，2018）。她发表了 60 多篇学术文章，还是一本新兴的《消费者行为学》教科书（英文第 7 版，2017）的合著者。马克琳和帕克是在学术上长期合作的伙伴，他们共同发表了许多重要的合作研究成果，从 1986 年著名的论文《战略品牌概念》到 2016 年的新书《品牌崇拜》，以及在一流营销期刊合作发表的许多论文。

概括而言，20 世纪末以来的 20 年中，品牌关系的学术研究是围绕以下三个核心更替深入的：

A. 静态关系的结构研究——将可感知的关系变成可认知可测量的关系结构；

B. 动态关系的研究——把握关系的动态变化方向；

C. 从单一关系到网络关系——转向数字化时代开启的网络关系的研究。

马克琳（D.J.MacInnis）

万事开头难，回溯到品牌关系研究领域的起点，首先做出突破性学术贡献的，是美国另一位杰出的女性年轻学者，她的贡献为品牌思想宝库中增添了一块新的里程碑。她到底是如何率先成功揭开了品牌关系神秘面纱的呢？

6.3　品牌思想里程碑 7：弗尼亚的"品牌关系质量模型"

品牌关系理论最出色的开创性贡献是"品牌关系质量模型"（Brand Relationship Quality），出自一位女性美国学者苏珊·弗尼亚，1998 年她发表在核心期刊《消费者研究学报》上的论文《消费者与品牌的关系理论》（*Consumers and Their Brands*：*Developing Relationship Theory in Consumer Research*），[5] 是品牌关系研究的开山种子论文，也是被引用最多的品牌经典论文之一，累计被引用次数不少于 8000 次（谷歌学术搜索，2019）。尽管弗尼亚后来在品牌和消费者研究领域还发表了不少论著，她至今影响最大的却还是 1998 年发表的这篇奠定消费者品牌关系理论基石的论文。

所谓"奠定理论基石"，是指弗尼亚解决了以下三个基本的问题：1. 界定品牌消费

弗尼亚（S. Fournier）

者关系的类型；2. 其关系的测量；3. 发现其关系的（某些）新的深层意义。从而初步揭开了品牌关系十分朦胧而神秘的面纱，为进一步的研究打下了理论基础。毋庸置疑，**在品牌理论的进程中，弗尼亚树起了通向 21 世纪的一块新的品牌思想里程碑——"品牌关系"**。试问，她是如何做到的呢？

其实，弗尼亚采用的方法是直观而生动的，**她将品牌关系类比为人与人之间的关系**。在这篇论文中，她将品牌完全拟人化了，界定出了品牌消费者关系的 15 种类型。弗尼亚的发现源于她的想象：如果一个品牌是一个有活生生的人，他将是一个什么样的人？他会做什么？说什么？ 她从关系的视角成功地应用了上一年（1997）刚刚问世的"品牌个性"的研究成果，可以说，1997 年另一位女性学者珍妮弗关于品牌个性的原创研究成果为解析品牌关系提供了一个基础。所以说，**弗尼亚的研究是品牌拟人化思想路线的继续深入**。

前面第 4 章已经介绍过，珍妮弗建立了高可靠性的品牌个性量表，得出了品牌个性的具体描述。弗尼亚用的方法是，通过形容词排序或打分，明确地评估出某个品牌的个性。通过消费者问卷调查（选了 600 个美国人作为代表，用 114 个个性特征对不同品类 37 个品牌进行评分），广泛地收集和分析数据，分析出品牌—消费者关系的不同类型。

弗尼亚通过分析，最终确定了消费者 – 品牌关系的六个变量，即：**爱和激情**（Love/Passion）；**自我关联**（Self-connection）；**信任**（Commitment）；**依赖**（Interdependence）；**亲昵**（Intimacy）；**品牌伙伴质量**（Brand Partner Quality）。我们显然可以认识到，这一组变量具有非常强烈的拟人化特质。

这一组变量也从关系的角度挖掘出新的品牌意义，如果与帕克教授 1986 年提出的品牌概念的三个维度（功能的、体验的和符号的）相比较，弗尼亚显然又向纵深迈出了一大步，例如，亲昵后来发展为"品牌依附"（Brand Attachment）；隐约浮现出的"品牌挚爱"（Brand Love）后来成为另一个研究热点。所以，弗尼亚模型对于指导实践中如何发展消费者 – 品牌关系，也有更加落地的策略价值。

当我们探究"品牌关系质量"这个主导概念时，还不免会有一个问题，为什么弗尼亚要采用"质量"（Quality）这个概念术语？这一点很重要，这反映出弗尼亚选择的切入点是"质量"，她的思路来自何处？请注意，如果追溯之前的产品–消费者关系和服务–消费者关系的研究思路，都是以"质量"（Quality）作为关键的变量而建构，即产品质量或服务质量决定了其与消费者的关系。那么，弗尼亚的"品牌关系质量"就是这种逻辑的延伸，它强调了品牌关系也是可以测量和控制的。另一方面，品牌关系质量，实质上也是阿克提出的品牌强度在品牌关系框架中的另一种表达，即从关系的强度、深度和持久性可以界定出品牌强度。所以，品牌关系质量模型也可通向另一个大目标——测量品牌强度和品牌资产。

弗尼亚 1980 年大学毕业，1994 年在美国佛罗里达大学取得博士学位，次年（1995 年）年轻的弗尼亚即写出此论文初稿，她充满自信投稿给顶级的《消费者研究学报》，虽然没有被退稿，却历经了两年左右的反复修改，最终一鸣惊人。就在她修改论文的第二年（1997），珍妮弗的"品牌个性"的论文发表了，这对她的最后修改提升起了很大的作用，毫不奇怪，这篇"品牌个性"论文被弗尼亚列为其首篇参考文献。

2012 年弗尼亚晋升为波士顿大学营销学教授。她作为消费者–品牌关系理论的创始人成为该领域的领军学者。继 1998 年的经典论文之后，在 2009/2010/2012 年她和合作者都有消费者品牌关系的后续论文。弗尼亚的总被引用次数接近 2 万次，被引用的高峰在 2015 年（谷歌学术搜索，2018）。近20 年间她获得过不少重要学术奖项。[6] 她也担任过许多著名品牌公司和广告公司的咨询专家。

弗尼亚出色地为消费者品牌关系描绘出了一张结构图，关系的类别和内涵具体化了，并且可以测量。如果做一个比喻，好似她为我们展现出了一张从未见过的图片，让我们见到了神秘朦胧的关系内幕。不过，所展现的只是一张静态的结构图片，而不是反映关系随时间变化的视频，当然，它也没有反映数字时代引发的消费者品牌关系的新内涵，这是后话。现在，我们先转向顾客—品牌关系随时间的演变，去追踪品牌关系的动态轨迹。

6.4　顾客—品牌关系的纵向演进

现代营销以顾客导向为宗旨，将顾客置于主位。进入"关系营销"的范式之后，顾客关系更成为营销的主轴或核心，新的营销定义已经将市场营销落地在顾客关系上。如上所言，弗尼亚的"品牌关系质量"类似一张静态的结构图，反映某一个时点的关系状态。从理论到实战，我们都还会关心另一个问题——品牌关系是如何发展变化的？即关系状态随时间的动态变化，这就需要动态的展示，以清楚其变化的来龙去脉。

在顾客—品牌关系（注："顾客品牌关系"的表述比"消费者品牌关系"更加广泛和一般）的学术探索和营销实践的不断更新中，回溯大约半个世纪的发展路径，笔者发现，有五个标志性的节点豁然显现出来，主导和统领了顾客品牌关系的不同阶段和趋势走向。即以"时间"作为主轴，顾客品牌关系的进化可以用五个特征性节点简洁描述出来，它们是：感觉－满意－体验－依附／参与－浸合。让我们分别简要述之。

感觉——满意——体验——参与／依附——浸合

1955	1965–1980	1999	2003/2005	2011

顾客品牌关系思想的演进节点

第 1 节点：品牌感觉（Brand Feeling）

品牌广告早就追求感觉，特别在 1955 年品牌形象提出之后。学者们挖掘了"品牌感觉"的重要性，认为品牌关系始于感觉，并且归纳出了六种主要的品牌感觉：[7]

1）温暖感。如美国 Quaker 麦片、中国的同仁堂等。

2）乐趣感。如迪士尼、QQ。

3）兴奋感。如耐克、MTV。

4）安全感。如 IBM 电脑、奔驰汽车、华为手机。

5）社会认同感。如 Facebook、微信。

6）自尊感。如苹果手机、路易威登。

这六种品牌感觉可分为两大类：前三种是即时的和体验性的，其强度会不断增加；后三种是持久性的和私人的，其重要性会不断增加。

第 2 节点：顾客满意（Customer Satisfaction）

自从 1965 年卡多索（Cardozo）通过实验研究，提出了"顾客满意"的概念。在长达 30 年左右（20 世纪 60-90 年代）的时间里，顾客满意也是营销学学术研究中最受青睐的主题之一。20 世纪 80 年代出现过开发满意度测量的高潮，学者们纷纷从不同的角度提出各种满意度测量模型，例如奥利弗（Oliver）提出的期望差距测量模型等。研究者的使命是使"顾客满意"的概念清晰化、准确化，更重要的是，为管理实战提供科学的测量方法和指标。于是，**顾客满意度或品牌满意度，以及顾客满意指数**亦成为在很长时间内公司管理和营销实战中追求的核心指标之一。

的确，顾客满意是顾客关系的重要阶段。其基本思想是极力让顾客满意，来争取顾客关系得到高的分数。在满意度的基础上，**顾客忠诚度或品牌忠诚度**也成为营销学术和实践追逐的目标。一时间，品牌忠诚度似乎成为顾客关系发展的根本方向和终极目标，不过，后来的发展证明，顾客关系正确的前进路径，却另有玄机，忠诚度太过于笼统，已经被更加精细、更有深度的其他变量所更替。

第 3 节点：品牌体验（Brand Experience）

品牌实战发现，尽管有了产品特色、好的品牌名称，甚至正面的品牌联想，似乎仍然缺少某些赢得消费者的要素。有人提出，还必须有创造记忆的感官感受。这一思想的发展导向了顾客品牌关系的第三个节点——顾客体验。市场营销从关注"满意"转向关注"体验"，这是一大步。顾客关系的视角发生了根本性的转换：从供应商为主导转向以顾客自身的感受为主。过去的问题是：我

如何让你更满意？现在的问题变成：你的体验是怎样的？如何激活你的更美好
体验？顾客满意和顾客忠诚尽管与体验相关，却并不相同。体验产生于顾客，
从外而内，由此更加深入持久。例如21世纪初的苹果智能手机，就是通过品
牌体验营销而大获成功的经典案例。

　　尽管1986年帕克教授发表的品牌概念三维结构中，已经提出品牌体验
的思想，但品牌体验时代的真正到来，却在十几年之后。被认为开先河的是，
1998年美国两位实战派人士——美国战略地平线公司（LLP）的两位创始人
（B.J.Pine Ⅱ 和 J.H.Gilmore）在《哈佛商业评论》上发表了题为《欢迎进入
体验经济》的文章，[8] 该文点燃了人们对体验经济的兴趣，其被引用次数超
过5000次（谷歌学术搜索，2018）。1999年他们更写出《体验经济》（*The
Experience Economy*）一书，[9] 开启了体验的社会认知的大门，使"体验"成
为大众时髦而备受注目的新焦点。作者认为，"体验"是一种创造难忘经验的
活动，其理想特征是：消费是一种体验过程，过程之后，体验的记忆还将恒久
存在。显然，这对营销意义重大，就在同一年，1999年施密特教授从学术上
提出了"体验营销"（Experiential Marketing），从此"体验"成为营销学者
和营销学术刊物长期关注的研究主题。所以，我们可以将**1999年**视为**"体验
营销"的元年**。10年之后，权威核心期刊《营销学报》还持续多次发表以顾客
体验和体验营销为主题的长篇论文。例如2016年年底，《营销学报》上还发
表了关于顾客体验的长篇综述。[10] 这表明了"顾客体验"在营销思想中的生命
力和举足轻重的地位。这种地位的象征，构成了品牌思想进程中一块新的里程
碑，容稍后再专门归纳。

第4节点：顾客参与（Customer Participation）和品牌依附（Brand Attachment）

　　20世纪末，顾客参与的思想已经初见端倪。**顾客参与**的学术研究早期开始于
产品开发和服务领域中，自从2003年《营销学报》发表顾客参与的论文[11]，
论文中这一新的关键词备受关注（总被引用次数超过1 500次——谷歌学术搜索，

2018），而引发出一大批论文。它比之前消费者行为学中的**介入**（Involvement）概念更进一步。参与（Participation）甚至被称为营销组合的**第 5 个 "P"**。

中国小米手机在开发产品过程中让其粉丝大量参与发表意见，这是产品制造过程中的顾客参与。小米公司将其营销成功的经验，归纳在《参与感》一书内。借助机器，顾客自助服务的情景已经随处可见，例如在沃尔玛购物快速自助付费，机场自助办理登机等。这是服务中的顾客参与。

如果说，"顾客参与"关注的是关系中的行为，那么，很快出现了关注心理和情感的另一个新的学术概念——"依附"。

"依附"（Attachment）的概念最早发源于社会心理学中人与人关系的研究（如对妈妈的依附）。1992 年前后被引入消费者行为研究中，[12] 2005 年，帕克等开始将其应用在消费者品牌关系方面，发表了"消费者对品牌情感依附的测量"一文，[13] 作者提出了几个模型，并且强调了"依附"与"满意"（Satisfaction）和"介入"（Involvement）之间的不同。此文被引用次数近 2 000 次（谷歌学术搜索，2018），"品牌依附"成为品牌关系中的新概念并构成了一个研究方向。显然，品牌依附从一开始就指向情感和心理的方面。

虽然 2005 年的论文已经开发出测量品牌依附的量化模型，但并不令人满意。2010 年，帕克等人在《营销学报》上发表了被广泛认可的"品牌依附测量量表"，[14] 居然只用以下四题就可以有效测量出品牌依附的程度：

> 1. 我真的喜爱这个品牌。
>
> 2. 如果这个品牌消失的话，我真的会想念它。
>
> 3. 这个品牌对我具有特别的意义。
>
> 4. 对我而言，这个品牌不仅仅是个产品。

品牌依附测题（2010）

第 5 节点：品牌浸合（Brand Engagement）

顾客浸合，这是顾客品牌关系的最新境界，这个新术语——"Engagement"

的中文宜译为"浸合"。**"浸合"**的特质在于，它是互动体验和共创价值而形成的关系。这种关系非同一般，用一个比喻，这是婚约的关系，而不是参加朋友婚礼的关系。婚约是订婚，虽然不是结婚，却也是一种稍弱的契约关系。"品牌浸合"包含了顾客关系和品牌关系的许多方面（态度、行为、情感、责任、共同价值、共生共创等）。

该术语从社会学、心理学等领域进入营销学，在营销学情境中，完整的意义是"顾客浸合"（Customer Engagement，CE）。它是从品牌社群互动体验和共创价值中孕育出来的新概念，鉴于这个概念的特殊重要性，笔者将在本章品牌社群之后再专门阐述它。

浏览了品牌关系动态发展的前进轨迹之后，需要再重点强化以下三个关键的学术思想：品牌体验、品牌社群和品牌浸合。从某种意义上，**这是支撑起 21 世纪的品牌思想殿堂的三根支柱，具有里程碑的意义。**

6.5 品牌思想里程碑 8：品牌体验

在品牌思想史上，品牌体验改变了品牌关系的方向，并且产生了巨大的品牌效应。

品牌体验在学术领域的开山学者，是美国哥伦比亚大学商学院的**施密特**（B.H. Schmitt，1959？ - ）教授，他在体验营销和品牌体验学术研究的第一个 10 年（1999-2009 年）期间，首先做出了贡献显著的学术创新。**施密特在这个新领域的创新主要表现在以下三点：1. 开创性论文及同名著作《体验营销》（1999、2000）；2. 开创性著作《顾客体验管理》（2001）；3. 品牌体验量表（2009）。**

施密特出色回答了两个基本问题：**什么是顾客体验？**以及，**如何测量顾客体验？**根据营销实战的需要，必须解决顾客体验的界定和测量问题。将体验从心理学、社会学的范畴中落地到营销管理的实操上来。否则，体验只是因人而异的、难以捉摸的感觉而已。

施密特开拓"体验"的学术进程，可以概括为三步。

第一步，1999 年，施密特发表了开创性论文《体验营销》（*Experiential Marketing*）。[15] 这篇论文也是他至今被引用最多的论文（不少于 5800 次，谷歌学术搜索，2018）。施密特的这篇论文，显然受到前述 1998 年《哈佛商业评论》上发表的《欢迎进入体验营销》一文的激发。而 1999 年出版的《体验经济》一书，也起了推动作用。

施密特（B.H.Schmitt）

施密特一鼓作气，很快将他的论文扩展为一本著作《体验营销》，并在 2000 年出版，[16] 该书出版后被翻译成超过 10 种语言，在营销品牌界产生了大的影响，揭开了体验营销的新时代，也成为施密特的标志性著作。

第二步，为了将顾客体验转化为普遍的公司实践，2001 年，施密特再接再厉，又出版了一本面向公司实战的书《顾客体验管理》（*Customer Experience Management*），[17] 该书提出了顾客体验管理（CEM）的框架，包括五步流程和"体验接触点"（Touch-point）的操作新概念。上述两本书都已经翻译为中文。

第三步，十年之后，2009 年施密特和另外两位年轻学者建构的测量体验的量表获得了学界高度认同，并被大量引用和应用，这被认为是品牌体验学术研究取得实质性进展的一个标志。他还主编了《品牌和体验管理手册》（2008）。[18] 此后，施密特的论文转向探索品牌体验的来源问题。[19]

施密特的两本著作

如何测量品牌体验？如同当年测量顾客满意度的研究，品牌体验的测量也出现了不少的方案。2009 年施密特等提出的品牌体验的 4 维度测量量表脱颖而出，**成为品牌体验的基本量表**。这出于施密特和两位年轻学者在权威期刊《营销学报》上发表的品牌体验的种子论文。[20] 该论文回答了品牌体验的基本问题，特别是提出并验证了从 4 个维度来测量顾客品牌体验的高效度高信度量表。以此被测为品牌体验最高分的品牌包括乐高、苹果和星巴克等。其测量品牌体验的 4 个维度（每个维度 3 题，共 12 个问题）。

施密特 1988 年在美国康奈尔大学获得心理学博士学位，1998 年他在哥伦比亚商学院晋升为教授。施密特教授的理论根底在于消费者心理学，他是《消费者研究学报》等许多重要营销学专业杂志的编辑。除了是顾客体验的领军学者，品牌和创新都是他的研究领域，他的论著被引用总次数不少于 2 万次（谷歌学术搜索，2018）。1999 年他创立了"全球品牌领导中心"（CGBL）。[21] 他还对研究亚洲消费者特别有兴趣，发表过若干论著。[22] 他将 2007 年的著作《大思维战略》（*Big Think Strategy*）[23] 放在自己论著之显著位置，尽管这本书至今被学术引用的次数并不高，在企业界却颇有影响。施密特也是不少国际著名公司的咨询顾问，并且以"用趣味生动的手法实践及诠释新颖观念"的风格闻名于国际营销界。

21 世纪进入数字化时代后，由于实现了增强现实（AR）和虚拟现实（VR），数字化的体验进入了更加激动人心的新境界，体验营销更加展现出它的价值，并且因为新技术而如虎添翼，产生出更大的吸引力。

6.6 品牌思想里程碑 9：品牌社群

自从弗尼亚在 1998 年创立品牌关系质量理论和施密特 1999 年在学术上为品牌体验奠基之后，人们不曾想到的是，品牌思想和理论的下一个里程碑居然接踵而来，而且出自一个名不见经传的小人物。不过，他提出的新概念"品牌社群"，其实早已经潜伏在品牌关系的一个经典案例之中。

在消费者崇拜品牌的故事中，哈雷摩托车常常被作为案例。其最突出的亮点就是它的品牌社群，人们都认为，最成功、最有激情的品牌社群当属哈雷戴维森俱乐部（HOG），它的会员已超过百万人。每一个哈雷摩托的车主都可以访问哈雷社群的网站（www.hog.com），免费加入俱乐部。令人印象深刻的是，哈雷社群中的不少人甚至把品牌的标志纹在自己身上。

1983 年，哈雷公司就成立了消费者俱乐部——哈雷戴维森俱乐部。HOG 除了经常性地组织各种聚会，更发起了摩托车队、慈善巡游等许多场面壮观、声势浩大的摩托车队活动。第一年，HOG 就拥有了 33 000 名会员，到如今，HOG 已经在世界各地的 1 400 个分会中拥有了 100 多万名会员。

由于哈雷社群的存在，该公司以极少的广告投入就赢得了一大批忠诚的客户。哈雷俱乐部成员随时随地在无偿地为公司品牌进行宣传和推广，这使传统的广告宣传几乎变得没有必要了。再通过品牌授权和品牌特许经营，哈雷摩托车公司每年的收入可增加数亿美元。

从哈雷俱乐部的身上，我们看到了品牌社群令人向往的威力和魅力。

品牌社群（Brand Community）是品牌关系的新焦点，作为品牌学术概念的创新种子，出现在 2001 年《消费者研究学报》一篇题目为《品牌社群》（*Brand Community*）的论文中。[24] 此后，犹如打开了一扇通向新大陆的大门，"品牌社群"这个关键词炙手可热、频繁亮相在品牌学术文献和品牌实践活动之中。通过品牌社群来创建品牌也已经成为一个新的热门的品牌化战略。

这篇开创性论文起源于 1995 年，该论文的两位作者在美国明尼苏达召开的消费者研究学会年会上，宣读了一篇名为《品牌社群及品牌的社会学》的论文，将社会学中的社群概念引入到品牌研究中，产生了意外的效果。这一新的思维引起了深深的注意，例如，品牌学术的大人物阿克在他 1998 年出版的《创建强势品牌》一书中，专门提到创建品牌社群已经成为许多公司维系品牌与顾客关系、提升品牌资产的主要策略。[25] 阿克是从品牌实践的策略层面看到了品

牌社群的潜力。组织消费者研究年会的核心期刊《消费者研究学报》却认定了
这是一个重要的学术新思想的发端，让作者坚持不懈完善这篇会议论文，历时
六年终于在 2001 年正式发表了修成正果的论文。《消费者研究学报》不愧是
慧眼独具的学术期刊，因为该论文作者当时毫无名气，不过是两个名不见经传
的小人物。

其第一作者莫尼兹（A.M. Muniz，1969？ - ）不仅年轻、学术资历浅，
教育背景也很一般，1991 年从美国伊利诺伊大学毕业，1992 年在该校获得广
告学硕士学位，1998 年在该校获得商业管理博士学位。

居然就是这位年轻人，在他大学本科毕业十年、获
得博士学位才两年之际，就在营销学顶级刊物发表了后
来列为经典的论文，开辟出品牌学术的新方向，这真是
出人意料。据引文数据统计，这篇论文成了 1975—2008
年以来品牌领域被引用最多的 20 篇论文之一。[26] 其总被
引用次数不低于 5 700 次（谷歌学术搜索，2018）。

莫尼兹（A.M. Muniz）

这是莫尼兹一生的学术骄傲。莫尼兹的作品被引用
总次数不少于1.1万次。他有三篇聚焦"品牌社群"的论文，
每篇的被引用次数都在千次以上（谷歌学术搜索，2018）。其中两篇发表在《消
费者研究学报》（2001，2005），一篇在《营销学报》上（2009）。[27] 2013 年
莫尼兹晋升为市场营销学教授，外界对他的第一联想就是"品牌社群"。

该论文对品牌社群的定义是："**基于对某个品牌的崇拜而形成的特殊的、
不受地域限制的社交群体。**"[28] 用通俗的语言说，品牌社群就是崇拜某个品牌
的圈子。

如果说，品牌关系的研究开始关注的是个体消费者与品牌之间的"一对一"
关系，那么，品牌社群的出现，就开启了另外一个全新的视角——消费者之间
的互动圈子与品牌的"多对多"关系，品牌关系进入了新的空间。这正如 2007
年《消费者研究学报》上发表的论文所提的，"我的品牌"和"我们的品牌"
是品牌关系的两个不同层面。[29] 品牌社群将品牌关系的研究拉向"我们的品牌"。

在个体 – 品牌关系中，关注焦点是消费者自我与品牌内涵的契合；在社群 – 品牌关系中，分享价值、互动交汇、品牌文化是新的焦点。

品牌社群这个新概念提出之初，互联网虚拟的社群还不普遍，后来线上品牌社群成为主导的形态，是得益于 2004 年美国 Facebook 的问世，开启了社交媒体的新时代。社交媒体促使品牌社群从线下转移到线上，网上的或线上的品牌社群于是成为主体。以致现在讲到品牌社群时，多默认是指线上的品牌社群。随着社交媒体的快速兴起和席卷全球，虚拟的网上社群生机勃勃活跃异常，这个丰富多彩的新空间迅速覆盖全球，成为人际沟通和社交的主流工具和基本形态。品牌社群更直接开创出了品牌化战略的新局面——通过网上社群创建品牌，其典型的案例是"爱彼迎"（Airbnb）。[30] 这是继"广告建立品牌"和"体验创建品牌"之后，品牌化战略的第三次高峰。

"品牌社群"这篇论文开创了品牌研究的一个新方向，又幸运地遇到数年之后社交媒体的兴起，"品牌社群"的概念因而更加备受青睐，迅速成为品牌学界重大的新学术热点。"品牌社群"于《消费者研究学报》首先提出后的次年，《营销学报》也立刻跟踪这个重大的创新主题，2002 年《营销学报》上发表了题为"创建品牌社群"的论文。[31] 该论文强调了品牌社群中的品牌体验，这是建立在社群互动基础上而激活的品牌体验，作者进而提出了"品牌社群的整合"（Integration in a Brand Community）的思想。数年后，2009 年《营销学报》再次发表品牌社群主题的核心论文"品牌社群如何创造价值"。[32] 这是莫尼兹在内的三位学者探讨品牌社群的作用机理的论文，该文强调了品牌社群中品牌体验互动影响的价值，主张顾客与公司合作创造价值，特别是，提出了"浸合战略"（Engagement Strategy）的新思想。

《营销学报》发表的以上两篇论文代表了品牌社群研究进一步发展的学术思路，是将品牌体验与品牌社群打通，并且向前迈出一步，从体验的整合出发，与"浸合"这一重要概念连接起来。其学术逻辑是：线上的品牌社群导致顾客品牌关系出现了更深刻的新内涵，用一个创新的关键词来表达，就是"浸合"。这样一来，我们就从品牌社群出发，走到了另外一个营销思想的重要制高点——

"顾客浸合"。

6.7 营销新坐标：顾客浸合

21世纪10年代营销学中出现的最重要的新概念是"顾客浸合"（Customer Engagement，CE），是反映和统领数字化时代营销和品牌巨大变革的新坐标。

追索"顾客浸合"的思想起源，文献研究表明，这个学术概念发端于2005年前后，数字化是"浸合"进入营销学的前提，互动营销和服务营销这两个领域是其生长的切入点。

2005年《互动营销杂志》在新产品开发的互联网平台合作创造中提出了"顾客浸合"，但是，当时只是从狭义和特定的范围理解"顾客浸合"。此后几年内，围绕"顾客浸合"或"品牌浸合"的学术文献显著增加。

2009年《营销理论与实践》杂志发表了论文《顾客浸合过程的概念框架》。[33]2010年《服务研究学刊》发表了《顾客浸合分析》等。[34] 2010–2011年《服务研究学报》连续发表两篇论文，都有比较高的被引用次数，使"顾客浸合"受到重视。2010年，七位欧美学者合作发表论文《顾客浸合行为：理论基础及研究方向》[35]。2011年《服务研究学刊》发表了更加理论化的一篇论文——《顾客浸合》，[36] 该文探讨了顾客浸合的定义，及它与以前的"介入"（involvement）和"参与"（participation）之区别。作者强调，**浸合是建立在互动体验和共创价值的关系基础之上**，它是一个典型的重要新概念。

营销学中的"顾客浸合"也来源于"员工浸合"。"员工浸合"（Employee Engagement）是人力资源管理领域2000年以来的一个研究焦点。服务营销的研究表明，"员工浸合"不断对顾客满意、顾客忠诚、顾客体验产生正面的效果，导致了"顾客浸合"。2016年重要营销学学者库马尔和他的博士生在《营销研究学报》上发表论文《**浸合的竞争优势**》，[37] 实证研究了员工浸合和顾客浸合以及公司绩效之间的关联。库马尔是顾客浸合研究的活跃学者，近些年多次发表顾客浸合方面的论文。[38]

2010年开始出现的以下三个颇具影响力的学术事件，象征"顾客浸合"在营销学的学术价值和地位发生了质的飞跃。

首先，2010 年美国营销科学研究院将"浸合"列为 2010—2012 年度优先鼓励的关键研究领域。[39] 这是一个很强烈的学术导向信号。

接着，2013 年，品牌学术领袖凯勒在他的代表作《战略品牌管理》第 4 版第 9 章中，多处新增加了"品牌浸合"的内容。[40] 并且在该书第 5 版（2020），进一步将此概念独立为第 7 章中新的一节。[41]

最后，在 2018 年出版的新版教科书《营销原理》中，现代营销之父科特勒吸纳了"浸合"这个术语而更新了营销的定义。

20 世纪 90 年代开始，关系营销已经是营销的主导规范，"顾客浸合"作为关系营销的最新最重要概念，当然对整个营销都会产生大的影响和改变。事实上，其影响之大，已经波及营销定义更新的层面。试以科特勒的《营销原理》第 17 版（2018）与第 16 版（2016）比较为例说明如下：

第 16 版的营销定义是："通过为顾客创造价值和从顾客获得价值来建立有价值的顾客关系的过程。"

第 17 版的新定义是："通过为顾客创造价值和从顾客获得价值以浸合顾客（engaging customer）并建立可持续的顾客关系的过程。"[42]

对照二者可以看出，科特勒对营销的定义做了修订，加入了"浸合顾客"这个关键的新概念。

上述这几个标志性的学术引证表明，"顾客浸合"的核心地位已经确立。**浸合已经发展为品牌和营销学新的最重要的学科核心关键词。或者说，顾客浸合是当今营销学术和实践的新坐标。**

为此，还应该为其中文翻译正名。这个新的核心词的中文翻译宜为**"顾客浸合"**（Customer Engagement），其中**"浸"**有渗入、渗透之意，**"合"**有合作、共创之意。它表达出顾客关系在数字化时代的新境界：顾客与公司、与品牌更加紧密不可分割的共创共享关系。中文文献中，Customer Engagement 起初常常被误译为**"顾客参与"**，这显然是错误的翻译，因为"顾客参与"是指另外一种类型的关系，研究文献中也已经指出，其关系的程度

大不相同。它也曾经被翻译为**"顾客融合"**（如《消费者行为学》，2018）或
"顾客浸入"（如科特勒《市场营销》全球第 12 版中文版，2017）。[43] 然而
从中文的辞源比较，**"浸合"**比**"融合"**和**"浸入"**都更加妥当贴近，更加
准确。

如同市场营销学中的不少关键术语都来自其他学科，例如战略（strategy）、
社群（community）、网络（network）等，浸合（engagement）是从社会学、
人类学、教育心理学等外部引入营销学的概念。**Engagement 的原意是"订婚，
婚约"**，这让我们更加深刻把握到其所指的关系状态：订婚被认为是一个"半
捆绑"的合同，是非常神圣的关系，虽然没有达到婚姻关系的契约法律程度，
也绝不是参与（活动）的随意关系，这是一种非常紧密的弱契约关系。不同于
"顾客参与"和"顾客依附"，也不同于"介入"。

从品牌浸合的测量量表也可以进一步体会到其意。顾客浸合的定义虽然有
多种说法，但其重点都是指向行为方面。如何测量顾客浸合是学术研究特别关
注的。早在 2009 年，《营销研究学报》曾经发表过"品牌浸合量表"，包含
八个问题（见下表）。[44] 量表反映出，"浸合"是消费者和品牌已经浸为一体
的一种状态，例如"我心爱的品牌就是我的一部分""我心爱的品牌能够显示
我是谁"等。

表 品牌浸合量表（2009）

1. 我对我喜欢的品牌有特殊的情结。
2. 我认为我最喜欢的品牌已成为我的一部分。
3. 我经常觉得在我和品牌之间存在着私人关系。
4. 在我生命中，重要的品牌能够定义我的一部分。
5. 我感觉我和我最喜欢的品牌有很密切的私人关系。
6. 我能识别在我生命中的重要品牌。
7. 我喜欢的品牌和我如何看待自己之间是有关系的。
8. 我喜欢的品牌强烈暗示出"我是谁"。

6.8　小结

本章阐述现代品牌理论建立后不久，品牌思想在世纪之交又迈入新的创新阶段，其主要特征是，品牌关系、品牌体验和品牌社群成为新的主旋律。这意味着，品牌理论思想和战略出现了"从自我到关系"的巨大转型，当然，"什么是品牌"和"如何品牌化"的基本答案又一次更新了。品牌的关系内涵压倒了识别传播的内涵；品牌化战略中，"社群创建品牌"异军突起，相对"品牌资产"，"顾客资产"已经越来越重要。

在这个重要的新阶段，品牌思想突飞猛进，出现了三个新的里程碑：弗尼亚的"消费者品牌关系质量"、施密特的"品牌体验"和莫尼兹的"品牌社群"。

在品牌关系的研究成就中，女性学者表现突出。弗尼亚开创出的"品牌关系质量"模型，是在"品牌关系"研究中最早和最基本的创新和突破，"品牌关系质量"首次界定了品牌消费者关系的类型；首次确立了关系变量的可测量模型；又挖掘出品牌消费者关系的新内涵。施密特的"品牌体验"将品牌战略思想的焦点转移到顾客体验。莫尼兹的"品牌社群"则将解构关系的目光从"一对一"拉向"多点互交"。

本章也清理了顾客品牌关系随时间纵向深入的发展脉络。感觉–满意–体验–依附–浸合，学者们不仅使朦胧的品牌关系变得可测量和可管理，而且创造了顾客品牌关系最新的制高点——顾客浸合。本章结尾特别论述了"顾客浸合"及"品牌浸合"的新思想，因为它不仅是品牌关系的最新境界，也是整个市场营销学进入 21 世纪新的统领性概念。

注　释

[1] 卢泰宏，周志民. 基于品牌关系的品牌理论：研究模型及展望 [J]. 商业经济与管理，2003，2：4-8.

[2] 舒尔茨，戈登. 一路向前 [M]. 张万伟，译. 北京：中信出版社，2011；

　　米歇利. 星巴克体验 [M]. 靳婷婷，译. 北京：中信出版社，2012；

米歇利 . 星巴克领先之道 [M]. 周芳芳，译 . 北京：中信出版社，2015.

［3］ MacInnis D, Park C, Priester J. Handbook of brand relationships [M]. London: ME Sharpe, 2009.

［4］ Park C W, MacLnnis D J. Brand relationship, emotions, and the self [J]. Journal of the Association for Consumer Research, April 2018, 3(2).

［5］ Fournier S. Consumers and their brands: Developing relationship theory in consumer research [J]. Journal of Consumer Research, March 1998, 24(4): 343−373.

［6］ 包 括：2011, Long−term Contribution Award, Association for Consumer Research and Sheth Foundation; 2007 和 2001, Best Article Award, Journal of Consumer Research; 2007, Sheth Foundation Best Paper Award, Journal of the Academy of Marketing Science; 1999, Harold H. Maynard Award for Most Significant Contribution to Theory and Thought, Journal of Marketing; 1998, Honorable Mention Ferber Award, Journal of Consumer Research; 1994, MSI Dissertation Award, Marketing Science Institute.

［7］ Keller K L.Strategic brand management [M]. 4th ed. New Jersey: Pearson,2013: 90−92.

［8］ Pine II B J, Gilmore J H. Welcome to the experience economy [J]. Harvard Business Review,　July−August 1998.

［9］ Pine II B J, Gilmore J H. The experience economy: Work is theatre & every business a stage [M]. 1999; 中文版：派恩二世，吉尔摩尔 . 体验经济 [M]. 夏业良，等译 . 北京：机械工业出版社，2008.

［10］ Lemon K N, Verhoef P C, Understanding customer experience throughout the customer journey [J]. Journal of Marketing, 2016, 80 (6):69−96.

［11］ Bendapudi N, Leone R P. Psychological implications of customer participation in co−production [J]. Journal of Marketing, January 2003,67(1):14−28.

［11］ Ball A D, Tasaki L H. The role and measurement of attachment in consumer behavior [J]. Journal of Consumer Psychology, 1992, 1:155−172.

［13］ Thomson M, MacInnis D J, Park C W. The ties that bind: Measuring the strength of consumers' emotional attachments to brands [J]. Journal of Consumer Psychology,2005,15(1): 77−91.

［14］ Park C W, Macinnis D J, Priester J, et al. Brand attachment and brand attitude strength: Conceptual and empirical differentiation of two critical brand equity drivers [J]. Journal of Marketing,2010, 74 (November): 1−17.

［15］ Schmitt B H. Experiential marketing [J]. Journal of Marketing Management,1999,15 (1−3): 53−67.

［16］ Schmitt B H. Experiential marketing [M].New York: The Free Press, 2000.

［17］Schmitt B H. Customer experience management: A revolutionary approach to connecting with your customers [M]. New Jersey: John Wiley & Sons, 2001.

［18］Schmitt B H, Rogers D. Handbook on brand and experience management[M].Cheltenham, UK and Northampton, MA, USA: Edward Elgar. 2008.

［19］Schmitt B H, Brakus J J, Zarantonello L. From experiential psychology to consumer experience [J]. Journal of Consumer Psychology, 2015,25 (January): 166−171.

［20］Brakus J J, Schmitt B H, Zarantonello L. Brand experience: What is it? How is it measured? Does it affect loyalty? [J]. Journal of Marketing, May 2009, 73(3): P52−68.

［21］参见 www.globalbrands.org.

［22］Schmitt B. The changing face of the Asian consumer: Insights and strategies for Asian markets [M]. Singapore: McGraw Hill. 2014.

［23］Schmitt B H. Big think strategy[M]. Boston: Harvard Business School Press, 2007.

［24］Muniz A M Jr, O'Guinn T C, Brand community [J]. The Journal of Consumer Research, 2001, 27(4): 412−432.

［25］Aaker D A. Building strong brands [M]. New York: Free Press, 1998.

［26］Thomson Scientific & Healthcare: the most cited papers in the field of economics and business.

［27］Muñiz A M Jr, O'guinn T C. Brand community[J]. Journal of consumer research, 2001, 27(4): 412−432;

Schau H J, Muñiz A M Jr, Arnould E J. How brand community practices create value [J]. Journal of Marketing, 2009, 73 (5): 30−51.

Muñiz A M Jr, Schau H J. Religiosity in the abandoned Apple Newton brand community [J]. Journal of Consumer Research, 2005, 31 (4): 737−747.

［28］品牌社群的初始定义：“a specialized, non−geographically bound community, based on a structured set of social relations among admirers of a brand.”

［29］Swaminathan V, Page K L, et al. "My" brand or "Our" brand: The effects of brand relationship dimensions and self−construal on brand evaluations[J]. Journal of Consumer Research, 34(2), August 2007: 248−259.

［30］Kompella K. The definitive book of branding [M]. London: SAGE, 2014: Chapter 4.; 参见中译版：孔佩拉. 像品牌大师一样思考 [M]. 谭咏风，译. 上海：格致出版社，2019：第 4 章.

［31］James H M, John W S, Harold F K. Building brand community [J]. Journal of Marketing, January 2002,66(1): 38−54.

［32］Schau H J, Muñiz A M, Arnould E J. How brand community practices create value [J].

Journal of Marketing, September 2009,73(5): 30−51.

[33] Bowden J L. The process of customer engagement: A conceptual framework [J]. Journal of Marketing Theory and Practice, 2009,17: 63−74.

[34] Bijmolt, Tammo H A, Peter S H,et al. Analytics for customer engagement [J]. Journal of Service Research, 2010, 13(3): 341−356.

[35] Doorn J V, et al. customer engagement behavior: Theoretical foundations and research directions [J]. Journal of Service Research, 2010, 13(3): 253−266.

[36] Brodie R J,et al. Customer engagement：Conceptual domain, fundamental propositions, and implications for research [J]. Journal of Service Research, 2011,14(3): 252−271.

[37] Kumar V and Pansari A. Competitive advantage through engagement [J]. Journal of Marketing Research, 2016,53 (4): 497−514.

[38]Pansari A, Kumar V. Customer engagement: The construct, antecedents, and consequences [J]. Journal of the Academy of Marketing Science, 2017,45(3): 294−311.

[39] www.msi.org/research/index.cfm?id$^1/_4$271

[40] Keller K L. Strategic brand management [M]. 4th ed. New Jersey: Pearson, 2013: 318−321,396.

[41] Keller K L, Swaminathan V. Strategic brand management [M]. 5th ed. New Jersey: Pearson, 2020: Chapter7.

[42] Kotler P, Armstrong G. Principles of marketing [M].17th ed. New Jersey: Pearson, 2018: 29.

[43]阿姆斯特朗,科特勒. 市场营销学 [M]. 王永贵,译. 12版. 北京: 中国人民大学出版社, 2017.

[44] Sprott D, Czellar S, Spangenberg E. The importance of a general measure of brand engagement on market behavior: Development and validation of a scale [J]. Journal of Marketing Research , Feb.2009,46: 92−104.

07 另类思想：
卡普菲勒和欧洲品牌学派

　　前面从第 3 章到第 6 章，论述的品牌学者和思想都是来自美国，全球品牌学术界似乎"言必称美国"。不过，在美国品牌理论占强势主流地位的格局中，毕竟还有学术的支流和潜流存在，而学术思想更依赖多元化和创新。为此，**本章专门考察全球品牌思想的重要旁系——欧洲品牌学派的人物和思想。**

　　在世界上，欧洲历来具有标榜其独立性的精神和传统，欧洲人甚至引以为豪。这种"欧洲个性"的张扬也常常反映在学术思想上，只不过往往被遮盖或被忽视了。例如，在服务营销领域，全球影响最大的是以泽丝曼（V.A. Zeithmal）为代表的美国理论，许多人不知道在欧洲有以格洛鲁斯（C. Gronroos）为首的北欧学派。其实，1984 年 37 岁的格洛鲁在《欧洲营销学报》最先发表了"服务质量模型"的论文，[1]这比美国学者泽丝曼发表著名的"服务质量差距模型"的论文还要早一年。欧洲学者还一直坚持形成自己的学术特色，例如美国服务学派注重基于测量的服务营销模型和策略，欧洲服务学派更关注服务的微观管理过程；美国学者注重实证逻辑，欧洲学者更重视公司调研的方法。

　　在品牌学术领域，欧洲也存在独立的学术思想，而形成了自己的品牌学派。

　　在芸芸如潮的品牌书籍中，有两本原创性的书必须知道，这就是同名的《**战略品牌管理**》，一本出自美国的凯勒教授，一本出自法国的卡普菲勒教授。尽管凯勒的版本被誉为"品牌圣经"而全球知名，然而，是卡普菲勒（1991）早于凯勒（1998）出版了《战略品牌管理》一书。卡普菲勒在 1991 年出版的法文版著作中首创提出了"战略品牌管理"的构念。[2]

凯勒的《战略品牌管理》在第 5 章中已经介绍过，若对比卡普菲勒的《战略品牌管理》，会强烈感觉到欧洲学者理解和建构品牌知识大厦的不同和欧洲个性的坚持。在品牌管理的实践中，亦不时会感觉到欧洲品牌有不一样的性格和风格。

数据表明，全球品牌的基本格局是美国占主导和强势主流地位，无论是品牌学术，还是品牌的实际表现，都无可置疑。所以，美国学派和欧洲学派并不是平分秋色，我们称**美国学派是主系、主流、主脉，欧洲学派是旁系、支流、支脉**。然而，从学术思想来说，它们都有不可或缺的价值。有了比较，才有鉴别。多元并存，更有利于发展和创新。那么，品牌学术和战略的欧洲风格是什么？**与美国学派的主要学术思想的不同何在？**笔者将在本章做出回答，目的就是探明欧洲品牌学派的主要特征及来由。让我们先从认识欧洲品牌学派的领军人物开始。

7.1　卡普菲勒：开山著作和奢华品牌

首先应关注的人物，当然就是欧洲品牌学派的领军人物、法国的学者**卡普菲勒**（J.N.Kapferer，1948- ）。

卡普菲勒是法国巴黎高等商学院（HEC，法国最优秀的商学院）的教授。他的一生与HEC 紧密相依，他大学毕业于 HEC，23 岁开始在该校任教长达 43 年，直到 2014 年在该校荣誉退休。

卡普菲勒（J.N.Kapferer）

期间，1975 年他 28 岁时，在美国西北大学凯洛格商学院获得了营销学博士学位。拿到全球顶级的营销学博士学位之后，许多国家的留美博士都留在美国发展，卡普菲勒则选择了重返法国 HEC 工作，他的欧洲情结驱使他在美国"取经"之后，要回到欧洲母校去开花结果。他 44 岁时，发表了其代表著作《战略品牌管理》的初版，他努力在书中注入了品牌的"欧洲要素"和欧洲案例，当时他已经是法国巴黎高等商学院的营销战略教授。同时，令卡普菲勒骄傲的是，他在美国、欧洲、亚洲的营销杂志上发表过不少于 100 篇品牌研究的论文。他的一篇基于本土和全球双视角的论文《本土与跨国的品牌战略》，[3] 赢得了美国营销学会（AMA）2004 年最具影响的营销思想贡献奖。他先后出版过 12 本书，其中影响最大的是以下四本：《战略品牌管理》（1992–2012）、《重新发现品牌》（Re-inventing the Brand，2001）、《奢侈品战略》（The Luxury Strategy，2009）和《卡普菲勒论奢华品牌》（Kapferer on Luxury，2015）。后面将会重点解读。与学术相辅，卡普菲勒也是欧洲、亚洲和美国的一批公司的重量级咨询专家，他也是学术与实战兼顾的两栖学者。

欧洲版本的《战略品牌管理》

在现代品牌理论初创之始，欧洲的学者就持有自己的视野和观点。巴黎高等商学院教授**卡普菲勒**从美国获得营销学博士学位回来，首先集中精力在法国出版了全球第一本《战略品牌管理》，他意识到法文的传播局限，在 1992 年又以英文出版了此书，坚持不懈 20 年，在 2012 年此书已经出版到第 5 版。[4] 这是欧洲学者在品牌理论领域最早的有分量的一本综合性著作。可以认为，此书是反映欧洲学者的品牌理论视角和他们理解的品牌知识架构的代表著作。

卡氏第 1 版的副书名是"创建和评估品牌资产的新途径"，可以理解这是对正在兴起的"品牌资产"学术思想的紧跟，又以"新"欲表现与美国的不同。

英文第 1 版，1992　　英文第 5 版，2012

论及卡氏该书首版的贡献，首先，其书名最早开创确立了"战略品牌管理"（SBM）的概念，SBM 从此被包括凯勒之内的多位学者一再采用作为书名，证明此书名含义深远、不可多得（请参见第 6 章）。卡普菲勒用"战略"二字是有所指的，他说，大量公司已经意识到品牌名称是宝贵的财富，但品牌化又仅仅限制在战术决策上。他用"管理"二字也是有所指的，他强调，必须在公司层面（而不只是营销部门）管理品牌"格式塔"（整体）。

其次，卡普菲勒在品牌整体概念、品牌识别、奢华品牌和案例选择等方面，表现出了他的创新和不同风格。

作者将品牌整体概念作为第 1 版的核心，它表达为一个三层的金字塔：顶点是核心识别（"内核"）；中间是品牌风格或个性；底层是基本主题和广告项目。他认为，品牌不是产品，而是产品的本质、意义和方向。品牌也不是它的组成部分——品牌名称、徽标、设计或包装和形象。卡普菲勒这种对品牌的理解尽管是"自我"的，却是广义的。

卡普菲勒提出的品牌金字塔，后来进一步完善为四层，分别是：品牌根基（Brand Root）、品牌定位（Brand Position）、品牌主旨（Brand Theme）和品牌执行（Brand Execution），如下图所示。显然，品牌金字塔成为一种品牌规划和执行过程的工具。

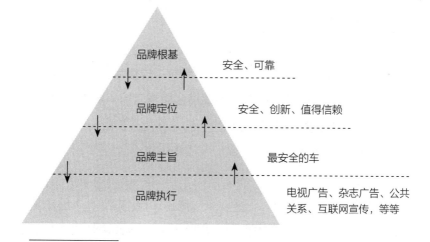

奔驰汽车的品牌金字塔

卡普菲勒在第 1 版还提出了**品牌识别棱柱图（Brand Prism）**，从六个界面识别品牌。包括：品牌个性、品牌形象、品牌文化和产品、消费者、关系。尽管这一品牌棱柱囿于品牌识别，却是一个很开阔和开放的框架。

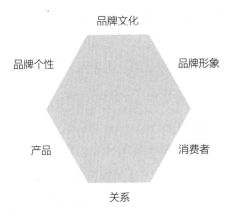

卡普菲勒的品牌识别棱柱

卡普菲勒的作品第 2 版出版于 1997 年，第 2 版的结构是三大板块：品牌；品牌管理；品牌评估。内容大增，比第 1 版（1992）的篇幅大约扩充了一倍。

从第 3 版（2004 年）开始，该书的结构改为四大板块：品牌化的战略性，现代市场的挑战，创建和发展品牌资产，品牌评估。这一版反映出，卡普菲勒既吸收了美国学者的主导概念"品牌资产"，又试图保持其特色内容（品牌与产品、品牌识别、奢华品牌等）。可能因为要兼顾两方面，所以在全书结构的逻辑上，比凯勒版本稍逊。

2008 年第 4 版和 2012 年的第 5 版继续保持了这四大板块的结构，但调整了章节内容。耐人寻味的是，**第 5 版的副书名抛弃了前 4 版围绕"品牌资产"的表述，修改为"新的洞察和思考"**。似乎卡普菲勒决心要明确淡化"品牌资产"而有别于美国的版本，因为美国是完全以品牌资产为核心的。

卡氏《战略品牌管理》一书中的案例，都选择以欧洲的品牌为主，例如博柏利、路易威登等。该书第二作者拉里·佩西（Larry Percy）的背景是咨询顾问，第 5 版增加的第三作者西蒙·佩文（Simon Pervan）是澳大利亚乐卓博大学的副教授。第 5 版的目录如下表所示。如果我们将此书与凯勒的《战略品牌管理》做一个对照，就知道凯勒以品牌资产为边界建立了一个品牌逻辑系统（请参见第 5 章），而卡普菲勒突破了"品牌资产"这个围墙，尽管卡氏的逻辑结构并不完美。

卡氏《新战略品牌管理》第 5 版（2012）目录

Chapter — 00：Introduction – Building the Brand when the Clients Are Empowered
• Section — ONE： Why is Branding So Strategic?
Chapter — 01：Brand Equity in Question
Chapter — 02：Strategic Implications of Branding
Chapter — 03：Brand and Business Models
Chapter — 04：Brand Diversity – How Specific Are Different Sectors?
Chapter — 05：Managing Retail Brands
• Section — TWO：The Challenges of Modern Markets；
Chapter — 06：The New Brand Management
Chapter — 07：Brand Identity and Positioning
• Section — THREE：Creating and Sustaining Brand Equity；
Chapter — 08：Launching the Brand
Chapter — 09：Growing the Brand
Chapter — 10：Sustaining a Brand Long Term
Chapter — 11：Brand and Products – Identity and Change
Chapter — 12：Growth Through Brand Extensions
Chapter — 13：Brand Architecture
Chapter — 14：Multi–Brand Portfolios
Chapter — 15：Handling Name Changes and Brand Transfers
Chapter — 16：Brand Turnaround and Rejuvenation
Chapter — 17：Managing Global Brands
• Section — FOUR：Brand Valuation；
Chapter — 18：Financial Valuation and Accounting for Brands

独树一帜的奢华品牌战略

卡普菲勒在花甲之年前后，回顾了自己的学术历程，产生了一个重要的想法：必须抓紧做出更有特色和竞争力的工作。他的目光，最终选择聚焦到最具有欧洲特质的奢华品牌（以前的中文翻译多译为"奢侈品品牌"），这是一片虽已发现却并没有深耕细作的处女地，大有深度开发的价值。

有关**"奢华品牌"**（Luxury Brand），卡普菲勒早在《战略品牌管理》这本书中有过专门的初步理论论述，这些论述是独特而有开创性的。在该书第 4 章中，他提出了奢华品牌为什么不同于时尚品牌和耐用品品牌的结构性解释（原书图 4.1）；奢华品的四个类型；奢华品的商业模式等。[5] 这都是美国版本的《战略品牌管理》中没有的东西。

卡普菲勒需要尽快将他早期初步研究过的"奢华品牌"重新挖掘，发扬光大。他在《品牌管理学刊》（*Journal of Brand Management*）《产品与品牌管理》（*Journal of Product & Brand Management*）等杂志发表了一些奢华品牌的论文，2009 年他又论述了奢华品管理的特殊性。[6] 2016 年他的论文以"品牌挚爱"分析奢华品牌。[7] 2009 年，他与合作者出版了《奢侈品战略》一书。[8] 2015 年，他单独出版了冠上自己名字的《卡普菲勒论奢华品牌》一书，[9] 此举似乎表明，他试图强化自己与"奢华品牌"之间的直接联想，向外界建立其学术新定位的联想。

 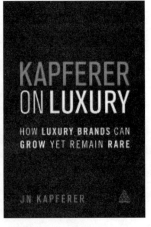

《奢侈品战略》　　　《卡普菲勒论奢华品牌》

《奢侈品战略》一书，是卡普菲勒与奢华品牌 CEO 联手合作之产物。该书的副标题是"突破营销常规创建奢华品牌"，点亮了该书"突破常规"的创新所在。作者在界定奢华品独特性的基础上，着重讨论分析了奢华品牌与大众消费品品牌在市场战略及商业模式上之不同，甚至主张一系列逆向的做法。例如，"不要响应不断增长的需求""不要让客户轻易购得""不要促销""不要通过降低成本盈利""不用明星卖广告""不要在非原产地设工厂""不要谋求共识""不要特许""不要为未来牺牲过去"等；又讨论了奢华品牌的全球化问题，提出了奢华品牌创建的两种模式和奢华品牌延伸的两种模式（法国模式／意大利模式）。2012 年出版的第 2 版，还加入了数字化营销在奢华品牌战略中的应用。笔者认为，这本书的长处在于提出了奢华品的管理精粹，其弱点是疏于奢华品与文化之间的内在关联。

2015 年出版的《卡普菲勒论奢华品牌》一书，副标题是"奢华品牌如何能稀缺性成长"，这是作者确立的一个核心卖点：奢华品牌因稀缺高贵而有别于大众品牌和时尚品牌，那么如何让奢华品牌成长呢？ 2015 年《哈佛商业评论》也曾经以此为主题出版过增刊《奢侈品牌，谁能历久弥新》。可见这是一个挑战性的热点问题。卡普菲勒在书中强调了奢华品牌的梦想和遇到的各种挑战，提出了他的应对之道。就其主要内容而言，这是一本面向实战的战略咨询性质的书。

卡普菲勒晚年聚焦"奢华品牌"的学术战略是成功的，至少，他摆脱了美国品牌理论的强势笼罩，实现了弱者另辟蹊径、脱颖而出的突围。在这一点上，他真正实现了在品牌领域将欧洲优势发挥出来，独树一帜、自成一格的梦想。这种欧洲优势表现在两个方面：其一，全球都公认奢华品牌的制高点在欧洲（而不是在美国），欧洲学者有近水楼台先得月的话语权；其二，奢华品的品牌血脉是文化，文化正是欧洲学者发展品牌理论的一个基本点，是他们与美国品牌理论的相异点之一。

卡普菲勒"奢华品牌"的选题价值，也很快得到了世界的认可，并且赢得了品牌学界的响应。从论文发表数量来看，"奢华品牌"在 2000 年后已成为了一个比较热门的研究选题。例如，《品牌管理学刊》在 2009 年出版了以"奢华品牌"为主题的专刊，全球品牌学术的领袖人物凯勒也发表了奢华品牌的研究论文，[10] 凯勒在论文中用 10 个特征定义奢华品牌，强调关乎奢华品牌的成长有两个关键：领会奢华品的品牌资产测量和其品牌架构。

卡普菲勒因而成了全球奢华品领域的象征性学者和热门人物。欧洲之外，中国、韩国、新加坡和日本，都纷纷邀请他前往讲授"奢华品管理"等课程或作奢华品牌的主题演讲。

诚然，奢华品牌的理论至今仍然处在初期，有待深入。上述卡普菲勒的两本书的影响和成功主要是在奢华品牌战略管理的实战方面，而在学术理论的层面，苛刻地说还是乏善可陈。尽管卡普菲勒并没有完成奢华品牌理论的精密构造，他却是当之无愧的**"奢华品牌"的奠基学者，是打开这条道路的第一位人物**。

卡普菲勒之后，欧洲最有影响的品牌研究学者是英国的**切纳托尼**（Leslie de Chernatony）教授，他在品牌领域又表现出了怎样的学术思想和个性呢？

7.2 切纳托尼：特色的品牌思想

英国的切纳托尼教授大约比卡普菲勒年少 10 岁左右，是欧洲品牌领域享有盛名、活跃而影响巨大的著名学者，他被特许营销学会（The Chartered Institute of Marketing）列为塑造营销未来的 50 位大师之一。[11]

切纳托尼原来的专业是物理学，1975 年在肯特大学获得物理学学士之后，其兴趣转向品牌研究领域，1987 年在英国获得了品牌营销博士学位，1994 年开始任品牌营销教授。他曾经在英国伯明翰大学商学院任品牌营销教授和品牌营销研究中心的主任，现在是英国阿斯通商学院（Aston Business School）的品牌营销领衔

切纳托尼（Leslie de Chematony）

教授。

切纳托尼作为欧洲代表性的杰出品牌学者，在品牌营销方面的开创性研究已经在国际上赢得了学术声誉，他的一些论文获得了诸多奖项。纵观他的品牌学术论著和活动，体现出以下四个特征，前三点有关他的品牌思想和研究重点，最后一点涉及他的学术风格。

品牌识别　切纳托尼首先继承了欧洲品牌学派看重品牌识别的学术传统，他在品牌识别方面多有研究，陆续发表了一批论文，例如 2015—2017 年期间就与合作者发表过四篇品牌识别的论文。[12]

强势品牌　切纳托尼除了继承品牌识别的欧洲学术传统，又率先开拓了 "强势品牌"这一重大的研究主题。众所周知，阿克在 1996 年以其著作《创建强势品牌》和影响力而将对"强势品牌"的关注推向了高潮，并使其成为一个重大的品牌研究分支。许多人并不知道，在阿克之前，1992 年，切纳托尼与合作者就出版了《创建强势品牌》（*Creating Powerful Brands*）一书。阿克应该受到了切纳托尼这一思想之影响。切纳托尼和阿克两人分别采用了

《创建强势品牌》第 4 版（2010）

"Powerful Brand"和"Strong Brand"的表达，其内涵是一致的。切纳托尼等在 1998/2003/2010 年不断更新再版此书，已经出版至第 4 版（增加了第三作者）。[13] 它已经成为**欧洲影响最大的品牌教科书**。与阿克的那本书不同，切纳托尼的这一著作是面向 MBA 和本科生的大学教科书，它不仅适用产品品牌也适用于服务品牌、B2B 品牌和零售品牌，而且突出了欧洲的品牌案例。所以，这本教科书也是对美国品牌教科书的一个重要补充。

品牌愿景　切纳托尼品牌思想的高峰和代表著作，是在 2001 年出版的《品牌化：从品牌愿景到品牌评估》（*From Brand Vision to Brand Evaluation*）一书。

在2010年切纳托尼已将此书更新至第3版。[14] 该著作已经被翻译为中文、俄文、波兰文和斯洛文尼亚文等。在其序言中，作者指出，与"品牌化就是建立品牌与顾客关系"的观点不同，该书的基本立场是，品牌化既要从顾客的角度，也要从公司员工的角度出发。显然，这是品牌化战略的新思想：从单一的顾客视角转向顾客＋公司的视角。切纳托尼重视组织文化对品牌的重要性（该书第5章），认为品牌化的驱动力不仅来自顾客，也来自企业和市场（该书第11章）。这些都是与美国学派有所不同之处，是欧洲品牌学派的企业视角在品牌战略中的重要体现。

《品牌化：从品牌愿景到品牌评估》
第3版（2010）

更有价值的是，**切纳托尼**早在2001年提出**"品牌愿景"**（Brand Vision）以及将品牌愿景作为品牌化战略的起点，是非同小可的新思想。十几年后的2014年，品牌大师阿克在他的著作《品牌大师》中，将这一思想发扬光大，提出了品牌化的"品牌愿景模型"这个大构思（请参见第9章）。而正是切纳托尼，确立了"品牌愿景"在品牌化战略中的关键位置，是这一思想的提出者。

学术风格　切纳托尼的学者风格也值得推崇。**切纳托尼在专业上具有明显的两栖特征——紧密结合品牌学术与品牌实战**。他既是教授，也是咨询专家，被视为品牌新知识与咨询应用的桥梁。他的著作注重学术成果的落地，他的品牌战略思想流程帮助许多组织实现了更有效的品牌化。

7.3　埃略特的品牌文化论

如果将现代品牌理论看成是一座学者要攀登的高山，美国凯勒的"基于顾客的品牌资产理论"（CBBE）就像是开辟了一条登上此山的主干道。欧洲的学者反复思考的一个问题是，难道没有其他的上山路径吗？从学术开放发展的立场，凯勒的理论当然只是品牌资产理论的一种视角，尽管它是 20 世纪品牌理论中最重要的和影响最广泛的成果。现代品牌理论还有什么别的可能视角吗？

欧洲品牌学派的另一位重量级人物——英国巴斯大学的**埃略特**（Richard Elliott）教授，正是勇于开拓另一条登山路径或从另一种视角构建品牌理论的学者。此外，欧洲学派还有法国的列虎（Jean-Marc Lehu）、[15] 英国的巴尔默（J.M.T.Balmer）和拉福雷特（Sylvie Laforet）等人。

2007 年，多位欧洲营销学者合作编辑出版了一本叫《异类营销》（*Critical Marketing*）的教科书，埃略特就是其中的一位编者。[16] 这类教科书反映了欧洲学者对美国主流的现代营销学说的不同立场和观点，这是欧洲市场营销学派的批判性思维的集中体现。

埃略特的论著反映出他具有广阔的人文思维和多方面研究兴趣，而消费者研究是他多方向研究的根基。在品牌学术领域，埃略特的学术视角和主线是文化与品牌的关系，参见其发表的许多篇论文，可以窥见他

埃略特（R.Elliott）

的切入点是符号品牌和品牌的社会人文心理。[17] 几十年前美国学者列维提出过"品牌形象"、帕克提出过"符号品牌"，埃略特将这些思想发挥得更加深入，又将其提升到更高的高度。

除了论文之外，埃略特出版了大部头的多卷本著作《品牌与品牌管理》（2008），[18] 他为第一作者的著作《战略品牌管理》在 2007 年出版，品牌文化是其不同于其他三本同名的《战略品牌管理》（请参见第 5 章）的根本特色所在，该书每四年更新再版（2011，第 2 版；2015，第 3 版）。[19] 如果将埃略特与切尔内夫相比较，埃氏将《战略品牌管理》引向文化的内在精神，切氏则将《战略品牌管理》引向更有效的实际操作。他们都钟情"战略"，切尔内夫另著有《战略营销管理》和《战略消费者行为》，埃略特则另著有《战略广告

管理》。

前面已经介绍过，凯勒的《战略品牌管理》（1998）和卡普菲勒的《战略品牌管理》（1992）都已经产生了非常大的影响，为什么埃略特在其后的 2007 年，还要以完全一样的书名出版他的新书呢？

埃略特强调，"品牌的社会—文化视角"是其著作的独特视角，书中用大量的笔墨（四章）论述"品牌的社会—文化意义"。该书从 2007 年的第 1 版到 2015 年的第 3 版，保持了三个部分的结构，第 3 版的第一部分就是"品牌的社会文化意义"，占了四章之多，包括"品牌的社会心理学""情感与品牌""品牌的符号意义""文化意义系统与品牌"。第二部分"品牌资产"的内容只占全书的一小部分（第 3 版占 12 章中的 3 章；第 1 版占 11 章中的 2 章）。第三部分"品牌管理"又着重在"符号品牌"（Symbolic Brands）和低介入度的情感品牌。所以，可以说，埃略特此书的新意是强调从文化的视角阐述品牌思想和战略品牌管理。

还值得提到的是，埃略特在广告领域也是一位重量级学者，他的广告论著甚至比品牌的著作更早。他与别人合作的《战略广告管理》（*Strategic Advertising Management*）一书在 2001 年出版，每四年更新一版，2016 年已出版第 5 版，这是广告学术领域欧洲学者的代表性著作。[20] 与美国的广告著作相比较，其显著特色是作者对广告在不同文化中的价值、品牌在不同文化中的认知等文化维度的问题，以及广告伦理、广告反思等社会维度上的问题给予了更多的特别关注。英国是世界广告的重要发源地，在许多欧洲人的心目中，广告思想和广告创意的原创领先，当数英国而非美国。

埃略特虽已经退休，值得庆幸的是，基于文化的品牌理论及品牌战略这一学术思想在英国有了新的继承发扬者，这就是同在巴斯大学管理学院的品牌管理教授贝弗兰（M.B.Beverland）。他的研究包括消费者文化与品牌管理、品牌真实性、设计思维与创新等。其代表著作是《建立品牌真实性：偶像品牌的 7 个习惯》（*Building Brand Authenticity： 7 Habits of Iconic Brands*）。[21] 贝弗兰所深入挖掘的独特的品牌真实性，是指消费者对品牌感知和认同的核心，其至关重要的构成即品牌的历史文化传统，也就是说，他开辟了一条强化基于文化的品牌化战略的新路径。

7.4 欧美品牌学派之差异辨析

卡普菲勒和埃略特代表的欧洲品牌学派，虽然只是全球品牌学术格局中的旁系，却是一支重要学术力量，有其鲜明的品牌理论主张。在了解欧洲品牌学派的两位核心学者之后，欧洲独特的品牌思想风格已经跃然纸上，当然还应进一步追问，品牌的美国学派和欧洲学派之间的差异到底如何概括？

归根结底，其差异在于对"何谓品牌"和"如何品牌化"这两个基本问题有不同的回答。

什么是品牌？欧洲的品牌学者认为，品牌是为了确认"我是谁"，品牌是身份确认（ID）。同时，重视产品为品牌之基础，强调品牌离不开产品。他们又非常重视基于文化的品牌理论，包括：品牌的文化含义、品牌的社会心理的符号意义、品牌与文化－社会的关联等。

美国品牌学者则认为，品牌是外界顾客的联想的集合，强调品牌与产品分离的独立性；强调品牌的资产价值，即品牌的经济意义。

美国学派和欧洲学派对品牌的理解有不同的逻辑或两种不同的基本出发点。如第 3 章所述，在美国，品牌冲破产品框架之后，以凯勒为代表的美国学者，认为品牌是产品之外的附加值，即品牌＝附加价值。欧洲学派，以及欧洲背景的美国学者如斯廷坎普，则认为品牌是产品加上产品之外的附加值，即品牌＝产品＋附加值。

欧洲学派与美国学派的不同在于，欧洲学者依然维系品牌与产品的联系，而美国学者常常割断了二者的关联。所以，美国学者将品牌定义为"产品之外的附加价值"，即品牌自身的独立价值。欧洲学者将品牌定义为"产品＋附加价值"，即品牌包含产品。[22] 欧洲这种有形＋无形的品牌观，更加接近中国道家"阴阳合一"的思想。

如何品牌化？欧洲学者由此将品牌识别（Brand Identity）放在品牌化的核

心位置，并且注重发挥欧洲的文化历史优势而独树一帜，特别表现在奢华品牌方面。

美国学派则将品牌化的基点放在顾客联想上，以品牌价值链的因果逻辑去展开品牌营销。

简略而言，恰如凯勒以"战略品牌管理"为书名，重心是在"消费者"和"（品牌）资产"上；卡普菲勒以"战略品牌管理"为书名，重心却在"企业"和"（品牌）文化"上 。

美国与欧洲对品牌基本问题的不同回答，反映出他们品牌思想的基本不同。我们再具体辨析其之间存在的以下三大差异，可以更加明确美国学派与欧洲学派之不同。

差异之一："顾客取向"还是"企业取向"？

卡普菲勒的品牌理论最显著的特征是"企业取向"。卡普菲勒在其《战略品牌管理》第 3 版（2004）的序言中明确说"其核心是整合品牌与企业（商务）"。在其《战略品牌管理》第 5 版（2012）的序言中，卡普菲勒更直接地说，他这本书的独特之处在于"（本书）是企业取向的"。[23] 从前面对其第 1–5 版的简述中也可以看出，卡普菲勒的消费者视角是很隐匿的。卡普菲勒的企业视角和企业立场，也许和他作为法国巴黎高等商学院的营销战略教授是关联的，因为战略的主体是企业，战略就是为企业服务的视角。

这也是卡普菲勒与美国的阿克和凯勒的根本不同之一。**凯勒是基于消费者的视角或取向，阿克是市场的视角或取向。如果想象卡普菲勒站在"企业"一端，凯勒站在"消费者"一端，则阿克似乎就站在中间。**[24]

欧洲品牌学派企业取向的视角反映在多方面，特别从以下三点体现出来：坚持"产品是品牌的一部分"；重视品牌识别；将"品牌愿景"作为品牌化战略的起点。

从品牌定义上，可以看出欧美的基本不同。美国学者认为品牌是**产品之外的附加价值**。欧洲学者认为品牌是**产品加上附加价值**。

再者，品牌识别是企业自身或自我的品牌设定。美国品牌理论的发展过程中，品牌识别的重要性是逐步下降的，乃至被淡化（请参见第四、五章）。而欧洲学者不仅在"品牌识别"上用力最多，而且坚持不懈。卡普菲勒强调，在他的品牌理论中，**"中心概念是品牌识别"**，即他将品牌识别放在其理论的核心部分。他在品牌识别上做了许多深入的研究，品牌识别在他的论著中也占了突出的内容篇幅。例如他的《战略品牌管理》一书中，一直在"章"的层面论述"品牌识别"，并保留早期他提出的"品牌识别棱柱图"。英国**切纳托尼**对品牌识别也是情有独钟，2017年还出现了他的相关研究论文。另一位英国学者巴尔默的研究也完全是围绕公司而展开的，其主题都聚焦在"公司识别""公司品牌""公司形象"等方面。[25]

与识别最密切相关的领域之一是设计，重视识别和设计是整个欧洲的历史传统。其实，在设计的历史上，许多源头和人物都来自欧洲，19世纪末20世纪初英国、德国就兴起了公司识别标志的设计风气，出现了不少设计大师和设计学校，提出了许多重要的设计思想。相形之下，美国的现代工业设计和商业设计的崛起则是在20世纪中叶以后，英国、德国大约比美国早了半个世纪。

品牌战略的企业取向，主要体现在切纳托尼提出的品牌化战略——从品牌愿景到品牌评估，他将"品牌愿景"作为品牌化的起点，就是始于企业取向。同时，他也注重品牌化过程中的企业文化因素。切纳托尼的这一重要思想，后来得到了美国品牌大师阿克的认同。

差异之二：品牌资产为基石，还是品牌文化为基石？

看重**"品牌资产"**，是走向商业化和实用主义，重视品牌作为无形资产的效益。看重**"品牌文化"**，是重视品牌作为符号的人文意义、历史意义和社会价值。可以说，美国品牌理论注入的是资本基因，欧洲品牌理论注入的是文化基因。

欧洲的卡普菲勒和埃略特，与美国品牌理论的代表人物阿克和凯勒之间，或者说美国学派与欧洲学派之间的另一个不同点是，阿克和凯勒从一开始就明确站在"品牌资产"这块概念基石之上，其理论内容都以"品牌资产"一以贯通。而卡普菲勒和埃略特则是立足于更加宽泛的"品牌"概念之上，他们往往**更看重品牌的文化意义。**

这种（品牌）文化大于（品牌）资产的欧洲品牌思想的倾向，在有影响的欧洲品牌著作中可以得到印证。以卡普菲勒和埃略特各自的著作《战略品牌管理》为例，卡普菲勒的代表性著作《战略品牌管理》内容并不完全凸显"品牌资产"。品牌资产只是全书内容的一部分，而不是全部。看清楚这一点很重要。卡普菲勒虽然在其书的副标题标明"品牌资产"（第 1-4 版），重心却在"品牌"。其第 5 版的副标题改用"新洞察新思考"，似乎是希望摆脱"品牌资产"的影响。在其第 5 版中，他还专门写了一节"亚洲的品牌文化"。此外，埃略特的《战略品牌管理》[26]一书中，品牌文化的基调清晰可见。

其他的欧洲品牌学者如巴尔默等都认为，品牌不仅仅属于经济（商业）的范畴，品牌对时代的价值观、认知、政治和文化都有重要的影响力。所以他们强调从社会 - 文化的视角去建构品牌理论。法国品牌专家戈贝（M.Gobe）在 2002 年出版的《公民品牌》一书，强调要凸显品牌的社会文化内涵，也是一例。后面笔者在第 9 章将说到，受到欧洲影响的美国学者霍尔特（D.B.Holt）等人，也是从文化的视角去开辟品牌战略，但只是个别的现象，未被纳入美国品牌学术的主流。

谈起奢华品，自然都想到欧洲，而不是美国。例如路易威登、博柏利、劳力士、古驰、香奈儿、奔驰等都源于欧洲。与美国在全球品牌价值榜上总是占绝对优势的情形相对，欧洲在全球奢华品牌领域占绝对领先的地位。据著名的英特品牌发布的**"2018 全球最佳品牌百强排行榜"**（Global Best Brands Top100），**全球九个最佳奢华品牌中，法国就占了五个。**

为什么会出现这一现象？其背后是欧洲品牌思想的胜利。**欧洲学派聚焦奢华品牌**的努力正是基于品牌文化。出于全球化竞争的需要，欧洲品牌发展出了三个类别：奢华品牌、大众品牌和时尚品牌，但毫无疑问，奢华品牌是欧洲贵族文化的产物，是欧洲品牌最有代表性的核心。谈**奢华品牌就是强调文化**的维度。奢华品牌的深处，是欧洲文化的传统和血脉。如果不从欧洲文化的角度出发，我们对奢华品牌的理解，往往难免会隔靴搔痒。欧洲的品牌文化和美国的品牌文化各有千秋。欧洲品牌源于贵族文化的血统，美国品牌植根于竞争开放的创新文化。

近十年来，欧洲学者在奢华品和奢华品牌方面的论文和著作已经形成了一个出版热潮，相比之下，美国学者对奢华品牌的研究并不够多。除了卡普菲勒之外（前面说过，奢华品牌是卡普菲勒的一系列论著以及他后期论著的亮点），还有法国巴黎大学米歇尔·舍瓦利耶教授等人的《奢侈品品牌管理》（*Luxury Brand Management*）；[27] 德国学者和企业高管合作写的《奢侈品营销与管理》（*Luxury Marketing and Management*）；[28] 法国高等商学院（ESCP）的学者及爱马仕的总裁合写的《奢侈品之路》（*The Road to Luxury*）；[29] 瑞士的三位学者出版的《奢华品管理》，全书分为奢华品市场 / 奢华品牌 / 奢华品商业战略 / 奢华品的社会责任等四个部分，特别在第 12 章论述了"中国的奢华品市场"。[30] 令人有目不暇接之感。

从总体上，品牌理论的欧洲学派并不将自己的理论和战略完全局限在"品牌资产"的框架之内，从某种意义上，欧洲学派更加看重发展品牌的文化视角。

差异之三：品牌化是理性主导还是感性主导？

前面已经指出在品牌化基本问题上欧美学派之间的主要区别，还要补充一个次要的不同之处。在欧洲学派的品牌思想中，情感（Emotion）被放在更加突出的位置。相比之下，在美国主流的基于消费者的品牌资产理论中，消费者的"品牌知识"（Brand Knowledge）是关键的，即消费者认知放在首位。比较而言，如果说美国的品牌理论更加侧重品牌的认知逻辑。那么，欧洲的品牌理论更加侧重的就是情感、符号、象征，是渗透了社会—文化的心理结构的交互和共鸣。在这个意义上讲，品牌建立的两条路径——认知路径（理性路径）和情感路径（感性路径），按侧重偏好的不同显示出美国学派和欧洲学派之分别。

从变化趋势上看，数字化品牌战略与传统品牌战略的不同之处，其一就是数字化时代更加偏好采用感性路径，如热衷视频符号、品牌卖萌等（请参见第 10 章数字化战略品牌管理）。因此，应该更加注意欧洲品牌思想主张的感性导入路径。

7.5　差异之根源：逻辑的和文化的

为什么会产生欧美品牌思想之差异？追根溯源，这其中有其逻辑的根源和文化的根源。

逻辑的根源在于对品牌和品牌化的不同理解。这一点在前面已经阐述。又在于现代品牌理论存在的三种基本的学术视角，这在第 5 章中曾经指出过，为了加深理解美国、欧洲品牌学派之差异的根源，需要再进一步说明如下。

自从品牌资产的理论概念确立之后，对"品牌资产"这一核心概念就存在三类不同的理解（企业的视角／市场的视角／消费者的视角），[31] 相应地，也直接反映在品牌资产的评估方法中出现了不同的评估体系。[32] 究其思想来源，其背后的根源是不同的理论出发点或初始取向，或者说，品牌资产的不同定义和不同的评估方法，其理论的源头在于品牌资产的学术思想的取向和重心的差别，简单表达为：**A基于企业／B基于市场／C基于消费者**，由此分道扬镳：A导向财务指标、品牌识别和注重产品，以欧洲学者卡普菲勒为代表；B导向市场业绩表现，兼顾品牌的内在因素和消费者因素，以美国学者阿克为代表；C导向消费者认同指标和消费者的品牌知识，以美国学者凯勒为代表。

文化历史的根源　在于欧洲品牌学者在品牌领域也有强烈的文化自信。他们强调品牌识别的学术主张，背后是欧洲具有世界上最源远流长的设计文化和历史，有最令人惊叹的艺术和建筑。他们坚持基于产品的品牌思想观念，是因为欧洲具有全球闻名遐迩的德国制造和瑞士制造的荣光和根基。他们竖起品牌文化的大旗，是因为胸中自有雄踞世界的奢华品牌的底气。

7.6　欧洲品牌学派对中国的启示

笔者上述对欧洲品牌学派思想的简述和美欧学派之辨析，还意在对中国的品牌建设有所启发。因为建立开放性思维和全方位的选择，会有助于中国更有智慧地实现全球品牌梦想。笔者以为，"他山之石"不仅来自美国，也来自欧洲。在学习吸收以凯勒为代表的"基于顾客的品牌资产理论"的美国品牌理论的同时，中国也应该注意吸收欧洲品牌思想的营养。

尽管欧洲品牌的特质已经引起一些学术关注。[33]但欧洲学派的品牌思想有哪些是适用于中国品牌发展的，这一关键问题尚有待深入研究。笔者以为，**欧洲品牌学派至少有三点是值得中国深思和学习的，即基于产品的品牌化战略、基于文化的品牌战略和品牌化的感性路径。**

1. 中国是一个制造大国，基于产品（而不是忘记产品或与产品分离）和企业视角的品牌思想和品牌战略是中国所迫切需要的。作为全球主要的供应商大国，中国 B2B 品牌的创立，更加需要基于企业视角和基于产品的品牌化思想和战略。

2. 中国是一个文化源远流长的国家，基于文化的品牌思想、理论和品牌战略更加贴近中国品牌化之特征、优势和需要，所以应该大力吸收并创新欧洲的立足于文化的品牌战略思想。

3. 世界已经进入数字化智能化时代，欧洲品牌思想中强调更多运用感性路径是可取的品牌战略，是一种值得重视和进一步开发的品牌战略。

欧洲品牌学派虽然具有自己独特的思想主张和品牌战略，而在全球品牌思想的格局中占有一席之地，但也存在其薄弱之处。其突出的弱点在于，欧洲品牌学派当下缺乏新鲜血液，卡普菲勒和埃略特的年龄已长，能够继承欧洲品牌思想的优秀年轻学者还没有浮出水面。换一个角度，欧洲品牌思想的延伸和发扬光大，也有可能出现在中国。如上所述，**中国品牌化的特征和情境，在某些方面更加靠近欧洲的品牌思想，而不是美国的品牌思想。**而且，中国正处在品牌化的历史机遇期，如果在欧洲品牌思想的基础上综合创新，就有可能结出更加灿烂美丽的品牌思想之果。

品牌与文化的相关性揭示出，品牌与产品相比更加源于和扎根在文化的土壤之中。从品牌的历史发源中可以看出，品牌是西方文化的产物，对中国来说，品牌是"舶来品"。于是，我们不免要问：**中国传统文化是否有利于品牌的建**

立和成长？中国人为了创立世界级的品牌，是否需要在文化层面上加以努力？这是建设中国品牌的长征路上终究需要面对和思考的根本问题。

7.7 小结

美国在品牌领域和品牌理论上主流的强势地位，几乎使其他的品牌思想默默无闻。欧洲品牌学者的思想和贡献其实是不可忽略的，他们不仅最早提出了"战略品牌管理""奢华品牌"等思想，而且坚守拓展"品牌文化"等新的方向。笔者指出，两者之间的根本差异在于其对基本问题"何谓品牌"及"如何品牌化"有不同的回答。

本章梳理了欧洲品牌学派的基本思想和代表性人物，重点介绍了卡普菲勒和他的代表著作，切纳托尼的特色品牌思想，以及埃略特的品牌思想和著作；着重辨析比较了欧洲学派与美国学派的主要分野，并且追溯了分歧背后的根源。

笔者强调，对于现代中国的品牌崛起，欧洲品牌学派的基于产品和基于文化的品牌思想，更具借鉴意义以及发扬光大的可能。

品牌的较量扎根于思想，而付诸行动。下一篇我们将转换视角，关注品牌学术思想的落地，看看理论如何推动实战，基于思想的实战工具是如何进化创新的。

注 释

[1] Grönroos C, A service quality model and its marketing implications [J]. European Journal of Marketing,1984,18 (4)：36-44.

[2] 卡普菲勒于 1991 年在他的法文著作 Les Marques，Capitalde L'entreprise 中首次提出。

[3] Kapferer J N. Executive insights: Real differences between local and international brands: Strategic implications for international marketers [J]. Journal of International Marketing, 2004,12(4).

[4] Kapferer J N. Strategic brand management: Creating and sustaining brand equity long term [M]. New York: Kogan Page,1992.; 1997, 2nd ed; 2004, 3rd ed, 2008, 4th ed.

Kapferer J N, The new strategic brand management: Advanced insights and strategic thinking [M]. 5th ed. New York: Kogan Page, 2012.

［5］ Kapferer J N, The new strategic brand management: Advanced insights and strategic thinking [M]. 5th ed. New York: Kogan Page, 2012.

［6］ Kapferer J N, Basten V. The specificity of luxury management: Turning marketing upside down [J]. Journal of Brand Management, 2009,16(5−6): 311−322.

［7］ Kapferer J N, Pierre Valette−Florence. Beyond rarity: the paths of luxury desire. How luxury brands grow yet remain desirable [J]. Journal of Product & Brand Management, 2016, 25 (2): 120−133.

［8］ Kapferer J N, Bastien V. The Luxury Strategy [M]. Kogan Page, 2009；2nd ed, 2012.；中译版：卡普菲勒，等.奢侈品战略 [M].谢绮红，译.2版.北京：机械工业出版社，2013.

［9］ Kapferer J N. Kapferer on luxury: How luxury brands can grow yet remain rare [M]. Kogan Page，2015.

［10］ Keller K L, Managing the growth tradeoff: Challenges and opportunities in luxury branding [J]. Journal of Brand Management, Special Issue "Luxury Branding",2009,16(March−May)：290−301.

［11］ https://www2.aston.ac.uk/aston−business−school/research/departments/marketing−strategy/department−members/marketing−and−strategy−department/professor−leslie−de−chernatony.

［12］ Chernatony L D' et al. Managing brand identity: Effects on the employees[J]. International Journal of Bank Marketing, 2017,35(1)：2−23; ChernatonyL D. Consumers' self−congruence with a 'Liked' brand: Cognitive network influences and brand outcomes [J]. European Journal of Marketing,2017,51(2):367−390; Chernatony L D' et al. Brand identity management and corporate social responsibility: An analysis from employees' perspective in the banking sector [J]. Journal of Business Economics and Management ,2017, 18(2) : 241−257; Chernatony L D, Coleman D, Christodoulidis G. B2B service brand identity and brand performance: An empirical investigation in the UK' s B2B IT services sector [J]. European Journal of Marketing, 2015, 49(7/8):1139−1162.

［13］ Chernatony L D, McDonald M, Wallace E. Creating powerful brands [M]. 4th ed. Oxford: Butterworth Heinemann,2010.

［14］ Chernatony L D，From brand vision to brand evaluation [M].3rd ed. Routledge, 2010.

［15］列虎是欧洲营销学副教授，他著有获奖著作《娱乐品牌化》（*Branded Entertainment*, Kogan Page, 2007）一书。

［16］ Saren M, McLaran P, Elliott R, et al. Critical Marketing: Defining the field [M]. London,

U. K.: Routledge, 2007；2nded，2012.

［17］Elliott R, Yannopoulou N, The nature of trust in brands: a psychosocial model [J]. European Journal of Marketing,2007, 41（9–10）：988–998.

Elliott R, DaviesA，Symbolic brands and authenticity of identity performance, in：Brand Culture [M]. London, U. K.: Routledge，2005.

［18］Elliott R. Brands and brand management [M]. London, U. K.: Routledge,2008.

［19］Elliott R, Percy L, Pervan S. Strategic brand management [M]. 3rd ed. Oxford, U. K.: Oxford University Press, 2015.

［20］Percy L, Rossiter J, Elliott R. Strategic advertising management [M]. Oxford, U. K.: Oxford University Press，2001；2005,2ed；2009,3ed；2012,4ed；2016,5ed.

［21］Beverland M B. Building brand authenticity: 7 habits of iconic brands [M]. London : Palgrave Macmillan, 2009.

［22］何佳讯. 品牌的逻辑 [M]. 北京：机械工业出版社，2017：自序.

［23］请参见卡普菲勒法文版《战略品牌管理》2004 年第 3 版和 2012 年第 5 版前言。

［24］何佳讯. 长期品牌管理 [M]. 上海：上海世纪出版集团，2016：1–6.

［25］Balmer J M T. Identity based views of the corporation: Insights from corporate identity, organisational identity, social identity, visual identity, corporate brand identity and corporate image [J]. European Journal of Marketing, 2008, 42(9/10): 879–906.

［26］Elliott R, Percy L. Strategic brand management [M]. Oxford: Oxford University Press；2nd ed. 2011；3rd ed. 2015.

［27］舍瓦利耶，马扎罗夫. 奢侈品品牌管理 [M]. 2 版. 北京：机械工业出版社，2015.

［28］兰格 , 海尔 . 奢侈品营销与管理 [M]. 潘盛聪，译 . 北京：中国人民大学出版社，2016.

［29］颂，布朗卡特 . 奢侈品之路：顶级奢侈品品牌战略与管理 [M]. 谢绮红，译 . 北京：机械工业出版社，2016.

［30］Berghaus B, Stewens G M, Reinecke S. The management of luxury [M]. 2nd ed. London：Kogan Page，2018.

［31］卢泰宏，黄胜兵，罗纪宁 . 论品牌资产的定义 [J]. 中山大学学报（社科版），2000，40(4): 17–22.

［32］卢泰宏 . 品牌资产评估的模型与方法 [J]. 中山大学学报(社科版),2002, 42(3):88–96.

［33］王海忠，王子 . 欧洲品牌演进研究 [J]. 中山大学学报（社科版），2012, 52(6): 186–196.

第三篇
双栖规范与实
战工具的进化

把握品牌思想的发展，以基本问题（何谓品牌和如何品牌化）答案的演化为主要脉络。品牌思想史的另一条脉络是品牌学术与品牌实践的关系及演变。从早期的品牌实践和经验模式，到现代品牌理论的形成发展，再到本篇出现的双栖规范，学术与实践两者之关系始终若隐若现。

　　"是何"（WHAT）、"如何"（HOW）和"为何"（WHY），始终是分析问题的三个基本方面。品牌的"WHAT"和"WHY"的问题偏向学术，"HOW"的问题偏向实践。本篇与上一篇有所不同，是要沿着**如何解决品牌实战问题而展开**。如果说，前面的章节以品牌的理论和思想的进程为主，那么本篇就是以理论如何推进品牌实践的提升和品牌工具的创新为主。显然，本篇的重心偏向"如何品牌化"这一基本问题，即偏向公司和品牌实战的视角，关注理论思想如何落地、品牌管理实战工具的创新等问题。从品牌化实操的发展过程中，从品牌人物的价值取向和风格中，去追索学术与实践关系的思想脉络。

　　本篇包括第8章和第9章。第8章阐述知行合一形成的战略品牌管理这一规范；第9章展现战略品牌管理在近10年的多元创新。

08 知行合一：
战略品牌管理

本章从品牌思想史的知行关系这条脉络，解读品牌学术与品牌实战两者汇流、珠联璧合形成的学科规范"战略品牌管理"，并分析它是怎样面向实践，解决"如何品牌化"中最核心的实践问题。

8.1 知与行的价值选择

品牌、营销学和管理学都是应用学科，因此，**理论与实践两者关系的演变，是其思想史的主题或脉络之一**。其实，这也是品牌、营销学和管理学的基本特质之一。在"知"与"行"之间的不同价值选择，体现在思想史的演变之中，也区分出学者不同的学术风格。

品牌和营销学的论著中一再出现的"原理"（principle）这个术语，其真正内涵并不等同于物理学等科学中"原理"的严格含义，不等同于科学意义上的定律或法则（law）。管理学中，常常是将更有效的管理实践的升华称作"原理"或"原则"，尽管它富含逻辑和有效性，其基本的含义是为实践提供胜人一筹的准则、指南或指引。

从早期的泰勒（1911年著《科学管理原理》）开始，品牌、营销乃至整个管理学的论著中，"principle"一词并不鲜见。这个词或许因为伟大的科学家牛顿所著《自然哲学的数学原理》（简称《原理》，1687）而充满科学色彩。"principle"这个术语在管理领域可能引起的误解，这一点早就被称为"现代管理学之父"的法约尔（H.Fayol，1841—1925）敏锐地觉察到。为此，他专门小心解释了他使用"原则"一词的本意：[1]

因为偏好的缘故，我也使用原则（principle）这个术语，但是我在使用它时一点都不严谨，因为在管理中，没有任何东西是僵硬的或绝对的——因此，原则是灵活的，能够适用于各种需要：重要的是要知道如何使用，这是困难的艺术，它需要智慧、经验、决断力和平衡。

管理学的开创大师们从来都强调解决管理的实际问题。例如 20 世纪 60 年代初提出"管理理论的丛林"的管理过程学派的代表人物孔茨（H.Koontz，1908—1984）在他的晚年说："我们必须有这样的共识——管理理论和科学必须有助于实践，否则还发展它干什么？" 现代管理学的开创者**德鲁克**（P.Drucker，1909—2005）标榜的"行重于知"的思想，更是旗帜无比鲜明。

尽管如此，管理学的思想史却清楚表明，理论与实践的鸿沟是存在的，有时缩小，有时扩大。在一些人身上二者相得益彰，在另一些人眼中二者分离互不买账。

管理教育领域随着时间的推移，在理论-实践两极间的摇摆轨迹分外明显。有研究表明，20 世纪 70 年代是从强调实践走向强调理论；80 年代从强调理论到强调应用；21 世纪初，又回摆到强调理论。大学和研究机构的名望、学术评估和学术奖励往往使得对理论的强调是"硬性的"，尽管许多可能与实践毫不相干。[2] 西方商学院 100 多年的历史可分为三个阶段，**第一阶段前 50 年（19 世纪到 20 世纪初）**，商学院的研究主要是在公司做案例和实验研究。第二阶段是从 1959 年开始的 30 年，商学院开始真正做科学实证研究。这是管理研究的黄金时代，今天教科书里的大部分内容都源于这个时期。1990 年开始，商学院的研究越来越严谨了，开始做很专门的理论研究，退回到象牙塔里面去了，**离实践慢慢越来越远了**。[3]

管理学家常常会以经济学家的社会影响力和光环作为参照，追求学术和实践两种价值的统一，因为管理学家的社会影响力从总体上尚不及经济学家。管理学家认为，**经济学家的两个价值追求是值得学习和效仿的，这就是：A. 实证科学的严谨；B. 解决现实问题之有效。**有学者表达为严谨性（rigor）和相关性（relevance）的双重标准。[4] 营销学者如果没有严谨的实证论文，就登不了世界一流学术期刊的大雅之堂；另一方面，营销学者如果不能解决现实营销世界的大问题，就无法证明其社会价值。中国的营销学者在走向世界的过程中陷入了两难的选择：严谨性拉向"跟着走"（模仿式研究）；相关性要求"走新路"（本土情境创新）。兼顾两者或在两者之间保持必要的张力并不容易。

相对而言，幸运的是，品牌学术领域的主流思想是清醒明白的，主张品牌学术并不是象牙塔中的纯粹科学。当我们说"品牌科学"时，必须谨慎。虽然品牌学术追求科学，但它必须接"地气"，以解决实际问题为导向。

在品牌学术界，凯勒是科学性最为显著的学者，他说："希望其著作有助于增加品牌科学的分量"。[5] 但是，凯勒在他的代表作《战略品牌管理》的序言中也说："品牌不是精密科学，它是一门艺术，也是一门科学。创造性和独创性总是与品牌联系在一起。"他说该书是给出"准则或指南"（guidelines，而非理论"theory"）。阿克用了"原理"（principle）作为《品牌大师》书名副标题；里斯的著作用了"规则"（rule）。他们都小心避开或者少使用"理论"（theory）这个词，这是意味深长的。

正因为如此，学术与实践汇流的双栖规范《战略品牌管理》，在现代品牌理论和思想基本成熟之时，就应运而生了。这不仅仅是品牌学者努力的结果，来自实践的向理论提升的意愿和行为也促成了这个结果。让我们先看看实践向上升级的过程。

8.2 品牌管理实践的进化

品牌管理（Brand Management）作为公司管理的一种职能和组织，其性质是实践的。它在历史上逐步发展的演进过程，导致了品牌专业管理的形成，大致可分为三个阶段。

1）外包阶段：如前所述，早期公司的品牌化主要依靠外包，由广告公司、设计公司和后来的媒体代理公司去完成。正如墨菲指出的，传统意义的品牌管理，只是在公司和广告商、促销代理商之间保持联络沟通而已。[6]这一点正是传统品牌时期的主要特征之一。

2）依附阶段：在公司的组织架构中，品牌管理开始往往都附属在公司的销售部门或营销部门之下。这种情况并不奇怪，因为当时公司赋予品牌的职能就是促销和对销售增长做出贡献，品牌只是促销的工具之一，而且常常还不是最强有力的武器，只是锦上添花而已。所以品牌管理只能充当销售部门的一个配角。

3）独立阶段：品牌管理成为公司中独立的管理行为，并且在公司组织架构中位属战略部门，覆盖公司的内外活动，直接对公司董事会负责。这是在现代时期品牌被赋予了"战略"的地位和身份之后，品牌化不仅需要外部市场的视角，也需要内部管理的视角（即品牌内部化）。而且只有完善公司内部的品牌管理，才能更有效实现品牌的外部化。同时，品牌战略的效益因品牌管理的水平而大相径庭，品牌管理的复杂程度亦空前增加，所以，品牌管理越来越趋于专业化而依赖学术研究的指引。

在了解战略品牌管理如何专业地解决问题之前，让我们再了解一下，实战人士为冲破经验的藩篱所做出的努力。实战派的努力探索，集中表现在 20 世纪 80 年代末至 90 年代初，以墨菲为代表的实战派出版了一批品牌著作，反映了实战派追求实践基础上的向理论提升的倾向，主要有：1987 年墨菲的《品牌化：营销的关键工具》（*Branding：A Key Marketing Tool*）[7]；1989 年墨菲的《品牌评估》（*Brand Valuation*）[8]；1990 年墨菲的《品牌战略》（*Brand Strategy*）[9]；1991 年墨菲的《世界级品牌》（*World Class Brand*）[10]；1992 年欧洲学者的《创建强势的品牌》（*Creating Powerful Brands*）[11]；1994 年英特品牌董事斯图伯特（P.Stobart）的《品牌力》（*Brand Power*）[12] 等。

笔者在第 4 章曾经指出，20 世纪 90 年代初期前后，出现了一批超越经验的形而上的品牌著作。分析其背景，基本可以分为两条平行的脉络，**一条以大学为背景，以阿克为代表，以"品牌资产"的学术概念作为基点和核心。另一条以公司为背景，代表人物是墨菲，以推进品牌实战问题的专业解决为己任。**前一条影响宏大而偏学术，兴起在美国，在第 4 章已经详细述过。后一条延绵不断而接地气，发源于英国，现对其简述如下。

与开拓"品牌资产"的学术路线相比较，以墨菲为代表的实战派的这一批著作针对的问题更加现实和直接。与阿克代表的方向不同，他们触摸到品牌化的许多主题，唯独完全没有触碰"品牌资产"这块"基石"。实战派著作的作者基本是公司人物，墨菲当年就是英特品牌集团的掌门人。从这一批著作的内容来看，好似在"摸着石头过河"，"石头"是他们关注的品牌化的实际问题，诸如：品牌命名、品牌标识和包装、新产品如何品牌化、品牌延伸、品牌价值、服务品牌、工业（B2B）品牌、公司品牌、国际品牌、品牌管理等。他们从咨询专业的角度寻求解决方案。

为了更好解决公司现实的品牌问题，墨菲等人的著作探索了品牌化有关的一些基本问题，例如什么是品牌（brand）？什么是品牌化（branding）？他们提出了"品牌战略"和"品牌管理"的主题，但遗憾的是，他们并没有将这二者有机整合起来，即没有走向和形成"战略品牌管理"。

在上述诸多主题之中，实战派越来越聚焦于两个中心问题而形成了他们的专业特色，即：如何评估品牌价值、如何建立强大的品牌。这实际上为英特品牌公司的核心业务的确立，开发"全球最佳品牌排行榜"，以及成为全球领先的品牌咨询公司奠定了扎实的知识基础。

墨菲开始的这个做法——咨询或实战公司出版实战特色的品牌著作，以吸引客户、建立声望，至今已经屡见不鲜。中外实战派人士的品牌类著作不时可

见，甚至多不胜数。只不过，墨菲从不浅尝辄止，而是力图索源，他更没有哗
众取宠、信口开河，这是他及其著作高于后来许多追随者的地方。

8.3 双栖规范的"战略品牌管理"

上面说到，20 世纪 80 年代末至 90 年代初，品牌知识从经验走向理性先
后出现了两条分别以墨菲和阿克为代表的发展分支。这两条分支的延伸合流，
促成了另一个重大的结果，这就是"战略品牌管理"的出现。在美国，继阿克
之后出现了凯勒；在欧洲，继墨菲之后出现了卡普菲勒。阿克的一支在美国演
变成为全球品牌学术的主要力量，墨菲的一支发展为全球知名的品牌咨询公司，
如英特品牌，其品牌评估的方法也在后来融入"战略品牌管理"的体系之中。
**品牌领域中实战和学术的两栖被一个规范统一起来，这个规范被称为"战略品
牌管理"**。在"战略品牌管理"的经典框架中，融合、涵盖和兼顾了学术和实
战两大方面，只是分散或隐蔽在以专业概念为结构体系的逻辑框架之中，这是
"战略品牌管理"最基本的特征。

实战为阳，理论为阴。"阴阳抱合，万物方生。"20 世纪 80 年代，品牌
开始从经验时期走向现代时期。这一大的转变包括学术与实战的融合形成了品
牌管理的现代规范。

这个规范的存在，从品牌著作文献中的一个奇特现象可以洞见到。以《战
略品牌管理》为同一书名的著作至少已经有四个不同的版本，他们的著作者分
别是：法国的卡普菲勒（第 1 版，1992）、[13] 美国的凯勒（第 1 版，1998）、
英国巴斯大学的**埃略特**等人（第 1 版，2007），[14] 和美国西北大学凯洛格商学院的
切尔内夫（第 1 版，2015）。[15] 从 1992 年到 2015 年，可以说，SBM（**战略品牌
管理**）成了品牌学术共同体的一种规范。

产生于 20 世纪 90 年代的"战略品牌管理"作为一种规范，"共同的基础
和方向"是什么呢？笔者认为，就体现在这三个核心词汇上："品牌"解读为
"品牌资产"；"战略"意味不是战术层面；"管理"强调解决实战问题。

战略品牌管理既代表了共同的基础和方向，也有不同的学术视角。四位重要学者的版本，反映出战略品牌管理近 30 年的流变和发展。前两个版本非常重要，可以认为，是凯勒和卡普菲勒开创了"战略品牌管理"的规范。后两个版本不可缺少，开拓了战略品牌管理新的视角和内涵。

卡普菲勒最早提出了"战略品牌管理"（SBM）这个整体构念。卡普菲勒的战略品牌管理，是看重"品牌识别"的 SBM，是企业立场的 SBM。卡普菲勒的《战略品牌管理》代表了欧洲的品牌思想和理论（请参见第 7 章）。

1998 年起步的凯勒的《战略品牌管理》，如前所述，代表了美国主流的品牌思想，是世界当代的主流品牌理论。这是因为凯勒的 SBM 迈出了两大步：第一步是将企业立场的 SBM 演变为彻底贯彻顾客立场的 SBM，这是靠"基于顾客的品牌资产理论"（CBBE）而实现的；第二步是综合创新。凯勒提出了 SBM 回答品牌实战问题的基本框架和主导逻辑，即所有的问题归集为三个大问题：A．如何建立品牌；B．如何发展品牌资产；C．如何衡量品牌资产（价值）。以"如何建立品牌"为例，品牌化战略经历了以品牌识别为中心的阶段和以品牌传播为中心的阶段，凯勒在此基础上加入强化了的"品牌联想"概念，将"品牌营销"的三部曲整合为品牌营销的流程。他建立了若干十分重要的整合概念模型（品牌价值链 / 品牌共鸣模型等）。他开发了品牌定位的工具，还整合归纳了面向操作的主要量表，等等。所以，凯勒是战略品牌管理规范的集大成创新者。

埃略特的《战略品牌管理》，力图将欧洲品牌学派的核心思想之一——**文化是品牌的根基和灵魂**——加以发扬光大和深入挖掘。这既是埃略特的专业强项和优势所在，又是无可否认的值得开拓的新方向。埃略特在他"五十而知天命"的年龄之后，才强烈意识到这一方向的重要价值，他抓紧为该书引入新的合作作者，并在 2015 年出版了该书的第 3 版。这意味着，欧洲学者提出了"战略品牌管理"之后，美国取得了领先的绝对优势，欧洲学者又奋力开拓，贡献出富有独立价值的新思想和新路径。

埃略特（R.Elliot）《战略品牌管理》（英文第 3 版，2015）

处在成长发育阶段的"战略品牌管理"，还有很大的发展空间。就在埃略特出版其第 3 版的 2015 年，美国西北大学的年轻教授切尔内夫也开始进入这个领域，在 2015 年出版了另外一本《战略品牌管理》，并且快马加鞭于 2017 年出版了第 2 版。

切尔内夫（A.Chernev）及其《战略品牌管理》

在切尔内夫看来，品牌是营销战略层面的重器，应该从战略上深入开拓。即他认为"战略品牌管理"在"战略"上还有许多空白，尤其从实战的角度落实"品牌战略"还值得大做文章。这一新的立足点显然是正确的，更加具有决定意义的因素是，切尔内夫本人的学术专长、学术功底和学术优势恰恰也就在"营销战略"上。在他的《战略品牌管理》中，品牌被当作创造市场价值的独特手段，所涵盖的主题包括：设计有效的品牌战略和策略、确立品牌价值主张、管理品牌组合、品牌定位和重新定位、品牌延伸、品牌评估以及品牌的法律保护。

切尔内夫 1997 年在美国杜克大学（Duke University）取得心理学和营销学双博士学位，2012 年在全球营销重镇美国西北大学凯洛格商学院晋升为教授。他擅长营销战略和商业模式，其代表著作《战略营销管理》（SMM,*Strategic Marketing Management*）在 2018 年已经出版到第 9 版，[16]口碑甚佳、影响不小。现代营销之父科特勒为他的 SMM 第 9 版写了推荐序言。2018 年，切尔内夫更被科特勒遴选为科氏《营销管理》这一标杆著作第 16 版的新加入的合作作者，成为这一经典著作继科特勒、凯勒之后的第 3 位作者。

应该指出，尽管有了上述的不断进展，遗憾的是，新兴市场的战略品牌管理至今并没有被很好挖掘和体现。基于全球新兴市场的 SBM，应该是下一个新的视角和新的机会，呼唤别开生面、另辟新径。诚然，不论**"战略品牌管理"如何变化，其不变的是学术与实战的珠联璧合。**那么，学者是如何将学术与实战汇流而生生不息的呢？

8.4　品牌学术如何贡献于品牌实践

从 20 世纪 90 年代开始，一流的品牌学者试图将其研究成果加以系统化，他们的动机是双重的：一方面为了从理论上进行品牌知识的综合；另一方面为了影响和推动品牌的实践。一些迹象表明，后一个动机甚至更加突出和明显。在品牌发展史上曾经落后的学术界（请参见第 2 章），表现出在品牌实践中体现学术价值的强烈愿望。

学术研究如何贡献品牌实践？学者已经建立的"战略品牌管理"的综合框架，就是学术与实战的综合。我们不难发现，在经典的《战略品牌管理》教科书中，除了学术的理论和概念，一般都还会包含大量的案例、基本的实施流程（或模型）和不同的测量量表。这种结构内容的构思是有深意的，它反映出对理论落地的追求。

在通达"学术落地"这一目标中，案例、流程、工具和量表构成了三座主

要的桥梁。品牌案例给出某种实战情境中的问题和富有典型意义的参考答案，给我们启迪和参照。流程给出有效解决问题的一般原则、步骤和路径，具有指引的价值。量表则是将抽象的学术概念变成可以测量、控制和执行的落地工具。这三座桥梁都是基本依靠学者而建立起来的，品牌学者充当了工程师的角色。揣摩这三座大桥，可以大致了解到，品牌学者的学术研究对品牌实战所做出的贡献和创造的价值。也就是说，真正意义上的品牌学术研究，不仅进行理论概念的创建，而且还为解决实战问题提供创新的思想和先进的工具。在引领学以致用上，哈佛商学院是一个全球标杆。早在20世纪20年代，哈佛商学院就出现了两项重要的创新：开创商学院的案例研究方法和创办《哈佛商业评论》杂志，[17] 并且都成为经久不衰的经典。**这两项创新的宗旨都是直接指向推动解决管理的实际问题**。

品牌学术研究对实践的贡献，在一般的意义上可以归纳为以下五点。

1. 观念创新，开阔视野

品牌从传统时代进入现代时代，学者提出了一系列的新观念是驱动变革的伟大力量，例如品牌形象概念，"名牌"被"品牌"取代；"品牌是战略资产"这一创新观念产生了颠覆性的划时代贡献。品牌价值、品牌资产，推动品牌从促销工具上升为公司战略；基于顾客的品牌资产，使得品牌的自我识别转身为注重品牌顾客关系，等等。推动了品牌管理实践的升级，不断将企业家带向品牌观念的新境界。

2. 提供战略准则框架和品牌管理的有效流程

战略品牌管理为品牌实战提供了各种框架和流程，而且不断推陈出新。例如，"如何建立品牌"曾经是一个各行其是、众说纷纭的问题。凯勒的"品牌规划模型"、"品牌共鸣模型"和"品牌营销"提供了通用的框架和实施流程。阿克在2014年提出的成功品牌化的20条准则，也是一种基本的实战框架。帕克在创建魅力品牌方面，斯廷坎普在品牌全球化方面，也都贡献了出色的战略框架，提供了有效的品牌工具（请参见第9章）。

3. 研发测量量表和实用工具

在更加靠近操作的层面，将品牌领域中一系列专有的概念，如"品牌关系""品牌个性""品牌体验""品牌感觉""品牌浸合"等，解析出其结构（维度），使其可度量、可控制、可操作、可管理，这不仅是实证研究的需要，也是理论走向实战的重大一步。因此，研发出各种有效的"可测量"的量表是学者研究的最大贡献之一，其水平高低在于量表的信度效度等检验指标。

研究的产物还包括各种品牌实用工具，例如如何命名品牌、如何定位品牌、品牌联想的具体化、品牌广告的评估、品牌传播的测量、竞争品牌之比较、品牌全球化的文化测量……

品牌量表及其应用　理论落地的必要条件之一是概念的可测量。学者对品牌管理的重要贡献之一是设计出有效的实用量表，例如品牌偏好、品牌联想、品牌满意、品牌忠诚、品牌依附、品牌体验、品牌浸合等各种量表。

凯勒在《战略品牌管理》中筛选出了各种有效的应用量表。让我们以两份量表为例说明。**施密特的品牌体验量表**：对"品牌体验"（Brand Experience）这个抽象的重要概念，施密特等人研究提出了 4 维度 12 题的测量量表。[18] **帕克的"品牌依附"量表**：帕克等用 4 题就可以有效测量出"品牌依附"的强弱。用 6 题就可以测量出"品牌感觉"的状态[19]（请参见第 5 章）。

4. 提炼启发性案例

按照哈佛商学院开创和不断丰富的案例研究方法，学者们不断在市场中调研、挑选、提炼各种类型、各种情景下的案例，与时俱进地提供给商业和教育机构，增加学生的间接经验，提供给实战者以创新启发。

5. 发布品牌科学指标和参照数据

品牌管理中的适用指标，如品牌集中度、品牌满意度、品牌体验度等，以及品牌资产管理中全球有影响的品牌资产（价值）的排行榜（如 Best Brand Top100）、各种评估数据，都是大量研究和学术推动的结果，学术研究的贡献十分明显而巨大。

总而言之,战略品牌管理绝不只是有学术概念和理论,还有其必备的多种"宝典",如框架模型、实战流程、有效量表、实操工具、评估方法和启发案例等。这些理论和工具是如何解决品牌实战问题的呢?

8.5　战略品牌管理如何求解实战问题

所谓管理,就是强调实务。品牌管理回答的核心问题,按照凯勒的思想,简而言之就是三类:如何创建品牌? 如何发展品牌资产? 如何测量评估品牌资产?

核心问题 1:如何创建品牌?

创建品牌的命题已经持续很长时间了,以"如何创建"的基本模式来区分,大致经历了以下三个阶段:品牌识别 – 品牌传播 – 品牌营销。

在以"品牌识别"(BI)为中心的阶段,创建品牌就是建立品牌识别,设计公司居重要的地位,例如朗涛(Landor)公司以品牌形象设计闻名世界。**现代品牌理论将早期的品牌命名等升级为规范化的品牌识别系统**。从简单的识别(名称)进化到识别系统的规范化。卡普菲勒的《战略品牌管理》对此贡献甚多(请参见第 7 章)。

以"品牌传播"(BC)为中心的阶段,跨度比较大,创建品牌的重心在强化传播的效果。包括"创意传播"和"整合传播"。奥美广告公司(O&M)的"品牌管家"和"360 度品牌传播"的传播模式是其中的代表。

20 世纪 90 年代初舒尔茨提出的"整合营销传播"(IMC),被置换为"整合品牌传播"(IBC)[20]。

后者以品牌联想为目标,实现全方位的传播。而在实现路径上,其实并存过两种思想主张。第一种是以隐喻(metaphor)的方式创建品牌内涵,立足于产品或公司的特点优势开展品牌传播;第二种是发展消费者与品牌之间的关系。围绕顾客**自我概念**、个人身份建立品牌联想。从趋势上,后者已经成为品牌化传播的核心战略之一。

品牌营销（BM）的阶段，是指1998年凯勒的《战略品牌管理》进行了重大整合后，建立的"品牌营销"的系统框架；以及以"品牌共鸣模型"整合的理性和感性两条路径。在这之前，品牌营销的内涵众说纷纭、各执一词，实施往往也是各行其是、各显神通。凯勒整合的品牌营销论，本质是解决"如何创建品牌资产"这一问题，其中第三步也涉及发展品牌资产的内容。

凯勒从理论上归纳的**品牌营销框架**，即品牌营销的三部曲：**A. 选择品牌元素**；**B. 优化营销策略和整合营销传播**；**C. 运用次级品牌联想杠杆。**显然，凯勒认为，此前创建品牌的手段都不够完备和系统。上述第一步相当于以前的"品牌识别"，第二步是原先的"品牌传播"的提升和扩展，第三步的品牌联想杠杆则是凯勒对品牌营销的发展，这是基于品牌联想的一个全方位创新。

品牌创建的问题，在凯勒手中似乎已经完美解决。但是，数字化时代又打破了凯勒的逻辑，新的挑战和创新已经出现，请参见第10章。

Q1. 如何进行品牌定位？

前提：品牌创立或在市场竞争中品牌不清晰。

问题：缺乏专业的品牌定位方法。

品牌化就是创造差异，通过品牌定位确立品牌差异化，是品牌建设中的核心问题。

20世纪70年代里斯和特劳特提出的定位论思想，主要是强调聚焦和差异。凯勒在他的《战略品牌管理》一书中，将早期定位论的思想深入发展完善，强调建立以品牌联想为核心的品牌定位，并且提出了将其落地的工具，即品牌定位的方法框架——PPC。

凯勒提出的品牌定位框架，由三个要素形成的联想而确定：差异点（Points of Difference, POD）/ 相似点（Points of Parity, POP）/ 类别参照（Category）。也就是说，定位不单单靠差异点，类别联想和相似点联想也是定位可选的路径或必要支撑。

凯勒又提出了用"品牌真言"（Brand Mantra）来表达定位。即"PPC+品牌真言"是凯勒给出的品牌定位工具包。[21]

Q2. 如何处理新产品（或者收购的品牌）与原有品牌之关系？

前提：公司已有某种品牌。

问题：新产品问世如何品牌化？

发展新产品（服务，或收购的）是公司的常态，新产品问世时，更常常面临品牌命名问题。如何将新产品品牌化呢？许多公司常常为此举棋不定。这不仅造成传播的混乱，也很可能浪费资源，削弱竞争力。

为了解决这个问题，凯勒提出了"品牌—产品矩阵"的工具。[22] 其中，矩阵的行表示公司的品牌，列表示相应的产品。矩阵的行代表着品牌—产品关系，反映出公司某个品牌的品牌延伸战略，判断新产品能否有效地提升现有品牌资产。矩阵的列代表着产品—品牌关系，通过每一品类下的品牌数量和性质反映出品牌组合战略。

阿克提出的分析工具是"品牌关系图谱"。[23] 按新产品与原有品牌的关系距离，提供了以下四种选择方案：A — B — C — D，A距离最大，D距离最小。

A方案：为新产品建立一个全新的品牌；B方案：利用品牌背书，例如惠普的激光喷墨打印机（Jet）获得很大的成功后，公司又花费巨资推出的许多新产品都采用"Jet"作为品牌名称的后缀，如 DeskJet、PaintJet、ThinkJet 及 OfficeJet打印机；C方案：命名新的子品牌。例如 Black Crown 是百威新的子品牌；D方案：主品牌上加一个符号，如宝马3、宝马7、宝马M。

核心问题2：如何发展品牌资产？

如何发展品牌资产？公司的品牌实践层出不穷，丰富多彩。学者的研究也可谓汗牛充栋，没有止境。

1996年阿克的著作《创建强势品牌》确立了极具意义的新概念"强势品牌"（Strong Brand，请参见第4章），在学术领域，这个概念逐步涵盖和取代了"领导品牌""世界级品牌""最佳品牌"等表述。一般而言，强势品牌就是发展品牌资产的目标和标杆。围绕"强势品牌"的各种研究，几十年来在品牌学术圈内延绵不断，视角多样，时有创新。

为了叙述上的方便，笔者将学术研究的大量相关文献，概括为以下两条路线：

1）通过品牌管理效能的提升来发展品牌资产。主要包括：品牌家族、品牌架构和品牌组合、品牌强化和品牌活化。

2）寻找品牌资产增值的各种路径。主要包括：品牌延伸 / 品牌并购 / 品牌全球化 / 品牌生态圈（Brand Ecosystem）。

Q3. 拥有多少个品牌是合适的？

为了提高市场覆盖率和鼓励竞争，公司倾向针对不同细分市场采用多品牌策略，多品牌的做法是美国通用汽车公司（GM）首创的，宝洁公司（P&G）则将同品类的多品牌策略发挥到极致地步。例如，宝洁的洗衣粉有 12 个品牌，洗发水有几十个品牌等。

但每一个品牌都意味长期的投资，"我们养得起多少个品牌"是一个现实的制约。宝洁之所以长期是全球投放广告最多的广告主，直接原因是它的品牌数量众多并且都靠广告拉动。美国通用汽车公司曾经因为品牌太多而陷入过管理混乱和资源盲目浪费的陷阱。

于是，"广种薄收不如精耕细作"的思想抬头，"只投资一个品牌"成为另一极端的选择。

战略品牌管理权衡利弊，归纳出了三种基本的选择：

1）多品牌策略。公司品牌 + 类别品牌 + 产品品牌；例如汽车行业。

2）单一品牌策略。通常是用公司品牌； 例如索尼、惠普、苹果等都以公司品牌为绝对主导。

3）混合品牌策略。公司品牌 + 类别品牌。 例如家电行业。

除了资源和投资的考虑，品牌竞争和风险的隔离是另一个命名因素。例如宝洁的多品牌是鼓励内部的充分竞争。米勒（Miller）一直用公司名称附加一个品牌作为其不同产品的类别品牌，如米勒豪华啤酒、米勒淡啤和米勒正宗生啤。但对其不含酒精的啤酒替代品，公司都小心地不关联米勒标识，而另标以品牌 Sharp、Icehouse 等。这样区隔是因为，公司品牌与后者的目标市场的关联性不大或价值不匹配。

20 世纪 60 年代，日本一些优秀企业开始进军品牌，在考察美国公司品牌命名得失的基础上，日本公司的品牌命名策略有所长进。日本公司既看到通用汽车和宝洁的多品牌做法，也了解到 IBM 和柯达的单品牌策略。最后，日本公司品牌命名策略的主要选择有两个：要么奉行公司品牌为主的单品牌策略，要么采用公司品牌＋类别品牌的组合。也就是说，日本人避免品牌过多的选择。

例如，索尼（SONY）选择公司单一品牌策略，以 SONY 覆盖早期的所有产品，后来适当地加入了类别品牌，如照相机产品具有家族品牌 CyberShot，电视产品的家族品牌是 Wega，摄像机产品则拥有家族品牌 Handycams。日本松下（Panasonic）以公司品牌为主，曾经使用类别品牌，如家电（洗衣机）采用类别品牌 National，音响类别用 Technics，电视机类别用 Panasonic；2008 年开始统一采用 Panasonic。

这方面研究揭示出的两个发展趋势。

一个趋势是，从多品牌崇拜，到反其道而行之，再到精明的折中，是大致的发展过程。不论选择哪一种策略，专注于更少的、更强的品牌是一种趋势。就连多品牌的标杆——宝洁公司在市场下滑的 2016 年前后，也采取了精简品牌数量的"品牌瘦身"举措。

另一个趋势是，公司品牌受到更多的重视。与产品或者类别品牌相比较，公司品牌可以建立起许多有价值的品牌联想，如公司愿景、共同产品属性、顾客关系或态度、公司价值观、公司信誉、公司社会责任（CSR）等。例如耐克就是一个成功的例子。

品牌家族管理

如果公司的产品丰富、品类很广、品牌众多，就好似形成了品牌家族。有时，也用"品牌伞"（Brand Umbrella）来表达某个品牌平台。

如何管理好品牌家族？ 战略品牌管理提出用"品牌架构"（Brand

Hierarchy）来明确其层次关系，用"品牌组合"（Brand Portfolio）来实现品牌资产总体的最大化。品牌架构是一个描述品牌规划的概念，品牌组合则是一个战略实施的概念，所以，品牌组合更加重要。

Q4. 品牌架构的作用

前提：拥有许多的品牌

问题：如何界定众多的品牌？如何处理公司品牌与产品品牌的关系？

公司规模大而品牌多时，需要品牌架构这一品牌管理的工具。例如雀巢公司是一家年收入超过 1 000 亿美元的全球最大的食品生产企业。每天全球有超过 12 亿的人购买雀巢产品，这些产品有 28 种不同品牌。制定正确的品牌架构是其获得成功的前提。

品牌架构是以层级结构图规划和管理公司品牌体系的有效工具，用以清晰显示出公司所有的品牌及其隶属关系。凯勒在他的书中也以建筑学的术语"architecture"来描绘公司的品牌架构（Brand Architecture），意即用结构框架来描述品牌体系。在品牌架构的一般表示图中，公司品牌（Corporate Brand）位于顶端，其次是家族品牌（Family Brand）或类别品牌，再其次是产品品牌（Product Brand）。例如通用汽车的品牌架构示意为：

上层　公司或公司品牌——通用汽车

中层　家族品牌——别克

下层　产品品牌——别克君威

凯勒认为，最优的品牌架构战略应该符合以下五点：

1）完全聚焦于客户。识别消费者知识和需求，以及他们的行为方式。

2）建立宽广、灵活的品牌平台。强大的品牌伞是可取的，资源可以最大化地协作与流动利用。

3）避免过度品牌化和拥有过多的品牌。

4）有选择性地采取子品牌战略。子品牌是具有关联性与独特性的沟通方式，也可作为补充型和强化型品牌。

5）有选择性地进行品牌延伸。品牌延伸应该建立新的品牌资产，并强化现有品牌资产。

Q5. 品牌组合如何解决公司内外两个棘手的问题

前提：同品类的多个品牌在一家公司中。

问题：如何协同这些品牌的作用，实现品牌资产最大化。

许多品牌出现在同一家公司的情况并不鲜见，品牌管理不善时，可能混乱一团，造成资源浪费。美国通用汽车公司就曾经因为品牌太多、边界和定位不清晰而深受其累。"品牌组合"的管理策略应运而生。阿克在 1991 年提出了**品牌组合**的概念，并在 2014 年进一步将其深化。他认为管理品牌组合的目标在于促进品牌之间的协同作用，充分利用品牌资产，创造并保持市场的相关性以及创建和提升强势品牌等。

一般而言，品牌组合可以解决公司品牌管理中两方面的重要问题。

对内，解决公司资源的分配及优化的问题。高层决策在品牌建设中面对的最棘手的问题往往就是：如何正确分配有限的资源？品牌组合是一种投资组合的概念，用于优化多品牌的投资分配。

对外，品牌组合是外部市场竞争的组合拳。包括：不同定位（细分市场）的品牌组合；不同市场角色的品牌组合。

万豪（Marriott）是针对不同细分市场的品牌组合的典型案例。在美国或世界各地时，总会发现万豪酒店旗下有不少子品牌，例如豪华的丽思卡尔顿酒店、标志型的万豪（Marriott）、时尚的 Courtyard 和 Fairfield，以及居住型的 Residence、度假型的 Grand Residences 等。这些品牌就构成了万豪的品牌组合，使得万豪能够覆盖不同消费者的不同需求。

关于品牌角色的组合，阿克曾经论述了公司品牌组合中品牌承担的各自角色及发挥的不同作用。后来他进一步指出："*最佳的品牌战略需要区别对待企业各种品牌的不同角色，例如有的是战略性品牌（Strategic Brand），有的是背书品牌（Endorser Brand）。*"[24]

这是指，如果一家公司有多个品牌，就应该在战略上让它们"各司其职"，如同军事上以不同的兵种配合实现综合的目的。品牌角色的思想和案例，最先出现在《哈佛商业评论》的文章中。1997年该刊发表了贝恩咨询公司的两位研究人员的文章《品牌经营的最佳战略》。[25] 该文论证了，品牌的盈利能力并不是仅由市场份额决定，进而提出了品牌的四种不同的角色：搭便车品牌、高路品牌、低路品牌和绝路品牌。后来发展为竞争市场中一般性的品牌分工角色。侧翼品牌用来保护其他更有价值的品牌；低档的入门级品牌可以吸引消费者；象征品牌（高档权威）有助于提升整个品牌线的价值和形象；现金牛品牌则能够培育所有潜在的可实现的利润。品牌的角色组合在竞争中很奏效，例如宝洁公司在中国市场就以战术品牌抵御低价品牌的价格竞争，用战略品牌（核心品牌）保持其品牌地位和形象，用现金牛品牌创造利润。

Q6. 如何判断品牌延伸？（横向延伸和纵向延伸）

问题：如何运用核心品牌的优势进行品牌延伸，避免掉入"延伸的陷阱"？
前提：品牌已经具有相当的基础。

品牌延伸的思想源于品牌是进入新市场的强有力武器，曾经是发展和提升品牌资产的主要工具。因为创建一个新的品牌需要大的投入和很长时间，拥有高知名度品牌的公司在实践中开始将品牌冠名在新的产品上推广，又冠名在新的类别产品上，形成了品牌延伸的策略。在20世纪90年代这成为一条增加品牌资产的"捷径"而风行，但也同时出现了事与愿违的风险——品牌延伸失败会殃及品牌资产，在实际案例中，失败的品牌延伸比成功的要多。以至，"如何评估品牌延伸"的难题抛向了学术界。在阿克、凯勒和帕克等学者的带动下，品牌延伸的研究在20世纪90年代非常热门，成为学者研究的重点领域，展开了许多细分而深入的研究。据数据分析，品牌延伸是品牌研究中占比重最大的选题。[26] "基于顾客的评估"则是主流的视角。

品牌延伸主要是指横向的，即将现有品牌延伸到新的品类，例如小米手机延伸出许多的相关产品。其好处是显而易见的：发挥已有品牌资产的影响力和杠杆作用，能节省费用，提高成功率。因此品牌延伸的策略被广泛采用。不过，大量的品牌延伸实践既有许多成功的，也有不少失败的。简而言之，顾客对品牌延伸的联想是正面的还是负面的，决定了品牌延伸的成功或失败。

品牌延伸后来也出现了新的思想或逻辑：纵向延伸。即原有的中档（或低端）品牌向高端延伸，或高端品牌向平价品牌延伸。品牌的纵向延伸是否可行？实践证明，保持原品牌名称的品牌纵向延伸之路并不通畅，或者说，**品牌的纵向延伸在实战中并无意义**。能获成功的最后都是依靠另起炉灶，即另外启用新的品牌名称才行。

例如，日本汽车制造商在北美推出豪华轿车时，本田、尼桑和丰田分别选用了新品牌名称讴歌、英菲尼迪和雷克萨斯。海尔进入欧洲高端市场时，撇开原有的"海尔"，启用新的品牌"卡萨帝"（Casarte）。

品牌向下进入平价市场时（多发生在发达国家的跨国公司，出于进入新兴市场面对的竞争而为），日产汽车启用了"达特桑"（Datsun）品牌，服装品牌 GAP 为了平价市场另立"老海军"（Old Navy）品牌，通用电气靠"热点"（Hotpoint）品牌竞争平价市场。

在广义上，品牌联盟（Brand Alliance）和品牌特许（Brand Franchise）也被看作是品牌延伸的特别形式。**品牌的空间扩张则意味着品牌全球化。**

Q7. 品牌如何长青不老？（品牌强化和品牌活化）

问题：品牌衰老；传统与创新的平衡。

前提：品牌外部环境和消费者改变了。

长期品牌管理从时间维度上追求品牌价值长盛不衰，实践表明这并不容易实现。什么是长期品牌管理的核心问题？存在两种看法，一种认为核心是"变与不变"；另一种认为不存在"不变"，核心是"如何变"。保持品牌的一致性在长期战略中至关重要，但是正如凯勒和阿克都强调的，品牌的一致性并不意味不变。需要不断创新去增加品牌与顾客的"关联"。[27]

如何具体实施？凯勒提出，**厘清品牌资产的来源是长期品牌管理的根本**，只有明确了品牌资产具体的核心来源（例如是产品技术，还是情感体验等），才可能"对症下药"和"药到病除"。他主张以"顾客品牌联想"（及品牌认知）为中心来强化和活化顾客品牌关系。阿克则强调保持**"品牌活力"和"品牌相关性"是最重要的**，如何让品牌具有活力？阿克特别强调了以下的三个方式（途径）：

A. 通过产品创新；B. 通过营销创新（如"消费者甜蜜点"和"数字化传播"）；
C. 借助品牌联盟（外部），或者公司文化价值观（内部）的关联力量。[28]

核心问题 3：如何评估品牌资产价值？

为什么需要估价品牌资产？基本是出于品牌实战的需要，包括内部提升品牌管理的需要和外部品牌交易的需要。品牌实践中有一些迫切问题，例如，如何评估为了建立品牌的大量投入的回报（品牌投资回报）？如何判断品牌资源分配是否恰当？如何在外部交易中（尤其在品牌兼并和收购中、在品牌授权时）评估作为无形资产的品牌价值？这些问题在经验层面无法回答，正如第 4 章所言，由此激化了品牌学术和现代品牌理论的诞生。

著名的英特品牌公司则将品牌价值（资产）评估的用途分为三类：

- 财务方面（如并购、资产负债表估值、投资者关系）
- 品牌管理方面（如品牌组合管理、资源分配）
- 公司战略／业务方面（如品牌架构、品牌重新定位）

如果我们回顾现代品牌理论产生的背景和动因（请参见第 4 章），就知道评估品牌资产这个问题的分量之重。为了追求这一初始问题的答案，学者们走了很长的路。不过，我们将看到，下面呈现的当代流行的品牌评估方法，多半都是在咨询公司而不是在学术象牙塔中完成的。

由于品牌资产评估是专业性技术性强的课题，通常外包给第三方专业咨询公司来完成，例如每年发布全球最佳品牌排行榜的英特品牌公司等。评估方法又有若干个体系，笔者在此关注的视角，是品牌资产评估方法的基本框架和思路，特别注意方法变迁所反映出的学术思想。

凯勒在他的《战略品牌管理》中花了大量的篇幅讲评估品牌绩效，他指出：对品牌资产进行评估，最理想的方案是建立一个"品牌资产指数"，这样，评估者只需进行简单计算，就可以了解品牌的"健康"程度，并可获得品牌资产的准确数值。但是，就像体温计测量人体体温仅从一方面反映人们的身体状况一样，任何品牌资产的评估方法也只能从某一方面反映品牌的"健康程度"。[29] 这就是说，品牌资产评估的方法和报告是多元化的，出现了许多公司采用多种不同的方法进行评估、各种品牌评估报告并存的局面。

究其根源，品牌资产（价值）评估的方法之所以多种多样，是因为如何定义品牌资产具有多样性。品牌资产的评估方法建立在对品牌资产概念的理解之上。正如凯勒指出的："品牌资产概念因为不同的目的而有各种不同的定义，从而导致混乱和概念上的混淆。到目前为止，对品牌资产如何概念化和评估，还没有形成一致的观点。"[30]

广告公司、市场研究公司、品牌资产评估专业机构各自的评估方法源于对品牌资产的不同理解，即存在不同的概念模型。有文献分析指出了品牌资产的**三种概念模型**：基于业绩的财务概念模型、基于市场的品牌力概念模型和基于品牌—消费者关系的概念模型。[31]

简洁而言，品牌评估方法中的三种评估要素来自于品牌资产的三种不同的基本视角：企业的视角（市场业绩）对应的是"财务要素"；消费者的视角对应的是"消费者要素"、"品牌表现"或"品牌贡献"（消费者的品牌选择）；市场的视角（未来盈利能力）对应的是"品牌力要素"。[32] "消费者要素"的兴起，是与"基于顾客的品牌资产理论"（CBBE）分不开的。不同的评估方法，不过是这三类评估要素的不同组合而已，**三要素的评估架构已经成为品牌评估基本的格局**。评估方法的演进显示出，"财务要素"最先被重视；"消费者要素"比较晚被采纳，但已经被高度重视；"品牌力要素"（如何体现品牌未来的回报能力）尚在发展中。

后面我们将以英特品牌、BrandZ 等品牌评估方法为例说明之。

品牌评估报告显然具有商业价值，鉴于其多样性和质量的良莠不齐，2010年，国际标准化组织（ISO）对衡量品牌价值的程序和方法制定了国际规范——ISO 10668 品牌估值标准，对品牌评估报告列出了以下六项关键要求：[33]

1）透明度

2）有效性

3）可靠性

4）充分

5）客观性

6）财务、行为和法律（依据）参数

2019 年发布的国际标准《品牌评价：基础和原则》（ISO 20671：2019），提出品牌价值的"五要素框架"，即质量要素、服务要素、创新要素、有形要素、无形要素。

品牌评估出现过两大分支：整体性评估和比较性评估。比较性品牌评估主要面向公司内部，为品牌战略管理的需要提供咨询。整体性品牌评估主要面向市场和社会的外部需要，如人们普遍关注的年度全球品牌排行榜。我们先简略提及比较性评估中最有影响的 BAV 评估，然后重点阐述整体性品牌评估的代表——英特品牌方法和 BrandZ 方法。

面向公司内部品牌战略管理的需要，发展出了不少定量、定性的评估品牌状态的方法。最有影响的是 **BAV 品牌资产评估（Brand Asset Valuator）**。[34] BAV 是一个具有发展性的动态模型，它深入解释品牌如何成长，如何陷入危机并如何复活。其前身是朗涛形象力模型（Landor Image Power），后由 Young & Rubicam 广告公司改造并由 BAV 咨询公司推广完善。

BAV 通过两个维度 4 个要素分析评估品牌资产的状态。即，差异性（品牌的独特内涵、行动和方向）；相关性（品牌与顾客的关联）；尊重度（品牌受尊重的程度）；认知度（顾客的品牌知识）。显然，BAV 的品牌资产评估方法的主要视角和依据是品牌消费者关系。

BAV 模型的主要优点是，它提供了对许多品牌的详细介绍和描述；同时，还将注意力集中在建立品牌的 4 个关键要素上。它所提供的品牌情况，可以让营销者看到他们的品牌相对于其他主导品牌而处的市场位置，以及在不同的市场上占据何种地位。

但是，BAV 模型的描述性特点，意味着它缺乏对品牌如何能在这些要素上得到较高评价的见解。由于评估值体现的四个要素需要与分散的各个品类相关，因此评估（以及要素）可能会变得抽象，与产品的属性或者利益以及具体的市场营销活动没有直接关系。然而，BAV模型代表了一种标志性的研究方法，营销者可以通过这种方法，更好地理解产生顶级品牌的驱动力及品牌在广阔品牌景观中的适应能力。

以下我们主要介绍整体性的品牌评估方法及其演变。

全球最有影响力的品牌排行榜有三种：1974年创立的"全球最佳品牌排行榜"（Interbrand Best Global Brands），[35]Millward Brown2006年创立的"全球品牌100强"（BrandZ, Global Top100），[36]以及 Brand Finance（BF,1996年创立于英国）发布的"BF Global Top100"。[37]

首先应该指出，这三家的品牌评估排行榜的结果并不一致，甚至相差很大。评估得出的品牌价值和排序也往往有明显的差别。例如，在英特品牌2016的发布中，苹果（Apple）的品牌价值是1 781亿美元，谷歌（Google）为1 332亿美元；而在 BrandZ 2016 的发布结果中，苹果的品牌价值为2 284亿美元，谷歌为2 291亿美元。

其实，全球各种类型的排行榜，也往往都有不一致的结果（例如大学排行榜）。其差异一般是由评估方法（模型）特别是评估加权的重点不同而产生的。例如，英特品牌非常重视品牌是否是真正意义的全球品牌，全球市场化程度的指标是硬指标，即对品牌在母国之外的市场份额和销售比例有严格的入选门槛。BrandZ 则更看重品牌的财务指标，财务贡献可能来自市场和企业的总体规模，而不是市场结构。之所以中国品牌更多出现在 BrandZ 榜单中，显然是因为中国国内市场规模宏大，企业规模的财务贡献显著。

为了透视英特品牌、BrandZ 以及 BF 这三大品牌价值评估方法的思想，以下分别做出简述，关注的重点在于，其评估方法的不同之处，以及评估方法本身的演变和变化的原因。

1. 英特品牌价值评估方法及演变

英特品牌公司（Interbrand）被公认是世界上最著名的品牌评估公司，每年由英特品牌评选和发布的全球最佳品牌排行榜，都吸引企业界、学术界和全社会的关注。1990年英特品牌公司首次发表评估报告"World's Top Brands"，1996年的报告更名为"World's Greatest Brands"。[38]后来又更名为"Best Global Brands"。**英特品牌评估方法的优点是通用性很好，可以被用于几乎所有品牌或产品类型。该方法权衡了品牌对组织内部和外部的价值——从吸引、保留顾客到传递顾客期望的全过程。**英特品牌追求不断提高基础数据的质量，并且不断开拓品牌评估的细分市场，例如按国别（地区）或特殊类别（如奢侈品）发布各细分市场的"最佳品牌"。

一般公认，英特品牌公司的排行榜是最权威、最严格的。它要求品牌必须长期盈利，30%以上的收入必须来源于母国以外地区。经营范围必须覆盖至少三大洲，必须广泛涉足新兴市场，必须有足够的公开财务信息。全球销售的比例是其评估入选的门槛之一。

英特品牌评估方法基于的三个维度是：A. 品牌的财务表现（Financial Forecast）；B. 品牌在购买决策中的作用（Role of Brand）；C. 品牌强度（Brand Strength）。[39]即看重品牌业绩表现、品牌影响力和公司持续收入能力（品牌支撑力）。如下图所示。

英特品牌评估模型（Interbrand Valuation Methodology）

A 品牌的财务表现

品牌的财务表现反映一个组织对投资者的金融投入回报，即经济利润，概念类似于经济增加值（EVA）。扣除经营利润净额的税费得到税后净营业利润（NOPAT），从税后净营业利润中减去用于品牌构建的资本支出，得到每年的经济利润。资本支出率通过行业的加权平均资本成本（WACC）来设置。财务表现分析用于五年期的预测和终值。终值代表了该品牌的表现超出了预测期间的预期。计算出的经济利润乘以品牌角色（百分比）得到品牌收益计入总价值。

B 品牌的重要性

即品牌在影响消费者选择中的作用。品牌的重要性用于衡量顾客的购买决策是否因为品牌——不包括其他的购买驱动因素，如价格或产品特性。从概念上而言，品牌的作用反映了有品牌的产品或服务的需求超出无品牌的产品或服务的需求部分。我们可以通过不同的方式得到品牌重要性，包括初级研究，审查公司在该行业的品牌历史作用，专家组评估确定品牌的作用。此处用品牌产品或服务的经济利润乘以品牌重要性的百分比以得到品牌收益计入总价值。

C 品牌强度

品牌强度测量品牌确保**未来预期收益**交付的能力。品牌强度由 10 个因子加权综合法得出，各因子的评估得分均用英特品牌公司设计的详细问卷收集，采用相对评估值得出（分值介于 0~100 之间），即相对于同行业中其他品牌进行判断估值。品牌强度通过特定算法反向决定了折现率。这个比率用于将品牌收益贴现，基于品牌能够应对挑战并实现预期收益的可能性。

美国《金融世界》（*Financial World*）杂志曾经（1902—1998）发布过年度世界领导品牌的品牌资产评估报告，所使用的方法与英特品牌方法基本接近，主要不同之处是其更多地以专家意见来确定品牌的财务收益等数据。

英特品牌公司的品牌评估经历了不断的**方法改进和完善**，20 多年来重大的改进主要在两个方面：

A. 评估框架从两个维度增加到三个维度，后来**增加了消费者的维度，**即"品牌角色"：评估品牌在影响消费者选择中的作用。早期的英特品牌方法中只有两个维度：品牌价值 = "品牌收益"（Brand Earning）× "品牌强度"（Brand Strength）。**品牌收益：**反映品牌近几年的获利能力；**品牌强度：**决定了品牌未来的现金流入的能力。

B. 品牌强度的因子数量逐步增加，从 4 因子到 7 因子到现在的 10 因子，纳入了更多更复杂的影响因素，不断提高品牌强度评估（最大值为 20）的精准性。

此外，英特品牌公司在市场战略上也有重大的推进和创获，表现在两个方面：

A. 从全球最佳品牌评估（总体评估）发展到"全球 +（国别）细分市场"的双层多角度评估，除了发布"全球最佳品牌榜"，同时发布过许多国家的"最佳品牌排行榜"，如中国、日本、西班牙、德国、瑞士、韩国、印度、加拿大等国家的最佳品牌榜，以及"最具成长性品牌榜"（Top Growing Brands）等。

B. 在面向全球市场和社会的背景上，向公司的战略品牌管理需求靠拢，强化对公司战略品牌管理的咨询功能。如强调其品牌估值模型可以提供框架，为公司评估分析如品牌定位、品牌架构和品牌延伸等品牌战略及品牌成长的问题，并且提供案例模型。

2. BrandZ 的品牌价值评估方法

BrandZ 的品牌评估的两大要素是："财务表现"（Financial Value）和"品牌贡献"（Brand Contribution）。即品牌价值定义为二者之乘积。

品牌价值 = 财务表现 × 品牌贡献

主持 BrandZ 的明博公司自 2006 年以来每年发布全球前 100 个价值最高的品牌。其实力在于拥有并且管理一个拥有 23 000 个品牌数据的品牌资产数据库（来自 31 个国家和地区的 65 万多个消费者和专业人士）。BrandZ 的品牌榜建立在此数据库的基础之上。

明博的 BrandZ 榜单，是通过观察品牌在购买决定中的作用，评估公司财务价值中纯粹由品牌贡献的那部分价值来进行衡量的，其核心是计算**品牌所能带来的溢价**。它只追求品牌的财务影响力，不要求品牌的"全球销售"。所以，中国（内地）品牌在 BrandZ 全球品牌百强榜中，2016—2018 年均占了 15 席，而在英特品牌全球最佳品牌排行榜中，2018 年只有一个：华为（第 68 位），2017 年有两个：华为（第 79 位）、联想（第 100 位）。

3. BF 的品牌评估方法

BF 品牌评估法是以"财务要素"为主导的方法，将品牌视为知识产权，估计其实力及预测其收益。因为其显著特征是引入了"版税"（royalty）或专利的概念，即品牌授权费率的高低，故也称为"品牌专利凸显法（the Royalty Relief Methodology）"。[40] 其品牌价值评估计算模型如下：

品牌价值（BV）= 品牌实力指数（BSI）X 品牌版税率（RR）X 品牌未来收益（BR）

品牌实力指数是由品牌投入、品牌资产、品牌业绩推出的指数；

品牌版税率是因品牌强弱而定的百分比；

品牌未来收益是来自品牌的收益预测。

应当注意，在 BF 方法中，"消费者要素"已包含在其"品牌实力指数"之中。其"品牌的未来收益"也体现了英特方法中的"品牌力要素"，不过其数据的来源与英特品牌有所不同，BF 是通过经济数据的分析得出结果，而英特品牌是通过因子调查得分而计算出结果。

综合以上的简述，有以下几点值得强调，品牌价值的评估模型是商业世界追逐的一个热点，并且已经受到相关国际标准的规范和制约。现代品牌理论对品牌资产来源的研究，已经显著影响到品牌资产评估的框架和方法。显著的一点是，品牌资产的价值从根本上取决于顾客的认可程度，这已经成为品牌资产评估模型的重要基础。后来改进贡献的评估模型中都必须考虑和纳入"消费者因素"，原始数据直接来自消费者的趋势也很明显。此外，随着数字化时代的来到，品牌价值评估将更加趋于自动化和智能化。

8.6 小结

学术与实践的关系演进是品牌思想史的基本脉络之一。本章强调，理论与实践的不可分割是战略品牌管理的基本思想和基本特征，由此形成了双栖的"战略品牌管理"规范，并且将品牌思想的基本问题更加偏向"如何品牌化"。

　　笔者解读了品牌学术贡献于品牌实战的途径。围绕战略品牌管理的三类核心问题，精要归纳了解决问题的代表性概念工具和模型。包括品牌定位、品牌组合、品牌架构、品牌延伸、品牌活化等。本章特别以英特品牌公司的品牌评估方法为重点，解析了全球三种主要的品牌价值评估方法，重在剖析品牌资产评估的方法思想和演变动向。

　　何谓战略品牌管理的进化？简单而言，就是品牌理论解决实战问题的版本更新。多元化的创新思想和工具的创新，是版本更新的来源和基础。21世纪以来，战略品牌管理的多元创新十分活跃，让我们进入下一章，看一看其中最杰出的创新人物如何进一步丰富了战略品牌管理和品牌思想史。

注　释

[1] 雷恩，贝德安．管理思想史 [M].孙健敏，等译 .6 版 .北京：中国人民大学出版社，2014：473.

[2] 雷恩，贝德安．管理思想史 [M].孙健敏，等译 .6 版 .北京：中国人民大学出版社，2014：484.

[3] 参见徐淑英在"2018（首届）中国管理模式全球论坛"的演讲。

[4] 徐淑英．中国管理研究的关键时刻 [J].管理学家杂志，2011（11）.

[5] 凯勒．战略品牌管理 [M].卢泰宏，吴水龙译 .3 版 .北京：中国人民大学出版社，2009: 序言 .

[6] Murphy J M. Brand strategy [M]. England: Director Books, 1990.

[7] Murphy J M. Branding: A key marketing tool [M]. New York: McGraw-Hill, 1987.

[8] Murphy J M. Brand Valuation [M]. London: Business Books Limited,1989; 2nd ed,1991.

[9] Murphy J M. Brand strategy [M]. England: Director Books, 1990.

[10] Macrae C. World Class Brands [M]. Boston: Addison-Wesley Publishing Company,1991.

[11] Chernatony L D, McDonald M H. Creating Powerful Brands [M]. Oxford: B-H Ltd,1992.

[12] Stobart P. Brand Power [M]. New York: New York University Press,1994.

[13] Kapferer J N. Strategic brand management: Creating and sustaining brand equity long term [M]. Les Editionsd'Organization, 1992；法文版出版于 1991 年。

[14] Elliott R, Percy L. Strategic brand management [M].Oxford: Oxford University Press,2007；3rd ed, 2015.

[15] Chernev A. Strategic brand management [M]. Chicago: Cerebellum Press,2015；2nd ed,2017.

[16] Chernev A. Strategic marketing management [M]. 9th ed. Chicago: Cerebellum Press, 2018.

[17] 参见2013年《哈佛商业评论》中文版特刊《管理世纪》。

[18] Brakus J, Schmitt B H, Zarantonello L. Brand experience: What is it? How is it measured? Does it affect loyalty? [J]. Journal of Marketing, May 2009,(73):52-68.

[19] Keller K L. Strategic brand management [M]. 3rd ed. London: Pearson, 2008: 76.

[20] 卢泰宏，邝丹妮.整合品牌设计 [M]. 广州：广东人民出版社，1998: 第3章.

[21] 凯勒.战略品牌管理 [M].吴水龙，何云，译.4版.北京：中国人民大学出版社，2014：第2章.

[22] 凯勒.战略品牌管理 [M].吴水龙，何云，译.4版.北京：中国人民大学出版社，2014：第11章.

[23] 阿克.品牌大师 [M].陈倩，译.中信出版社，2015:第17章.

[24] Aaker D. Aaker on branding: 20 principles that drive success [M]. New York：Morgan James Publishing, 2014: Preface；参考中译版: 阿克,王宁子.品牌大师 [M].陈倩,译.北京：中信出版社，2015.

[25] 哈佛商业评论.品牌管理（哈佛商业评论译丛）[M]. 北京：中国人民大学出版社，2001：182-203.

[26] 何佳讯.长期品牌管理 [M].上海：格致出版社，2015：11-19.

[27] 凯勒.战略品牌管理 [M].吴水龙，何云，译.4版.北京：中国人民大学出版社，2014：440，447.

[28] Aaker D. Aaker on branding: 20 principles that drive success [M]. New York：Morgan James Publishing, 2014: Chapter10-14；参考中译版: 阿克,王宁子.品牌大师 [M].陈倩,译.北京：中信出版社，2015.

[29] 凯勒.战略品牌管理 [M].吴水龙，何云，译.4版.北京：中国人民大学出版社，2014：330.

[30] 凯勒.战略品牌管理 [M].吴水龙，何云，译.4版.北京：中国人民大学出版社，2014: 29.

[31] 卢泰宏，黄胜兵.论品牌资产的定义 [J]. 中山大学学报（社科版），2000，40(4): 17-22.

[32] 卢泰宏.品牌资产评估的模型与方法 [J]. 中山大学学报（社科版），2002，42(3):

88-96.

［33］参见 https://en.wikipedia.org/wiki/Brand_valuation。

［34］凯勒. 战略品牌管理 [M]. 吴水龙，何云，译. 4 版. 北京：中国人民大学出版社，
2014：第 9-10 章.

［35］参见 www.interbrand.com。

［36］参见 www.millwardbrown.com；www.brandz.com。

［37］参见 http://brandfinance.com。

［38］Interbrand. World's Greatest Brands[M]. London: Macmillan Press Ltd,1996.

［39］参见 www.interbrand.com/best-brands/best-global-brands/methodology。

［40］参见 https://en.wikipedia.org/wiki/Brand_Finance/Brandirectory.

09

多元创新：
品牌新思维和新工具

创新和多样性已成为品牌战略永不枯竭的话题。

——阿克

在百花争艳的品牌思想创新浪潮中，20世纪90年代建构的"战略品牌管理"规范在近30年以来的发展包括两种形态：常规性的经典教材的整体性渐变更新和多样化多途径的局部创新。21世纪以来，战略品牌管理的创新异常活跃，不仅呈现多元化，而且触及品牌思想史的基本问题，以持续的深挖和反思不断刷新对基本问题的回答。一方面，"什么是品牌"一再被重新解构，而出现新的认知；另一方面，在"如何品牌化"的新战略路径上，又频频发力，新的有效工具接二连三涌现出来。人们不免会问：战略品牌管理范式建立之后，出现的创新有怎样的特征？又呈现了哪些最新锐的品牌化武器？

品牌思想的创新不断反映在代表性的品牌实战案例和学术论著之中。关于整体性的渐变，从《战略品牌管理》等代表著作的版本更新中可以窥见大概，这在前面几章中已经阐述过。本章聚焦在局部的代表性创新成果上。笔者精选出 2000 年以来品牌领域杰出人物的创新著作，简要阐述其思想及特征。与教科书相比较，这些人物和著作在某一主题上的创新思想更加鲜明突出，更加有个性，提出的工具更加新锐。笔者选定的品牌创新人物有：里斯、霍尔特、阿克、帕克和斯廷坎普，他们或是品牌学术界的明星教授，或是实战中一流的咨询专家，或二者兼之。他们的创新既呈现出多元化的态势，又表现出**两个共同的特征和趋势**：其一，都更加注重"知行合一"，将创新的品牌战略思想落实到品牌实践之中，特别在实施框架、流程、工具和方法上下功夫。其二，都紧扣品牌思想的基本问题，而彰显出创新的深度和魅力。让我们逐一看看这些品牌领域的杰出人物是如何创新的。

9.1　里斯的品牌化新战略：《品牌的起源》（2004）

2018 年 5 月 29 日，美国《华尔街日报》报道可口可乐公司在日本市场推出低酒精含量饮料（不含可乐）。此前约一个月，该报还大幅报道过百威等主要的啤酒品牌因为新出现的低酒精饮料而市场份额下降。顶级媒体的重头报道表明了此事的分量不轻。是的，这是一个新品类的诞生！

20 世纪 70 年代提出定位论（Positioning）的**里斯**，正是从"新品类"出发对品牌化的理论提出了他的创新思想。2004 年，里斯和他的女儿劳拉的合作著作 *The Origin of Brands* 出版，里斯在书中强调："这是我最重要的一本著作"。这本书的中文版译名是《品牌的起源》，[1] 这或许难免会引起误读，误以为这本书讲述的是品牌的历史发源。其实作者是讲品牌创建的新战略，所以若将书名翻译为《品牌本源》或《品牌化之源》，能更加准确表达出该书的内容。

从思想来源上，这显然是里斯受达尔文进化论的深刻影响而写出的一本书，以致连他的书名都直接来自达尔文的名著《物种起源》。可以说，这本书表达的思想就是商业和品牌世界演化的达尔文主义，是里斯类比生物进化而对品牌化做出的一种新的逻辑推论。在他眼中，生物界和商界在发展演化方面是相似的。里斯列举和引证了商业世界中大量的品牌个案和现象，来论证他的观点。当然，他用的是类比归纳法，而不是严格的实证。

里斯认为他找到了创建品牌的真谛。他的创新首先表现在，**该书挑战了三个影响很大的思想方法或品牌战略**。其一挑战了品牌形象论，品牌形象论是自 1955 年之后几十年中的主流或主导观点，主张创建品牌是要塑造一个伟大的品牌形象。里斯提出了与此不同的品牌化目标：创建品牌为的是要成为新品类的开创者或代名词；其二挑战了重视整合或综合而忽视分化的战略思想，比如许多人认同的"综合就是创造"的发展观。里斯认为恰恰相反，他强调分化比综合更加重要，更有价值；其三挑战了热门且倍受追捧的品牌延伸战略。里斯基于反对"融合"，主张在每一个新品类（分支）都采用新的品牌名称，即不主张新产品沿用旧品牌名称的延伸战略。从逻辑上讲，里斯否认了品牌延伸的战略。关于这一点，晚年的里斯在 2014 年一次演讲中再次强调：

> 品牌就像一根橡皮筋，你把它拉得越长，它就变得越细，也越容易断。如果扩张品牌，就会越来越脆弱，关键是要聚焦于你的核心品牌。如果企业多元化经营，那么各个品类都要有一个独立的品牌，比如：苹果公司和阿里巴巴公司，不同的品类对应不同的品牌。[2]

里斯：《品牌的起源》

里斯的新主张包括四个要点：Ａ.分化才是商业发展的动力；Ｂ.分化出新品类是创建品牌的唯一方法；Ｃ.创建品牌就是要成为新品类的开创者或代名词；Ｄ.品牌大树是由品类的不断丰富而形成和壮大。

里斯的观点是：品牌＝品类＋品牌名称。你的品牌一旦成为某个（新）品类的代名词，你就成功创建了品牌。里斯品牌创立法则的核心可以表述为：开拓新品类以及品牌要成为顾客对某品类的第一联想。不难看出，里斯的品牌战略是他的定位战略的发展和升华，因为他进一步明确了，要在顾客心智中建立的"第一联想"就是"品类联想"。

从品牌实战的角度，里斯的品牌化战略不仅是创新的，而且常常是有效的。因而他获得了商业世界的积极肯定，例如，《哈佛商业评论》的推荐语说："本书以丰富的案例、引人入胜的风格阐述了可信的商业规律。"

值得指出的是，里斯的新品类创建品牌的法则，与品牌大师阿克的思想是共通的。阿克在2014年的著作《品牌大师》一书中，也强调了类似的创建品牌的战略思想。阿克在该书第9章说，"确保子品类产品的成功是品牌发展的最佳路线。"只是，阿克依据的不是达尔文的进化论，而是以具有心理效应的"框架理论"为依据。阿克甚至进一步认为，子品类战略比品牌定位的战略更重要，阿克说："与其大张旗鼓地突出品牌的优越性（品牌定位就是以区别来证明自己比竞争品牌更优越），不如建立一个新的框架以产生出新的子品类，把竞争者摒弃在外或使其处于不利的地位。"[3]

里斯被誉为"全球十大顶尖商业大师"（美国《广告时代》2008年评选）。严格地说，里斯并不是一位学者型的营销大师，而是一位实战型的营销大师。他思想敏锐，大胆创新，善于观察，他孜孜不倦的知行合一，使他成为面向行动的商业领航者。里斯并不靠模型和定量分析，却给出令企业家着迷的闪闪发光的商业思想和创意。这既体现在他写的一系列实战风格的有影响的书中，[4]也体现在他的咨询活动中。他是全球财富500强中许多著名公司（如微软、宝洁、三星）的营销战略咨询顾问。这再一次证明，商业界认可和欢迎两类人：有学术研究造诣的学者和有实战能力的商业战略家。

里斯在营销和品牌界叱咤风云数十年，是一位实践出真知的代表人物。他为什么会有如此的创新能力呢？或许我们可以从他的经历中洞察出一二。

1950年24岁的里斯进入美国通用电气开始其营销的生涯，1972年，46岁的他和特劳特合作发现的"定位"法则成为营销领域最重大的突破之一。里斯为自己提出的使命是"寻找和探索营销和品牌建立的法则"。因而，法则或商规一词也成为他的长期追求和后来著作的关键词，诸如他的《22条商规》《品牌 22 条律》、《互联网商规 11 条》（ *11 Immutable Laws of Internet Branding* ）等。里斯似乎很羡慕阿克和他的学者女儿珍妮弗，他也致力于精心培养他的女儿劳拉。里斯的方法是与女儿合作持续出书。2004 年，78 岁的他和女儿劳拉的著作提出了创建品牌的新品类分化法则，作者声称找到了创建品牌的创新法则。

里斯和特劳特在 20 世纪七八十年代致力于推广定位理论，因为定位论的重大贡献，里斯进入了营销大师的行列。定位理论被公认是百年营销中最具创新的思想之一。定位论不仅贡献于营销战略，后来也发展成为品牌领域的重要支柱之一，因为品牌的个性或差异性主要依靠和通过品牌定位而显示出来。

30 年后，里斯的专业兴趣的重心改变了，更加转向到品牌领域。不过，里斯的学术风格依旧：追求发现有震撼力的新法则，"与众不同"是他的座右铭。里斯提出的打造品牌的新规则——子品类法则，的确使得品牌化的路径变得更加清晰和更加有效了。但是，里斯所用的方法（敏锐直觉的创新思维）却是既有过人之处，也有不足之处，以下就是一个证明。

面对互联网时代的来到，晚年的里斯"春江水暖鸭先知"，率先思考了品牌战略应该如何变化的问题。2000 年他和女儿劳拉合作出版了著作《互联网商规 11 条》，[5] 这是最早对互联网时代品牌化的特殊之处做出思考和探索的论著之一。尽管有的中译版本将此书标榜为"互联网品牌圣经"，这未免过分拔高、言过其实。[6] 不过，里斯在此书中的确提出了某些重要的问题和思想，一些感知也是精辟的，例如，书中提出的法则 1："互联网可以是业务，也可以是载体，但不可二者兼具。"这正是针对互联网公司当时的重大困惑的点金之言，作者强调不能将互联网仅仅视为一种新的媒体，而应当如亚马逊公司"视为业务本身"。书中的法则 2："互动法则"，作者强调"没有它，你的网站和品牌将一无是处"，这也是先见之明。但是另一方面，这本书的其他许多内容，随着时间的推移已显然成为明日黄花，并无太大的价值。

9.2 霍尔特：文化品牌战略（2004）

霍尔特（D.B. Holt ）作为美国品牌界的一位创新人物，专注于消费文化和品牌文化的创新。他兼有学术背景和实战能力，居两栖之间而更偏向实战。霍尔特曾经是哈佛商学院和牛津大学营销学教授，霍尔特的学术总被引用次数不少于 1.3 万次（谷歌学术搜索，2018）。2010 年他为了实现自己独特的品牌战略思想，创立了文化战略集团（Cultural Strategy Group ）并担任总裁。

霍尔特（D.B. Holt ）

霍尔特在美国斯坦福大学获得经济和政治学学士学位，在芝加哥大学获得MBA学位，在西北大学获得营销学博士学位。霍尔特受欧洲文化学派的影响颇深，他个人经历中有重要的一段是在英国，他曾在牛津大学任营销学教授，又做过著名品牌欧莱雅的营销总监。2002 年他在英国牛津大学期间，在《消费者研究学报》上发表过一篇重要论文《品牌为什么会有麻烦？》（Why do brand cause trouble? A dialectical theory of consumer culture and branding），[7] 该文探讨的就是消费者文化与品牌化的关系。此文是 1975—2008 年期间被引用率最高的 30 篇品牌核心论文之一，[8] 也是迄今被引用最多的品牌论文之一（请参见本书附录）。此文当属霍尔特的得意之作，亦是他学术思想之核心所在。另外，他还在《消费者研究学报》上发表过《消费者如何消费：消费实践的类型化》（1995）、《后结构主义生活方式分析：后现代消费的社会模式》等论文（1997）。[9]

另一方面，霍尔特曾任欧莱雅营销总监，又在一些公司任过品牌经理，2010 年他从学术研究转轨公司实战，将其品牌思想付诸公司品牌实战咨询中。所以，霍尔特在品牌思想和品牌战略上的创新，既反映在他的论著上，也体现在他的公司咨询中。这些论著中提出的运用文化塑造和强化品牌的战略方法，影响了可口可乐、微软等公司，也影响了一些广告公司、设计公司和咨询公司。

霍尔特具有从社会文化视角深入研究消费者的功底，再聚焦在品牌领域发力，形成了他的专业标识——**文化品牌**（Cultural Branding）**战略**。为了解析其文化品牌战略，首先需要提到他的两本标志性的著作。

2004年，霍尔特出版了《**品牌如何成为偶像：文化式品牌塑造的原理**》（*How Brands Become Icons: The Principles of Cultural Branding*），[10] 此书加上他在《哈佛商业评论》发表的两篇文章——《成就偶像的关键》（2003）和《全球品牌如何竞争》（2004）[11]，使霍尔特成了率先提出文化品牌战略新工具的创新人物。

品牌如何成为崇拜的偶像？霍尔特在这本书中，制定了一个以文化创建品牌的六步框架流程，从确定新的市场机会，到构建新的品牌文化概念以利用这些机会，并提出创建偶像品牌有四个关键要素：

1）"必要条件"：产品的性能具有良好的质量声誉，至少是可以接受的。

2）"神话"：编造有意义的、合法的、得到消费者尊重的文化故事。

3）"文化冲突"：社会上普遍存在的意识形态与新出现的暗流之间的某种不匹配。换句话说，与消费者的生活方式和他们的愿望有所不同。

4）"文化品牌管理流程"：积极参与神话制作过程，确保品牌保持其作为偶像的地位。

2010年，霍尔特和卡梅伦在牛津大学出版社出版了《**文化战略：以创新的意识形态构建独特的文化品牌**》（*Cultural Strategy: Using Innovative Ideologies to Build Breakthrough Brands*）一书，[12] 作者强调，他们主张的文化创新不同于其他的创新逻辑。作者建立了一个新的文化创新理论。他们将成熟类别的品牌锁定为某种形式的文化模仿，称之为文化正统。社会的历史变迁为新的文化创造了需求，从而可能颠覆这种正统观念。文化创新是要跨越根深蒂固的正统，重新调整潜伏在亚文化中的区域性内容，以满足新兴的需求和文化来创建突破性品牌。

我们说霍尔特是异类，是因为他主张在美国主流的品牌资产路线之外，开辟另一条路径——品牌的文化战略路径。追溯其源，这是美国学者列维和帕克几十年前提出的"品牌形象"和"符号品牌"思想（请参见第 3 章）的延续和发扬。霍尔特的文化品牌化创新路线，虽然有所影响并且在一些公司实践中有所创获，但在主流理论强势的美国品牌学界至今并没有形成更大的气候和潮流。但幸运的是，他的品牌思想在欧洲得到了呼应，如第 7 章所述，欧洲的品牌学派将品牌文化高高举起，作为欧洲品牌理论的一块重要基石。

9.3　阿克：品牌思想的重新萃炼（2014）

阿克作为品牌思想史上最核心的少数几个重要人物之一，笔者在第 4 章专门阐述过他在早期的重要品牌思想和开拓性贡献，这里我们再一次提到他，是因为阿克中后期的品牌思想创新至关重要。

从 1991 年阿克的《管理品牌资产》到 2014 年的《品牌大师》，现代品牌理论的开山学者阿克在前后相隔 20 多年的品牌研究探索中，其思想有何变化和创新？追溯这一问题，或许会给我们带来重要的启示。让我们从其著作论述中寻找答案。

在解读其新作《品牌大师》之前，先大致了解一下他 60 岁之后发表论著的情况。

阿克和《管理品牌资产》

2000 年阿克 62 岁之后，阿克的品牌理论思想更加深邃而且继续保持他的特色。这从他的著作清单中可以体现：

2004 年出版《品牌组合战略》（*Brand Portfolio Strategy*）；[13]

2006 年出版其自传《从花歌到品牌世界》；

2011 年出版《品牌相关性》（*Brand Relevance: Making Competitors Irrelevant*）；[14]

2013 年出版《品牌相关性的三大威胁》（*Three Threats to Brand Relevance*）。[15]

尤其是，2014 年阿克出版了"集 30 年总结"的重要著作《品牌大师》。[16]

其中，《品牌组合战略》一书，深化了品牌战略管理中的一个实践性很强的子领域：品牌架构和品牌联盟。《品牌相关性》这本书，则提出了从类别及子类别的角度去把握品牌相关性的概念和方法，这对于深化品牌竞争和建立品牌定位模型有实质的贡献。在第 5 章谈到的凯勒的定位模型中，"类别"和"相似"就是其中的两个要素。当然，阿克晚年最重要的品牌思想创新，反映在他的《品牌大师》一书中。这部书犹如一罐酿制了 30 年的陈年美酒，阿克用企业的语言说出了品牌思想和战略中最重要的东西。对于品牌领域特别是企业界，这真是一件幸事。以致科特勒在书前推荐语中赞扬说："大卫·阿克比任何人更能够让我们了解什么是品牌化。"

在这本著作中，阿克将自己一生 2 300 页的著作提炼成只有 280 页的薄本。阿克在该书序言中解释了其写作的动因：

本书是我 30 年致力于品牌和品牌化研究的产物。——本书力求对大量有关品牌的文献融会贯通，让读者快速了解那些最佳的品牌实践。我的八本著作长达 2 300 页，其他有关品牌的书籍和期刊也多如牛毛，这些信息鱼目混珠，其中虽然不乏精辟见解，但也混杂某些急需更新的观点或容易误导的没有实际作用的低级观点。

这本书全面反映出阿克品牌思想的新发展和品牌化战略的新思维，当然该书自始至终离不开"品牌"和"品牌化"这两个基本问题。它的显著特征是着眼实践、立足于"如何做"，再次体现出阿克自始至终致力于面向企业解决品牌建设实际问题的学术个性。书中的表达没有晦涩的语言，没有高深的数学，没有复杂的模型，没有采用学术化的论文式表达，却闪烁出通达的智慧。例如，在该书的引言中，阿克开门见山地澄清了"何谓品牌"这个长期众说纷纭的问题：

什么是品牌？品牌绝非仅仅是一个名称或标志，而是一个公司对消费者的承诺，它传递给消费者的不只是功能性利益，还包括情感、自我表达和社会利益。但品牌又不仅仅只是承诺的兑现，它更像一段旅程的体验，是消费者每次与品牌接触的感知与经验中不断发展的消费者关系。

短短一段话概括了几十年来对品牌理解的五个关键点：标志 / 承诺 / 多重价值 / 体验 / 关系。

阿克品牌框架　凯勒是以 3 大问题（如何创建品牌资产？如何发展品牌资产？如何评估品牌资产？）的框架构造他的《战略品牌管理》。相比之下，晚年的阿克对品牌战略管理的提炼，归纳出的阿克品牌框架是 5 根支柱："理解品牌资产"居中，属于意识；"品牌愿景"、"品牌活力"、"品牌相关性"和"品牌组合"分立左右。阿克以 20 条法则分别阐述了这 5 大支柱：品牌资产（2 条）/ 品牌愿景（7 条）/ 品牌活力（5 条）/ 品牌相关性（2 条）/ 品牌组合（4 条）。正如阿克在引言中所指出的，这 20 条法则"是对许许多多有效的品牌观念和实践的精炼和凝聚"。

居于阿克品牌框架中央的，是"品牌资产的战略高度"，阿克首先强化了品牌资产的战略性质，他强调这是为了"抗衡以短期经济利益为主导的商业管理模式"（引言），他指出"短期经济利益是品牌化难以实施的首要障碍"（第1 章）。

在这本书中，阿克也修正更新了自己早年的（也是战略品牌管理中常常出现的）一些理论和观点。针对 1991 年阿克提出的品牌资产的五星模型，即品牌资产的构成源于五个因素，2014 年阿克在此书中，将这五个因素简化为三个，即只保留品牌知名度、品牌联想和品牌忠诚度。如果对照凯勒提出的品牌资产来源于（顾客的）"品牌联想"和"品牌认知"，可以发现，凯勒只考虑心理因素的贡献，而阿克认为还需要有行为的因素——品牌忠诚度。

最重要的修改是，阿克提出以**"品牌愿景"**（Brand Vision）取代**"品牌识别"**（Brand Identity）。阿克以最大的篇幅（七章）阐述他的新主张，将"品牌愿景"放在最重要的突出位置，并且取代他自己曾经强调过的、也是早期品牌理论中占显著位置的"品牌识别"。并且，更进一步，阿克将"品牌愿景"置于"品牌定位"之上，统领"品牌定位"。简言之，阿克认为"品牌识别"和"品牌定位"都不再那么重要了，最重要的是"品牌愿景"。阿克的这一重要新思想，应该受到了欧洲学者切纳托尼在 2001 年著作中已经提出的品牌化从品牌愿景开始的观点的影响，[18] 阿克将这一思想推到新的高度。

什么是品牌愿景？阿克在书中界定为，"用来清晰描述品牌的远大抱负以及对品牌相关者心中联想的期待"。"品牌愿景"的概念在凯勒的《战略品牌管理》第 4 版中（2013）已经出现，但凯勒只将它放在一个次要的位置——作为"品牌潜力"的一个组成部分（请参见该书第 11 章）。不同的是，阿克则**将品牌愿景作为最高纲领而统领品牌战略的全局**。

为了实施品牌愿景，阿克提出了品牌愿景模型，包括：愿景"核心要素"2~5 个；一些"延伸要素"（应对细分市场和竞争的需要）；"品牌精髓"（以简洁的一句话体现出品牌愿景）；"品牌定位"（在特定情境中最有吸引力、最值得信赖并且最容易实施的品牌愿景要素）。在这个框架中，品牌定位是愿景要素之一。显然，阿克的品牌愿景模型重新定义了品牌战略的框架，是一种以**品牌愿景为制高点的新框架**。这个框架既有核心的要素，也有调节的要素，在实践操作中比较清晰，比较有弹性和适应性。

阿克在书中提出的另一个重点概念是"品牌活力"（Brand Vitality）。他强调指出，品牌缺乏活力是品牌世界中的通病。他引用 BAV 数据库的分析报告，指出只有少数品牌是有活力的。看来，阿克将"品牌激活"（Brand Revitalization）这一概念普遍化和广义化了，并不认为品牌激活只限于少数情况。"品牌活力"和阿克讨论很多的另一个概念"品牌相关性"（Brand Relevance）相通，二者关注的焦点都是品牌与顾客的关系状态。

如何让品牌具有活力呢？阿克特别强调了以下的三个方式（途径）：A. 通过产品创新；B. 通过营销创新（特别是营销传播的创新）；C. 借助品牌联盟（外部），或者公司文化价值观（内部）的关联力量。

阿克的这本书，在战略品牌管理原有的知识地图和许多主题上，比如"品牌架构""品牌延伸""品牌激活"等，都从实战角度做了大的简化。另一方面，他又创新和突出了一些重点，例如，以"品牌愿景"取代"品牌识别"，突出"品牌活力"等。顺便指出，这本书的中文版本中删去了英文原版中所有的学术文献注释而未加说明。

9.4　帕克的"品牌魅力模型"（2016）

读者应该不会忘记美国南加州大学的帕克教授，他是笔者在第 3 章介绍过的全球品牌学术领域的重要人物、现代品牌理论的先声。笔者特别介绍过帕克的成名论文《品牌概念管理》，也提到其发表该论文 30 年后，他和合作者在 2016 年出版的《品牌崇拜》一书。[19] 粗略而言，这本书建立了"品牌魅力模型"

帕克的《品牌崇拜》

（BAM）。帕克 30 年的学术之旅程，可以一言以蔽之：从品牌概念管理到品牌魅力模型，是从发现品牌现代理念到揭示品牌关系深层结构的过程。帕克的新著既触及品牌思想的第一个基本问题"何谓品牌"，更加深入品牌思想的第二个基本问题"如何品牌化"。现在，就让我们略微详细谈一谈帕克的这本新著作的思想和特色。

作者为该书取了一个意味深长的副标题"建构商业之爱"，似乎想要连接和导向品牌学术的另一个新的大主题——品牌挚爱（Brand Love）。其英文书名中的"admiration"一词，十几年前曾经出现在品牌社群的定义之中，含义是崇拜、魅力等。

这就涉及品牌价值理论的深入。1986 年，帕克在他的论文中提出了品牌的三重价值：功能性价值、符号性价值和体验性价值。1991 年阿克在《管理品牌资产》中给出过另一个答案，他是从品牌为企业和为消费者两个方面提供的价值来论述的。后来凯勒在《战略品牌管理》中进一步归纳了品牌的双向价值。2016 年帕克等的新书《品牌崇拜》，实际上又提出了一个新的答案，即伟大的品牌具有赋能、赋情、赋尊的价值。这本书也是战略品牌管理和顾客品牌关系思想中强化感性路线的一个代表。

自从阿克在 1992 年开辟了"强势品牌"（Strong Brand）的研究方向之后，对杰出品牌的研究一直是最重要的品牌学术取向之一。《品牌崇拜》一书的作者在长期探索分析全球最伟大的品牌何以成功的背景上，深入追问品牌魅力的发生来源，他们以"CBBE"理论为基础，从顾客的视角洞察出一个三维的结构：顾客因品质等而信任品牌；因品味而产生品牌情感乃至品牌挚爱；因品格而尊重品牌甚至崇拜品牌。从而得出结论，**"至信"—"至爱"—"至尊"，这是品牌的三大境界**。

最高目标的确立，指明了品牌化的大道和正确的方向。更现实的挑战是，在一般意义上，对于绝大多数品牌而言，它们都处在奔向最高目标的路上，如何衡量品牌在这三个维度的"得分"？如何不断提升优化更上一层楼？如何运用这一新的品牌管理框架发展品牌资产？等等。《品牌崇拜》一书的价值，并不仅仅在于概念的新颖和深刻，更在于帕克为品牌实践提出了创新而务实的路线图。

为了实现新思维落地的目标，作者在创新品牌化的测量、实施工具方面费力甚大。让我们以其第 7 章为例略加说明如下。"品牌价值"（Brand Value）在阿克和凯勒等人的许多论著中都是一个核心概念。品牌价值在实操中，有时会华而不实、难以把握。为了将品牌价值落到实处使其具有可操作性，作者在书中提出了"品牌利益"（Brand Benefit）的概念及其三种类型。第 7 章的中心是从"品牌价值"到"品牌利益"，提出了通过调整、增加或删减每个品牌利益的权重，来达到改变顾客品牌价值的思想和方法，从而架设了由泛至准、从虚到实的通向规范操作的桥梁。

与帕克 1986 年的经典论文相比较，《品牌崇拜》一书具有更宏大的学术意义和实践价值，基于以下两大理由。

首先，此书不是一个点状的或单一的研究成果，而是一个系统的突破。以作者自己的话来说，这是他们"积几十年品牌学术研究和品牌咨询实践之大成"。回顾品牌思想和理论的历史，我们看到，整体和系统性的原创并不多见。在帕克之前，阿克以《管理品牌资产》为代表的论著和凯勒以《战略品牌管理》为代表的著作，或再加上卡普菲勒的《战略品牌管理》，都可认为是整体和系统的一家之言。帕克以其著作《品牌崇拜》，似乎正在挤入这一学术高地和大境界。

其次，《品牌崇拜》不仅整体上建构了战略品牌管理的创新视野和理论系统，更不容易的是，它描绘出了从战略到执行的路径和流程，也就是说，作者力图既高屋建瓴，又脚踏实地。这让人联想到被《哈佛商业评论》誉为"75年以来最具影响力的战略管理工具之一"——卡普兰（R.S.Kaplan）和诺顿（D.P. Norton）的"平衡计分卡"（1996）和"战略地图"（2004）。[20] 可以认为，《品牌崇拜》提供了品牌领域的创新战略地图。在这个意义上，该书的副标题也可以表达为**"化战略为行动的指南"**。

这本书以创新的品牌理论体系和务实的理念执行方法相结合，体现出学术原创和实战落地兼顾的两栖风格，也使其与许多夸夸其谈的品牌专业书籍有着根本之不同。

这本书当然也有美中不足，主要是缺乏新兴市场的实际应用和案例。因而特别值得期待的是，中国的企业家和学者在学习此书的基础上，融会贯通运用本书的理论方法，做出中国情境的品牌化创新，并反哺和贡献于全世界。

帕克教授（左）与笔者在中山大学
（2017，广州）

9.5 斯廷坎普的《全球品牌战略》（2017）

2017 年全球著名品牌学者**斯廷坎普**推出新作《全球品牌战略》（*Global Brand Strategy*），[21] 作者说，这本书是他 "25 年致力研究品牌和全球市场" 之结晶，是为了回答一个基本的问题：为什么有些品牌能够赢得全球化的成

功？这个问题因为如下的两极现象而富有挑战性和格外吸引眼球：一方面，强势的全球品牌取得了令人瞩目的业绩。全球 100 个最具价值的品牌总价值在 10 年间（2006—2016）已经从 1.4 兆美元增长到令人震惊的 3.4 兆美元。另一方面，许多品牌在全球化的过程中屡屡受挫，举步维艰。

自从 1983 年哈佛大学商学院**李维特教授**（T. Levitt，1925—2006）提出 "市场全球化" 的著名

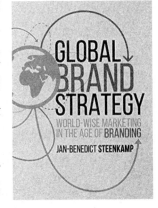

思想以来，[22] 全球化战略成为跨国公司的行动纲领和热门的学术研究领域，以品牌作为核心和主线的全球化战略的研究论文虽然并不鲜见，但若论系统的研究和整体框架的建立，斯廷坎普的《全球品牌战略》可谓开先河之作。

该书的显著特征是，**作者将品牌学术创新、精彩缤纷的案例和实用的品牌管理框架及工具三者有机结合为一体。**作者面向企业实战的学术立场在其前言和内容中表露无遗，这也是作者一向的学术风格和著作特征。该书分为三大部分共 11 章，书中的品牌工具箱有八个工具和众多的表格数据，在此不一一赘述。

斯廷坎普在这本书中的学术创新，有以下三点特别值得指出。

其一，"全球品牌如何创造价值？"作者提出了全球品牌价值的 COMET 框架以及诊断工具，即全球品牌从消费者（C）、组织（O）、营销（M）、经济（E）、跨国创新（T）这五个方面创造价值。其中，突出"组织"创新是一个卖点，作者还专门在第 6 章讲"全球品牌组织结构"。这可能正是一些公司疏漏的要害之处。

其二，全球品牌最关联的变量是文化，作者强调指出，文化差异会导致品牌全球化的失败。书中创新性地提供了工具"文化地图"，又编制了专门的数据表格"附录：不同国家在文化地图比例尺上的分数"。这好似为品牌全球化的航程点亮了导航的灯光，避免品牌穿行于不同文化情境中的风险，不至于触礁沉没。遗憾的是，作者还没有建立全球品牌资产与文化之间的理论模型，这也可能是此书最大的缺失。

其三，作者提出，以新的战略思维观念"全球整合"（Global Integration）取代传统的"全球标准化"（Global Standardization），以及"全球理念、本土执行"（Think Global，Act Local）等长期沿用的观念。"全球标准化"是全球化最初的基本口号，在全球化之始曾经大行其道，"全球理念、本土执行"则是全球化实践中提出的修正口号，也曾被广泛接受和长期采用。

总结案例是斯廷坎普的长项和优势。他能让案例变得更有魅力。书中列举了许多富有启发的案例，如：克莱斯勒全球化的失败，沃尔玛在德国和韩国的失势；索尼在全球兴起后的没落；黑莓手机的全球化失策等。

该书的重要价值，尤其体现在作者开发的品牌全球化管理工具，这对于新兴品牌的成败可谓举足轻重。关于中国品牌如何国际化，中国的企业家也有自己的体验和说法，例如海尔的创始人张瑞敏用九个字"三步走"出色表达了海尔的品牌国际化战略："走出去—走进去—走上去"。但这只是战略思想，全球品牌战略管理的执行落地，更需要有效的执行工具来保证，所以斯廷坎普专门强化了品牌全球化的组织管理保障和工具。

9.6 丰盛的拼盘：品牌化的新精要（2014）

与上述个人的创新著述不同，2014 年还出现了一本集合了 20 位重量级品牌人物的集作——《像品牌大师一样思考》（*The Definitive Book of Branding*）。[23]

《像品牌大师一样思考》

多主题、多视角、多作者是其显著特征。20 位作者有的来自品牌实战领域，有的来自品牌学术领域，内容兼顾品牌思想的创新和品牌管理实施工具的落地。所以其另一特征是"知行合一"。

书中有数位顶级的品牌人物出场。品牌实战大师里斯对问世 40 余年的定位论作了权威性的精炼阐述。现代品牌理论奠基人之一的卡普菲勒在论述品牌与创新的主题中强调："价值观是品牌的宪章，是品牌永不背叛的神圣戒律。"此外，曾担任过英特品牌集团全球 CEO 的林德曼（J.Lindemann）对"品牌评估"作了简约精到而颇有分量的评述。

活跃在第一线的敏感的品牌咨询专家们所萃炼升华出的众多主题——品牌意义、品牌真实性、品牌故事源代码、品牌社群战略、激情品牌（Passion Brand）、至爱品牌（Lovemark）等，加上生动鲜活的案例，使得本书精彩缤纷，在给人以启发的同时亦显现出品牌化感性路径明显上升的重要趋势。

与同一年阿克对品牌化的整体深刻重构不同，尽管这是一份新潮的丰盛的品牌战略管理精选大餐，却带着厚重的咨询公司的风味，多数作者各有显神通的利器，但毕竟是一家之言，以致该书开创启发性有余，深邃的完备性不足。

9.7 小结

本章的主题是战略品牌管理在 21 世纪的多元化思想和工具创新，试图展现最具价值的新锐思想和创新工具。在欣欣向荣、百花争艳的创新中，笔者选取了近十年中五位杰出人物的新著作和一本汇编，包括里斯的《品牌的起源》（2004）、霍尔特的《品牌如何成为偶像：文化品牌的原则》（2004）和《文化战略：创新建立突破性品牌》（2010）、阿克的《品牌大师》（2014）、帕克的《品牌崇拜》（2016）和斯廷坎普的《全球品牌战略》（2017）。**这些创新，都离不开对基本问题"如何品牌化"的战略方法的新开拓（里斯、霍尔特、阿克、帕克、斯廷坎普），或对基本问题"何谓品牌"的全新阐释（阿克、帕克）。**

21世纪战略品牌管理创新的大趋势有两个特征，其一是创新思维的多元化，个性鲜明，多角度和多主题，向不同的方向生长和深入。其二是重视解决实际问题的取向十分突出，都花大力气开拓品牌化的新方法新工具，都更注重贴近企业的情境和需求。品牌学术与实战两者之间的距离，从未如今日之接近和交融。放眼品牌世界，优秀品牌学者和追求品牌的企业家的手已经紧紧握在一起了。

注 释

[1] Ries A I, Ries L. The origin of brands[M]. New Zealand: HarperCollinsPublishers, 2004; 中译版：艾·里斯，劳拉·里斯. 品牌的起源 [M]. 寿雯，译. 太原：山西人民出版社，2010.

[2] 参见 "定位之父" 艾·里斯在中国上海发表的谢幕演讲。

[3] 阿克，王宁子. 品牌大师 [M]. 陈倩，译. 北京：中信出版社，2015：103-113.

[4] 里斯的著作如下：Focus(1996)；Positioning: The Battle for Your Mind (with Jack Trout, 1981, 2000)；Marketing Warfare (1985, 2005)；Bottom-up Marketing (1988)；Horse Sense (1991)；The 22 Immutable Laws of Marketing (1993); 22 Immutable Laws of Branding (with Laura Ries, 1998, 2002)；11 Immutable Laws of Internet Branding (2000)；The Fall of Advertising and the Rise of PR (2002)；The Origin of Brands (2004)；War in the Boardroom(2009).

[5] Ries A I, Ries L. 11 Immutable Laws of Internet Branding [M]. New Zealand: Harper Collins Publishers, 2000; 中译版：艾·里斯，劳拉·里斯. 打造网络品牌的11条法则 [M]. 梅清豪，周安柱译. 上海：上海人民出版社，2002.

[6] 艾·里斯，劳拉·里斯. 互联网商规11条：互联网品牌圣经 [M]. 寿雯，译. 北京：机械工业出版社，2013

[7] Holt D B. Why do brand cause trouble ? A dialectical theory of consumer culture and branding [J]. Journal of consumer research, 29(1)，2002 :79-90

[8] 何佳讯. 长期品牌管理 [M]. 上海：格致出版社，2016:16；自序，表3.

[9] Holt D B. How consumers consume: A typology of consumption practices [J]. Journal of Consumer Research,1995,22 (1):1-16;

Holt D B. Why do brands cause trouble? A dialectical theory of consumer culture and branding [J]. Journal of consumer research ,2002, 29 (1):70-90;

Holt D B. Poststructuralist lifestyle analysis: Conceptualizing the social patterning of consumption in postmodernity [J]. Journal of Consumer research,1997,23 (4): 326-350.

[10] Holt D B. How brands become icons: The principles of cultural branding [M]. Cambridge: Harvard Business Press,2004.

[11] Holt D B. What becomes an icon most? [J]. Harvard Business Review,2003,81 (3):43-49;

Holt D B, Quelch J A, Taylor E L. How global brands compete [J]. Harvard Business Review,2004,82 (9): 68-75.

[12] Holt D, Cameron D. Cultural strategy: Using innovative ideologies to build breakthrough brands [M]. Oxford University Press,2010.

［13］Aaker D A. Brand Portfolio Strategy [M]. New York: The Free Press, 2004.

［14］Aaker D A. Brand relevance: Making competitors irrelevant [M]. New Jersey: John Wiley & Sons，Inc., Jossey-Bass , 2011.

［15］Aaker D A. Three threats to brand relevance: Strategies that work [M]. San Francisco: Jossey-Bass,2013.

［16］Aaker D. Aaker on branding：20 principles that drive success [M]. New York：Morgan James Publishing, 2014.; 参考中译版：阿克，王宁子 . 品牌大师 [M]. 陈倩，译 . 北京：中信出版社，2015.

［17］同注 16。

［18］Chernatony L D. From brand vision to brand evaluation [M]. Oxford: Butterworth-Heinemann, 2001.

［19］Park C, MacInnis D, Eisingerich A. Brand Admiration: Building a Business People Love [M]. New Jersey: Wiley, 2016. 中译本：帕克等著 . 品牌崇拜 [M]. 周志民，等译 . 北京：华夏出版社，2019.

［20］卡普兰，诺顿 . 平衡计分卡：化战略为行动 [M]. 广州：广东经济出版社，2004; 卡普兰，诺顿 . 战略地图 [M]. 广州：广东经济出版社，2005.

［21］Steenkamp J B. Global brand strategy: World-wide marketing in the age of branding [M]. London: Palgrave Macmillan, 2017; 参见中译本：斯廷坎普 . 全球品牌战略 [M]. 安斯琪，译 . 北京：清华大学出版社，2018.

［22］Levitt T. The globalization of markets [J]. Harvard Business Review,1983,61(May-June)：92-102.

［23］Kompella K. The definitive book of branding [M]. SAGE, 2014; 参见中译版：孔佩拉 . 像品牌大师一样思考 [M]. 谭咏风，译 . 上海：格致出版社，2019.

品牌思想简史

第四篇
巨变中的创新

20 世纪末以来，现代品牌理论和实践遇到了前所未有的挑战。从根本上说，是品牌思想的基本问题"何谓品牌"和"如何品牌化"出现了颠覆性的新答案。不过，"价值创新"的思想并没有过时，反而变得更加重要，同时人们追求对其有更深刻的理解和创新的行动方案。

　　2017 年，全球顶尖的麦肯锡咨询在《管理：下一个 50 年》中指出："颠覆性技术、新兴市场经济腾飞和人口老龄化是重塑全球商业环境的三股力量。"[1] 本篇的两章（第 10 和 11 章）分别涉及两大变化趋势中品牌思想的创新：A. 从传统到数字；B. 从西方到新兴市场。即麦肯锡报告所指出的重塑商业的三大因素中的前两个。在这两大变革趋势中，创新的品牌思想和实践日新月异，现代品牌理论和实战正在发生前所未有的深刻改变。

10 重构规则：
从传统到数字

当我们回望历史之时，未来已经猝不及防地到来。现代营销之父科特勒在2017年已经指出："随着数字化世界的爆发式发展，旧的营销世界正在消亡。"[2] 21世纪的数字化智能化时代被称为"大时代"，何谓"大时代"？其变局之深之广，不只是个体或局部，不只是一时或当下，而是全面覆盖、无所不在、渗透一切、影响深远。

20世纪曾经风靡全球的一些商业巨人和品牌纷纷风光不再或退出舞台，例如柯达、诺基亚、索尼、智威汤逊、戴尔等。全球品牌价值排行榜的面目也全面刷新：2015年后，全球最佳品牌前10位中，科技品牌（苹果、亚马逊、谷歌和Facebook等）已经名列前茅，取代传统的大品牌占了大多数的席位。新兴品牌开始出现在全球品牌百强榜单中。**数字化时代出现了跨界品牌、超级品牌、快速品牌、潮品牌、酷品牌等。品牌的边界模糊了，不再属于或局限于一个行业、一家公司、一个产品或一个品类。品牌更似一个大平台、一个生态圈，如亚马逊、谷歌、阿里巴巴、腾讯。**

尽管数字化时代新的品牌现实迎面而来，但是，现在要回答和把握数字化品牌创新的逻辑却困难很大。犹如大地震来临时，身在其中的我们虽然可以充分感受到它的力量、冲击和震撼，却难以完全预见和描述它的全貌。数字智能技术的飞跃进步如此之快，正如斯廷坎普所言："**任何数字品牌战略的文章都冒着印刷之前就过时的风险。**"[3]

在巨变中，"不确定"的概率远大于"确定"。历史研究的戒律之一就是，通常需要保持远距离和足够长的时间，需要耐心和等待，尤其是对历史大变革事件的考察。这正是本篇写作面对的两难和挑战。在学术和实战都渴望填平快速变化中的知识空缺的迫切情境中，笔者无法追求完美和精确，而愿意冒风险尽力勾勒品牌思想的变化方向，期待这一努力在日后被证明并无大的谬误。

数字化对品牌理论和实践的冲击，最终归结于对品牌思想基本问题的答案创新，即怎样改写了"何谓品牌"和"如何品牌化"的基本答案。在这变幻莫测的世界中，对"数字化时代品牌战略管理"的强烈关注，同时来自企业界和学术界。所以，本章从两个方面考察这一重大的变革：1）战略品牌管理的数字化有哪些创新？2）数字化时代品牌学术思想理论有什么重大的变化？

为此，我们需要首先了解数字化和数字化营销的新思想渊源。

10.1　数字化的思想先驱

回溯数字化的思想及创新来源，离不开以下三位杰出的人物：香农、尼葛洛庞帝和克里斯坦森。

数字化思想的第一位贡献者是美国数学家**香农**（C. Shannon，1916–2001），他在 1948 年发表的论文《通信的数学原理》（*A Mathematical Theory of Communication*)中提出：任何一种信息，无论是文字，还是图像或者语音、音乐，都可以通过二进制数码 1 和 0 进行编码通信，1 表示电路开，0 表示电路关。

从理论思想而言，香农的理论已经预示了数字新世界的所有可能性。但是，由于人们的视野和认识的局限，由于技术发展水平的制约，数字化范式的世界是分阶段逐步呈现出来的，从电子计算机，到互联网，再到整个世界进入几乎无所不包的数字化现实，大约花了五六十年时间。在这个进程中，技术创新是核心的驱动力。

数字化（digital）这一术语和思想出自 1995 年，数字化时代的思想启蒙家美国麻省理工学院计算机科学家**尼葛洛庞帝**（Nicholas Negroponte，

1943- ）。1995年，尼葛洛庞帝的著作《**数字化生存**》（*Being Digital*）[4] 出版，尼葛洛庞帝说："计算不再只和计算机有关，它将决定我们的生存。"他预言，计算机和互联网将会使人类进入数字化生存时代。由于尼葛洛庞帝的思想极富远见，加上他的影响力，这本书产生了深刻广泛的影响，成为一个大时代来临的奠基之作，"数字化"也成为重要的社会用语和新时代的标签。

尼葛洛庞帝和他的代表作

显然，"digital"（数字化）一词被赋予了新时代的内涵，或者说，"digital"是新时代的一种代称或范式，所以，"digital"在此的中文翻译应该为"数字化"，而不是指狭义的数字或数码产品（如数码相机）。

随着互联网和移动互联网以出人意料的速度渗透人类社会，后来的研究者在开拓创新时，常常借用尼葛洛庞帝的"数字化"（digital）一词，来表明这是某种不同于传统的专业概念或思想范式。例如，"数字化媒体"、"数字化营销"、"数字化传播"、"数字化品牌建立"、"数字化消费者行为"等。

数字化时代的创新思想人物如群星般璀璨，令人目不暇接。笔者以为，首先应提到的是全球最杰出的前卫商业思想家，哈佛商学院教授**克里斯坦森**（C.M. Christensen，1952–2020）。他是全球最具影响的商业思想家之一，**是商业"颠覆"思想的开创者，被称为"颠覆大师"**。1995年，他在《哈佛商业评论》上提出"颠覆式创新"（Disruptive Innovation）的概念，获得当年的最佳论文"麦肯锡奖"。2013年他的著作《创新者的窘境》（*The Innovators' Dilemma*）出版后被引用次数高达1.7

克里斯坦森（Christensen）

万次以上（谷歌学术搜索，2018）。[5] 克里斯坦森在书中揭示颠覆式科技如何让 20 世纪的商业巨人倒下，并且强调说："如果你只会坚守过去成功的做法，那么某天醒来，你会发现自己已被超越。"

至此，数字化思想启蒙的使命已经完成，接下来的问题是，如何有效创新实现这一史无前例的新思想。的确，在数字化的大环境下，商业模式、公司战略、市场营销都出现了全新变革的趋势。连消费者和每一个人也被贴上"传统人"和"数字人"的不同标签。当然，战略品牌管理和品牌思想也随之面临崭新的问题和巨大的改变。

10.2　数字化品牌实践的三大创新

品牌作为顾客的核心认知，在数字化时代具有了更大的战略价值。首先在现实中证明了这种战略价值的主体是企业，如 亚马逊、谷歌、苹果、腾讯、阿里巴巴等伟大的公司。它们开拓了数字化时代的战略品牌管理的全新局面。

从传统到数字，叱咤风云的变化主要来自两个风口：**数字媒体和数字渠道**。[6] 前者完全改变了传播方式，后者颠覆了购买行为。新的格局是，出现了线下的和线上的两种模式，即**传统的战略品牌管理和数字化战略品牌管理**。后者相对前者不仅仅是局部的改变，而是规则的重建。

这种规则的重建，即数字化品牌实践的创新主要反映在以下三个方面：**品牌传播数字化、品牌化路径创新和品牌管理战略创新**。

1. 品牌传播数字化

首先是传播方式改变，数字化传播迅速流行。数字化传播具有许多新的特点，例如极速化、自我化、精准化、易爆化、视频化等。自媒体、短视频、网红促销等新生事物纷纷登台亮相，快速建立品牌的新杠杆脱颖而出，引人注目。

创建品牌的两个新杠杆是："e口碑效应"（eWOM）和"数字社群"（Digital Community）。利用这两个新杠杆，品牌粉丝可能风起云涌，瞬时火爆的"网红"取代了过去相对缓慢的建立品牌的过程。微信、优步、共享单车等案例的成功令人鼓舞。正如斯廷坎普指出的，数字化使得新兴品牌实现全球化的时间从几十年缩短到可能一年之内。"e 口碑已经成为品牌是否成功的关键指标"，特别是社交媒体上的 e 口碑效应是商务网上的 e 口碑效应的近两倍。[7]

不过，线上数字品牌化是否真有奇效，也受到某些质疑。例如，2016 年霍尔特在《哈佛商业评论》上发表的文章《社交媒体时代的品牌化》中说："十年前，大多数公司都预料新的黄金时代已到来。他们聘请了创意机构和技术队伍，在数字世界中倾力品牌化。病毒、粉丝、迷因、黏性和形式因素成为品牌化的通用语言。但尽管有这么多的喧嚣，这种努力却没有多少回报。"[8]他主张，数字品牌化的焦点应该从社交媒体平台本身转移到群文化（crowd-cultures）这个真实的数字驱动器上来。他所谓的群文化，是指数字人群已经成为强大的文化创新者。他认为与数字化的群文化协同互动对品牌才是重要的。的确，数字化工具毕竟只是工具。宝洁也曾经寄厚望于在 YouTube 等社交媒体上投放广告，后来发现效果并未达到预期，又回头调整了它的媒体策略。

2. 品牌创立的新路径

《战略品牌管理》教科书中的品牌化流程已经受到数字化浪潮的猛烈冲击，实践正在塑造出数字时代品牌建立的新流程。例如，企业创建品牌的流程可表达为 "4C on Digital"：[9]

第 1 步　建立连接 / Connection。目标：搜索可达度 / 网上曝光频率。

第 2 步　创造粉丝平台 / Community。目标：构建品牌社群，培育品牌核心粉丝和粉丝群。

第 3 步　自媒体 / Communication。目标：个性化数字传播。

第 4 步　内容营销 / Content。目标：创造品牌活力和品牌浸合。

如果说，前面三个步骤是建立品牌传播的基础，那么，内容营销就是品牌成功之关键和重中之重。与顾客的黏性和浸合，都依靠内容营销提供"水分、空气和养分"。

品牌活力要求品牌在市场上是活泼的、新鲜的、有生命力的、朝气蓬勃的。

这主要靠两个基本的路径：一是产品创新，不断推出新的产品或服务，如苹果公司、微信的不断升级；二是时时有"新闻"或"话题"，不能沉默无声，不能语无新意。内容营销特别要保证品牌的历久弥新。

数字化时代创建品牌的路径，也出现了逻辑的改变：从自下而上到自上而下；从理性主导到感性为先。这两个改变都指向感性品牌化的趋势。所谓"感性品牌化"趋势，是指在理性和感性这两种品牌建立的驱动力量中，过去长期是理性主导，尽管在某些品类品牌（例如化妆品、酒、饮料等）中感性驱动的分量相当重。数字品牌化的新规则则在一般意义上，将"理性主导"拉向"感性 - 视觉至上"，主张更多运用和发挥情感的力量，注重更强大的品牌视觉冲击，主张品牌联想视频化等。这已经形成了数字化时代品牌化的一个重要趋势。

A 从共鸣模型到粉丝模型

凯勒的经典教科书《战略品牌管理》中，共鸣金字塔模型（Resonance Model）描述了品牌建立的过程，这是一个自下而上的过程，最后达到"品牌共鸣"。[10] 数字化品牌情境中出现了相反的情况：先有少数忠诚粉丝的品牌共鸣，影响造就更多的粉丝，在体验中产生对品牌的情感和认知，这是一个自上而下的推进过程，不妨称之为"粉丝模型"。

B 理性主导到感性为先的趋势

数字化时代以来，品牌的感性驱动力在不断上升。对数字化原住民（20世纪90年代以后出生）而言，更是热衷于感性驱动，以致"品牌卖萌""潮品牌"等得以广受追捧，大行其道。

2010年以来，**"视觉营销"**（Visual Marketing）为主题的图书出版构成了一股潮流，而且"始作俑者"多为女性。例如2013年戴曼（S.Diamond）的《视觉营销革命》，[11] 2014年沃特尔（E.Walter）的《一本书学会视觉营销》，[12] 她们都强调传播的符号应该从以文字为主转向以视觉为主。

说到视觉营销思想的源头和代表人物，首先应提到**林斯特龙（Martin Lindstrom）**，他是全球品牌营销实战大师和商业思想的先锋人物。2005年他著作的《感官品牌》一书是开创性的著作；2008 年修订再版，现代营销之父科特勒为这本书写了序言。[13] 以实例研究为基础，林斯特龙极力主张采用感官的路径建立强势品牌，这是**品牌思想中从理性向感性的回归**。追溯到 2000 年，施密特在《体验营销》一书中，也提出并凸显感官营销和情感营销的概念。长期以来，"以理服人"和"以情动人"这两个主张纠缠不止，在数字化的时代，"以情动人"似乎更加受到了偏爱，品牌化更偏向了感性。

林斯特龙是丹麦人，他 2009 年入选《时代》杂志"全球最具影响力 100 人"，后来又入选"全球商业思想家 50 人"。[14] 除了《感官品牌》，他还撰写了《品牌洗脑》《买》等多部品牌营销类的畅销书。他是麦当劳、宝洁、雀巢、美国运通、微软、迪士尼等跨国公司的品牌咨询顾问，也是《金融时报》《今日美国》《财富》《华盛顿邮报》《哈佛商业评论》等刊物上人气特旺的特约专栏作家。

《感官品牌》

《视觉营销革命》

品牌化的感性趋势还表现在，用故事强化品牌的传统策略（请参见第 2 章）在数字化时代有了进一步的发展和升华。2017 年，品牌实战人士米勒（D. Miller）的书《故事化品牌》，[15] 阐述以品牌故事作为品牌传播和创建发展品牌的主要策略，并且提出了实现故事品牌化的一个操作框架。该书出版后，很快成为商业畅销书。更有甚者，美国好莱坞的思想家、导演教父麦基（R.McKee）在 2018 年的著作《故事经济学》中，创造了"storynomics"这个新的词汇。他在书中强有力又耐人寻味地提出，故事商业模式将取代长期占主导的广告模式。该书的第 8 章专门阐述了"故事化品牌战略"。[16]

《故事化品牌》　　　　《故事经济学》

3. 品牌管理的战略创新

"数字化战略"作为新的关键词体现了战略思想的转变，相关的思想空前活跃、争相涌现。笔者择其一二述评之，亦可窥见大变革中的新思想的发端，尚处在孕育酝酿的过程之中，其真正成熟还有待时日。

例 1　数字化营销战略的 4Rs 平台（2017）

2017 年，科特勒营销集团（中国）出版了一本新书《数字化时代的营销战略》，[17] 其中创新提出了数字化营销战略的新平台，即 4Rs：Reach / 数字化覆盖与接触；Recognize / 数字化识别与画像；Relationship/ 强化持续顾客关系的基础； Return / 业绩回报的新途径。

并且相应提出了数字化营销战略实践创新的新方法：

A. 要用全新的数字化传播取代过去的传播方式和推广方法

B. 要用全新的数字消费者画像来识别和把握消费者行为，实现精准个性营销

C. 要将顾客关系升级到新的体验和浸合的新境界

D. 要创新价值回报的路径，从简单的销售回报到免费背景下顾客资产的

兑现

4Rs 归纳和抓住了数字化营销变化的四个重要方面，建立了新的流程。但遗憾的是，它没有突出体现"数字化顾客价值创新"这一核心思想，而暴露出其缺陷。其次，它也没有回答数字化营销与传统的"STP"营销战略如何协调运作。

例2 数字战略的三个新维度（2018）

2018 年《哈佛商业评论（中文版）》发表的《打造数字战略的认知框架》一文，[18] 认为数字化时代公司战略应从竞争逻辑转向共生逻辑，提出了建立数字战略的三个新的维度："赋新""连接""跨界"。应该说，共生逻辑的思想并不新鲜，早已有之。该文新鲜之处在于，以数字战略的三维框架改变了传统战略的思维。遗憾的是，如果按作者文中对这三个维度的定义，这个新的框架依然是旧的认知视角——以公司自身为中心的"可做、能做、想做"。何况，"连接"和"跨界"并不构成相互独立的维度。如果真正转向顾客导向，对"连接"的解释，就应该将作者所言的"突破资源能力"，重新解释为"与顾客连接和关系的创新"；对"赋新"的解释就应该更加明确为"创新顾客价值"；对"跨界"的解释就应该重新定义为"顾客需求的创新满足而跨越行业界限"。

相对种种尚不够成熟的思想创见，在品牌战略领域得到肯定的**数字化战略的两项创新**，是由美国学者提出的，这就是**品牌生态圈战略和品牌愿景模型**。

A 品牌生态圈战略

该战略思想的开创者是美国的穆尔（J.F.Moore），早在 1993 年，穆尔最早提出了创建"商业生态系统"（Business Ecosystem）的生态圈战略思想，并且在 1996 年出版了《竞争的衰亡》[19] 一书。他主张"必须共同进化"的商业战略。只是这一思想的真正实现，要在数字化时代才有可能。谷歌、亚马逊和阿里巴巴已成功实施商业生态圈战略。正如阿里巴巴集团创始人马云所说："我们从来就不是一个简单的 B2C（企业对消费者）公司，我们是一个拥有数百万成员的商业生态系统，包括商家、软件服务商和物流伙伴。"[20]

品牌生态圈是数字化时代品牌扩大地盘和发展品牌资产的基本途径，而在以前，主要靠**品牌延伸**（Brand Extension）发展品牌资产。在很大程度上，品牌生态圈取代了品牌延伸。

品牌生态圈战略包括以下关键词：

第1个关键词是"共生"。不是立足于竞争分析，而是强调共同进化。

第2个关键词是"跨界"。业务无边界，不再囿于某一个行业，也不属于某一个行业。

第3个关键词是"企业生态网络"。

第4个关键词是"企业愿景"或"品牌愿景"。以此在生态圈中形成吸引力和领导力，产生引领作用。

B 品牌愿景模型（Aaker，2014）

阿克的品牌愿景模型重新定义了品牌战略的框架，是一种以品牌愿景为制高点的新框架，实现了从价值导向到价值观导向。"品牌愿景"取代了传统品牌化中**"品牌识别"**的核心地位。同时，"品牌定位"也转身成为"最富吸引力的品牌愿景要素"，即品牌愿景的一部分。

什么是品牌愿景？阿克说，品牌愿景用来**清晰描述品牌的远大抱负以及对品牌相关者心中联想的期待**。为什么品牌愿景越来越重要？因为它是合作共创共享的思想基础，是建构品牌生态圈的基础。"品牌愿景"在凯勒2013年的《战略品牌管理》（第4版）一书中，只是"品牌潜力"之下的一个不突出的概念。2014年阿克将"品牌愿景"提升到品牌战略的纲领的高度。他在《品牌大师》中用了大量篇幅论述品牌愿景。（请参见第9章）。一些成功的案例，如优步验证了创造品牌使命和神话的重要性。[21]

在阿克提出的品牌愿景模型中，愿景核心要素2~5个，并且有应对细分市场和竞争需要的某些延伸要素。"品牌箴言"（Brand Mantra）以简洁的一句话体现品牌愿景。"品牌定位"则是在特定情境中最有吸引力、最值得信赖并且最容易实施的品牌愿景要素。

品牌愿景反映的是公司的品牌价值观，涉及拟人化的"公司（品牌）人格"，这关联到通过"品牌个性"和"品牌原型"（请参见第 5 章）来定位公司的核心价值观。沃尔什（Peter Walshe）基于对原型和企业人格相互关系的研究，用"满足（well-being）—挑战（challenge）"和"保守（stability）—改变（change）"构成的矩阵将组织人格的原型划分为 10 种，包括朋友、母亲、国王、智者、英雄、叛乱（颠覆）者、性感女郎、逗趣的人、梦想家、少女。[22] 例如，路易威登、卡地亚所塑造的人格是一种典型的国王人格，整个沟通格调呈现出统治者的控制力；耐克、柒牌这类企业，它们所凸显出来的是一种"英雄"的人格魅力；宝洁于 2011 年后开始转向塑造"母亲型"的人格魅力；同样，叛乱者人格的典型是维珍、乔布斯时代的苹果。

也有人用**"品牌理想"**（Brand Ideal）这个相关的词。2014—2015 年间，奥美传播公司曾经大力推广"品牌大理想"（Big Ideal）的观念。奥美认为，如果一个品牌要成为百年品牌，它必须有品牌理想。当所有人（股东、员工、合作方以及消费者）都愿意齐心协力奔向"品牌理想"时，成长自然而然就会发生。

曾经在宝洁担任全球首席营销官的斯坦格尔（Jim Stengel）在其书《理想的力量：品牌理想如何使企业变得伟大》（2012）中，基于对全球 50 强品牌的研究提出了"品牌理想"。斯坦格尔在这本书中，归纳出全球 50 强品牌的五大基本价值，包括了带来欢乐、促进联系、激励探索、唤起尊荣以及影响社会。无论哪一个方面，都有企业因为能够清楚定义品牌的基本价值，高举"品牌理想"大旗，带领团队获致了极佳的经营成果。

该书描述了一项重要的调研。为了弄清楚为什么有些公司的成长更快并且更加持久，斯坦格尔进行了一项针对全球 5 万个品牌历时 10 年的跟踪研究调查。研究显示，顶尖的 50 强品牌 10 年期间的投资回报率，平均表现比标准普尔 500 指数高 4 倍。

研究指出，高速成长和崇高理想并不矛盾，两者是相互依存的。高成长公司不仅仅只为了赚钱——它们是想改变世界。事实上，如果你的目标是要提升人们的生活品质，并把这个目标当成所做每件事的核心，那么你将和那些表现优于市场的一流公司一样，走上相同的成功模式。虽然听起来好像有违直觉，但成长最好的办法就是不要直接追求成长，而是把提升客户生活品质当成主要目标。**品牌理想是促进成长的终极动力。**

未来：智能化战略品牌管理

2010 年之后，人工智能（AI）的进展及应用出现突破性的发展。人工智能开始渗透日常生活，自然语言的智能机器人开始协助人类解决越来越多的问题，**智能化营销**的概念和实践已经浮出水面。2017 年出版的《智能营销》一书，[23] 在应用层面论述了人工智能如何用于解决营销问题，包括获得顾客注意、劝说顾客、维系顾客，以及建立人工智能营销平台。

人工智能时代的战略品牌管理是一个全新的课题，品牌战略管理在这一全新时代的发展和创新，犹如喷薄欲出的红日，将令世界焕然一新。以下材料让我们窥见，变化将是惊人的。2018 年，《哈佛商业评论》上发表了题为《人工智能时代的营销》的文章。[24]

亚马逊公司的智能机器人 Alexa，在家庭中通过人机自然语言对话，成为家庭购物的智能助手，完成购买决策和网上购物的全过程。这意味着，**智能机器人已经成为消费者的"代理人"**。该文指出，人工智能平台和人工智能助手出现在消费品公司和消费者之间，**品牌—消费者关系在某种程度上转换为品牌—人工智能平台的关系。**消费者从认知信任品牌转向认知信任 AI 助手。由此，可以想象，品牌战略管理在 AI 时代会有全新的发展和创新。掌握人工智能平台的公司（例如亚马逊）具有更大的影响力，甚至可能垄断市场。从逻辑上讲，争夺品牌在消费者心智中的地位的命题将发生改变，品牌需要先赢得消费者代理人——智能平台的通行证。

在品牌实战发生了这些眼花缭乱的变化和创新的同时，我们不免要问，品牌学者是如何从学术上响应数字化革命的呢？

10.3 数字化品牌学术理念的创新

进入 21 世纪以来，数字化不仅使品牌实践面目一新，也对品牌学术理论带来深刻的影响和严峻的挑战。例如，原品牌资产理论的三种不同视角或取向，在数字化时代已经出现融合的趋势，共同创造品牌资产或价值创新已经成为新的主流。又如，网上的品牌社群改变了传统的品牌—消费者关系结构，有了更加强大的威力。浸合、共创等新的关键词相继出现并且成为主导的概念。**品牌理论已经出现新的裂变，品牌理论的重构正在悄然发生。**

在势不可挡的互联网、社交网络、数字技术、人工智能的颠覆浪潮面前，重构品牌理论已经势在必行，问题的焦点是：**怎样重构？即广义上如何取舍创新与传统的比例？**对此大致有三种思想取向，其一，**平分秋色，在颠覆与传统之间保持温和的平衡与融合。**例如科特勒在其著作《营销革命 4.0：从传统到数字》（2017）的封面上强调"不是颠覆，而是进化"；[25] 其二，**另起炉灶，推陈出新。**例如科特勒营销集团(中国)2017年出版的《数字化时代的营销战略》等一批新潮的书；[26] 其三，**稳步慢改，维持传统框架下的局部创新。**例如凯勒的《战略品牌管理》第 5 版（2020）（请参见第 5 章）。

试问，哪种观点更有远见和智慧？或许只有靠时间来最终回答。为了帮助读者更好面对变革、把握未来，笔者对变化的思想源头回溯反思，进而提炼出数字化品牌学术思想迄今的创新焦点所在。

数字化营销：共创共享的思想渊源

数字化营销应运而生，其新何在？

营销的根本思想是创造价值或价值创新。其基本问题是：1）创造什么价值？2）如何创造价值？现代营销改变了第一个问题的答案，从产品、效率价值转向顾客价值。数字化时代正在改变第二个问题的答案，即创造价值的方法发生了根本改变。

如果我们用一句话来简单表述，就是从"我的营销或我的品牌"变成了"我们的营销或我们的品牌"；由"我创造"变成了"我们创造"。这里的"我"，是指营销的主体，如公司、组织、个人等。这里的"我们"，是指为了追求一个价值目标而关联的所有参与者，例如公司＋顾客＋合作伙伴＋利益相关者＋……其本质思想是价值的共生共创共享。

价值共生共创共享这一思想的酝酿、形成和发展，经历了大约半个世纪的漫长时间。

1966 年，艾德勒（L. Adler）在《哈佛商业评论》上提出了"共生营销"（Symbiosis Marketing）的概念。[27] 所谓共生营销，即由两个或两个以上的企业联合开发某个营销机会。这是合作营销理论的雏形。可能因为缺乏技术支撑的环境，这个概念并没有获得大的响应。20 年后，1986 年著名的《营销学报》发表的论文重新提出了这个概念。[28] 又过了七年，1993 年《营销学报》发表的《合作营销联盟》论文再次拾起了这个概念。[29] 更有学者从"价值—价值网"的视角，将合作营销进一步泛化成新的**价值网营销（Value Network Marketing）**。[30] 价值网络和价值网营销的思想发端是 1999 年科特勒等在《营销学报》上发表的《网络经济中的营销》一文。[31] 这篇论文总结了 20 世纪末价值网的四种类型以及营销在其中扮演的角色，其被引用次数不少于 1 800 次（谷歌学术搜索，2018）。

从另一个角度，"竞争"作为商业的主导格局，自 20 世纪 80 年代历时 20 余年之后开始受到质疑，出现了与之相悖的"商业生态圈"和"蓝海战略"等新思维。网络＋共创已经成为强有力的商业新思想新战略。

1996 年，美国教授穆尔（J.F.Moore）在其著作《竞争的衰亡》[32] 一书中，提出"创建商业生态系统"。商业领域以前历来都是强调竞争、适者生存和环境适应。与此不同，穆尔的思想跳出了这种狭隘的思路，他首先洞察出大自然的另一个重要的"隐喻"，提出了令人耳目一新的见解：相互依存的物种在无穷的交互圈中"共同进化"，对整个生态系统的进化发挥了重要的作用。由此他主张，在商业战略上"不能单独行动，必须共同进化"。

穆尔提出"商业生态圈"概念的发端，最早出现在 1993 年他发表在《哈佛商业评论》上的一篇分析沃尔玛的文章中。[33] 11 年之后，2004 年《哈佛商业评论》又发表了另外两位作者的"作为生态的战略"一文，表明穆尔的商业生态系统的原创思想得到了进一步的肯定、延续和强化。[34] 之后，"企业生态"

开始受到普遍的关注和研究。[35] 21世纪的互联网企业在制定战略和创新商业模式时，往往首先谈到"生态圈"和"生态圈战略"，例如谷歌、阿里巴巴。

2005年金博灿等提出蓝海战略的新战略思维，[36] 获得了全球企业界广泛的响应。其基本思想是避开竞争的"红海"，反其道而行之，开辟新价值的"蓝海"。2017年，他们又出版了《蓝海战略2：蓝海转型》，[37] 其重点是进一步强调"价值创新"（Value Creation）比"技术创新"更加重要的思想，而且给出了实施蓝海转型的具体方法步骤。

对共创共享价值思想做出最大贡献的学者，首推普拉哈拉德。

2004年，大名鼎鼎的学者普拉哈拉德（C.K.Prahalad，1941-2010）等在其著作《竞争的未来》中提出了**"合作营销"**（Collaborative Marketing）和**"与顾客共创价值"的思想**（Co-creating Value，CCV）。[38] 普拉哈拉德的阐述深刻且极富创见，其思想的光芒照亮了此后10年的营销思想发展。

从演变的角度，该书将营销管理分为三个主要的进化阶段，即20世纪50年代的交易营销（Transaction Marketing）阶段、20世纪80年代的关系营销（Relationship Marketing）阶段和2000年后的合作营销阶段。其分野主要在于价值观点、市场观点、顾客角色、企业角色等方面的基本差异，请参见下表。

表　营销管理的演进

	交易营销 （20世纪50年代）	关系营销 （20世纪80年代）	合作营销 （2000年以后）
价值观点	交换中的供给	长期的顾客关系	共同创造体验
市场观点	交易价值的场所	各种供给汇集的地方	通过对话共同创造价值平台
顾客角色	购买者被动地接受供给	培养关系组合	消费前积极参与价值共创
企业角色	替消费者界定并创造价值	吸引、开发并留住有利可图的顾客	让顾客参与价值界定及共创过程
与顾客互动的性质	对顾客进行调查，以搜集需求和反馈信息	观察顾客并逐步学会适应	与顾客和社群积极对话

资料来源：改编自普拉哈拉德等的著作《竞争的未来》（The Future of Competition：Co-creating Unique Value with Customers）。

2007 年，普拉哈拉德在《哈佛商业评论》上又发表了《共同创造商业的社会新契约》一文，倡导建立协同共创的新型商业关系。该文获得了当年的麦肯锡奖。[39] 2008 年，他与合作者再出版一书《通过全球网络驱动共创价值——创新的新时代》，[40] 他们预见到共创价值与全球网络带来的创新新时代。普拉哈拉德在其生命的最后阶段发出了最强的思想之光，就在普拉哈拉德发表共创价值思想的 2004 年，Facebook 问世，带动社交媒体蓬勃兴起，短短数年就开启了真正实现共创共享的伟大新时代。

波特（M.Porter）

这一趋势的强大和现实的发展，以致以竞争战略而闻名全球的大学者、哈佛商学院教授**波特（M. Porter）**也采取了全新的学术视角。不囿于过去，正是大学者之气度。2011 年，他与合作者在《哈佛商业评论》发表文章，提出了**"创造分享的价值"**的重大思想。[41] 这篇文章赢得了第 53 届麦肯锡奖，被引用次数超过了 7 500 次（谷歌学术搜索，2018）。作者已经将这一重要思想扩展为一本书，在 2019 年出版。[42] 从"竞争"到"分享"，表明波特的战略思想转向了全新的视角和崭新的阶段。

可以说，波特的**"创造分享的价值"**，是普拉哈拉德的"共创价值"思想的新发展。二者含义并不尽相同。简言之，"共创价值"强调的是创造价值的途径或方法，"创造分享的价值"强调的是创造价值与分享价值的不可分割。

从"风口"到"数字人"

在高屋建瓴的创新思维之下，学者研究的具体焦点或关键词，一开始是来自变化的"风口"，后来才找到了根本所在——"数字人"。从追逐新技术手段转向更加关注人的变化，反映了学术思想由表及里的深化。

让我们先考察数字化的风口。席卷一切的变化之风主要有两个风口：数字媒体和数字渠道。前者完全改变了传播方式，后者颠覆了购买行为。

1. 数字媒体和数字传播改变了品牌传播的方式和效果

● **品牌广告的模式被颠覆。**这一变化体现在数字媒体（社交媒体为主）开始替代传统大众媒体，智能手机开始替代电视。宏观数据表明，在全球广告总支出中，互联网和手机线上广告的比重，从 2007 年不足 10% 一直显著上升，2010 年约 15%，2016 年为 31%。

● **线上口碑对品牌的影响空前上升。**[43]

● **传播符号的视频化和感性化趋势明显。**图像比文字更胜一筹，感官比理性更加直接有效。

2. 数字空间改变了商业渠道

数字化时代线上模式天马行空、大行其道，由于数字智能技术的"赋能"，提供了以前难以想象的服务和顾客价值创新，人们拥抱数字空间是理所当然和不可避免的。广告投放，传统媒体已被线上网络广告抢走份额；实体零售和销售渠道，已被电商和网购攻城略地。在品牌创建上，线上品牌似乎更加近水楼台先得月。**无论是广告投放、销售渠道还是零售终端，线上的份额增长显著。**

但是，消费者的完整活动行为，既包括线上，也离不开线下，所以，商业渠道回归到了线上加线下的互补融合模式。

变化之根：数字人

揭开技术变革的帷幕，学者追问，数字化到底改变了什么？

工具、流程和手段的数字化都仅仅是表面的改变。**数字化技术改变的根本所指，是人的行为和决策方式乃至文化的改变，**从而引发战略品牌管理和品牌理论的深刻变化。数字化时代的根本改变来自顾客，包括顾客的角色地位、决策方式、生活方式、价值和文化。所以说，变革的深层驱动则来自人的改变——从"传统人"到"数字人"。数字时代根本的变化是"传统人"变成了"数字人"。

"数字人"是指 20 世纪 90 年代之后出生的新生代，他们是数字化时代的原住民，如今已经成为主流消费人群。他们也曾被称为"比特化消费者"

（bit-consumer）[44]、"数字化消费者"。这之前的人为"传统人"。当然，传统人也都纷纷"移民"进入数字化的新世界，尽管他们适应这个新世界需要更多的努力。传统人也开始部分具有"数字人"的特征。**数字人的行为新特征表现在营销方面主要有四点：数字化搜索；数字化连接；数字化决策；数字化购买和支付。**

麦肯锡公司的埃德曼（D.C. Edelman）2010年在《哈佛商业评论》上的文章**《数字化时代的品牌创立》，可谓是第一篇标杆文献。**[45] 该文章的副标题很打动人：你的钱都花错了地方。其主要是说，数字化时代消费者的决策路径已经根本改变，提出必须改变数字化战略关注的视角，从接触点及广告投放媒体选择等问题转向关注消费者的根本变化。他引用了2009年考特（David Court）与合作者提出了新环境中的"消费者决策进程模型"（Consumer Decision Journey）来论证这一观点。2015年埃德曼和同事的另一篇文章《在顾客路径上竞争》[46]，也是基于同一个视角——从数字化改变的人身上切入进行研究。**麦肯锡公司的贡献是，它呼吁不要沉迷在数字技术和数字工具的层面，而要聚焦于研究根本的变化所在。**

根本改变都反映在数字人不再是传统人，三个主要的改变是：**数字技术赋予消费者新权力；线上品牌社群改变了关系结构；行为决策的新模式。**

A 消费者权力的演变

数字化赋予消费者权力上升的趋势非常明显。2013年年末发表的一篇论文研究了数字化时代消费者权力的演变趋势。[47] 不言而喻，消费者在市场中拥有了**更强大的影响力和话语权。**研究者提出并将目光放在"消费者权力"（Consumer Power）上，这可以说是抓住了一个关键。

消费者权力的明显增强，包括：需求力量、信息力量、线上力量和社群力量。

B 线上品牌社群改变了关系结构

顾客—品牌关系的结构因为线上品牌社群的活跃而发生了质的变化，点对点的交互网状结构取代了一对一的关系结构。

C 顾客决策新模式

随之，导致了最重要的变化——**顾客决策模型的改变**。如下图所示，漏斗模型（左）变成了双环模型。

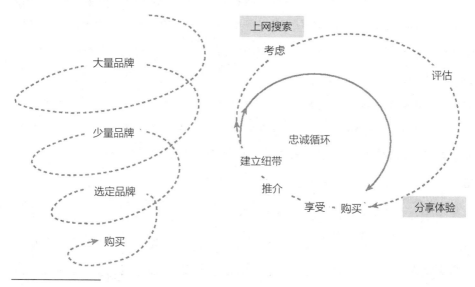

漏斗模型（左）和双环模型（右）

数字化品牌学术思想的创新点

数字化在品牌学术领域带来了什么重要的变化，已经成为了品牌学界思考的重大问题。2019 年，美国西北大学凯洛格商学院出版了论品牌化的第二本论文集——《凯洛格论超互联世界的品牌化》。[48] 又如，中国何佳讯教授 2017 年在《清华管理评论》提出，数字化时代有 6 大传统品牌逻辑被颠覆。[49] 即出现了以下全新的逻辑：

1）品牌概念：品牌是"资源连接平台"；2）开源品牌化；3）品牌识别系统的淡化；4）品牌传播的倒金字塔模型（自上而下）；5）跨界的品牌生态圈；6）品牌社群是品牌营销的中心。

何佳讯敏锐抓住了数字化在品牌领域带来的重大变化，他提出的 6 点既包括品牌思想概念（1，3，4 点）的颠覆，也有品牌战略管理方面（2，5，6 点）的颠覆。

笔者将**数字化时代品牌学术思想的创新**归结为以下三个方面。

1. 数字化品牌的新概念：共创平台和品牌生态圈

在传统时期品牌的概念核心是"差异化识别"，进入现代时期，品牌概念的核心转向"资产"，品牌是"战略资产"和"资产杠杆"。**数字化时期品牌的社会文化价值上升，品牌成为某种价值观的"共创平台"或"共创生态圈"。**品牌概念的这种演化，并不是意味数字化时代品牌原来的"差异性"和"资产性"被替代，而是指品牌具有了新的内涵，并且新的内涵的主导作用已不可忽视。例如，苹果公司 2008 年在智能手机上开创的 App Store —— 应用软件平台，就是一种典型的共创品牌平台，它成功地将各参与方的需求和经济利益捆绑在一起。

2. 数字化品牌关系的新境界：浸合

在数字化的环境中，品牌关系进化到互动 + 共创的新境界，并且在**学术上出现了重要的新概念——"浸合"。"浸合"代表了数字化时代顾客关系和品牌关系的新境界**，以致整个营销的定义因为这个关键词而更新，如科特勒的《营销原理》第 17 版（2018）与其第 16 版（2016）中对营销定义之区别，就在于加入了"浸合"。[50]营销的新定义（2018）如下：[51]

通过为顾客创造价值和从顾客获得价值以浸合顾客并建立可持续的顾客关系的过程。

3. 数字化品牌资产的新趋势：品牌资产转向顾客资产

顾客资产理论的提出，使原先已树立的"以顾客为中心"的现代营销思想更加深刻更加落地了，黏住顾客比短期盈利更重要；顾客份额比市场份额更重要。随着时间的推移，在数字智能化时代的创新商业模式中，无论是平台经济、分享经济、还是长尾经济、免费经济，顾客资产理论的威力都越来越充分地体现出来。

数字化时代出现的另一个新的学术趋势是**顾客资产（Customer Equity）**的重要性从 2000 年开始凸显出来。品牌粉丝的数量、顾客网上流量等在市场竞争中越来越成为制胜的关键。

正如科特勒 2015 年在东京世界营销峰会的演讲所指出，1990—2000 年是品牌导向，2000 年后是价值、价值观与共创导向。[52]20 世纪 90 年代是品牌资产理论当道，进入 21 世纪后顾客资产理论开始崛起。[53]

顾客资产（Customer Equity）的学术思想出现在 21 世纪之初互联网应用兴起之时，并很快成为一个热门研究分支。21 世纪营销的大变革，证明了这一超前思想的先见之明。顾客资产与品牌资产的关系也随之受到学术界的重视。

高举"顾客资产"学术大旗的是美国三位重量级教授：拉斯特（R.T. Rust）、泽丝曼（V.A.Zeithaml）和莱蒙（K. N. Lemon）。他们在 2000 年合著了开拓性的著作《顾客资产驱动》，[54] 次年又出版了修订版。2001 年哈佛出版社出版了另外三位学者以《顾客资产》为名的新书。[55]

2004 年，拉斯特等学者在《营销学报》上发表了重要的论文《回归营销：用顾客资产聚焦营销战略》。[56] 他们提出了顾客资产比品牌资产更重要的思想，提出了以顾客资产重塑公司战略的新主张。社交媒体兴起后，该文引起了大的反响，总被引用

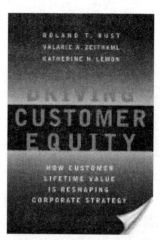

顾客资产的开拓著作——
《顾客资产驱动》（2000）

次数在 2000 次以上（谷歌学术搜索，2018）。2005 年拉斯特等又出版了面向实战的《顾客资产管理》[57]一书。

数字化营销的实战已经表明，顾客资产意味着粉丝和社群平台，决定了竞争胜负的最终筹码。中国腾讯的成功充分启示了顾客资产的战略重要性。其公司立足的产品 QQ 以免费的形式追求用户数量（顾客资产）的增长，尽管很长时间内似乎找不到盈利模式，但腾讯最终凭借顾客资产成为难以企及的伟大公司。

在结束本章之前，应提到贴近数字化品牌新潮的两位创新学者：沃伦（C.Warren）和巴恰（R.Batra）。

沃伦出生于 20 世纪 80 年代，是品牌学术圈中的新生代。也因此，这位年

轻的美国亚利桑那大学副教授，对数字化的新思潮格外敏感。他的研究目光首先聚焦在社会上越来越流行的"酷"（cool）文化上。他对"什么是酷"的深入追问带来了学术上的突破。2014年他与合作者的开创性论文在《消费者研究学报》上发表，题为《酷因何而来》。[58] 这是研究新一代消费者的出色成果。

沃伦迈出的第二步是想将"酷"引入品牌领域，或者说以"酷"的新视角开拓品牌研究。这显然抓住了数字化时代创新品牌学术的一个关键点。为了尽快突破，沃伦寻求品牌学术圈中的一位老将——美国密歇根大学的巴恰教授的合作。经过共同努力，他们成功实现了新的目标。2019年他们联名在《营销学报》上发表了"品牌酷值"（Brand Coolness）的开创性论文。[59] 品牌酷值这一变量的出现，为品牌—顾客关系建立了新的视角，也进一步强化了品牌的文化方向，为数字化时代的品牌情感增添了更加耀眼的亮点。

巴恰教授已经65岁了，但他的品牌研究基础和背景非常契合"酷"。巴恰1984年在美国斯坦福大学获得营销学博士学位，发表过大量重量级学术论著。他早期活跃在广告理论研究上，后来转向品牌研究，偏向品牌全球化和品牌情感。2012年巴恰等提出"品牌挚爱"的品牌新概念，[60] 这与品牌酷值靠得很近。

巴恰在印度大学毕业后到美国发展，这种背景使得他也关注新兴市场的广告和品牌研究。下一章要展开的主题就是新兴市场品牌的全球化。

巴恰教授（R.Batra）

10.4　小结

数字化对"何谓品牌"和"如何品牌化"这两个基本问题的答案提出了深刻的挑战，引出了数字化品牌的新概念，打开了对品牌理解的新境界。针对"如何品牌化"也涌现出了前所未有的大创新。数字品牌化意味着，从消费者本身到品牌化的目标、路径和战略都与以前不可同日而语，甚至面目全非了。

本章试图从实战和学术两个方面分别勾勒出已经变革和还在继续变革的重

大变化。

笔者指出，数字化带来的品牌化战略的实战创新主要反映在三个方面：A.品牌传播数字化；B.品牌化路径创新；C.品牌管理战略模式创新。

数字化带来的品牌学术理论的创新，集中在三大创新主题上，即：A.数字化品牌新概念；B.数字化品牌关系的新境界（浸合）；C.数字化品牌资产或顾客资产的新趋势。

本章追溯了数字化和数字化营销的创新的思想源头，并且强调数字化智能化的变革和转型的关键不在技术或工具的层面（如数字媒体、数字渠道），而在战略的层面，更在于人的改变——行为、决策和文化的变异。所以，**数字化时代的思维必须基于战略和数字人**。笔者也指出，学术界对于这场巨大变革表现出激进或保守的不同思想态度。虽然商业中的传统模式和数字模式将在长时间内并存互补，"创新顾客价值"却是历久弥新不变的轴心。

注　释

[1] 参见 www.mckinsey.com.cn/wp-content/uploads/2017/08/ 麦肯锡季刊 2017 夏季刊 .pdf。

[2] 科特勒 . 我的营销人生 [M]. 陶鹏，译 . 北京：中信出版社，2019：第 48 个故事：营销的未来 .

[3] Steenkamp J B. Global brand strategy: World-wide marketing in the age of branding [M]. London: Palgrave Macmillan，2017；参见中译本：斯廷坎普 . 全球品牌战略 [M]. 安斯琪，译 . 北京：清华大学出版社，2018.

[4] 尼葛洛庞帝 . 数字化生存 [M]. 范海燕，译 . 海口：海南出版社，1997.

[5] Christensen C M, Overdorf M. Meeting the challenge of disruptive change [M]. Harvard Business Review, 2000, March–April; Christensen C M，The innovator's dilemma: When new technologies cause great firms to fail [M]. Brighton: Harvard Business Review Press，2013.

[6] 请参考：《哈佛商业评论》2018 年度零售业数字化案例榜；《传统广告已死》刊载于 2014 年《哈佛商业评论增刊》；《数字营销革命》刊载于 2014 年《哈佛商业评论》第 7 期。

[7] 斯廷坎普 . 全球品牌战略 [M]. 北京：清华大学出版社，2018：第 5 章 .

[8] Holt D. Branding in the age of social media [J]. Harvard Business Review,2016,94 (3):40—50.

[9] 参见 2017 年 4 月卢泰宏在中山大学大学城的讲稿《数字化战略品牌管理》。

[10] Keller K L. Strategic brand management [M]. 4th ed. New Jersey: Pearson, 2013: 80.

[11] Diamond S. The visual marketing revolution : 26 rules to help social media marketers connect the dots [M]. New Wark: Que Corporation, 2013; 中译版: 戴蒙德. 视觉营销 [M]. 唐兴通, 等译. 北京: 电子工业出版社, 2015.

[12] 沃尔特, 基格里奥. 一本书学会视觉营销 [M]. 阎佳, 译. 北京: 中国人民大学出版社, 2015.

[13] Lindstrom M. Brand sense: Sensory secrets behind the stuff we buy [M]. Detroit: Free Press, 2005; 中译版: 林斯特龙. 感官品牌 [M]. 赵萌萌, 译. 天津: 天津教育出版社, 2011.

[14] 参见《时代》杂志 "Time Magazine Influential 100 Honoree" 30 April 2009.; "Martin Lindstrom – Thinkers 50" 2015.

[15] Miller D. Building a storybrand: Clarify your message so customers will listen [M]. Nashville: HarperCollins Leadership, 2017.

[16] McKee R, Gerace T. Storynomics: Story-driven marketing in the post-advertising world [M]. New York: Twelve, 2018; 中译版: 麦基, 格雷斯. 故事经济学 [M]. 陶曚, 译. 天津: 天津人民出版社, 2018.

[17] 曹虎, 王磊. 数字化时代的营销战略 [M]. 北京: 机械工业出版社, 2017.

[18] 陈春花, 廖建文. 打造数字战略的认知框架 [J]. 哈佛商业评论, 2018.7.

[19] J.F.Moore. The death of competition[M]. New Zealand: Harper Collins Publisher. 1996.; 中译版: 穆尔. 竞争的衰亡: 商业生态系统时代的领导与战略 [M]. 梁骏, 等译. 北京: 北京出版社, 1999.

[20] 曾鸣. 智能商业 [M]. 北京: 中信出版社, 2018: 序.

[21] Kuehlwein J, Schaefer W. Uber-branding: How modern prestige brands create meaning through mission and myth [J]. Journal of Brand Strategy. 2017, 5 (4): 395– 409.

[22] 曹虎, 王磊. 数字化时代的营销战略 [M]. 北京: 机械工业出版社, 2017: 第 2 章, 图 2-16.

[23] Sterne J. Artificial intelligence for marketing[M]. New Jersey: John Wiley & Sons, 2017.

[24] Dawar N, Bendle N. Marketing in the age of Alexa [J]. Harvard Business Review, May-June 2018: 80—86.

[25] 科特勒等. 营销革命4.0: 从传统到数字 [M]. 王赛, 译. 北京: 机械工业出版社, 2018.

[26] 曹虎, 王磊等. 数字化时代的营销战略 [M]. 北京: 机械工业出版社, 2017.

[27] Adler L. Symbiotic Marketing [J]. Harvard Business Review,1966，44(6):59−71.

[28] Varadarajan P, Rajaratnam D. Symbiotic Marketing Revisited [J]. Journal of Marketing, 1986, 50(1): 7−17.

[29] Bucklin L P, Sengupta S. Organizing successful co−marketing alliances [J]. Journal of Marketing, 1993,57(2):32−46.

[30] 卢泰宏，周懿瑾，何云. 价值网研究渊源与聚变效应探析 [J]. 外国经济与管理, 2012,34(1): 65−73.

[31] Achrol R S,Kotler P. Marketing in the Network Economy [J]. Journal of Marketing,1999,63 (Special Issue): 146−163.

[32] J.F.Moore. The death of competition[M]. New Zealand: HarperCollins Publisher. 1996.; 中译版：穆尔. 竞争的衰亡：商业生态系统时代的领导与战略 [M]. 梁骏，等译. 北京： 北京出版社，1999.

[33] Moore J F. The evolution of Wal−mart: Savvy expansion and leadership[J]. Harvard Business Review, 1993 May−June: 82−83.

[34] Lansiti M, Levien R. Strategy as ecology [J]. Harvard Business Review, 2004 March:68−78.

[35] Suan, Sen T. Enterprise ecology [J]. Singapore Management Review, 1996,8(2): 51−63.

[36] Kim W C, Mauborgne R A. Blue Ocean Strategy [M]. Boston: Harvard Business School Press，2005.

[37] Kim W C, Mauborgne R A. Blue Ocean Shift [M]. Hachette Books, 2017.; 中译版： W. 钱·金，莫博涅. 蓝海战略2：蓝海转型 [M]. 吉宓，译. 杭州：浙江大学出版社， 2018.

[38] Prahalad C K, Ramaswamy V. The future of competition: Co−creating unique value with customers [M]. Boston: Harvard Business School Press, 2004.

[39] Prahalad C K, Brugmann J. Co−creating Business's New Social Compact[J].Harvard Business Review, 2007,85(2):80−90.

[40] Prahalad C K, Krishnan M S. The new age of innovation: Driving co−created value through global networks [M]. New York: McGraw−Hill, 2008.

[41] Porter M E, Kramer M R. The big idea: Creating shared value [J]. Harvard Business Review，2011,89(Jan−Feb): 62−77.

[42] Porter M E, Kramer M R. Creating shared value [J]. Managing Sustainable Business, 2019.

[43] Kotler P, Keller K L. Marketing management [M]. 15th ed. New Jersey: Pearson, 2016： Chapter 21.

[44] 请参见2015年东京科特勒世界营销峰会上科特勒的演讲。

[45] Edelman D C. Branding in the digital Age: You're spending your money in all the wrong

places. [J].Harvard Business Review, 2010, 88(12）：63-69.

［46］Edelman D C, Singer M. Competing on customer journeys [J]. Harvard Business Review, Nov.2015, 93(11): 88-94.

［47］Labrecque L I, Mathwick C, Novak T P, et al. Consumer Power: Evolution in the Digital Age [J]. Journal of Interactive Marketing, November 2013, 27(4)：257-269.

［48］Tybout A M, Calkins T. Kellogg on branding in a hyper-connected world [M]. New Jersey: Wiley，2019.

［49］何佳讯．颠覆的品牌逻辑 [J]. 清华管理评论，2017（3）.

［50］科特勒在《营销学原理》第 16 版（2016）中对营销定义是：通过为顾客创造价值和从顾客获得价值来建立有价值的顾客关系的过程。

［51］Kotler P, Armstrong G. Principles of Marketing [M]. 17th ed. New Jersey: Pearson,2018:29

［52］转引自：曹虎，王赛．数字化时代的营销战略 [M]. 北京: 机械工业出版社，2017: 第 2 章.

［53］科特勒等．营销革命 4.0[M]. 王赛，译．北京：机械工业出版社，2018.

［54］Zeithaml V A, Lemon K N, Rust R T. Driving customer equity: How customer lifetime value is reshaping corporate strategy [M]. New York. Simon and Schuster, 2000.

［55］Blattberg R C, Getz G, Thomas J S. Customer equity: Building and managing relationships as valuable assets[M]. Boston: Harvard Business Press, 2001.

［56］Rust R T, Lemon K N, Zeithaml V A. Return on marketing: Using customer equity to focus marketing strategy [J]. Journal of Marketing, 2004, 68(1):109-127.

［57］Rust R T, Lemon K N, Narayandas D. Customer equity management [M]. Pr Hill,2005.

［58］Warren C, Campbell M C. What makes things cool? How autonomy influences perceived coolness [J]. Journal of Consumer Research,2014, 41 (2): 543-563.

［59］Warren C, Batra R et al. Brand coolness [J]. Journal of Marketing,2019, 83 (5): 36-56.

［60］Batra R, Ahuvia A, Bagozzi R. Brand love [J]. the Journal of Marketing, 2012 March(1).

11 新兴品牌：
从西方到东方

下一批重要的全球品牌将出自新兴国家。

——阿克

在中国研究品牌化正是一个独特的时机。

——凯勒（《战略品牌管理》第 4 版中译版序言）

进入 21 世纪的第二个十年，品牌领域的重心出现了两个重要的转移：战略品牌管理从传统向数字转移；全球化品牌焦点从西方向新兴市场转移。第 10 章讨论了战略品牌管理从传统向数字的转型，本章将考察另一个趋势——新兴市场的品牌崛起。

新兴品牌如何崛起？ 就是要在新兴市场的情境和文化中，寻求"何谓品牌"和"如何品牌化"这两个基本问题的创新答案。

本章重点评介了西方两位重要品牌领域学者的开拓之作——《品牌突围》，介绍了他们关于新兴市场品牌化的学术思想和提出的解决方案，以及他们的学术风格和研究方法，并在此基础上，反思新兴市场品牌学术的创新之路。

由于情境的不同，新兴市场品牌化与西方市场品牌化既有共性的问题，也有个性的问题，例如新兴市场对品牌的理解、新兴市场的初期品牌化等问题。现有的回答尽管是出色的，却只是部分答案。为此，笔者又特别讨论了新兴市场的品牌学术研究如何实现从模仿到创新的转变。

当然，我们首先要考察新兴市场崛起的思想来源和状况。这首先必须提到全球管理学界的一位大师级思想家普拉哈拉德。

11.1 普拉哈拉德：新兴市场"金矿说"

唤醒世界关注新兴市场的第一位学者，是全球最有影响的管理思想家之一、印度裔的美国学者普拉哈拉德（C.K.Prahalad）。我们在第 10 章曾经论及过这位学者有关"共创价值"的思想，这里要提及他的另外一个重要的原创思想——对全球新兴市场兴起的预见和开发新兴市场的主张。

作为亚洲背景的学者，普拉哈拉德对新兴市场充满激情，他的研究将世界的注意力引向待开发的新兴市场。2004 年，他发表了《金字塔底层的财富：通过利润消除贫困》一书。[1] 普拉哈拉德在该书中指出，生活在每天 2 美元贫困线下的 40 亿人加起来是一个巨大却被冷落了的市场。"40 亿穷人可以成为下一轮世界贸易和经济繁荣的引擎，"普拉哈拉德强调，"市场潜能的真正来源不是发达国家的富裕阶层，也不是新兴的中产消费者，而是亿万热切的贫困人群，他们第一次加入了市场经济的洪流。"

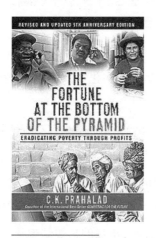

《金字塔底层的财富：通过利润消除贫困》

普拉哈拉德（C.K.Prahalad）

此书被广泛认为是了解新兴市场的必备读物。这本书提供了12个案例研究，证明了一些公司在为一些世界上最穷的人口带来巨大的社会和物质改善的同时，也创造了巨大的利润。

朦胧的品牌新大陆

将普拉哈拉德的思想运用到品牌领域，就会引出这样一个问题：全球品牌兴起和学术研究的下一个制高点会落在新兴市场吗？

品牌世界的外部环境在最近十年发生了巨大的变化，不仅来自科技的冲击，也来自世界经济格局的根本性变化。21世纪世界经济增长的驱动力量开始转向以中国为代表的新兴市场和国家。

经济格局的逆转亦带来了品牌领域风向改变的新气息：西风东渐不再是唯一的格局，东风的风生水起也可能成为另一道风景。尽管在全球品牌数据和价值排行榜上，西方品牌依然占据主导的地位，品牌领域的新生力量却已经悄然兴起：新兴市场的品牌崛起成为更加抢眼和备受关注的焦点。

以中国品牌在全球地位的变化来看，这一切刚刚开始，方兴未艾。首先，产品出口并不等于品牌国际化。"业务全球化"（Business Globalization）和"品牌全球化"（Brand Globalization）是两个概念。中国企业的"业务全球化"已经很有声势，许多产品已经行销四海。但是相对之下，中国企业的"品牌全球化"几十年来的成绩并不尽如人意。回顾过去的40年，中国品牌建设的投入并不少，虽有所创获，却不容乐观。在涌现了最多中国品牌的珠江三角洲，家电品牌"美的"是一个杰出的代表。美的集团年销售额已超过357亿美元（2017），其产品销售遍及全球200多个国家和地区。然而，"美的"品牌至今却几乎没有走出国门，在海外的角色几乎都是OEM提供商，品牌并没有实现全球化。在2018年英特品牌全球最佳品牌排行榜中，只有一个中国内地品牌上榜。概略而言，中国公司在20世纪迈入了跨国公司的行列，21世纪中国公司的使命是品牌全球化！

与西方市场10亿消费者相比，全球新兴市场拥有60亿消费者。新兴市场的经济腾飞，有力地将新兴市场的国家和地区从产品时代推进到品牌时代。品牌的需求上升、品牌的意识提高，大环境呼唤和催熟本土品牌的奋进和成长。

　　品牌领域学者所关注的，则是新兴品牌走向全球的战略品牌管理问题。基于新兴市场的品牌研究表现出巨大的生命力。一些有眼光的学者甚至认为，挖掘新兴市场的品牌研究这一待开发的"金矿"，比待在以西方品牌为对象的理论圈子中更具有挑战性，也更有未来的价值。这是品牌思想和品牌实践历程中正在揭开的历史的新一页。

11.2　开发"品牌新大陆"的库马尔和斯廷坎普

　　持这种变革的眼光，将品牌学术研究的目光投向新兴市场，首先掀开品牌历史新的一页的学者，可惜不是新兴国家本土的学者，而是来自西方，即**西方学者迈出了第一步**。迄今为止，品牌学术研究的主流力量都在西方，西方学者几乎都是在西方的情境中研究发达市场的品牌化，而新兴市场的品牌学者几乎都是跟随和模仿西方的研究被动而为，以致新兴市场的品牌学术研究一直处在边缘化的地位。在这种大的背景下，出人意表的是，有两位纯粹西方背景的品牌学者，率先开拓新兴市场品牌化和全球化这块学术处女地，他们频繁来到中国研究，发表了重要的思想和研究成果。这两位眼光独到的学者就是美国的**斯廷坎普**（J.B.Steenkamp）和**库马尔**（N.Kumar）。

　　2018 年 10 月，斯廷坎普在上海华东师大"全球品牌战略国际研讨会"上发表主旨演讲"创建中国的全球品牌"（Building Chinese Global Brands），他结合中国案例提出了发展新兴品牌的五步流程图。这绝非一日之功，事实上，他从 2010 年开始便投身于新兴市场的品牌研究，在 2013 年与库马尔合作发表开创性的著作《品牌突围》。[2] **这是专门研究新兴市场品牌全球化的第一本重要的著作**。

　　库马尔和斯廷坎普这两位人物都出生在 20 世纪 50 年代末，是全球营销和品牌学术界的代表人物。为了理解他们与众不同的思想和著作，我们不妨先大致了解一下他们两位的学术背景。

库马尔其人

库马尔是印度裔美国著名营销学学者，"全球最具影响的商业思想家50人"的入围候选者（2017），他的学术著作的被引用次数近2万次（谷歌学术搜索，2018）。他善于抓住前沿的研究热点，例如新兴市场品牌和"浸合"等。他在《哈佛商业评论》发表过许多文章，曾在英国伦敦商学院、哈佛商学院、西北大学凯洛格管理学院等多所顶级商学院任教。

库马尔（N.Kumar）

库马尔1980年在印度大学毕业，在美国伊利诺伊大学取得MBA学位，1991年在美国西北大学凯洛格管理学院获得营销学博士学位。他在学术界前途远大，不过，他并不满足于做一个囿于象牙塔中的学者。他服务过50多家财富500强公司。或许出于对亚洲新兴市场的情感，他曾经进入印度塔塔集团任首席战略官。2017年他又重返学术界，转至新加坡管理大学任冠名的李嘉诚营销学教授。他也被中国教育部聘为长江学者。

斯廷坎普其人

斯廷坎普是全球营销品牌界的著名学者、美国北卡罗来纳大学教堂山分校**凯南商学院教授**，市场营销系主任。

斯廷坎普是一位影响力迅速上升的全球著名营销学者。他获得过许多学术成就。他的学术论著被引用总数超过3.4万次（谷歌学术搜索，2018）。他被评为1997-2007的十年里全球最具影响力的市场营销学者之一。[3]

品牌是斯廷坎普在市场营销学的第一研究领域，其次是营销战略，全球化视角和消费者研究视角是其学术特征。至今他被引用最多（3700多次，谷歌学术搜索，2018）的论文，就是1998年他发表在《消费者研究学报》的一篇跨国消费者研究论文。[4] 在品牌领域，斯廷坎普堪称是**最关注新兴市场、投入研究最多、论著最有分量的西方学者**。

斯廷坎普这位1959年出生于鹿特丹的荷兰人，对遥远的新兴市场的兴趣似乎由来已久，例如，他早年就醉心于研究亚洲的经济和文化。斯廷坎普进入品牌学术领域之后，他早年对亚洲的兴趣将他带到新兴市场的品牌研究这一处女地，其内在的兴趣当然非一般学者可比。

斯廷坎普的学术风格非常鲜明，他是一位典型的两栖型开放学者。他既重视学术，也注重实战。其学术风格是张弛于学术—咨询两栖，以企业调研为基础，擅长从学术角度展开企业咨询，解决实战问题。他的论述几乎都从数据、案例出发，不发空言虚论。由于斯廷坎普面向品牌实战，他的文章经常被《哈佛商业评论》《华尔街日报》《金融时报》《经济学人》《纽约时报》等有影响的商业刊物刊登在重要版面。又如他的新书《全球品牌战略》（2017），书中所引用的学术性文献并不多，引用的来源几乎都是商业刊物和咨询公司报告。

值得一提的是，斯廷坎普的妻子正是前文提到过的泽丝曼教授。在《品牌突围》一书的题记中，斯廷坎普写道："献给瓦拉丽——她的爱让我享受快乐至今。"可能几乎无人想到，这位瓦拉丽——斯廷坎普的妻子就是服务营销理论的开山学者泽丝曼教授！

斯廷坎普教授尤其青睐中国，他是2010年以来访问中国最频繁、发表学术演讲最多的西方品牌学者。除了应邀发表品牌主题演讲和在高校上课之外，他在中国的时间和精力主要花在对中国品牌和企业的实地调研上。

11.3　解读《品牌突围》

以新兴市场为对象的品牌学术研究开始比较晚，据何佳讯等的文献分析，这一主题相关的有影响的文献出现在20世纪90年代，如罗斯（1995）的《文化和社会经济对全球品牌形象的影响》、奥尔登等（1999）的《全球消费文化的角色：亚洲、北美和欧洲的广告定位》。[5] 而这个方向上真正意义的研究起始在 2010 年之后，代表性的开创学者当数库马尔和斯廷坎普。

库马尔和斯廷坎普对新兴市场品牌化研究的成果，首先集中反映在 2013 年出版的《品牌突围：新兴市场品牌如何走向世界》一书中，[6] 该书是迄今为止关于新兴市场品牌化最重要的一本书。当时在书中明确了这样一个基本观点：在西方品牌已经进入品牌全球化的今天，新兴市场的品牌还在品牌全球化的大门外徘徊，作者认为，"突围"是新兴市场品牌在当代最迫切需要的时代主题和奋斗目标。

现代营销之父科特勒推荐此书时说："库马尔和斯廷坎普这部经过深入调查之后写出的作品让两大群体受益匪浅：帮助新兴市场品牌走向世界；帮助西方国家成熟品牌认清面临的危局。所有全球品牌相关人士都应该读一读这本书。"

品牌大师阿克的推荐语则耐人寻味："下一批重要的全球品牌将出自新兴国家。库马尔和斯廷坎普介绍了这些新兴市场企业打造全球品牌将采取的八条路线。每个严肃的品牌战略制定者都必须深入了解未来全球品牌的打造方式。"请注意，阿克显然也认为，品牌化的下一个高潮会落在新兴市场。

《品牌突围》（2013）

《品牌突围》一书出版的当年就被翻译成中文在中国出版。这本书在中国受到的重视和引起的反响要远远超过美国，因为中国当下最迫切需要这个主题，而美国对此并没有十分大的需求，尽管作者的本意之一是提醒西方公司应该注意新兴市场品牌正在崛起和全球化。

西方学者的重要成果：新兴品牌全球化的"路径论"

《品牌突围》正面回答了新兴品牌如何走向世界的等问题。此书核心的贡献是，**作者聚焦于探索"新兴品牌国际化的路径"**，特别提出了新兴市场品牌国际化的八条路径，可称之为"路径论"。

新兴品牌如何国际化？此前的研究有过其他不同的角度，如国际贸易论、竞争战略论、品牌传播论等。《品牌突围》的两位作者首先提出了一个好的问题：新兴市场的品牌是通过哪些路径进入国际市场的？他们通过大量脚踏实地的公司调研，进行具体的路径研究和比较，从而大有收获。与其他一些同类研究结果相比较，库马尔和斯廷坎普的路径论是品牌营销的专业视角，更加微观具体，更加贴近公司的品牌战略，更加具有品牌咨询的价值。

《品牌突围》一书的主要内容和贡献，就是基于案例归纳出了新兴市场品牌国际化的八条路径，请参见下表。

表　新兴品牌国际化的八条路径

路径	示例
亚洲龟路径：迈向更高的质量和品牌溢价	·海尔（中国） ·珠江钢琴（中国） ·万力（中国）
企业—消费者路径：在 B2C 市场发挥 B2B 的优势	·爱仕达（中国） ·格兰仕（中国） ·华为（中国） ·马恒达（Mahindra）（印度） ·中兴（中国）
移民路径：跟随移民进入海外市场	·科罗娜（Corona）（墨西哥） ·Dabur（印度） ·快乐蜂（菲律宾） ·马来西亚回教银行（马来西亚） ·文华东方酒店（中国） ·Pran（孟加拉国）

（续）

路径	示例
品牌收购路径：从西方跨国企业手中收购全球品牌	·宾堡（墨西哥） ·吉利（中国） ·联想（中国） ·塔塔汽车（印度） ·TCL（中国）
海外品牌传播路径：克服原产地国的负面影响	·泰象啤酒（Chang Beer）（泰国） ·Ospop（中国） ·荣威（中国） ·Sheji/Sorgere（中国）
文化资源路径：利用独特的文化元素或传说	·Havaianas（巴西） ·佰草集（中国） ·上海滩（中国） ·上下（中国）
自然资源路径：四步走打造日用品品牌	·哥伦比亚咖啡（哥伦比亚） ·甘露酒厂（Conehay Toro）（智利） ·永恒印记（Forevermark）（南非） ·哈伯纳斯（古巴） ·自然（Natura）（巴西） ·Premier 化妆品（以色列）
国家支撑路径：利用国家的强大支持	·中国移动（中国） ·中国商飞（中国） ·巴西航空工业公司（巴西） ·阿联酋航空（阿联酋） ·宝腾（Proton）（马来西亚）

资料来源：引自《品牌突围》，引言，p.15-16。

作者提出的其中四条路径对中国的品牌崛起意义非常，这四条路径分别是：亚洲龟路径；企业—消费者路径；品牌收购路径；海外品牌传播路径。让我们先对相对次要的四条路径作简单的描述，再将重点放在阐述四条主要的路径，最后加以分析评论。

次要路径 1：移民路径

该路径以移民为"桥头堡"进入海外市场，再渗透到该国其他的消费者市场。

因为移民与原住国的文化相通，而且有情感的连接。例如，在美国的韩国超市首先满足当地的韩国移民，也逐渐吸引在美国的其他国家的消费者。

次要路径 2：文化资源路径

外国消费者可能有一部分人欣赏其他国家的文化元素，例如喜欢中国古老的设计或道家思想。如果利用得当，就可以作为文化元素让品牌实现国际化。例如，中国香港的服装设计品牌"上海滩"被西方接受；上海家化的"佰草集"以其"中国美容秘方，天然植物、平衡皮肤阴阳"成功进入欧洲。

次要路径 3：自然资源路径

就是利用原产地效应（COO，Country of Origin）的威力。一些产品的来源和依赖的自然资源是独一无二的。例如，茅台酒（中国贵州）；哥伦比亚咖啡和纯锡兰茶（斯里兰卡）等。

次要路径 4：国家支撑路径

以国家为背书，**利用国家的强大支持和垄断**。例如航空公司和大型国有企业（能源、通信等）。

以下让我们更详细解释四条主要的路径：亚洲龟；从 OEM 到自创品牌；海外品牌收购；品牌宣传的正面与负面效应。

主要路径 1：亚洲龟路径

缓慢而坚韧地一步一步向上爬，最终实现新兴品牌的全球化。这是作者最为强调的路径，斯廷坎普后来在中国接受采访时进一步解释说：

"对中国品牌最重要的方式是'亚洲龟战略'——以低价进入市场，提供高价值的产品或服务。在质量尚可的情况下，做到价格足够低。随着时间的推移，逐渐提升产品或服务的质量，并略微提升价格。因为质量仍旧处于比较低的水平，就需要不断地为品牌增加价值，直到达到比较高的价格。"[7]

其行动路线有四个台阶：低价优势—规模优势—质量优势—品牌优势。

A.以低价优势立足，打入国外市场

B.逐步扩大市场规模，形成规模优势

C.不断改进质量，提高性价比，建立质量优势

D.迈向更高的质量和品牌溢价，确立品牌优势

作者以日本的丰田、韩国的三星、中国的海尔在欧美建立品牌的过程论证了这一逻辑。1986年丰田汽车在美国的年销售突破100万辆，日本车在今日美国随处可见。以丰田为代表的日本汽车品牌历30年努力，从零开始居然可以雄踞全球最大的美国汽车市场，证明了亚洲龟可以创造奇迹。

当然，这仅意味着亚洲龟路径适合汽车、电子、家电等类别产品，即质量感知对品牌贡献大的类别。化妆品等类别则另当别论。

主要路径2：企业—消费者路径

表11-1中的"企业—消费者路线"，其含义是指从国际市场的B2B转向B2C，即从代工的OEM转型为自创品牌。这是一条非常有代表性的品牌国际化路径，例如中国的珠三角经济区，大量的企业都是"三来一补"的外来加工型企业，是国际品牌的合同制造商，在国际市场如何转型为品牌商？

作者首先透彻分析了代工企业的问题，以全球最大的富士康（2011）为例，尽管其年销售收入高达1 170亿美元，毛利润率和净利润率仅分别为7%和2%，93%的销售收入被成本所抵消。而拥有不同程度的品牌的企业（HTC、华为、苹果和宝洁），毛利润率可以达到28%~51%，净利润率可达14%~31%。可见代工模式的利润少风险大。

从客户少、远离市场的依赖订单模式，转型为自创品牌的B2C模式难度很大，远非拥有好产品的制造能力就可以。作者通过三个案例（格兰仕、HTC、爱仕达）的剖析，让我们明白了OEM模式实现转型的关键点：1.建立最终消费者导向的营销，从不必了解市场到充分理解并且沟通消费者，绝非易

事。2.品牌创建，是长期的投资，需要费用和利润实力。3.建立自主研发能力，不仅仅靠卖广告。中国华为从 B2B 的电信设备供应商成功延伸成为 B2C 的智能手机品牌商，因为华为在上述三个关键点上都过硬。

作者也主张可以双模式运作，即 OEM 和自创品牌并行，其实，中国的美的家电、格兰仕等在全球市场都是双模式并行。主张创建品牌先国内后国际，先易后难，如华为。

主要路径 3：品牌收购路径

即从西方公司手中收购全球品牌。21 世纪，**中国企业收购全球（国际）品牌的案例不断**，与跨国公司的收购动机不同（如消灭潜在的竞争对手、尽快扩大市场份额），中国企业收购的重要动机是得到全球品牌。例如：珠江钢琴收购德国里特米勒（1999）；TCL 收购法国汤姆逊（2003–2005）；**联想收购 IBM PC 业务（2004）**；南京汽车收购英国罗孚汽车（2005）；吉利收购沃尔沃（2010）；潍柴收购意大利法拉帝（2012）；光明收购英国维他麦（2012）；万达收购美国影院 AMC（2012）等。

但是，买来的品牌和自己培育的品牌毕竟不同，因为品牌与文化紧密相连。内部管理的文化冲突不可避免。价值观变了，品牌也会变味，消费者最终会感觉到的。所以，这条路径虽然痛快，却可能"欲速则不达"。

主要路径 4：海外品牌传播路径

新兴市场品牌走向全球化过程中，品牌传播扮演了重要的角色。品牌传播受到高度重视并且公司不惜增加投入。例如中国品牌不惜在美国纽约最昂贵的时代广场买广告，其中包括国家形象、公司品牌和区域城市品牌。

然而，其间有许许多多的误区和陷阱。《品牌突围》在此的贡献是，为了提升品牌国际传播的效果，作者出色梳理了相关的研究成果，包括：

以数据表明了全球六个不同地区对国家产地的质量感知，例如平均而言，"日本产"最好，"中国产"最差。再分解出国家形象的维度。又针对"国家形象"的传播，提出了品牌海外传播的正面和负面效应：

1）大量全球调研数据表明，国家形象是仅次于（产品）品牌的影响消费者信任和决策的"暗示信号"。但中国等新兴市场的国家形象得分明显低于发达国家。

2）形成国家形象的四个因素是：经济、文化（及遗产）、国家治理水平和国民素质。

3）国家形象的两面，有利的正面形象和不利的负面形象。

综上所述，《品牌突围》一书有两大贡献：一是提出了"路径论"，为"新兴市场品牌如何国际化"描绘了创新的战略地图。另一个贡献是，这两位优秀的西方学者所展示的研究方法给出了十分重要的启示。在新兴市场品牌的学术研究上，**为什么库马尔和斯廷坎普可以超越中国本土的学者？为什么近水楼台并没有先得月？**因为思想和方法的创新才是领先之道。这两位西方学者所采用的**解决问题的方法**，是自下而上、基于扎实企业调研的剖析和证明方法，这正是他们领先之道的关键。与近十几年中国营销学者大都沉浸在西方的定量模型方法之中相对照，库马尔和斯廷坎普在研究重大现实问题时完全不是依靠定量模型方法。他们采用的方法是"实地调研的案例研究＋归纳"，可以称之为"自下而上"的方法。这种方法看似笨拙，实则可靠，不是玩概念，不是抽象演绎或追求定量模型，但是很接地气，是问题导向且说服力强。斯廷坎普在中国对本土企业品牌实地考察的广度和深度，是令人惊叹的，超过了许多中国品牌学者对自己国家品牌的了解，这令我们汗颜。凭借扎实的调研功底、专业的洞察力和全球化的学术眼光，外国学者做出了非同凡响的研究成果。当然，西方学者在中国企业调研并不容易，他们需要并且得到了中国学者的协助。[8]

《品牌突围》一书的局限

《品牌突围》一书是开拓性的，但是它毕竟只是回答了"新兴市场品牌如何崛起"的部分问题，即新兴市场品牌如何品牌全球化的问题。这只是新兴市场品牌战略中"走出去"的一个问题，还有如何创建品牌和品牌化之外的环境制度和文化问题。

即使限定在新兴市场品牌"走出去"或"突围"的问题，需要研究的问题也超出了"路径论"。一般而言，应该考虑以下七个相关的问题：

1）现阶段新兴市场品牌的"突围"有可能吗？

2）如何才能从众多本土品牌及国际化品牌中脱颖而出，实现突围的梦想？

3）如何才能进入全球市场，与全球范围的消费者打交道？

4）关键的品牌战略和背后的理念是什么？如何集中突破？

5）突围的主要障碍是什么？

6）新兴市场品牌化的差异性问题（特质）是什么？

7）数字化对新兴品牌突围战略有什么影响？

当然，《品牌突围》一书对上述七个问题并没有完全回答。在该书中，作者集中而开创性地回答了第3个问题；作者对第1个问题做了宏观的论证；讨论了问题2、4、5；忽略了第6、7两个问题。后来，2017年斯廷坎普在《全球品牌战略》中补充了数字化带来的影响。他提出了2013年《品牌突围》书中八条路径的新版本，增加了数字化时代新的技术环境和社会背景中，新兴品牌如何实现全球化突围的内容。

总体而言，库马尔和斯廷坎普的《品牌突围》一书迈出了开创性的一大步，但并没有完全回答新兴品牌的品牌化问题。特别是，他们对于新兴品牌崛起的内在障碍，尚缺乏透彻的全面洞察，因为这毕竟涉及社会和文化的深处。例如，斯廷坎普参访了众多的中国企业后，提出中国塑造国际品牌最主要的障碍并非来自海外市场，而是中国品牌自身——这固然是要害之言，但是他又认为："中国经理人太缺乏耐心是（中国）塑造国际品牌需要克服的最大障碍。"[9]这是因为对中国制度环境、社会历史、文化心理缺乏足够的理解，不明白"太缺乏耐心"背后之原因所在。

11.4　新兴市场的品牌学术研究：从模仿到创新

中国的人口和市场规模，以及近40年的经济高速增长，决定了中国是全球新兴市场的领先者和代表。1979-2012年，中国的平均年 GDP 增长率接近

10%。中国已经超过日本，成为世界上的第二大经济体。

中国市场的体量规模是任何国家望尘莫及的。中国的 GDP 相当于另外四个新兴经济体（巴西、印度、俄罗斯和墨西哥）的总和。中国的奢华消费占全球市场的 25% 以上，已经成为世界上最大的奢华品市场。[10] 如此之类的经济数字都将中国推向新兴市场的领头羊。

近40年作为世界工厂，中国打造了世界级的制造和工程能力。大量标着"中国制造"的西方品牌产品，说明了中国的制造能力和品牌的产品基础已经相当强大。

西方汉学和中国国学：新兴市场品牌研究的两条路径

那么，中国品牌如何登顶？

2014 年，王陈璐和何佳讯作为主编在美国出版了英文版的《新兴市场的品牌管理》（*Brand Management in Emerging Markets*）。[11] 这一新研究领域的立题和指向，对中国等新兴市场品牌具有很强的指导意义和价值。前述西方学者对新兴市场的研究成果是开创性和宝贵的，但当然并不是标准答案。新兴市场的品牌化和全球化还须回归本源、扎根本土。

中国情境和中国文化之重要和不可忽视，从互联网公司的兴盛衰亡史中，似乎也可以得到启发。2018 年出版的《全球电商进化史》一书，对电商的演进有深入的观察和解读。作者埃里斯曼（Poter Erisman）是美国人，他曾任阿里巴巴公司早期的高管。他在书中明确指出，中国电商发展中，模仿美国电商模式的早期公司都失败了，例如复制美国亚马逊的 8848 网、复制美国 eBay 的易趣网。成功的互联网公司如阿里巴巴、腾讯，都是因为走了不同于美国模式的本土创新之路。最后阿里巴巴的淘宝战胜了 eBay。2019 年亚马逊退出中国电商市场。更加令人深思的是，埃里斯曼在该书中说的这段话：[12]

"新兴电商市场的早期发展模式都是模仿美国的，却鲜有成功案例。明白了这一点，我们就能理解发展中国家的电商（包括它们的品牌和企业）为什么会朝一个不同的方向发展。"

回到做学问的立场，大致而言，研究中国文化有两种学术形态：西方汉学和中国国学，前者是西方人对中国学问的研究，后者是中国人自己研究前人的学问。两者可以互补，却并不相同。从逻辑和历史上看，这两类研究虽然是相关的（研究对象相同），却是体验味道有别、感受深浅有异。

这个道理在品牌学术领域也是一样。以斯廷坎普和库马尔为代表的对新兴市场品牌战略的研究，如《品牌突围》一书是西方学者以中国等新兴市场为对象的学术成果。两位世界知名营销学教授通过大量案例，特别是对中国品牌的研究，总结出了新兴市场品牌走向世界的八大途径，仔细分析了新兴市场品牌走向世界过程中可能需要面对的问题，并给出了解决这些问题的方式。他们开启了新兴市场品牌研究之路，其研究结论高超精到，却难免有隔靴搔痒之处。从本质上而言，这是新兴市场品牌研究中的"西方汉学"。

"新兴市场品牌如何崛起"，从根本上讲，就是在新兴市场的情境中，寻求"何谓品牌"和"如何品牌化"这两个基本问题的答案。

在新兴市场中何谓品牌？品牌学者面临理解的新选择：是完全接受美国的答案，还是也要参照欧洲的答案？（请参考第7章）

新兴市场如何品牌化？除了探讨品牌如何全球化，是否还应该注重在品牌化初期和本土情境中如何创新的问题？

在模仿研究中，**新兴市场品牌化在本土情境中的许多紧迫问题往往被忽视或"忘记"**。这是因为，西方学者全球化的研究视角不一定对这些问题有切肤之感，而新兴市场的学者由于完全出于模仿的研究视角，也失去了对本土问题的敏感和关注。西方品牌学者青睐研究的大主题，如以前的"品牌延伸"和现在的"品牌全球化"固然有其价值，新兴市场萌发出的新问题也可能具有潜在的理论价值。更何况，立足本土是解决实际问题之需求。

以中国情境为例，品牌化的本土问题可谓迫在眉睫，试列举如下。

1. 新兴市场的预品牌化理论（Pre-Branding）

由于历史和基础等原因，许多中国企业并不能一步进入品牌化的阶段，需要有一个"预品牌阶段",这是新兴市场品牌化的一个特殊阶段。在预品牌化阶段要为进入品牌化做两个方面的准备：A．品牌意识的思想准备；B．产品质量和管理的完善。

预品牌化理论的研究将解决相关的一系列问题,帮助新兴市场的品牌发育和成功。

2. 基于产品的品牌化理论

对于新兴市场,基于产品的品牌化恐怕是一个绕不过去的阶段,蒋廉雄等中国品牌学者已经提出了鲜明的学术主张。[13] 在中国品牌国际化的案例中,SandRiver 进入欧洲市场的成功,很关键的一点就是其品牌价值源于产品差异。但是在美国主流的品牌理论中,并没有涉及这个主题。因此笔者主张在学习欧洲品牌思想的基础上,丰富创新基于产品的品牌化理论(请参见第 7 章)。

3. 如何从 OEM 转型为自创品牌

中国作为一个全球制造大国、供应大国,如何实现 B2B 品牌化的问题,可以说意义重大,又有学术创新的可能性。中国在改革开放后建立了世界级的OEM 制造规模,如何从代工转型为自创品牌？中国市场可以提供最多的研究原型和研究空间。

4. 如何打造农产品品牌

中国是农产品大国,如何为许多特色的农产品创建品牌？这是一个需求普遍,极有市场价值,却又没有很好解决的重大问题。虽然西方学者提供了一些研究成果(如《品牌突围》第 7 章中),可以参考却不够用。

中国科学家钟扬曾作过一个发人深思的演讲——《种子的故事》,[14] 他告诉我们,中国湖北的原产猕猴桃如何在新西兰变身成为全球闻名的水果品牌——"奇异果"(Kiwi)。这个故事揭示,新西兰利用中国的种子资源,成功解决了品牌创建的各种问题,将猕猴桃提升为新西兰的全球品牌和第一大产业。

5.如何激活中国老字号

在追求品牌化时，中国人不免会想起历史上的老字号。在中国商业史中，许多至今依然存在的老字号都有几百年的历史，如广东的"陈李济"（中药制作零售）已经400多年了。国外的研究文献也认为，中国在宋朝已经出现了明显的品牌意识。[15]这是一种在中国人的语境中，称为"金字招牌"的商业意识。遗憾的是，众多中国老字号已经衰落在历史的尘埃中了！**"如何激活中国老字号？"是中国品牌化中的一个特殊问题。**因为在严格的意义上，中国老字号并不等同于西方的现代品牌，两者的简单比较请参见第2章。其次，中国情境中的老字号激活比西方解决品牌老化问题显然更加复杂棘手，例如企业体制和文化心理等方面都存在问题，而这也孕育了学术创新的机会。

启示：中国品牌学者的历史使命

中国当代的品牌学术研究，存在忽视本土迫切重大问题的倾向，这与中国现行学术激励制度的导向关系甚大。

中国品牌学者是新兴市场品牌化的中坚力量和希望所在，任重而道远。为了实现历史使命，必须抛弃急功近利，以解决新兴市场品牌化重大问题为己任。在研究选题和研究方法上都大胆创新，强化西方学者已经给出示范的更加脚踏实地的企业调研方法，充分利用新兴市场品牌化的历史机遇，在新兴市场品牌化的方向做出世界级的学术创新。

11.5 小结

本章立足于21世纪新兴市场品牌的新机遇，探索新兴市场品牌崛起的创新思想。为此，本章重点介绍了全球三位重量级的学者有关新兴市场和新兴市场品牌全球化的思想和著作；特别着重阐述了库马尔和斯廷坎普的开创性学术贡献，分析了其著作《品牌突围》中提出的新兴品牌全球化的"路径论"，以及他们解决实际问题的思想方法；亦指出了该书的局限和不足所在。

　　笔者强调，类似西方汉学和中国国学，新兴市场品牌崛起的研究存在两条不同的学术路径。在学习西方研究成果的同时，中国学者应该抓住历史机遇，回归到品牌思想的基本问题，更贴近新兴市场的本土情境和品牌化的重大迫切问题，做出世界级的创新。

　　至此，近百年的品牌思想之旅已经接近尾声，笔者探究了品牌思想的源头和格局、实践与理论、流变及脉象，沿途浏览了品牌思想的主要景点，走近了开创品牌原创思想的核心人物，体会了最经典的品牌文献，聆听了品牌思想的种种不同旋律，品牌之无穷奥秘和品牌化之精巧博大，基本已经了然于胸。在掩目回味之余，却似乎依然流连忘返，意犹未尽。于是，让我们再登上思想的气球，扶摇直上，在高空对品牌思想的历史作一次全景式的鸟瞰。

注　释

［1］ Prahalad C K. The fortune at the bottom of the pyramid: Eradicating poverty through profits [M]. Pennsylvania: Wharton School Publishing，2004.

［2］ Kumar N, Steenkamp J B. Brand breakout: How emerging market brands will go global [M]. Boston: Harvard Business Press, 2013.; 中译本：库马尔，斯廷坎普. 品牌突围 [M]. 扈喜林，译. 北京：中国财富出版社，2013.

［3］ 参见 http://www.incites.com/nobel/2007-eco-top100.html.

［4］ Steenkamp J B, Baumgartner H. Assessing measurement invariance in cross-national consumer research [J]. Journal of Consumer Research,1998, 25 (1)：78-90.

［5］ Wang C L, He J. Brand management in emerging markets [M]. IGI Global, 2014: Chapter1.

［6］ 库马尔，斯廷坎普. 品牌突围：新兴市场品牌如何走向世界 [M]. 扈喜林，译. 北京：中国财富出版社，2013.

［7］ 参见《访谈斯廷坎普：品牌崛起没有捷径》，载于《复旦商业知识》，2014.12.16。

［8］《品牌突围》一书的作者在前言中，感谢了大力协助其在中国企业调研的中国学者，包括中国营销研究中心（CMC）的何佳讯、蒋廉雄、何云等。

［9］ 参见《访谈斯廷坎普：品牌崛起没有捷径》，载于《复旦商业知识》，2014.12.16。

［10］https://en.wikipedia.org/wiki/Luxury_goods

［11］Wang C L, He Jx. Brand management in emerging markets [M]. IGI Global, 2014.

［12］埃里斯曼 . 全球电商进化史 [M]. 李文远，译 . 杭州：浙江大学出版社，2018：前言 .

［13］蒋廉雄 . 利用产品塑造品牌 [J]. 管理世界，2012（5）：88-108. 蒋廉雄 . 数字化时代建立领导品牌：理论与模式创新 [M]. 北京 : 社会科学文献出版社，2020.

［14］请参见钟扬的演讲"种子的故事"：https://www.sohu.com/a/226475194_372526。

［15］Eckhardt, Giana M, Bengtsson et al. A brief history of branding in China [J]. Journal of Macromarketing, 2009, 30(3): 210.

第五篇

品牌思想的
历史文化脉络

本篇是全书的总结和提升。作为品牌思想简史的结束，瞭望学术和实战之进化轨迹，纵览品牌思想的里程碑和代表人物，对品牌思想的历史演变进行整体性的大视野鸟瞰。大视野包括：品牌思想史基本问题之认知进化、品牌思想的格局与变迁、现代品牌学术理论之形成发展、品牌领域的双栖规范、变局与创新，以及品牌学科地图和未来趋势。

12 寻千百度：
什么是品牌和如何品牌化

经过前面的章节，敏锐的读者或已经隐约感觉到，品牌思想和活动的历史进程中有两条延绵不断的主线，这就是对"**什么是品牌？**"和"**如何品牌化？**"的反复追问。的确，**这是品牌思想史中两个重要的基本问题。**

品牌思想的历史，一直贯穿着对这两个问题的追问，真可谓是"众里寻他千百度"。其答案的不断刷新，则反映出品牌思想的深入发展或流动变异，由此呈现出了多元多样的视角和创新不绝的演进图景。因此，对"什么是品牌"和"如何品牌化"的历史洞察，也构成品牌思想发展的一个缩影。探索这两个问题的答案更新的脉络，对其答案的追究和明辨，一方面反映出品牌思想和学术的深入，另一方面，折射出实战中品牌战略推陈出新的源由。这有助于厘清品牌领域的许多问题。

然而，在历来众说纷纭、莫衷一是的状态中，梳理出对这两个基本问题的答案及其变化并不简单。美国市场营销学学者、提出"整合营销传播"的舒尔茨教授就表达过这种困惑，他甚至说，关于品牌"*有许多胡言乱语*"、"*到处都充斥着品牌妄语*"。[1]的确，在各种书籍、课堂教育、公司管理、媒体传播或会议交流中，其答案沸沸扬扬，或许每个人都有自己的看法。在生活实践中，人们体验品牌的个性化角度众多：价格、品质、保障、体验、个性、品位、风格、喜好、依附、崇拜、偶像、文化……。处于不同情境中的企业，则从不同的实践层面理解品牌：品牌代表着知名度，同时也是差异化手段、促销工具、竞争壁垒、竞争优势、附加价值、溢价来源、无形资产，品牌意味着承诺、责任、被尊重、声誉、基业长青之梦想和公司文化的基因。学者的答案也是见仁见智，并且以不同风格的理性语言一再更新品牌的定义和提出迭代优化的品牌化战略。正因为如此，围绕这两个主题的文献，源源不断。

然而，当许多文献一心追求这两个问题的所谓本质或根本的答案时，猛然又发现，更深刻的哲学思想又发出了"此路不通"的警告。主要是后现代哲学已经指出，追逐所谓"本质答案"的思想已经受到挑战，找到本质是一个过时的、不再值得追求的目标。20世纪60年代兴起的后现代主义思潮认为，对给定的一个文本、表征和符号，有无限多层面的解释可能性。

确实，"什么是品牌"和"如何品牌化"也具有多层面解释的可能性。对品牌思想演变过程的观察分析，对其尽可能客观地"白描"，比追求永恒不变的答案更有意义，也更加重要。因此，这一章力图梳理形形色色的答案，提供理解的结构，帮助读者走出谜团浓雾。笔者采取追溯演进的视角和综合的立场，呈现这两个问题的踪迹和走向，即重在动态，而非静态。注重追溯其思想的流变，梳理出主要的来龙去脉，以明确其认知发展的关键节点。为了表述的方便，笔者按四个方面分别述论之，即何谓品牌 / 实践；何谓品牌 / 学术；如何品牌化 / 实践；如何品牌化 / 学术。

在分别论述之前，为了避免陷入混乱，审题尤其必要，即先要分辨这两个问题的不同性质和含义。

与作为名词的"品牌"（brand）对应，"什么是品牌？"是追问"何谓"（WHAT）的问题，追求对品牌的内涵和真谛理解的不断深入，关乎品牌学术和品牌意识。

与作为动名词的"品牌化"（branding）对应，"如何品牌化？"是探索"如何"（HOW）的问题，关联到品牌战略和行为导向。后一个问题的核心是：如何创建品牌？与"品牌战略"紧密相关，强调创建发展品牌价值的行动过程，关乎品牌战略的导向，关联到品牌行为导向及其不断优化。包括：品牌是如何创立的（如何从0到1）？品牌是如何发展的（如何从1到N）？

其次，还需要对其中文表达加以澄清。英文的 brand 和 branding 这两个最基本的关键词的中译表达，常常未被严格区分而笼统地译为"品牌"，导致了在中文语境理解时，往往混淆不清，而造成了误读和误解。其实，brand 和 branding 的含义和范畴大不相同，brand 当表述为"品牌"，branding 当表述为"品牌化"。branding=brand+building，是品牌创建或走向品牌的过程，称之为"品牌化"比较准确。例如，阿克的著作 *Aaker on Branding* 这本书，书名的译法《品牌大师》差矣，应译为《阿克论品牌化》才准确，也才能让读者有正确的联想：该书内容主要是讲如何实现品牌化，其重点并不在论述什么是品牌。

12.1 品牌认知的实践推进

品牌的英文 Brand 一词源于古德语 brinnan，其原意与火 / 燃烧 / 烙印相关。[2]

一些著名的实战人物，都先后表达过他们对品牌反复琢磨之后的理解。20 世纪广告教父奥格威认为，"品牌是无形之总和"。他说："品牌是产品各种属性的无形之和，包括其名称、包装、价格、历史、声誉，以及它的广告表现。"[3] 另一位伟大的广告人李奥贝纳曾经说过，"品牌符号即品牌身份所产生的某种心理图像"。定位论的创立者之一里斯则认为："品牌是植入在潜在顾客头脑中的一个独特的想法或概念。"

无论是"心理图像""无形之总和"，还是"独特的概念"，上述洞察都显示了出类拔萃的实战家对品牌的现代看法。品牌认知实践的长期发展中有若干个关键的节点：印记—品牌名称—商标—承诺—促销工具—附加价值和无形资产。其在演化中呈现出的两大趋势是：从企业的立场转向顾客的立场；从战术的层面上升到战略的层面。让我们简要回顾这一进程。

古代作为区分的印记

品牌的原始含义是印记、标记、标签。据说早在公元前 2 700 年，古埃及人就开始用烙印区分属于某家的牛。一些文献说，品牌的英文"brand"一词源于古斯堪的纳维亚语"brandr"，意为"烙印"，即动物身上作区分的标记。

中国古代自秦朝开始即有商品的"封印"作为区分的凭证。

品牌＝品牌名称或标识

在各种标识方法中，命名或品牌名称逐渐最受到重视而居核心的位置。正如中国人的观念——名不正则言不顺。如果这个名字响亮，品牌就有希望。走到极端，认为品牌就是名牌。这虽然是一种幼稚病，却在起步初期屡屡出现，例如二十世纪八九十年代的中国，这种观念曾经满天飞。[4] 如果说中国人对品牌概念的偏好是"知名度"，那么，西方人最早注入品牌的思想就是"差别"或"区分"。

在品牌名称之外，又加上图形标识，即品牌标识（logo）。有了一个可以识别的名字及图标，似乎就有了品牌。品牌好像就是加在产品（服务）外面的一件引人注目的漂亮外衣。

品牌＝商标

如果只有标识或名称，而得不到保护，就难免鱼目混珠，于是又追求商标（trademark）。商标在商业活动中早于品牌的出现，是被法律保护的标识。19 世纪 80 年代前后，可口可乐陷于仿造和冒牌的商业漩涡之中，不断的商业纠纷和交锋促进了美国商标法的改进完善。

在 19 世纪末，品牌和商标曾经是混为一体的，那时的商业主流认为商标可以实现品牌的目标。因为商标在前，品牌在后，品牌被商标掩盖。后来才认识到，商标只是品牌的一角。把品牌等同于商标，是过时和狭隘的品牌观念。回顾 20 世纪八九十年代的中国，在工商行政管理和企业活动中，以"商标"包揽、替代"品牌"的情况曾经十分流行和普遍，反映出中国品牌意识发展初期患过的幼稚病。[5]

品牌＝促销工具

20 世纪 80 年代之前的主流观念是，品牌＝促销工具。这是很长时间内企业对品牌的看法：品牌就是为了销售。在营销＝推销的时代，做广告、做品牌都是为了促销。这种看法甚嚣尘上，人们亦习以为常。

正如本书第 3 章所指出的，在传统品牌时代，品牌建立的主导模式是依赖设计公司、广告公司。设计和广告的思维当时也是促销至上。这方面，广告界最有影响的人物，如早年的霍普金斯和后来的奥格威都留下了不少销售至上的名言。

霍普金斯说："广告的唯一目的就是销售产品。"（《科学的广告》，1923）

奥格威曾经说："做广告是为了销售产品，否则就不做广告。"（其早期观点）

这种思潮被逆转，发生在 20 世纪 80 年代。正如现代品牌理论的开山学者阿克所指出的，品牌从短期刺激销售转向长期战略资产，是近 20 多年营销领域最具颠覆性的思想。（请参见第 5 章）

品牌 = 承诺

对于不提供有形产品的服务业，品牌的意义不是附加价值，而是顾客的信任。有头脑的银行家早就看到这一点。18 世纪末，欧洲已经出现了银行品牌，银行品牌的核心是对顾客的保障和承诺。后来，这种思想也影响了制造业品牌。

20 世纪 80 年代奔驰汽车曾经在美国报纸上刊登大幅广告，声称"谁如果在高速公路上发现任何一辆抛锚的奔驰车，就可以凭此广告领取 5 万美元奖金！"显然，这不过是奔驰车的一个品牌承诺——奔驰车是不会抛锚的！而那些质量一般的车是不敢做出这个承诺的，或者反之，以为可以随便吹牛的品牌必将很快露馅并且承担恶果——人们不会再相信这个品牌！可见，品牌是为了让顾客和市场信赖。

在奔驰汽车的案例中，品牌意味什么？品牌就是承诺！诚信的保证。

将品牌作为诚信的载体，这是品牌认知发展中十分关键的一大步：品牌的视角从企业自身转向顾客，"品牌"暗示了消费者可能感知和买入的价值和承诺，意味减少风险。诚信是品牌的灵魂，没有诚信，免谈品牌。

品牌 = 附加价值和无形资产

在品牌发展的初期，人们将品牌作为区分或防御的工具。品牌被激发的更强大的内在驱动，源自经济利益，即品牌意味着溢价，意味附加价值。这种附加价值之大，从数倍至数十倍，令商人趋之若鹜。

公司在产品之外，费尽心机建设品牌，是为了更大的（经济）回报。早期化妆品、奢华品尤其突出。如第 1 章中指出过，附加价值是追求品牌的疯狂动力。品牌就是附加价值，在公司对品牌的理解中这一观念是深入骨髓的。

12.2　品牌认知的学术推进

品牌认知的学术踪迹有三个值得的格外留意的关键节点：品牌不同于产品 / 品牌是象征 / 品牌是暗示和联想。在卡普菲勒的眼中，品牌本质上是为了回答"我是谁"的问题，因而注重品牌识别系统。阿克和帕克却认为，品牌既是实在的，也是象征的。凯勒则确定，品牌就是顾客心智中的联想。

在学者眼中，实践中对品牌的种种认知，本质上都是为了回答"我是谁？"的问题，因而从建构越来越完善的品牌识别系统，到确立深入人心的品牌联想，都是对这一问题的回答。并且随着不断扩展的对品牌的认知，学术的理性也在更加促使学者一直在逻辑和理性思想的层面追问"什么是品牌"的问题。

研究文献呈现出自远而近的一连串探索的"足迹"，试列举如下：1960 年史蒂夫·金的著作《什么是品牌》，[6] 1998 年墨菲等的著作《品牌》，[7] 2003 年哈佛商业评论上的文章《品牌和品牌化》，[8] 2006 年凯勒等关于品牌和品牌化研究的综述论文，[9] 2010 年以来顶尖学者阿克和列维的重新思考和回答，以及 2012 年再度出现的《何谓品牌》综述论文等。[10] 可以说，这个基本问题只有永无休止的追问，而无永恒不变的答案。例如，在今日数字化智能化的新世界里，"什么是品牌，如何品牌化"的新答案还在层出不穷的更新之中，品牌化是共同创造认同的价值观和文化。而这一延绵不断的整个探索过程，也展现出了品牌思想发展的基本轨迹。

从相关的文献中萃取其中最具代表性的思想，**品牌认知的学术踪迹有以下三个发展的关键节点：品牌不同于产品—品牌是象征—品牌是暗示和联想。**

1）品牌不同于产品

在学术的道路上，认知品牌是从将其与产品的比较开始的。1960 年，史蒂夫·金在《什么是品牌》的论著中说过的一段话清晰而深刻，不愧是经典之言：

产品是工厂生产的，品牌是顾客购买的。

产品可能被竞争对手复制，品牌却是独一无二的。

产品可以很快过时，成功的品牌却可以经久不衰。

1955 年，《哈佛商业评论》发表的加德纳和列维的文章《产品与品牌》，**第一次将产品和品牌从理论上区分开来，**[11] 该文分析了产品和品牌**在消费者心目中的不同**，并且提出了"品牌形象"这个重要的概念，使得形象建立一度成为品牌化（使之有别于其他产品）的主要目标。

2）品牌是象征

1986 年帕克首先提出了品牌是象征的思想（请参见第 3 章）。

从标识到象征，这是品牌从外显的印记进入内隐的象征意义的重大一步。当然，品牌不再限于功能或产品了。因为象征是广泛的、多样的、意味深长的，有无边的想象空间。**品牌可以象征质量、价格，可以象征承诺、情感、个性、关系；也可以象征思想、价值观和文化等。**由此，品牌作为一种符号，到底象征什么，就可能展开出丰富多彩、余味无穷的品牌内在世界。欲穷千里目，更上一层楼，品牌作为社会共识活动和文化符号象征还在发展开拓之中（请参见第 13 章）。

3）品牌是心理暗示和联想

品牌心理学家发现，知名度高的品牌都能产生心理暗示。同样的商品，例如可乐，第一杯没有标志，第二杯标有可口可乐品牌。消费者大多数会觉得第二杯的口感更好。这是被称为"盲眼测试"的心理学实验的结果。这类心理实验在药品效果、同类竞争品牌比较等项目中做过不少，结论都证明强势品牌具有明显的心理暗示作用。

继 20 世纪 50 年代学者提出"品牌是消费者心中的形象"的思想，到 20 世纪 90 年代阿克和凯勒开发的"品牌联想"的概念，这是一大步。品牌联想是现代品牌理论中的关键概念之一（请参见第 6 章），也是通向品牌内隐涵义的桥梁，品牌的新含义即品牌是顾客联想的集合。

品牌的定义

让我们再从定义的角度扫描一下"何谓品牌"。相对品牌内涵的不断扩展，某些书本式的品牌定义似乎停留在故步自封的阶段。美国营销协会的品牌定义被视为是"标准定义"，在其官方网站上，[12] 长期以来品牌的定义如下：

"品牌是一个名称、术语、标记、符号或设计，或是这些元素的组合，用于识别销售商或销售商群体的商品与服务，并且使它们与其竞争者的商品与服务区分开来。"

后来，美国营销协会又对这一表述进行了更新：

"品牌通常包括一个显式徽标、字体、配色方案、符号、声音，这些都可以用来表示隐含的价值观、想法，甚至个性。"

"品牌是以一系列图像和创意为代表的客户体验；通常，它是指一个符号，如名称、徽标、口号和设计方案。品牌识别和其他反应是通过积累与特定产品或服务的经验（即直接关系到其使用），也因为广告、设计和媒体评论的影响而产生。"

维基百科（wikipedia）网站上，品牌的定义是：

"品牌是一种名称、术语、设计、符号或其他特征，它将组织或产品与竞争对手在顾客眼中区别开来。（注：其他特征还包括声音、形象）"[13]

上述的两个品牌定义可称为"差异论"品牌定义的代表，虽然多被引用，却似乎被厚厚的尘埃所盖，显然缺乏与时俱进的新鲜气息，未能反映品牌的新面貌新精神。著名的品牌学者们当然都不会满足于此，让我们先简要列举顶级品牌学者凯勒、阿克、帕克等人关于品牌定义的基本思想、论述及其新答案，再专门论述现代营销之父科特勒的品牌思想的进化。

凯勒：大写的品牌定义

凯勒（K.L.Keller）在他的代表作《战略品牌管理》中，从 1998 年的第 1 版开始，似乎更在意定义"品牌资产"，而淡化定义"品牌"。谈到品牌的定义时，他一方面引用了美国营销学会的品牌定义，另一方面又做了重要的补充。

凯勒指出，在实践中，品牌的内涵比美国营销学会的定义更加丰富，包括（创造出）品牌认知、品牌尊重和品牌承诺等。凯勒建议，用小写的"brand"对应美国营销学会狭义的定义，用大写的"Brand"对应广义的定义。[14]

可见，凯勒认为以"区分"为特征的品牌定义是狭义的，并且主张品牌应该有更宽泛的广义定义，包括认知、承诺、尊重等内涵。

阿克：晚年重新定义品牌

阿克（D.Aaker）对"什么是品牌？"的阐述，呈现出认知不同的两个阶段。1991 年在其《管理品牌资产》一书中，阿克认为：

"品牌就是一个独特的名称或标志（如徽标、商标或包装设计），用来区别竞争者的产品或服务。"这与美国营销学会的"标准定义"可谓如出一辙。

23 年之后的 2014 年，晚年的阿克以其 30 年之学术和实践的修炼，又对品牌定义给出另一个精妙的答案：

什么是品牌？品牌绝非仅仅是一个名称或标志，而是一个公司对消费者的承诺，它传递给消费者的不只是功能性利益，还包括情感、自我表达和社会利益。但品牌又不仅仅只是承诺的兑现，它更像一段旅程的体验，是消费者每次与品牌接触的感知与经验中不断发展的消费者关系。[15]

很清楚，阿克的早期答案，显然就是"差别论"的品牌观点。阿克的后一个答案，却揭示出了品牌的五个丰富多彩的核心内涵：名称—承诺—多种价值—

体验—关系，而构成现代品牌认知的经典答案之一。

帕克的品牌理念

1986年，帕克（C.W.Park）等对品牌概念的三维结构进行解析，第一次将品牌的内涵（和价值）区分为三个维度：**功能的（Functional）**；**符号的（Symbolic）和体验的（Experiental）**，从而奠定了对现代品牌理解的经典思想。这就是在著名的《营销学报》上发表的重要论文《战略品牌概念》，帕克等在这篇论文中提出了"品牌概念管理"的框架。[16]

30年之后，在品牌概念管理的基础上，帕克等又大大前进了一步，他们在2016年的新著作中，沿着顾客品牌关系的主轴，强化充实了品牌的情感内涵，凸显了品牌之爱、品牌之尊、品牌之崇拜的魅力（请参见第9章）。[17]

科特勒品牌思想之发展

现代营销之父科特勒（P.Kotler）对品牌保持了长期的关注。他的一篇品牌论文（《以国家为品牌》，2002）累计被引用次数超过2 000次，进入被引用次数最高的20篇核心品牌论文之列（请参见附录表A）。[18]科特勒还在建立个人品牌方面，与合作者出过专著《高度曝光：塑造名人》。[19]

科特勒的品牌思想还反映在他的教科书、他的品牌专门著作和他的教学、演讲之中。笔者特别从他的代表性教科书《营销管理》和《市场营销原理》，以及他与合作者出版的著作《要素品牌管理》（2002）和新作《品牌情怀主义：从目的到情怀》（2018）及《营销革命4.0》等著作中，寻找出科特勒对品牌的基本看法及其思想之变化。

首先应强调指出，**科特勒的品牌观一直在演化之中**，突出体现在他对"什么是品牌"和"如何品牌化"这两个基本问题的不断更新的思考中：其一，他从早期的"品牌即差异"的观念出发，曾经由简入繁作加法，再升华到"品牌即战略"的观念，又由繁入简作减法，将品牌聚焦在品牌关系上。其二是，科特勒不断突破品牌化的产品和商业框架，在更加广阔的空间推进品牌化。最后将品牌化归于追求人类社会的人文大价值之框架中。

2006 年出版的科氏《营销管理》第 12 版是一个重要的转折点，从此，品牌作为最重要的营销战略被放在书中显著的位置，并且大大扩充了品牌的内容（新增加第四篇 "建立强势品牌"），品牌的战略地位巍然耸立。[20] 在这之前，科特勒《营销管理》早期版本中的品牌定义，其关键词都是 "差别"（difference），这些定义与美国营销学会的定义并没有什么不同。1994 年，科特勒在他的《营销管理》第 8 版中说：

品牌是 "一种名称、术语、符号、标记、设计，或是它们的组合应用，其目的是籍以辨认某个产品或服务，与竞争对手区别开来。"

很快，科特勒意识到品牌不只是 "区别"，它具有更丰富的内涵，1997 年，科特勒在其《营销管理》第 9 版中提出品牌有六个方面，即：属性（attributes）、利益（benefits）、价值（value）、文化（culture）、个性（personality）、使用者（user）。[21] 这一表述与卡普菲勒的 "品牌识别菱柱图" 有相似之处（请参见第 8 章）。在讲堂上，科特勒教授进一步阐述了 "品牌是一个复杂的概念"，他从以下五个方面来概括品牌的概念：[22]

- 产品和质量承诺的形象
- 传播产品或服务利益的有效途径
- 一种精髓、理念、情感
- 总体的感知，对产品或服务的各种已有的体验、联想以及未来的期待
- 浓缩与众不同的属性、利益和价值，化繁为简、简化决策

2005 年，科特勒为《凯洛格品牌论》一书所作的序言中，表达出他对品牌的新认识，科特勒提出："品牌化远远不只是为某个产品赋予一个名字那么简单。品牌化是对顾客做出履行所定的程序、达到某种绩效的承诺。"[23] 这时科特勒强调的是，品牌化是为了实现对顾客的承诺必须做的一切。

2016-2018 年，科特勒在他的代表著作之一《市场营销原理》第 16 和第 17 版中，提出了简约的品牌定义，彻底更新了陈旧的 "差异说"，他重新界定的品牌定义如下：[24]

"品牌不仅仅是名称或象征。品牌是公司与消费者关系中的一个关键要素，它体现消费者对产品或服务的认知、感受及在其心目中的意义。"

这个新定义由复杂走向简单，体现了早期的由简到繁转向由繁至简的质变。它侧重品牌关系和顾客的视角，萃取出品牌的三重要素：**名称 + 象征 + 联想**。这表明科特勒对品牌的基本看法在近几年和过去已经迥然不同。

晚年科特勒在他的新著作中，进一步发展了其品牌思想。科特勒的品牌新思维，反映在如何品牌化的创新上，例如针对数字化时代的品牌化，他在2017 年说："今天的公司已经失去了品牌的塑造权。品牌越来越被网上可以彼此交流的顾客所塑造。"[25] 更反映了他强调的品牌战略的更远大的目标，即更加注重品牌和品牌化的人性和社会理想，进一步让品牌突破商业的框架。请特别注意，科特勒的这一思想，与其不断扩展营销的应用空间，追求营销解决社会问题的宏大目标是一脉相承、内在相通的。[26]

2017 年科特勒在《营销革命 4.0》一书中，提出了**"人本品牌"**或 "人性品牌"（Human-centric Brand）的新概念，认为人本品牌具有六个属性：物质性、智力、社交能力、激情、个性和品格。[27] 显然，晚年的科特勒将理想化的品牌赋予了人格的塑造，并且在追求一个更加完美、更有人性的人类社会的梦想中，赋予品牌更伟大的历史使命。

2018 年科特勒与合作者出版的《品牌情怀主义：从目的到情怀》一书，[28]提出了品牌情怀主义（Brand Activism）的新概念。该书有两点值得特别留意，其一，科特勒提出了关于品牌化目标的新思想，强调品牌化目标不应该仅仅是为了公司自身的目的（例如识别、竞争），品牌化应该具有使人类社会变得更加美好的崇高情怀，例如环境保护、慈善、社会福祉等。最终应该问，品牌是否为人和社会提供了品牌福祉或品牌幸福感？[29] 或许，有人会怀疑这种目标是否过于高大上，而脱离了商业"在商言商"的本分。这恰恰是因为他们忽视了，如果品牌希望赢得高度的尊重，希望为其粉丝带来幸福感，品牌自身就必须有这样的情怀和境界。其二，与此对应，作者提出不仅需要明确"品牌价值主张"

（Brand Proposition）——即品牌为顾客创造什么价值，而且需要清晰和彰显
"品牌价值观"（Brand Values），即最在乎的是什么，最看重的是什么。此外，
该书还提出了品牌化的六步概念模型。

晚年的科特勒及其新著作

科特勒一直注意研究和归纳市场营销的演变，晚年尤盛。他将 1990–2010
年界定为"品牌主导的年代"，[30] 凸显了品牌和品牌战略的重要价值。不过，
在学科的结构上，科特勒坚持品牌虽然很重要，也只是营销的一部分。这与他
的长期学术伙伴列维的主张并不相同，列维的品牌理论认为，品牌化是营销的
中心（概念）。[31] 科特勒晚年写了一本自传，他以"冒险"作为其关键词，主
要记述他的市场营销思想。

品牌范畴的两种框架和品牌的六重境界

对品牌范畴或边界的理解，则因为品牌脱胎于产品又异变于产品的历史缘由，
而导致出现了两种不同的基本学术框架：以凯勒为代表的美国学者，认为品牌
是产品之外的附加价值，即品牌 = 附加价值。欧洲品牌学派则主张品牌是产品
为基础再加上产品之外的附加值，即品牌 = 产品 + 附加值。

在美国，品牌冲破产品框架之后，以凯勒为代表的美国学者，认为品牌是
产品之外的附加值（增量），即品牌 = 附加价值。欧洲的品牌学者，和欧洲背
景的美国学者斯廷坎普等，以及 20 世纪 60 年代的日本企业家，则认为品牌是
产品加上产品之外的附加值，即品牌 = 产品 + 附加值。[32] 因为框架的不同，品

牌战略会出现差异。

Brand 翻译为中文是"品牌"，而不是"名牌"。从中国文化的角度来理解品牌，会更有积极的新意。从中国文化来理解品牌是别开生面的，以阴阳思想为喻，品牌的有形部分是产品，是品牌之"阳"；品牌的无形部分是附加价值，是品牌之"阴"。按照道家的思想，二者相互依存，缺一不可，而且在一定条件下可以相互转化。从汉字解文说字来剖析"品牌"的内涵联想，也是意味深长的："品"意味着"品质"（功能）＋"品位"（情感）＋"品格"（受尊重）；"牌"意味"标志""口碑"等。所以，中文"品牌"二字的联想和所涵盖的含义之全面，可以说胜过了 brand 一词。

品牌认知的发展，又可以比喻为进入了不同的品牌境界。追求品牌的境界在现实中也是差异很大的，从急功近利到志存高远、从表面文章到脱胎换骨、从自我到利他、从公司利益到人类福祉，品牌的修炼可谓天外有天。

前述阿克在 2014 年的品牌阐述，简约点明了**品牌内涵的五重境界**。即品牌意味着：

标识 / 承诺 / 多维价值 / 体验 / 关系

如果再加上科特勒和帕克等学者对品牌赋予的新内涵，就出现了第六重境界——品牌与人类福祉和幸福感密切有关。于是，品牌内涵的递进可以简化表达为以下六重境界：

品牌是标识—品牌是承诺—品牌体现多准价值—品牌是体验—品牌是关系—品牌是人类福祉和幸福感

如第 10 章阐述，21 世纪数字化时代带来了更上一层楼的全新品牌观念，品牌是基于品牌愿景的共同创造和共同分享。这与上述第六重境界是兼容的。

12.3 如何品牌化—— 实战的演进视角

如何品牌化？公司的实践后浪超过前浪，贯穿在品牌化的实战历程和进化过程之中，呈现出四个关键的节点：以品牌识别为中心；以品牌传播为中心；以品牌关系和价值创新为中心；以共创共享为中心。

在实战中对品牌化的认知，会直接影响创建品牌追求的目标，会使得企业的品牌战略管理和流程产生很大的差异，会导致品牌建设完全不同的结果。

品牌作为促销工具上升到品牌作为战略资产，又转变为顾客关系的承载平台，这一系列重大的转变又是如何演化而来的呢？让我们从实战的角度简略体会一下。

20 世纪 50 年代最有力的销售思想是"独特的销售主张"（USP，Unique Selling Proposition），例如美国杂志《花花公子》以独特卖点创造了销售神话。20 世纪 60 年代"情感销售"（ESP，Emotion Selling Proposition）和"形象销售"（ISP，Image Selling Proposition）登上舞台，赢得了如日中天的销售业绩。例如可口可乐的情感主张一呼百应、万宝路的形象广告独步天下。20 世纪 70 年代"定位的销售主张"（PSP，Position Selling Proposition）后来居上，例如艾维斯（Avis）出租车因此出奇制胜，大获成功。此后，随着消费者的自我力量越来越强势，所谓"自我销售主张"（MSP，Me Selling Proposition）风靡一时，即消费者自我和个性改变了销售的重点——从产品转向购买者，例如时装的个性化横扫一切。20 世纪 90 年代现代品牌横空出世，品牌的力量压倒实体产品的力量，"品牌销售"（BSP，Brand Selling Proposition）居高临下，例如耐克的势不可挡。2000 年以来开启了顾客体验的新时代，"体验销售"（ESP，Experience Selling Proposition）创造了史无前例的奇迹，例如，星巴克因此脱颖而出。体验销售为什么可以超越？因为体验通过品牌全面与顾客"眼耳鼻舌身意"建立联系，从而带来了想象不到的成功。品牌因此不再以销售为焦点，而转向以顾客关系为焦点。

从 USP 到 ESP 的品牌演变图例

以品牌识别为中心的品牌化

在品牌化即差异化的初期阶段,将品牌化的目标定为品牌识别是理所当然和顺理成章的,可以简略表述为**品牌化 = 命名 / 设计标记 / 塑造形象**。

早期的公司创建品牌,无不以品牌命名、设计标记为中心,并且延续了很久。

20 世纪 50 年代中期"品牌形象"的创新概念出现之后,将品牌创建归结于形象设计,及品牌形象广告的影响力,品牌化等同于形象设计曾经风靡一时。一些设计公司、广告公司更是曾经反复宣扬以下的观点——"品牌化不是别的,就是塑造形象"。价格、品质、形象三者之组合,形象对品牌的贡献最大。它们的论证曾经说服并赢得了一大批公司客户。于是,曾几何时,CI 或 CIS 大行其道。品牌化的中坚力量是设计公司和广告公司。

以传播为中心的品牌化

20 世纪中叶前后进入大众传媒时代,品牌化的中心从识别转移到传播,广告成为品牌化实施的重中之重。这个大变化趋势和依赖广告建立品牌的新战略,开始于 20 世纪 80 年代之前,并且延续了几十年。从两本重要的书中反映出来。第一本是阿克等主编的《品牌资产与广告:广告对创建强势品牌的贡献》。[33] 该书是 1991 年美国召开的第 10 届广告与消费者心理年会的论文选集。书中提出基于广告的品牌化战略,乃至在品牌资产评估中,重要的考量之一就是计算品牌广告的累计投入有多少,其基本假设即品牌的广告投入是其品牌资产的主要来源和依据。另一本有代表性的书《凯洛格品牌论》(2005),其中第 7 章是"通过有效的广告建立品牌",[34] 亦表明了这种趋势。

以传播为中心的品牌化,包括广告创意和媒体投放这两个主要的环节。简单表达为**品牌化 = 品牌创意 + 大力传播**。

创意的贡献是让品牌具有市场瞩目的焦点或闪光点。不过,扬名天下显然更加重要,20 世纪大众传媒的强大威力,使得品牌化的实践焦点倒向大众媒体和传播。借助强势的媒体,有可能赢得高的知名度和突破性的销售业绩,例如可口可乐、宝洁、麦当劳等都通过这种路径而创造了令人羡慕的市场业绩。于是，**创建品牌就是卖广告、就是强力传播的想法似乎理所当然。甚至推至极端，将卖广告作为建立品牌的唯一手段，这当然是"品牌 = 名牌"这种品牌观的结果，以为品牌化就是要追求知名度！**

20 世纪 80 年代，中国对品牌的认知刚刚开始，媒体和社会表现出巨大的热情，大家张开双手，拥抱这一商业新事物。当时的报纸、杂志、新闻报道、言论文章，"名牌"一词可谓满天飞，追求的就是出名和高知名度。当时当地，普遍的认识可以一言以蔽之：品牌就是名牌！

曾记否，中国 20 世纪 90 年代中期开始的品牌广告何其疯狂，中央电视台炙手可热的广告"标王"争夺战之狂热，令人难忘。从白酒到家电、从饮料到洗发水，当年付出"天价"广告费的"标王"不断更新（孔府宴酒 1995；秦池酒 1996-1997；爱多 VCD 1998；步步高 1999-2000；娃哈哈 2001-2002）。[35] 可惜其中的多数后来已经销声匿迹、败走江湖了，少数高明者也随之调整了品牌战略。

以顾客关系为中心的品牌化

在广告传播为中心的品牌化大周期还没有衰退之时，阿克已经首先敏锐地觉察到大风向的改变。1997 年，阿克教授与合作者在《哈佛商业评论》上发表了一篇反潮流的文章《创建公司品牌无需大众媒体》，[36] 表达了与阿克之前完全不同的基本观点和思想。这是一个思想创新的信号，即指出了品牌化脱离大众传播主流路线的崭新趋势。作者敏锐地指出，"依靠大众媒体来创建强势品牌的时代，可能已经一去不复返了"，又提出了"让消费者（体验）参与品牌创建"的先见之明。很快，品牌化的实践印证了阿克这一前瞻性思想的正确性。

建立品牌可不可以不用广告？在传播主导的时代，这个问题极具挑战性，不过结论来得比预期更早。20 世纪 90 年代崛起的美国品牌星巴克，事实胜于雄辩地对此做出了肯定而充满魅力的问答，星巴克完全没有做广告而成功建立起强势品牌，从而成为标杆性的经典品牌案例。星巴克的成功，也将品牌化战略推进到一个全新的境界——以顾客体验和关系为中心的品牌化。简单表达为**品牌化 = 强化顾客关系 / 顾客体验**。

那么，星巴克靠什么建立起全球瞩目的品牌？事实上，当中国还沉浸在传播为王的品牌化阶段时，西方开始了品牌—顾客关系的新时代。星巴克在创建品牌时没有走"靠广告建立品牌"的老路，而是通过积极的顾客体验成功创立了全球品牌。它靠的不是做广告，而是品牌体验，强化顾客与品牌之间的情感联系和依赖（请参见有关星巴克的书籍和案例分析）。它创新出另一种比做广告更有效的品牌化成功模式——将品牌化的焦点投向品牌与顾客的关系上。**在星巴克眼中，品牌是顾客关系的纽带，品牌体验是品牌化的新撒手锏。**星巴克从顾客体验入手建立顾客关系，创造了显著的品牌价值而成为典范。后来中国的海底捞（餐饮）也是着眼消费者的品牌体验和品牌关系而走向成功。众多高端化妆品和奢华品品牌如雅诗兰黛（Estee Lauder）等的品牌化，也是撇开了大众广告的路径而专注发展品牌与目标顾客的关系。

但是，许多公司和行业提供的产品和服务并非如咖啡那么简单。顾客关系的核心是顾客价值。品牌体验虽然非常重要，但只是创新顾客价值的一种方式。复杂和技术程度高的公司其实还有另外一种品牌化的撒手锏——赋予自己的产品更加出色的解决顾客问题的能力，或者用另一种表达——创新产品或服务的顾客价值，再通过顾客体验放大创新的顾客价值从而脱颖而出。这一模式可简单表达为**品牌化 = 创新顾客价值**。这就是以微软和苹果为代表的创新顾客价值的品牌化道路。微软因此超过了 IBM，苹果更是以价值创新 + 用户的超级体验而遥遥领先同类品牌。

在微软和苹果之前，20 世纪中后期，优秀的基于产品建立品牌的公司正是将品牌化聚焦在创新顾客价值上，获得品牌的超越性成功。例如丰田汽车因此而超越美国的同行通用汽车和福特；戴尔电脑因此后来居上一度超过了惠普；零售业的好事多从而成了沃尔玛"唯一害怕的竞争对手"。

以共创共享为中心的品牌化

进入 2010 年之后，数字化极大改变了创建品牌的方式（请参见第 11 章），连接—互动—参与—浸合显示出超强的力量，这股强大的新势力改变或创新了品牌化的法则。如谷歌、苹果和亚马逊因势利导而在商业世界成为超级巨人。中国的阿里巴巴、腾讯和小米也因抓住品牌化的这一新趋势而腾飞。

根本的改变在于创建品牌的主体不再是"我"，而是"我们"。这个"我们"，包括顾客和利益相关者共同创造，也共同分享品牌价值，其前提是大家都认同某个"品牌愿景"。品牌化意味着建构"品牌生态圈"，是建立共同共享的愿景或理想。简单表达为品牌化 = 共创共享。

品牌化的另类实践：无印良品

最后，有必要提到品牌化浪潮中的一个异类。品牌化在全球高歌猛进的几十年，也出现了抵制过分的品牌化的思潮，并且衍生出表面看似相反的行动。其中最具有代表性的，就是在 20 世纪能源危机和经济不景气的低谷时期，1980 年日本人创立的**"无印良品"**（MUJI）——MUJI 的原意是"无品牌标识的好产品"。

今天，MUJI 的产品已经涵盖日常用品为主的 7 000 个品类，几乎囊括了生活的方方面面，包括家居、服装、文具甚至汽车等。MUJI 宣称它不是卖产品，而是卖一种生活方式。这种生活方式的主张是：舒适主义 + 极简主义。所以产品注重以人为本、纯朴、简洁、环保等理念，采用低成本的简洁包装，不投入传统广告，在包装与产品设计上皆无品牌标识，相应的口号是"物有所值""有理由的便宜"。MUJI 的市场推广主要通过顾客体验和口碑驱动。[37]

保证优秀的产品品质、卓越的设计和环保的原材料，但不追求复杂花哨的品牌识别，更不花费巨大的广告费用去传播。MUJI 就像一个素面朝天、天生丽质的女子，没有浓妆艳服，从不花枝招展，而给人舒适自然放心的喜悦感觉。这种风格自有其独到的魅力，尤其在实用消费品的市场上，迎合并且受到越来越多消费者和"无印粉"的追捧而显示出生命力。1983 年以后，无印良品已经从日本走向世界，包括美国、中国在内的不少国家。其实，在许多消费者心目中，无印良品也是品牌的一个变种，是"没有商标的商品，没有品牌的品牌"。本质上，无印良品不过是另类价值观的"品牌"，它的价值观是追求自然舒适，崇尚简约质朴，信奉返璞归真。在某种意义上，无印良品突破了产品品类的藩篱，突破了市场细分—目标市场的规则，突破了不同文化的壁垒走向全世界。这三个突破意味着什么，值得我们进一步思考。

12.4　如何品牌化——代表性的学术思想

一般而言，"如何品牌化"几乎是所有著名的品牌学者都聚焦着力并且纷纷提供答案的问题，相关的大量文献可谓多不胜举。笔者在此处并不必要复述众多学者海量的研究文献，只是试图萃取出品牌化学术思想发展的粗脉络，着重简约勾勒出精彩出色的原创思想。以下先提炼出近期的品牌化思想创新，再提出 3 种最基本的品牌化思想。

进入 21 世纪，品牌化的创新思想十分活跃丰富，相关的内容在第 9 章和第 10 章已有详述，在此有必要画龙点睛指出以下 4 位学者的开创性思想贡献。

林斯特龙：将品牌化拉向感性（2005）

凯勒的品牌化理论从整体上是偏向理性逻辑的，2010 年以来，品牌化感性趋势上升浪潮的思想发端来自林斯特龙，即 2005 年他的《感官品牌》一书。[38]作为开先河之作，林斯特龙基于实例研究，极力证明采用感官的路径建立强势品牌的必要性和可行性。现代营销之父科特勒为该书 2008 年修订版写了序言。这是品牌思想中从理性向感性的回归。从思想脉络上，林斯特龙更接近于列维。

阿克：在品牌化顾客视角之上强化企业视角（2014）

2014 年，阿克在《品牌大师》一书中提出了品牌化成功的 20 条法则。阿克将"品牌愿景"和"品牌活力"等企业因素放在品牌化的凸显位置。这是对凯勒的完全基于顾客的品牌化体系做出的重大补充。

帕克：确立品牌化的三维模型（2016）

2016 年帕克等提出品牌化的 3 个维度：品牌至信、品牌至爱和品牌至尊。[39]
帕克这一品牌化的新思维，与列维上述的品牌化观点同属一条思想脉络——重
视品牌情感的强大力量。只是帕克的模型和提供的工具更加靠近品牌化的实战，
这正如凯勒的推荐语所言：此书"提供了深入的、原创性的和实战视角的品牌
化观点"。

斯廷坎普：提出全球品牌化的战略框架（2017）

2017 年斯廷坎普的新著作《全球品牌战略》，[40] 提出了品牌全球化的战
略框架和流程，强调品牌管理组织创新和文化变量的重要性，将品牌如何全球
化的研究推向新的高度。

从根本上，"如何品牌化"有 3 种基本的学术思想：创造品牌识别—创建
基于顾客联想的品牌资产—点燃品牌激情和幸福。相对应的代表性学者是卡普
菲勒、凯勒和列维及科特勒。比较而言，卡普菲勒强调主观自我，是企业的视角；
凯勒强调客观投射结果，是顾客的视角；列维的观点指向心灵的层面。

卡普菲勒：品牌化是建立和完善品牌识别（1992）

卡普菲勒提炼和充实了品牌区分的实践，并且将其品牌识别概念化。他的
著作代表了这样一种思想：创建品牌首要的任务是品牌识别，品牌识别是品牌
化的核心。重视产品和基于企业的视角是其基本思想。

凯勒：品牌化是通过品牌营销创建品牌资产（1998）

凯勒从 1998 年第一版的《战略品牌管理》开始，提出品牌化就是以品牌
营销的三部曲来创建和发展品牌资产，而且是基于顾客的视角。他认为品牌化
的目标是积累品牌资产，品牌化的路径是品牌营销。凯勒的品牌营销是一个全
面的流程，包括：创建品牌元素—以品牌为中心的整合营销—丰富品牌联想。
所以，顾客品牌关系、品牌体验的重要性不言而喻。

列维：品牌化是"注入燃烧的品牌激情"（2012）

年青时就提出过"品牌形象"这一开创概念的列维，在年过九旬之后，重新思考了品牌化的概念，并在 2012 年发表了他的创新理解和创新答案。[41]91 岁的列维通过辨析历史源头的广泛文献，从希腊神话中取出比喻，强调品牌化的过程是"火—点燃—赋予内在精神"，"点火"是一种赋予生命的隐喻。

列维说，品牌化的源头是"火"（fire）和"燃烧"（burning），核心本质或本源含义是精神的激活，是将品牌价值注入内心。"火"意味温暖的、内在的创生。

品牌化因而呈现出三度空间。低维空间是物的空间，诉求品牌的功能，中维空间是精神空间，诉求品牌的情感和关系，高维空间是灵的空间，诉求品牌的信念和信仰。"Brand Mantra"这个概念的本质是"品牌咒语"，即高维空间的品牌灵性，但在理解和执行中往往被降至低中维空间。

请特别注意，以前的相关文献都是将"燃烧"与"烙印"联系，将品牌引向"区分的标记"。列维的观点不同，他将"燃烧"与"注入生命力"联系。这摆脱了对品牌和品牌化的陈旧的理解和束缚，找到了现代意义的、积极的、富有启发的新立足点。这真是列维思想的精彩亮点。

如果一个品牌不能让它的目标顾客产生"燃烧的激情"，可以认为这个品牌还没有被激活，还是表面的、形式的、没有生气的、没有灵性活力的。斯廷坎普曾经说：真正强大的品牌既有逻辑又有魔力。[42]再加入列维的思想，我们可以说，品牌和品牌化必须有魔力和魅力！

如何点燃品牌激情？在同一篇文章中，列维又提出了**"成熟的品牌化是象征 + 情感 + 伙伴"**。[43]他的创新思想是，品牌化需要 3 个方面的整合：塑造象征意义 + 强化品牌情感 + 连接品牌伙伴。列维强调的这 3 个方面，"品牌象征"正在文化的层面展开；"品牌情感"在学术上已不断深入和升华，包括"品牌依附（Brand Attachment）""品牌挚爱（Brand Love）""品牌幸福感（Brand Wellbeing）"的研究。"品牌伙伴（Brand Partner）"在跨界和品牌生态圈战略中也已经开始体现出来。

12.5 小结

什么是品牌？如何品牌化？现代认知与早期简单表面的看法已经大相径庭，而且还在继续深化。

一些著名的人物，包括实战人士和学者，都从不同的视角表达过他们对品牌反复体验琢磨之后的理解。诸如，品牌是"名称或符号"、"无形之总和"、"心理图像或联想"、"独特的意念"或"价值观"、"共享价值平台"等。

本章以二维度四象限的框架，通过考察实践和学术两条路径，探索**"什么是品牌（brand）"**和**"如何品牌化（branding）"**这两个品牌思想史的基本问题；揭示在长期的发展过程中，有若干个关键的节点，以及认知的不同视角、框架和重心；凸显出品牌领域从企业为中心走向顾客为中心的发展趋势。尤其是：

品牌的六重境界：标识的品牌 / 承诺的品牌 / 多重价值的品牌 / 体验的品牌 / 关系的品牌 / 人类社会福祉和幸福之源的品牌。

品牌化战略演进的四个中心：识别 / 传播 / 关系 / 共创。

此外，笔者评论了代表性学者品牌思想之差异，还分辨了**品牌在中国文化中的理解**，即品牌的阴阳二重性和解文说字产生的品牌联想含义。

"众里寻他千百度，蓦然回首，那人却在灯火阑珊处。"本章对"何谓品牌和如何品牌化"所做的时间穿越，是浓缩的思想之旅。所提炼的品牌思想进程之关键节点，在下一章中将形成动态演进的脉络：品牌认知的三次升华和品牌化战略的三次飞跃。

注 释

［1］舒尔茨，等 . 唐·舒尔茨论品牌 [M]. 高增安，等译 . 北京：人民邮电出版社，2005：第 1 章 .

［2］https://en.wikipedia.org/wiki/Brand。

［3］奥格威在《奥格威论广告》（*David Ogilvy On Advertising*）一书中说："品牌是产品属性的无形总和：包括其名称、包装、价格、历史、声誉和广告方式。"

［4］参见1997年12月31日《人民日报》华南版头版文章《"名牌"一词使用中的若干问题》，作者卢泰宏。

［5］参见1997年12月31日《人民日报》华南版头版文章《"名牌"一词使用中的若干问题》，作者卢泰宏。

［6］King S. What is a brand？［J]. London: J. Walter Thompson, 1960.

［7］Hart S. Murphy J. Brands [J]. London：Palgrave Macmillan,1998.

［8］Holt D B. Brands and branding [J]. Harvard Business Review, 2003(March):1−12.

［9］Keller K L, Lehmann D R. Brands and branding: Research findings and future priorities[J]. Marketing Science, November−December 2006,25(6):740−759.

［10］Maurya U K, Mishra P. What is a brand? A perspective on brand meaning [J]. European Journal of Business and Management,2012,4(3):122−133.

［11］Gardner B B, Levy S J. The product and the brand [J]. Harvard Business Review, 1955, March: 33−39.

［12］参见 https://www.ama.org/resources/Pages/Dictionary。

［13］参见 http://en.wikipedia.org/wiki/Brand。

［14］凯勒．战略品牌管理 [M]. 吴水龙，何云，译．4 版．北京：中国人民大学出版社，2013.

［15］Aaker D. Aaker on branding：20 principles that drive success [M]. New York：Morgan James Publishing, 2014: Preface; 参考中译版: 阿克, 王宁子．品牌大师 [M]. 陈倩，译．北京：中信出版社，2015：序言．

［16］Park C W, Jaworski B J, Maclnnis D J. Strategic brand concept: Image management [J]. Journal of Marketing, 1986,50(10): 135−145.

［17］帕克，等．品牌崇拜 [M].周志民，等译．北京：华夏出版社，2019.

［18］Kotler P, Gertner D. Country as brand, product, and beyond: A place marketing and brand management perspective [J]. Journal of brand management,2002,9(4): 249−261.

［19］Rein I, Kotler P, Stoller M. High visibility: The making and marketing of professionals into celebrities[M]. Dodd,Mead,& Co., 1987(Subsequent editions 1998,2006).

［20］Kotler P, Keller K L. Marketing management [M].12nd ed, New Jersey: Pearson,2006.

［21］Kotler P. Marketing management [M]. 9 th ed. NJ,USA: Prentice Hall,1997: 443.

［22］转引自：http://www.kcapital−us.com/home/n/resources/philip−nirmalaya.pdf

［23］Tybout A M, Calkins T. Kellogg on branding [M]. New Jersey: Wiley, 2005: Preface. 中译版: 泰伯特，卡尔金斯．凯洛格品牌论 [M]. 刘凤瑜，译．北京：人民邮电出版社，2006：科特勒的序言．

［24］Kotler P, Armstrong G. Principles of marketing [M].17th ed. New Jersey: Pearson,2018: 240.

［25］科特勒 . 我的营销人生 [M]. 陶鹏，译 . 北京：中信出版社，2019：第 48 个故事：营销的未来 .

［26］参见微信公众号"科特勒营销战略"2019 年 9 月 2 日文章：《科特勒为何称其自传为"冒险"》，作者卢泰宏。

［27］科特勒，等 . 营销革命 4.0：从传统到数字 [M]. 王赛，译 . 北京：机械工业出版社，2018.

［28］Sarkar C, Kotler P. Brand activism: From purpose to action [M]. Idea Bite Press, 2018.

［29］http://www.marketingjournal.org/brand-purpose-to-beneficence-philip-kotler/; Kotler P. Branding: From purpose to beneficence [J]. Journal of Marketing, 2016,（3）：22.

［30］参见 2019 年 10 月 12 日，科特勒在北京科特勒未来营销峰会上的主题演讲：《未来的市场营销》。

［31］https://www.ama.org/marketing-news/the-friendship-that-changed-marketing-forever/.

［32］何佳讯 . 品牌的逻辑 [M]. 北京：机械工业出版社 .2017: 自序 .

［33］Aaker D A, Biel A L. Brand equity & Advertising: advertising's role in building strong brands [M]. New Jersey: Lawrence Erlbaum Associates, Inc. ,1993.

［34］Tybout A M, Calkins T. Kellogg on branding in a hyper-connected world [M]. New Jersey: Wiley，2019: Preface; 参见中译版：泰伯特，卡尔金斯 . 凯洛格品牌论 [M]. 刘凤瑜，译 . 北京：人民邮电出版社，2006: 第 7 章，143-165

［35］何佳讯，卢泰宏 . 中国营销 25 年（1979 — 2003）[M]. 北京：华夏出版社，2004:179.

［36］转引自：哈佛商业评论译丛：品牌管理 [M]. 北京：中国人民大学出版社，2001: 1-24.

［37］增田明子 . 无印良品式营销 [M]. 王慧，吕灵芝译 . 北京：中信出版社，2019.

［38］Lindstrom M. Brand sense: Sensory secrets behind the stuff we buy [M]. Detroit: Free Press，2005；中译版：林斯特龙 . 感官品牌 [M]. 赵萌萌，译 . 北京：中国政治财经出版社，2016.

［39］帕克，等 . 品牌崇拜 [M]. 周志民，等译 . 北京：华夏出版社，2019.

［40］Steenkamp J B. Global brand strategy [M]. London: Palgrave Macmillan，2017.

［41］Bastos W, Levy S J. A history of the concept of branding: p ractice and theory [J]. Journal of Historical Research in Marketing, 2012,4(3): 347-368.

［42］参见《斯廷坎普专访：品牌崛起没有捷径》刊载于《复旦商业知识》，2014.12.16.

［43］Bastos W, Levy S J. A history of the concept of branding: practice and theory [J]. Journal of Historical Research in Marketing, 2012,4(3):347-368.

13 极目鸟瞰：
品牌思想的脉络地图

近 1000 年前，中国伟大的诗人苏东坡以一首《题西林壁》的诗精彩地留下了他游庐山的感觉和体验：

横看成岭侧成峰，远近高低各不同。

不识庐山真面目，只缘身在此山中。

品牌思想的历程恰如山峦起伏，高低不同的"峰"和延绵不断的"岭"显示出思想的制高点和不同的思想脉络。欲认识品牌思想的真面目，还必须看到全局，让远近高低尽收眼底。本章纲举目张、纵横经纬地展示出大视野下的品牌思想进化的整体画面。犹如升到高空，可观看到风光变幻的全景并且瞭望远方，故称之为"极目鸟瞰"。

13.1 基本问题探索之脉络

品牌思想史的基本问题是：什么是品牌？如何品牌化？以及为什么追逐品牌？不同的时代、不同的人物对基本问题有不同的答案，其答案的演变轨迹和趋势，构成了品牌思想史。

简单而言，品牌之奥秘，核心在马太效应。基督教《圣经》的《马太福音》中，有如下一节：

因为凡有的，还要给他更多，使他丰富有余；凡没有的，连他仅有的，也要夺去。[1]

西方人发明并追求品牌，与他们的基督教思想有关。他们相信，**品牌具有最大的商业马太效应**，具体表现为生存马太效应、经济马太效应和精神马太效应，从而以战略上的长期主义压倒短视的急功近利而谋取大胜终胜。

品牌思想史的主线贯穿在"什么是品牌"和"如何品牌化"这两个基本问题中，对这两个基本问题只有永无休止的追问，而无永恒不变的答案，新答案总在层出不穷的更新之中。围绕这两个基本问题上下求索、与时俱进的探索过程，就呈现出了品牌思想发展的基本轨迹和流派演变。

品牌认知：演进的三次升华

整合实践和学术两个方面，"什么是品牌"的认知轨迹呈现出了以下三次升华。

品牌认知的第一次升华：从标记（sign）到符号象征（symbol）

品牌开始是作为标记、标识、标签（label），后来发展为符号象征。**前者是外在的，后者是内在的。标记只是外表的差异化**，例如名称或图案等外表的区分，后者不仅仅如此，还更加有内在的意义和精神、内涵和联想上的区分，例如从情感、精神气质、价值取向和文化上的内在区别。

演进的关键在于，品牌先是标记，后愈来愈演变为多种意义的象征符号。即从外在的差异，深入到内在的、广义的差异。

品牌认知的第二次升华：从商标（trademark）到承诺（promise）

注册商标是品牌受法律保护的部分，差异化的标识和商标的动机都是出于公司的**自我保护。"承诺"是诚信，是保护顾客的利益**。所以，从商标到承诺是品牌认知的又一次根本升华，是从自我角度转向顾客价值角度，从而走向品牌被尊重的境界。

品牌认知的第三次升华：从促销工具（promotion）到战略资产（equity）

品牌作为促销工具在传统时代是理所当然的。20世纪80年代之后，在学术的推动下，品牌是财富，品牌是战略资产，品牌是公司的"面孔"或战略人格，成为最重要的现代品牌观念（请参见第 4 章）。**现代品牌时期最根本的颠覆性的新观念，就是"品牌是战略资产"**，简单表达为**"品牌 = 战略资产"**。由此，卓越的品牌公司与口头炫耀品牌而实质仍然持旧观念的公司有了根本的不同。

如何品牌化？主导思维之更替

近 100 多年品牌实践的演变历史中，尽管品牌故事多不胜数，实战策略各有千秋，从宏观上把握，依然可以探寻出大的更替规律：品牌化实战思维的大框架因为主导观念的改变而从根本上得以更新。为了描述简便，笔者将品牌实践思维发生的几次重大的更替，称为"品牌化实战主导思维"的 1.0、2.0、3.0 版本。主导思维的不同版本意味着，品牌化实战的操作语言和管理行为都有了显著的差异。

品牌化实战思维 1.0：以品牌传播为核心

其特征是：创品牌就是卖广告，品牌识别是前提和中心。这种以广告传播为核心的品牌化实战模式追求知名度、卖点和促销效果，其本质是将品牌当作促销工具。高额的传播费用是其主要开支，特别在过去主要依靠投放电视媒体的时代。虽然传播媒体可能改变，例如运用社交媒体等新媒体，但主导思维可能还是停留在这种思维框架之中。

1930-1960 年前后，可口可乐和宝洁等公司大手笔投放电视品牌广告，创造了品牌知名度和大市场范围的销量，曾经使得这种思维模式风靡一时。回顾中国 1980-2000 年的历史，企业争先恐后、梦寐以求在中央电视台成为广告"标王"，就是品牌等于广告的思维模式在中国的体现。

品牌化实战思维 2.0：以战略、价值和关系为核心

从短期销售中解放出来，品牌化的新关键词是"价值""关系"和"战略"，从着眼传播到聚焦品牌关系，这是一大进步，是质的飞跃。这正是现代品牌理论的启示和品牌化的现代思维观念。

品牌当然应该为业绩做出贡献，但仅仅追求短期销售目标并没有太大前途。对企业来说，将品牌作为战略资产才有远大前程。这正是强势品牌和跨国公司在 20 世纪 90 年代开始的品牌管理新思维、新取向和新章法。其特征可以归纳为：

- 品牌是战略资产，不仅仅是营销的战术工具。
- 品牌的角色从短期"促销工具"转身为"与顾客建立和发展关系"的最佳利器。
- 既然品牌—顾客关系是重心，品牌价值自然成为品牌化的核心。
- 品牌管理从品牌外化到内外兼修；品牌管理的级别上升到高层管理。
- 品牌传播依然是重要的，但是传播的目标和内容相应发生了很大的改变。从自我为中心到顾客导向，从前的"卖点"被"品牌价值"所统领。品牌投入的回报从单纯的销售业绩转向"品牌关系"深化带来的长远利益。

品牌化实战思维 3.0：共创共享的品牌生态圈

2011 年，竞争战略的宗师波特（M.Porter）等在《哈佛商业评论》上发表重磅文章，提出**"创造分享的价值"**这一大思维，[2] 这是一个划时代的思想。溯源 1993 年穆尔（J.F.Moore）提出的"商业的生态圈"战略思想，2004 年**普拉哈拉德（C.K.Prahald）**提出的"共创价值"的思想，在数字化时代都汇聚成了真正可实现的创新商业战略——品牌生态圈战略。这一战略导致了超级品牌的出现，谷歌、阿里巴巴等公司已经给出了具体的示范。

长久以来"竞争"主宰的商业世界，主旋律因数字化开始改变了：从竞争主导走向协同主导，从你死我活到互相依赖、共生共荣，带来了品牌化新的实战思维：品牌生态系统。品牌生态圈战略思维具有如下特征：

- 新的价值观：共赢和分享。
- "共生"和"企业生态网络"。不是立足于竞争分析，而是谋求共同进化。
- "跨界"即业务无边界。生态圈取代传统的品牌延伸，赢者无疆。

- 品牌关系进入新境界：顾客浸合。
- 对生态圈的主导者而言，品牌愿景和品牌活力是品牌的核心。
- 顾客资产比品牌资产更加重要。

品牌化战略的三次飞跃

伴随"如何品牌化"主导思维的替代，品牌化战略的实施出现了以下三次进化提升。

从品牌标识到品牌传播：广告建立品牌

如可口可乐和宝洁。品牌识别是以设计为核心，后来被电视为主导的大众传播取代了核心的位置，退居次要的地位。品牌传播对于实现品牌全国化和品牌全球化起了关键的作用。

从品牌传播到品牌关系和品牌价值创新：体验创建品牌

如星巴克。这是从外在的品牌力量转向内在的品牌力量，所谓"内在的"，是指品牌与顾客之间的情感、体验甚至信仰关系。品牌价值创新为品牌与顾客关系之深入发展提供了保障。

从自我创建到浸合共创：网上社群创建品牌

如爱彼迎。借助数字化技术的巨大威力，品牌化正在实现从"自建"转化为"共创"。品牌化的主体和格局随之改变了，品牌愿景和品牌文化的重要性也将进一步凸显。

知行关系的演变

品牌思想史发展的另一条脉络是学术与实践之关系的演变。如同管理学和市场营销学，品牌领域的演变始终贯穿了两个基本传统：实战（贴近实际问题的解决，调研和案例）的传统和学术（研究、理论）的传统，可简单称之为"行"和"知"。

早期只有品牌实践，没有品牌学术，有"行"没有"知"。从 20 世纪 80

年代开始，品牌学术兴起，即既有"知"也有"行"。继而出现了学术的象牙塔，即"知"和"行"的分离。值得庆幸的是，在试图将学术研究成果加以系统化的努力中，双重动机占了上风：既为了从理论上综合品牌知识系统；也为了推进品牌实践的提升。一些迹象表明，后一个动机在一流的品牌学者身上表现得甚至更加突出和明显。在品牌发展史上曾经落后的学术界，涌现了在品牌实践中体现学术价值的强烈愿望和热切追求。**20世纪90年代形成的"战略品牌管理"正是二者兼顾、双流汇合、知行合一之重大结果，并且在之后逐渐成为双栖传统，即杰出的品牌人物既通晓理论，又贴近实践。**

"品牌形象"是品牌学术思想贡献实践的一个例证。1955年，奥格威（D.Ogilvy）在美国广告协会大会上发表题为"形象与品牌"的演讲。在演讲中，他引用并极力赞扬了《哈佛商业评论》最新发表的一篇文章，即加德纳（B.B.Gardner）和列维（S.J.Levy）的《产品与品牌》，[3] 该文分析出产品和品牌在消费者心目中的不同，是因为"品牌形象"。这是"品牌形象"思想的真正源头，而并非如许多文献和传播中的误传，说品牌形象是广告教皇奥格威首先提出的。当然，奥格威是传播该学术概念的意见领袖。[4] 他大声疾呼将该文中提出的"品牌形象"新概念应用在广告实践中，而开辟了广告的品牌形象时代。学者提出的"品牌形象"思想如此迅速成为营销管理和广告公司崭新的战略目标和工具，这真是品牌营销史上的一段传奇佳话。

品牌学术并不是象牙塔中的纯粹科学，品牌学术也并不能等同于科学。品牌和营销学的论著中一再出现的"原理"这个术语，其真正内涵并不等同于物理学中"原理"的严格含义，也不等同于科学意义上的定律或法则。管理学中，常常是将更有效的管理实践的升华称作"原理"或"原则"，尽管它包含逻辑和有效，其基本的含义是为实践提供胜人一筹的准则、指南或指引。因此，有分量的品牌学者往往都小心避开理论（theory）这个词。

例如，最崇尚科学的品牌大家凯勒（K.L.Keller），为他的代表作《战略品牌管理》写的"自序"虽不显眼却耐人寻味，凯勒说希望其著作有助于增加品牌科学的分量。同时，他又借用与他父亲的对话，点明了品牌学科之特质：

品牌并不是精密科学。在看似不经意中直指问题的根本，他说："品牌不是精密科学，它是一门艺术，也是一门科学。创造性和独创性总是与品牌联系在一起。"他说该书是给出**准则或指南**（guidelines），而并未用"理论"一词。[5]当我们说"品牌科学"时，也必须谨慎。

品牌学术如何推进品牌实践

品牌学术必须接"地气"，以解决实际问题导向。在经典的《战略品牌管理》教科书中，除了学术的理论和概念，还包含了大量的案例、基本的模型和实施流程、不同的测量量表等。采取这种内容结构框架是有其深意的，它反映出对理论落地的追求。那么，**品牌学术研究如何贡献品牌实践？品牌学术又如何转化为实战力呢？**

在通向"学术落地"这一目标中，**案例、流程、量表**构成了三座主要的桥梁，也是战略品牌管理教科书的必备内容。哈佛商学院创造了管理学的"案例研究"（case study）的先河。[6]品牌案例给出某种实战情境中的问题和富有典型意义的参考答案，给我们启迪和参照。流程给出有效解决问题的一般原则、步骤和路径，具有指引的价值。量表则是将抽象的学术概念变成可以测量、控制和执行的落地工具。这三座桥梁都是基本依靠学者而建立起来的，品牌研究学者也充当了工程师的角色。揣摩这三座大桥，也可以大致了解到，品牌研究学者的学术研究对品牌实战所做出的贡献和创造的价值。也就是说，真正意义上的品牌学术研究，不仅具有理论创建，而且为解决实战问题提供创新的思想和先进的工具。卓越的咨询公司往往是将知识转化为工具和实战创新的先锋队。

在一般意义上，品牌学术研究对实践的贡献可以归纳为以下五个方面。

1. 创新和精准品牌概念

学者提出的新观念是思想之光，是驱动变革的伟大力量，推动品牌从传统时代转型到现代时代。例如，"品牌是战略资产"这一创新观念产生的颠覆性的划时代影响，使得品牌从促销工具升华为公司战略。类似还有以"品牌"取代"名牌"、品牌形象、品牌个性、品牌关系、品牌社群、数字化品牌等众多概念。

2. 提供科学方法和有参照价值的数据

基于学术研究而提出的品牌资产（价值）的评估方法、全球品牌排行榜等，其价值和影响不言而喻，其背后依靠的是大量的调研和数据分析。

3. 提供战略准则框架和战略品牌管理的有效流程

学者提供了品牌管理、建立强势品牌、品牌全球化的各种框架流程和工具。例如凯勒提出的品牌营销三部曲、品牌定位模型；阿克提出的成功品牌化的 20 条准则；帕克的品牌魅力模型；斯廷坎普的全球品牌管理框架等。

4. 研发实用有效的品牌量表和测量工具

理论落地的必要条件之一是概念的可测量。学者对品牌管理的重要贡献之一是研发设计出有效的实用量表，如测量品牌偏好、品牌联想、品牌满意、品牌忠诚、品牌依附、品牌体验、品牌浸合等量表，其中有的量表成了经典。[7,8]

5. 调研并精炼启发性案例

管理学方法的特色，源于哈佛商学院 20 世纪 20 年代的重要发明之一——**案例研究**，它与经济学的主流方法——模型方法形成对应，各有所长。案例是战略品牌管理教科书中的必备内容，学者为发现、提炼和贡献卓越的案例而长期努力。案例研究已成为品牌管理中应用最广泛的主流方法之一。

13.2 品牌思想的范式演进

尽管品牌的发迹可以追溯到远古时代，[9] 但是，从漫长时间和广袤空间的大尺度上观察，品牌的社会功能和影响力的爆发，发生在品牌商业化之后。品牌思想的大发展则主要发生在 20 世纪 80 年代之后，因为商业（公司）的需求刺激而被激发。也就是说，纵观品牌演进的历史，有**两个时间节点**是至关重要的。

一是百年之前**品牌在商业中开始应用**。一般而言在西方始于 19 世纪。中国的老字号，则有更长远的超过 400 年的历史。品牌在市场经济肥沃的土壤中，迅速生长开花结果，成为商业利器，发挥出史无前例的商业价值。此后，品牌才有了真正辽阔的生命。二是**现代品牌范式的基本形成**。这始于 20 世纪 80 年代的西方，至今大约只有 40 年时间。从此，品牌成为学术研究的对象，品牌开始进入学术的殿堂。品牌实战和品牌科学的结合，形成了现代品牌理论和战略品牌管理的规范。从此，品牌成为现代社会的思想智慧和精良工具，活力无限，不仅应用于产品和服务，而且全方位应用于人类社会的各个方面，遍及国际组织、国家、城市，乃至个人层面之中。

再将眼光投向未来，品牌思想的演变就呈现出**两个历史的分水岭**，以 20世纪 80 年代分界，**"传统"和"现代"是第一个分水岭**。实践中诞生的品牌，在大约 100 年中留下了传统经验创新的硕果。20 世纪 80 年代，实践与学术联姻，品牌由单一的实践基因变成了实践 + 学术的复合基因。**新的复合基因结出了两个最重要的现代之果——"品牌资产"和"战略品牌管理"**，并开启了品牌的现代时期。

2010 年至今的十年，出现了**第二个分水岭——"现代"到"数字化"，现代品牌思想正在出现裂变**。这是因为新的基因——数字化和 AI（人工智能）的融入，开启了"数字化"和"智能化"的品牌新时代。全新的环境孕育出社会行为模式迥然不同的"数字人"，从而将现代品牌理论和战略品牌管理推进了崭新时代，贴上"数字化"标签的品牌新范式，犹如一艘未来的超级巨轮，已经在远处地平线上冉冉出现，迎面而来。

科学哲学和科学史著名学者**库恩**（T.S.Kuhn，1922-1996）在其名著《科学革命的结构》中，以"范式"（paradigm）为核心，提出科学演进的图像是常规科学和科学革命的交替而出现的范式转移更新。[10] 以库恩的这一理论来理解品牌思想和理论的历史进化，构成了类似三种范式更替的**大框架**。为方便起见，**笔者称之为"传统范式—现代范式—未来范式"**。

传统经验范式：特征与要素

传统范式的三个基本特征是：以企业家和专业公司的品牌实践为主体；以产品为中心的品牌化经验模式；品牌处于战术的层面，品牌是"促销的工具"。

美国《商业周刊》（*Business Week*）的统计显示，当今的全球百强品牌榜中，有 30% 的品牌发源于 1900 年以前，其中绝大部分创立于 19 世纪早期，有两个更早的在 18 世纪末创立的品牌：1797 年的百威（啤酒）和 1799 年的 JP 摩根（银行）。[11]21 世纪的全球品牌排行榜上，一批早在 19 世纪中后期就已问世，至今依然生气勃勃活跃在市场中的高价值品牌历历在目，如亨氏（Heinz）始于 1869 年、通用电气（GE）始于 1876 年、可口可乐（Coca-Cola）始于 1886 年、强生（Johnson & Johnson）始于 1880 年、百事可乐（Pepsi）始于 1902 年、联合速递（UPS）始于 1907 年、迪士尼（Disney）始于 1923 年，等等。中国的老字号更有数百年的历史，如 400 多年的"陈李济"和百年以上的"同仁堂"。

企业家在品牌的历史上是第一批英雄，品牌的实践远远先于品牌的理论。一般认为，品牌作为区分制造商或产品的标识已经有几个世纪了。现代品牌范式建立之前，企业创建品牌的优秀个案早就登上历史舞台，创造出经典的品牌智慧和手法。

所谓"品牌的传统范式"，是指 20 世纪 80 年代之前，以企业为主角和主导的品牌化的经验概括和总结，它具有承前启后的地位和无可取代的价值。这并不是严格意义上的"范式"，而是相对意义上的模糊的"前范式"。

本书第 2 章的考证表明，粗略而言，**品牌学者**比企业品牌实战**晚了至少 100 年**。于是不免要问，**现代品牌理论问世之前，企业家是如何成功打造品牌的？**基本的答案是：企业家凭借的是自己的实践经验、创新思想和悟性，加上借助外部的力量——广告公司、设计公司和媒体的力量，开创了一条成功创建品牌的道路，这就是品牌化的经验模式。

"品牌作为促销工具"是传统品牌时代的主流思想。一般做法是，在公司市场企划中注入品牌这一要素，利用品牌来提升产品形象、强化分销推力、开发广告创意、丰富包装吸引力等，从而达到刺激销售、强化销售业绩的效果。显然，在这种营销或促销框架中，品牌只是角色或工具之一，仅仅在战术的层面发挥促销的功能。

传统时代品牌化的特征中，最核心的是"以产品为中心"。首先是品牌依附于产品，品牌管理是产品导向的。正如美国沃顿商学院的卡恩（B.E.Kahn）教授所指出的：

"在1985年以前，所有的品牌几乎无一例外都是以产品为核心。例如可口可乐、吉列（Gillette）、康贝尔（Campbell）、立顿（Lipton）、固特异（Goodyear）、家乐氏（Kellogg）、柯达（Kodak）等。"[12]

品牌化经验范式之要素1：创造区别

立名、标识，这是创立品牌的第一步。再从名称文字到视觉图形的个性差异化，都是为了创造与众不同的区别。

品牌化经验范式之要素2：广告创意让品牌脱颖而出

创意广告是为品牌画龙点睛、注入灵气的核心手段，即通过广告创意来提高品牌的知名度和吸引力，使品牌脱颖而出。对创意的狂热追求，使得天才的广告人和卓尔不群的广告公司横空出世，叱咤风云，留下传奇。广告教皇奥格威曾经说："任何傻瓜都可能做成一笔生意，然而，品牌创立却需要天才、信誉和毅力。"奥格威强调了创立品牌，但是，他并没有将学术理论列为品牌创立的重要条件。确实，学者在早期并没有登上品牌的舞台。

在广告思想史上，霍普金斯（C.Hopkins）曾经以《科学的广告》（*Scientific Advertising*，1923）树立起了第一座高峰，实现了广告从盲目的经验走向科学的提升。奥格威等三人则创造了广告思想的第二座高峰，他们将广告创意推向至高无上的地位，引发了无数广告人对广告创意的狂热追求，为许多全球品牌的成功立下了汗马功劳。20世纪五六十年代的创意革命，以三大旗手伯恩巴克、奥格威和李奥贝纳为代表，在广告史上留下了许多品牌的传世之作和经典广告，如万宝路品牌形象广告、大众甲壳虫汽车的"小为佳"广告等。[13]

品牌化经验范式之要素 3：大众传媒为品牌插上翅膀

利用各种大众传媒大规模为品牌做广告，下注在广告上，这是美国公司从 20 世纪二三十年代开创的传统。用大众媒体扩大品牌声望的标杆公司是可口可乐和宝洁。早在 1900 年，可口可乐的广告就铺天盖地。宝洁公司则长期是全球投放广告花费最多的广告主。它们开辟了以大量广告投放建立品牌的道路。

现代品牌范式：动因与质变

从传统范式向现代范式的转型出现在 20 世纪 80 年代。现代范式是当代品牌思想和理论的主宰。其之前的经验范式和其之后的未来范式，相对都没有完全成形。鉴于现代品牌范式举足轻重的重要地位，其产生发展的思想轨迹将在下一节专门阐述。在此先要回答涉及范式转型的两个至关重要的问题，即传统范式和现代范式二者之间的主要区别何在？为什么在 80 年代出现了转型？

何谓"现代品牌范式"？"现代"意味着什么？

简单而言，现代品牌范式建立在两个基石之上，一个是"品牌资产"，另一个是"品牌战略"。或者说，因为这两点，品牌思想才有别于传统，才形成了现代范式的结构和体系，品牌实践也因此异常活跃而有如骄阳。所以，从"品牌"到"品牌资产"，从"战术"到"战略"，是"现代"区别于"传统"的两个重要区分标志。

具体而言，笔者将现代范式与传统范式的主要差别归纳为如下五点。

1）品牌的理念大相径庭。品牌的传统意义是标记，现代意义是象征。标记的核心是区分，象征的核心是价值赋予。

2）品牌化的重心不同。传统范式的品牌化注重外显性，关注的是外显性的品牌元素，包括品牌名称、标志、品牌设计乃至品牌形象等，品牌识别是核心。现代范式的品牌化的关注从外向内，注重内在隐形的品牌资产，品牌内在隐形元素的重要性逐步上升，包括品牌情感、体验、关系、尊重和崇拜等。后者是现代品牌的灵魂，使得强势品牌具有魅力（admiration）和魔力（magic）。

3）学术介入之有无。传统范式基本是经验的、实践的，与学者无缘；现代范式开始发挥学术功能，实践和学术双轮驱动，学术思想具有引领、催化的推动作用。

4）品牌的商业和社会功能天壤之别。传统范式中品牌是"促销的工具"，处在营销策略的地位，是从属的、锦上添花的营销元素；现代范式则将品牌推上"战略资产"的高度，处于公司战略的位置。而且品牌作为"象征和符号"，不限于商业世界，在社会文化层面也体现出价值。

5）品牌的经验模式和现代品牌管理模式迥然不同。传统范式的品牌运作是靠经验模式，即外包广告、设计、创意等；现代品牌范式依赖"科学＋艺术"的战略品牌管理系统，包括为创造品牌价值整合组织、数据、流程、网络、创意等资源，实施品牌战略、品牌营销，实现品牌愿景。

20 世纪 80 年代是品牌现代范式兴起的起点，引起范式更替的驱动力量来自外部和内部两个方面。

范式转型的外部驱动源是资本市场，金融市场的并购强烈呼唤品牌学术研究。 20 世纪 80 年代企业并购活动和全球化的加剧，出现了品牌作为无形资产计入公司总资产价值的先例，使得企业界对品牌这一无形资产"趋之若鹜"，随之，强化品牌学术研究的迫切需求迅速浮出水面。

首先，当时大规模的并购浪潮席卷全球，品牌企业的并购中不断出现巨大的溢价现象。例如，20 世纪 80 年代前，企业并购的竞价比不超过 1:7 或 1:8（企业资产的 7~8 倍），1990 年后，并购品牌企业时竞价比居然超过 1:25，即其（账面）资产的 25 倍以上。[14] 这使商业界感觉到品牌具有巨大的潜在增值效应，可是，**品牌是否具有及为何会具有无形资产？如何合理衡量计算这种品牌无形资产？** 金融并购市场凸显出的新问题在当时说不清、道不明，没有科学的分析和答案，当然就难以驾驭这种新的商业情境。

其次，品牌在营销活动中的功能也受到了挑战。如第 2 章所述，在传统时代，品牌的主导性功能是作为促销的工具之一，例如品牌形象和品牌偏好可以为增加销售做出贡献。80 年代初，大型超市的价格促销相当见效，消费者趋之若鹜。显然,在促销的王国里,降价是永远的王者,品牌不可能戴上促销的王冠坐上促销的最高位置。在降价促销的大浪中,品牌的影响力似乎一落千丈,例如卡夫这样著名的食品品牌,都陷于萎靡不振,长达几年时间。这不由得让企业和社会提出这样的质疑:品牌到底有多大的能耐?品牌的真正价值到底体现在哪里?

上述正面的和负面的商业环境,都从外部对品牌学术研究发出了十分迫切的需求和十分强烈的呼唤,而刺激品牌范式转型的内部动因也随之到来。20世纪80年代学术界内部也发出了"进军品牌研究"的强烈信号,最有力的信号来自以引导学术发展方向而闻名的美国营销科学研究院(MSI)。MSI在1988年指出"品牌资产"(Brand Equity)是营销学术界最新的重要研究方向,并且给予长期优先推动和研究资助。[15]MSI是指引营销研究趋势和方向的学术灯塔,它发出的这一重大信息吸引并影响了美国大学商学院的教授们。1992–1993年,两份英文品牌专业期刊《产品与品牌管理》和《品牌管理》创刊。1994年三份顶级营销学术期刊同时出版品牌专刊,为品牌学术助力,《营销研究学报》出版了品牌管理的研究专刊,[16]《营销学报》出版了品牌专著的评述专刊。[17]《哈佛商业评论》首次出版品牌管理精粹文章选集。[18]这显然不是偶然的巧合,而是品牌学术兴起之风向标,推动品牌理论最终变成市场营销学乃至管理学领域中最受关注重视的学术研究领域之一。[19]

新规范:战略品牌管理

从品牌传统范式转向品牌现代范式的过程中,20世纪80年代末至90年代初是关键的时期,出现了一批超越经验的品牌著作。基本可以分为两条脉络展开,一条粗脉络以大学为背景,以阿克为代表,以"品牌资产"概念作为基点,其一批论著最终演化出"战略品牌管理";另一条细脉络以公司为背景,代表人物是墨菲,以推进品牌实战问题的解决为己任。最后孕育出一批全球知名的品牌咨询公司,如英特品牌,其开发的品牌评估的方法后来也被纳入"战略品牌管理"的体系之中。

"**战略品牌管理**"是现代品牌学术共同体公认的规范。这个规范的存在，可以从品牌著作文献中的一个奇特现象洞见。以《战略品牌管理》（*Strategic Brand Management*）为同一书名的英文书至少已经有四个不同的版本，即这个书名至少被以下四个重要的作者采用，他们分别是：法国的卡普菲勒（第 1 版，1992）、[20]美国的凯勒（第 1 版，1998）、英国的埃略特等人（第 1 版，2007）[21]和美国的切尔内夫（第 1 版，2015）。[22]战略品牌管理从 1992 年到 2015 年构成了一个延绵不断的传统。

战略品牌管理到底意味着什么？究竟为什么这些品牌领域的重要学者都抓住这一概念不放，居然不回避书名的重复？他们又是如何构造其各自相异的内容呢？

执着于相同的书名《战略品牌管理》，说明这些作者们将共性看得比个性更重要。**什么是"战略品牌管理"的共性**？笔者以为，兴起于 20 世纪 90 年代的战略品牌管理作为一种规范，"共同的基础和方向"就体现在以下这三个词的理解上：**"品牌"解读为"品牌资产"；"战略"意味不是战术层面；"管理"强调实战解决问题**。这一规范的两个基本点，就是战略的高度和实战的取向。

什么是战略的高度或视角？战略品牌管理与战术品牌管理的区别何在？

在营销战术的层面看待品牌的观点在美国曾经盛极一时，如阿克指出的，**"从战术角度考虑品牌管理曾经是主导模式"**。[23]其特征是：品牌只是为了提升产品的竞争力，只是为了有助于拉动销售，只是从营销的层面管理品牌，认为品牌管理可以外包给广告公司等。

相比之下，战略品牌管理的特征是：品牌是推动战略的重要资产，或品牌即资产。品牌战略作为一种公司战略，品牌是战略竞争力。品牌不仅仅是产品层面，而且有公司品牌及更大范围的品牌架构；品牌不仅仅由营销部门及营销传播部门运作管理，更列为公司高层管理的重中之重，品牌作为战略被置于公司管理的最高层面（董事会）。

面向"如何做"的实战取向，即"品牌理论如何解决品牌实践问题"，战略品牌管理重视在理论的基础上，突出应用工具和解决问题之方法，关注企业的实战和实施，而不是与实战分离的纯理论。在市场营销领域，学术的**实践取向**（或理论的实践运用）通常通过搭配**"管理"**（management）的术语组合**来表示**，例如，营销学和营销管理、关系营销和顾客关系管理等。前者表示学术，后者表示面向实践。所以，"品牌管理"或"战略品牌管理"都意味着不仅仅讲知识，而且必须有服务实践的内容，如流程、案例、工具等。"管理"二字意味着，追求更加有效的创造品牌价值的实践。**将品牌学术与品牌实战打通，知行合一，以解决实际问题和学术落地为己任。**相对"战术管理"而言，战略管理更注重解决更长期、更结构性的基本问题。

在战略品牌管理规范共性的前提下，研究依然是开放的，大家们彰显出各有所长、耐人寻味的学术个性，各显神通。简言之，凯勒的《战略品牌管理》代表了主流的美国品牌理论——基于顾客的品牌资产理论体系。法国的卡普菲勒力图表现欧洲品牌学派的理论主张和特色，例如坚持品牌资产的企业视角和立足欧洲本土品牌。英国的埃略特发扬其文化心理专业功底之长，他的《战略品牌管理》致力于开创品牌战略的文化视角和理论。美国西北大学凯洛格学院的切尔内夫是后起之秀，他的《战略营销管理》已经出版到第 9 版（2018）。[24] 他试图将品牌管理与市场战略的框架融会贯通，因为他擅长的正是营销战略和商业模式。

未来的范式：反常与张力

在移动互联网和智能手机席卷全人类的历史狂飙中，用"山雨欲来风满楼"来形容 2010 年以来的品牌实践和品牌思想领域并不为过，其影响之广泛、深刻已经毋庸置疑。事实上，**数字化时代的**全球品牌世界已经今非昔比。品牌传播的新途径出人意料之外，**跨界品牌、超级品牌（MegaBrand）、快速品牌、酷品牌等全新事物频频出现，锦上添花。**这迫使人们重新深入思考品牌的内涵，并激发了发现建立品牌之新方法的冲动和激情。

品牌全球价值排行榜的面目已经明显大变：2016 年以来前 10 位的品牌中，科技品牌（苹果、亚马逊、谷歌和脸谱网等）已经取代了传统的大品牌占据了大多数的席位。新兴市场品牌开始出现在全球品牌百强榜单中。可以说，常规的围墙正在被创新不断突破，反常正在积累创造新的范式的能量，一个新的品牌思想范式已经暗流涌动，待机而出。

催生新范式的主要驱动力量显然是技术——数字化技术和智能技术。以2010年为分界点，数字化已经登上舞台，智能化也触手可及，移动互联网、大数据和云技术、智能硬件、社交媒体、智能算法等技术不断成熟，**智能化营销（Smart Marketing）**的概念和实践也已经浮出水面。[25]

反常

21世纪品牌思想面临大变局，常规性的渐变和革命性的突变接踵而来。笔者在本书第9章从两条主线切入，具体呈现了变局中的多元化品牌创新思想。这些创新也意味着，面对种种"反常"，现代品牌范式需要做出补充、调整和修正。问题是，现代品牌范式有没有足够的"免疫力"，去抵御已经出现的和今后还会出现的"反常"的挑战？足够强大的"反常"是否可能侵入现代品牌范式的内核，改变现代品牌范式的基因，即孕育出新的未来品牌范式？

为了回答此问题，让我们再一次审视已经发生的"反常"。

叱咤风云的数字化变革有两个主要的风口：数字媒体和数字渠道。[26]**前者完全改变了传播方式，后者颠覆了购买行为。变革的深层驱动则来自人的改变——从"传统人"到"数字人"。**

由此，数字化创新了战略品牌管理的实践，主要在三个方面：

1）品牌传播数字化——"e口碑效应"（eWOM）和"数字社群"（Digital Community）；

2）品牌创立路径的创新——自上而下和感性优先；

3）品牌管理战略创新——品牌生态圈战略和品牌愿景模型。

首先是传播方式面目全非了，数字化传播迅速成为主宰。数字化传播具有许多新的特点，例如极速化、自我化、精准化、易爆化、视频化等。自媒体、短视频、网红促销等纷纷问世，引人注目，快速建立品牌的新杠杆脱颖而出。"e

口碑效应"和"数字社群"成为品牌化的两个新杠杆。利用这两个新杠杆，品牌可能风起云涌，迅速火爆的"网红"取代了过去相对缓慢的建立品牌的过程。

其次，出现了从**理性主导到感性至上的趋势**。对数字化原住民（20世纪90年代以后出生）而言，更是热衷于感性驱动，例如"品牌卖萌"、"潮品牌"和"酷品牌"大行其道。传播的符号从文字转向视觉为主。这种趋势呼唤一个潜在的新领域——**品牌美学**。

最后，**品牌战略的创新浮出水面**，颇为醒目的有两项：品牌生态圈战略（Brand Ecosphere）和品牌愿景模型（Brand Vision）。前一项开创者是美国的穆尔，他于1993年在《哈佛商业评论》上最早提出了"创建商业生态系统（Business Ecosystem）"的战略思想。[27]后一项发源于阿克的《品牌大师》（2014）。

数字化对现代品牌学术范式的冲击

推动范式转型的"三新"：数字化品牌（Digital Brand）新概念；数字化品牌关系的新境界——浸合（Engagement）；顾客资产（Customer Equity）的新趋势。

自2000年之后，各种创新的品牌思想十分活跃，新观点和新论著相继涌现。20世纪90年代建构的"战略品牌管理"一再被刷新。正如阿克所言：**"创新和多样性已成为品牌战略永不枯竭的话题。"** 试列举数例如下。

● 里斯为什么提出创建新类别品牌的新战略

2004年，里斯（Al-Ries）和他的女儿劳拉（Laura Ries）的合作著作《品牌的起源》中，[28]提出"品牌＝品类＋品牌名称"。里斯的观点是：你的品牌一旦成为某个（新）品类的代名词，你就成功创建了品牌。

该书挑战了三个影响很大的思想方法或品牌战略。其一挑战了品牌形象论，品牌形象论主张创建品牌是要塑造一个伟大的品牌形象。里斯提出了与此不同的创建品牌的目标：创建品牌是要成为新品类的开创者或代名词。其二挑战了重视整合或综合而忽视分化的战略思想，如"综合就是创造"的发展观。里斯认为分化比综合更加重要，更有价值。其三挑战了热门且倍受追捧的品牌延伸。里斯基于反对"融合",主张在每一个新品类(分支)都采用新的品牌名称,即不要延伸使用旧的品牌名称。从逻辑上讲,里斯否认了品牌延伸的战略。

- 霍尔特为什么提出文化品牌战略

2004 年,霍尔特(D.B.Holt)在其著作《品牌如何成为偶像》中,[29] 提出了"文化品牌化"(Cultural Branding)的概念。2010 年,他和卡梅伦的《文化战略》一书中,[30] 提出了一个新的文化创新理论,强调其文化创新不同于其他的创新逻辑。霍尔特的基点是现代品牌战略中缺少"文化"。当然,他还没有很好解决"如何测量文化资产"的问题。

- 阿克为什么要重新提炼他的品牌思想

2014 年,76 岁的阿克(D.Aaker)重新审视自己过去的品牌论著和几十年发展中的品牌实践,出版了集"30 年总结"的重要著作《品牌大师》。[31]

这本书浓缩、提纯和重新综合了品牌思想的核心知识,其实就是**阿克品牌思想的重构**。例如,阿克将**"品牌愿景"**放在品牌化战略最重要的突出位置,并且取代了曾经强调过的"品牌识别"的概念。他在淡化"品牌识别"的同时,又突出了"品牌活力"等新概念。他将品牌资产的要素从五个修正为三个。这表明了阿克对现代品牌理论范式的不满足和修正的努力,其修正有的已经触及基本的概念和框架。

- 为什么会出现品牌化的新精要

2014 年出版的《像品牌大师一样思考》一书[32],是 20 位重量级品牌人物品牌化思想的萃炼升华之作,是应对品牌新现实再思考的一个集中反映。敏感而接地气的品牌咨询专家们所涉及的诸主题——品牌意义、品牌真实性、品牌故事原代码、品牌社群战略、激情品牌(Passion Brand)和至爱品牌(Lovemark)等,透露出补充现代品牌范式的迫切性和更新之趋势。

- 凯勒的品牌共鸣金字塔(BRP)如何修改或重建

凯勒的经典教科书《战略品牌管理》中,其理论的核心模型之一——共鸣金字塔模型（Resonance Model），描述了品牌建立的过程，这是一个自下而上的过程，最后达到"品牌共鸣"。[33]数字化品牌情境中出现了相反的情况：先有少数忠诚粉丝的品牌共鸣，影响造就更多的粉丝，再在体验中产生对品牌的情感和认知。这是一个自上而下的推进过程，不妨称之为"粉丝模型"。凯勒这个工整有序、严谨逻辑的模型曾经是非常完美的，它受到的挑战意味着什么？

数字化对现代品牌范式的两个基本问题——"什么是品牌"和"如何品牌化"也已提出了挑战。2000年著名的麦肯锡咨询公司提出了"数字品牌化"（digital branding）的全新理念，[34]2010年《哈佛商业评论》发表了颇为**《数字化时代品牌化》**的开创性文章。[35]"数字化时代的品牌化"或"数字化品牌创建"已经成为品牌学术中广受瞩目的核心新概念。为了应对数字化的冲击，现代品牌学术范式已经开始出现了某些带有根本意义的改变或创新。笔者将数字化时代品牌学术范式的"修正"，归结为以下三个方面。

1. 平台或生态共创：数字化品牌（Digital Brand）的新概念

在传统范式中，品牌的概念核心是"差异化识别"；进入现代范式，品牌概念的核心转向"资产"，品牌是"战略资产"和"资产杠杆"。**数字化时期品牌的社会文化价值上升，品牌成为某种价值观的"共创平台"或"共创生态圈"。**平台品牌和生态圈品牌的出现，并不是意味品牌原来的"差异性"和"资产性"被替代，而是说数字化时代品牌增加了新的内涵。例如，苹果公司在2008年开创的App Store——应用软件平台，就是一种典型的共创品牌平台。App的设计思想和性能、消费者对App的选择和互动，综合决定了App的市场命运，并且将各参与方的需求和经济利益捆绑在一起。

2. 浸合：数字化品牌关系（Digital Brand Relationship）的新境界

在数字化的环境中，品牌关系出现了重要的新概念engagement，中文应译为"浸合"。**"浸合"代表了数字化时期顾客关系和品牌关系的新境界**（请参见第8章）。因为原有的"品牌忠诚""品牌参与"等已经不足以解释关系的新状态，以致整个营销的定义已经加入这个关键词，如2018年科特勒的《营

销原理》第 17 版中，营销的新定义如下：[36]

通过为顾客创造价值和从顾客获得价值以浸合顾客（engaging customer）并建立可持续的顾客关系的过程。

3. 品牌资产转向顾客资产：数字化品牌资产（Digital Brand Equity）的新趋势

数字化对现代品牌范式的另一个可能更深刻的改变是，谈到品牌资产时，已经不能不涉及顾客资产，甚至顾客资产比品牌资产更加重要。科特勒在 2015 年所指出，1990–2000 年是品牌导向，2000 年后是价值、价值观与共创导向。[37]20 世纪 90 年代是品牌资产，21 世纪是顾客资产。[38]自 2000 年以来，对顾客资产（Customer Equity）的学术关注热度剧增。[39]拉斯特（R.T. Rust）、泽丝曼（V.A.Zeithaml）、莱蒙（K. N. Lemon）等重量级学者已提出了顾客资产比品牌资产更重要的新思想，[40]这直接动摇了现代品牌范式的核心概念"品牌资产"。

必要的张力

试问，跨越现代品牌理论的新范式何时会确立？

库恩在《科学革命的结构》（1962）一书中强调，范式革命是"世界观的转变"，即强调新旧范式之间的不可兼容性。现代品牌范式的领袖人物，如凯勒已经不可能再成为新范式的领袖。凯勒的代表作《战略品牌管理》第 5 版（2019）已经显示，试图修补调整原有的现代范式来应对新的变化，成为其基本旋律。

1977 年，库恩进一步提出了"必要的张力"的重要思想，他指出在新旧范式的交替转换过程中，应该保持必要的张力。这个思想类似中国的中庸之道，主张既不要打倒一切的过激革命，也不要顽固不化的守旧。此意看似简单，而能真正做到在两极之间处之有度，进退得当，并非易事，能检验出学术见识的高低和智慧素养之厚薄。

尽管品牌学术界都重视数字化带来的变革，重构品牌理论似乎已经势在必行，但是对于"如何重构"的问题，思想及态度行为并不一致。大体而言，表现出三种取向：其一，既开放进取积极提倡创新，又保守原有的理论核心，保持温和的平衡与融合。例如科特勒在其著作《营销革命4.0：从传统到数字》（2017）的封面上强调"不是颠覆，而是进化。"[41] 最近几年他对营销理论"变与不变"所持的基本看法也类似于此；其二，另起炉灶，推陈出新，试图建构新的模式。例如科特勒营销集团（中国）2017年出版的《数字化时代的营销战略》等一批新潮的书，基调是"颠覆"；[42] 其三，总体维持原有的框架结构，作局部调整补充和稳步慢改，试图适应和克服"反常"。例如凯勒的《战略品牌管理》第5版（请参见第6章）。试问，谁更有远见和智慧？孰优孰劣？或只有靠时间来回答。

在21世纪的第一个十年，对品牌现代范式的反常和挑战已经越来越频繁，山雨欲来风满楼之势已经不可逆转，但是，摧枯拉朽之力却尚不够强大，尤其还"欠东风"——有待新的核心人物登上新范式的舞台，新范式呼唤革命性品牌思想的新领袖出现。21世纪的第二个十年是品牌新范式浮现的关键时刻，让我们拭目以待品牌思想史上的下一个伟大事件——品牌新范式的形成及未来的品牌新世界。

13.3 现代品牌理论范式之形成

在建构现代品牌理论殿堂的宏伟大业中，首先是美国的两位学者列维和帕克提供了重要的知识部件，他们犹如现代品牌思想的晨曦，投下了品牌的理性之光。20世纪90年代初期，另两位更具远见和实力的学者——卡普菲勒和阿克开创了更阔廓深远的品牌学术新境界。卡普菲勒率先开始了整合品牌知识系统的尝试，阿克则拓荒深挖"品牌资产"这一最关键的立足基础。90年代中后期，凯勒完成了现代品牌理论的创新整合。

近半个世纪以来，全球范围的品牌学术丛林已经蔚然形成，这是不同于以前只有品牌实践、没有品牌学术的另一类景观：数十种与品牌研究相关的学术杂志、数百个每年召开的品牌学术会议、数千位品牌专业学者、数以万计的品牌研究论文。人们不免要问：现代品牌理论大厦是如何建立起来的？让我们以五位最杰出的品牌思想家的故事来勾勒这个历史进程。

列维：传奇的品牌思想家

一位百岁学者在 65 年前首先拉开了现代品牌理论的序幕，他就是生于 1921 年的美国学者列维（S.J.Levy）。1955 年，他和加德纳（B.B.Gardner）在《哈佛商业评论》上发表文章《产品与品牌》，[43] 提出了**"品牌形象"这一理性的思想创新概念**。作者分析了产品和品牌在消费者心目中的不同，突破性地指出了品牌的形象和符号对消费者的特殊意义，将**产品和品牌从理论概念上区分开来**。该论文不仅惊动了广告教皇奥格威，也被学术界广泛引用而成为经典之作。列维发表这篇文章时还是一位在读博士生。

在营销思想的历史上，列维是 20 世纪营销学、消费者行为学和品牌研究最重要的思想贡献者和传奇人物。他引入了心理学、人类学、社会学和美学的思想和方法，是营销学、消费者行为学和品牌理论综合创新开辟新道路的思想先锋。1999 年出版的《列维论营销》一书，[44] 其英文副书名中的三个关键词——**品牌、消费者、符号（*Brands，Consumers，Symbols*）——指明了列维贡献最大的三个领域**。他与科特勒一起将营销开拓至社会的广阔空间，他对消费者行为研究有过重大影响，尤其他对品牌思想的创新，开创了品牌形象、符号主义和文化意义等重要方向。

列维对品牌学术的主要创新，是在品牌理论中开创了"品牌形象—符号"的学术流派并创新性地提出了"品牌形象""符号—象征""品牌意义"等十分重要的思想。他开拓的品牌理论研究，从消费者对营销和品牌的感知这个方向上切入，不断走向纵深。在 20 世纪 50 年代至 80 年代初，列维发表了一系列的开创性论文，包括：《产品与品牌》（1955）、《品牌形象的意义》（1957）、《贩卖符号》（1959）、《符号主义与生活方式》（1963）、《营销中的神话与含义》（1974）等。他还是"消费文化理论"的拓荒学者。2016 年，95 岁的列维出版了著作《品牌理论》（*The Theory of the Brand*）。[45] 这位学术老人，似乎年龄越大越钟情于品牌，并且为品牌学术思想确立高耸入云的丰碑而留下绝唱。

帕克：理性的播火者

现代品牌思想的第二位先驱人物是美国学者帕克（C.W.Park），他在品牌世界投下了理性的火种。他不满意"品牌是一个名称和标识"这种表面的、经验性的理解，而刻意探寻品牌的理性的、深邃的、独立存在的内涵。

1986 年帕克和合作者在《营销学报》上发表论文《战略品牌概念》，[46] 提出品牌概念具有的三个维度：**功能的（Functional）、符号的（Symbolic）、体验的（Experiential）**，这就是有名的"品牌概念管理"（BCM）框架，从理论上明确了品牌与产品的根本不同所在：**产品只有一维的空间，品牌具有三维的空间。**

这一后来赢得了学术奖（Alpha Kappa Psi Award）的论文是高屋建瓴的，它不仅仅从理论上清晰了品牌与产品的不同，也为现代品牌理论的建立和长远发展确立了一个重要的理论基点，为后来发展品牌战略管理的流程，发展品牌与顾客的关系都提供了基本的方向和策略思路。例如，品牌的体验维度在上世纪末开始成长出"品牌体验"这个十分重要的分支。品牌的符号维度与品牌的象征意义相结合，从品牌情感延伸到品牌文化、品牌价值观，发展出品牌文化理论流派，成为品牌的欧洲学派开拓新方向的重要思想武器，并且是 21 世纪的品牌研究中理论创新的起点之一。

帕克的学术风格可以概括为：聚焦深挖，合作成势，两栖兼顾。在帕克发表《战略品牌概念》之前，经典论文屈指可数。在此文之后，品牌研究的名篇不断出现，除了阿克和凯勒的论著之外，有珍妮弗（J.Aaker）的"品牌个性"（1997）、弗尼亚（S.Fournier）的"消费者—品牌关系"（1998）、施密特（B.Schmitt）的"品牌体验"（2000）和莫尼兹（A.M.Muniz）等的"品牌社群"（2001）等。可以说，帕克是**从品牌经验阶段迈向理论思维阶段的先行者代表**。

1955-1986 年的 30 余年，除了列维和帕克，为现代品牌理论的诞生准备了条件或为理论的整合提供了重要构件的，还有 20 世纪 70 年代特劳特和里斯的"定位论"，以及 90 年代初舒尔茨的《整合营销传播》等重要的学术成果。品牌的思想和实践经历了几轮突破，"品牌识别"、"品牌形象"、"品牌与产品分离"和"品牌概念的三维结构"犹如一个又一个坚实有力的足印，通向建立现代品牌理论殿堂的大门。20 世纪 80 年代刮起的品牌学术研究的飓风，席卷了大学的校园，惊醒和吸引了学术界的佼佼者。"十年磨一剑"，经过 80 年代大约十年的品牌研究的修炼，90 年代三位顶级品牌学者的鼎力开拓，现代品牌大厦完成了它的第一次理论建构，终成大观。

卡普菲勒：尝试建构品牌知识系统

卡普菲勒（J.N.Kapferer）是法国巴黎高等商学院的教授。1975 年 27 岁的他，在美国西北大学凯洛格商学院获得了营销学博士学位后，在深厚的欧洲情结驱使下重返法国，他的理想是要让欧洲的学术放出璀璨之光。

1991 年卡普菲勒 43 岁时，**出版了法文版的《战略品牌管理》**，次年，英文版《战略品牌管理》第 1 版问世。[47] 他试图率先建构出品牌的知识体系的梦想初步实现了。

卡氏该书首版的贡献是，首先，最早开创了"战略品牌管理"（SBM），SBM 从此被包括凯勒之内的多位学者一再采用作为书名，证明此书名含义深远、不可多得（请参见第 5 章）。卡普菲勒用"战略"二字是有所指的，他说，大量公司已经意识到品牌名称是宝贵的财富，但品牌化又仅仅限制在战术决策上。他用"管理"二字也是有所指的，他强调，必须在公司层面（而不只是营销部门）整体管理品牌"格式塔"。其次，卡普菲勒在品牌整体概念、品牌识别、奢华品牌和案例选择等方面，表现出了他的创新和不同风格。他在《战略品牌管理》一书中尽量注入了"欧洲要素"，其案例大都以欧洲的品牌为主。

卡普菲勒将品牌整体概念作为第 1 版的核心，它呈现为一个三层的金字塔：顶点是核心识别（"内核"）；中间是品牌风格或个性；底层是基本主题和广告项目。他认为，品牌不是产品，也不是它的组成部分——品牌名称、徽标、设计或包装和形象，而是产品的本质、意义和方向。卡普菲勒这种对品牌的理解尽管是"自我"的，却是广义的。

卡普菲勒在该书中还提出了**品牌识别棱柱图**，从六个方面识别品牌，包括品牌个性、品牌形象、品牌文化、产品、消费者和关系。尽管这一思想囿于品牌识别，却是一个开阔的框架。

作为欧洲的品牌学术领袖，**卡普菲勒最有远见的论著**，是他在1991年开始并且连续几十年再版的《战略品牌管理》；卡普菲勒最具特色且影响最大的论著，是他开拓奢华品牌领域的两本书——《奢侈品战略》和《卡普菲勒论奢华品牌》。与学术相辅，卡普菲勒也是欧洲、亚洲和美国的一批公司的重量级咨询专家，他是学术与实战兼顾的两栖学者。

卡普菲勒在60岁前后，最终选择聚焦在最具有欧洲特质的奢华品牌上，这是一片虽已发现却几乎未深耕的处女地。卡普菲勒虽没有完成奢华品牌理论的精密构造，但他却仍是当之无愧的**"奢华品牌"理论的奠基学者**，是打开这条道路的第一位人物。

阿克：品牌资产的鼻祖

阿克（D.Aaker）翻开了以"品牌资产"为核心思想的历史新篇章。曾经被《品牌周刊》誉为"品牌资产的鼻祖"的**阿克**，是美国加州大学伯克利分校汉斯商学院的营销战略和品牌专业教授，是亲临品牌实战的咨询大师，也是一位充满情怀和热爱生活的全能教授。阿克是**现代品牌理论的开山学者**，他在品牌领域开疆拓土，雄驰学术和实践之间近30年，在品牌领域著有原创性著作八本。他在52岁提出的"阿克模型"，是他学术创获的代表。他在76岁时出版的《品牌大师》，则是其品牌思想之结晶和总结。

1988年，美国营销科学研究院为现代品牌理论确立了第一个关键的核心概念——**品牌资产**，并提出将"品牌资产"列为重大研究发展方向，为品牌学术的崛起点亮了前进的第一盏明灯。正如阿克后来所强调的，品牌资产**"是改变营销历史的一个重要概念"**。[48] 此时，年已50的阿克教授毅然投身于这个全新的空白学术领域——"品牌资产",豪情满怀地开始了新的学术拓荒和冒险。

这是前无古人的学术领域,"品牌资产"是一个大难题,阿克是第一个攻克这道难题的学者。阿克面对的问题和挑战是,如何拓荒"品牌资产"这块完全未开垦的处女地?如何将品牌资产开拓为新兴的学术领域?如何从 0 到 1 切入和把握品牌资产的基本问题?阿克认为,重要的问题包括:什么是品牌资产?为什么需要品牌资产?品牌资产的构成以及如何管理品牌资产?

不了解品牌丛林的混沌和模糊,就不懂得阿克研究的开山价值。阿克凭借深厚的专业功底、不可多得的洞察力,加上他的激情,用了大约不到两年时间,初步揭开了"品牌资产"的神秘面纱。阿克在 1991 年开始率先给出了他的原创性回应和一批有创见、有远景的答案。这就是影响深远的后来被称为阿克"品牌三部曲"的三部著作:1991 年出版的《管理品牌资产》[49];1996 年出版的《创建强势品牌》[50];2000 年出版的《品牌领导》[51]。由此奠定了阿克在品牌学界的领先学术地位,也构成了品牌资产理论最初的发展平台。

1991 年出版的《管理品牌资产》一书,表明其基本的视角是品牌资本化,这正是现代品牌理论的出发点和立足点。这本书的价值有三:首先,该书提出阿克模型,首次回答了品牌资产的含义和具体构成要素;其次,阿克最早强调了品牌联想的重要性,并初步探讨了评估品牌资产的方法;最后,阿克提出了管理品牌资产的若干基本问题。《管理品牌资产》一书产生了重要影响,总被引用数超过了 1.6 万次(谷歌学术搜索,2019)。品牌资产的神秘面纱被阿克初步揭开了,这是品牌理论的一大步。

阿克品牌资产模型并不是定量模型,而是一个表现新思想洞察的定性模型,"阿克模型"指出了构成品牌资产的五种要素:品牌忠诚度(Brand Loyalty)、品牌认知(Brand Awareness)、感知质量(Perceived Quality)、品牌联想(Brand Associations)及"其他专有资产"(如专利、渠道关系)。阿克基于实践的理论洞察做出了两个重要的推进:其一,品牌资产主要来自消费者(占全部要素的4/5);其二,从一大群可能相关的概念和要素中,提炼并首次强调了"认知质量""品牌联想""品牌忠诚"对品牌资产的贡献。

凯勒的品牌价值链模型提出之后，阿克的五星模型似乎渐渐淡出。然而，阿克模型依然有其独到之处，例如其对 B2B 要素品牌资产的研究。[52] 阿克也在 2014 年重新修正了阿克模型。

1996 年出版的阿克《创建强势品牌》一书，其意义首先在于阿克强化了"**强势品牌**"，并使其成为一个重大的焦点主题，将强势品牌这一重要的战略概念推向了高峰，虽然欧洲学者在 1992 年已提出类似的概念。此后，对强势品牌的机理研究（如品牌崇拜、品牌挚爱等）成为品牌学术研究的长期目标，对强势品牌的追求成了品牌管理的现实目标，对强势品牌的价值评估和全球最有价值品牌排行榜的发布吸引了全社会的瞩目。这本书的总被引用次数超过了 1.1 万次（谷歌学术搜索，2018）。

如何建立强势品牌？这既是一个学术问题，也是一个实战问题。阿克在这本书中提出了对后续品牌理论发展至关重要的三个方向。

1）从视觉形象切入强化品牌识别。这一思想推动了从品牌识别转向品牌形象的发展方向。前者是企业自身的视角，后者是消费者外部的视角。

2）对多个品牌进行整合。这一思想为后来的品牌架构（Brand Architecture）这一基本概念提供了出发点。

3）测量品牌资产的紧迫性。这一思想导致了将品牌资产评估列为品牌理论建设的重要部分，并且成为现代品牌理论的核心之一。

阿克完成前两本书之后，将注意力转向他认为的另一个关键问题——品牌管理。2000 年阿克的《品牌领导》问世。这本书中提出的新问题是：如何强化品牌管理？或者如何才能更充分发挥出品牌的威力？阿克的基本答案是：必须将品牌置于最高的位置——领导的地位，试图通过这本书强调品牌管理应该上升到战略层面。

在 20 世纪 90 年代初中期，阿克的开创性学术成果意义巨大。阿克对现代品牌理论的贡献，首先在于他的《管理品牌资产》，使得品牌资产这一主体核心概念得以生根，并且确立了品牌资产的初步结构模型。他的《创建强势品牌》，使强势品牌成为品牌世界的主旋律。他的《品牌领导》，使品牌管理启动了向上提升、强化战略的思维。所以，尽管后来有多不胜数的品牌论著，阿克的这几本书却不曾被淹没而依然光芒四射。正如学界和企业界所公认的，阿克是现代品牌理论的开风气之先的奠基学者和引领品牌思想进入新时代的开山人物。现代品牌理论的黎明是属于阿克的，可以称之为"品牌理论的阿克时代"。阿克时代的品牌思想核心是"品牌资产"，沿着这条脉络，另一位年轻的美国学者将现代品牌思想理论推向了新高度。

凯勒：系统整合创新的集大成者

20 世纪 90 年代中后期，在阿克和卡普菲勒的奠基性工作之后，美国学者凯勒（K.L.Keller）完成了现代品牌理论的系统创新整合，成为现代品牌理论的中流砥柱。在品牌学术领域，凯勒的论著被引用总次数超过了 16 万次（谷歌学术搜索，2018），这在营销学领域是惊人的学术记录，位居第一并且遥遥领先，排名第二的学者的被引用总次数只有他的一半。通常被引用总数超过 5 万次的营销学学者都被认为是全球一流的学者。

凯勒比阿克小 18 岁，比卡普菲勒小 8 岁。他博士毕业后跟随阿克，很快切入并抓住了现代品牌理论的核心——品牌资产，又从阿克身上学到了对战略的领悟。加上他自身的学科基础是心理学，具有从对象视角深入分析的特长和优势。这也许就是他能够后来居上，并提出"基于顾客的品牌资产理论"的原因所在。

年轻的凯勒开始在学术上表现出了非同凡响的创新能力。1990 年，他和阿克合作在顶级营销刊物《营销学报》上发表了经典论文《品牌延伸的消费者评估》（1990）。[53]

1993 年，处在创造力最旺盛阶段的凯勒在《营销学报》的首篇位置上独立发表了他最富开创性的种子论文《基于顾客的品牌资产：概念模型，测量和管理》。[54] 这也成为此后品牌学术文献中被引用次数长期高居榜首的经典论文，该文被引用次数超过 1.6 万次（谷歌学术搜索，2019）。这篇论文创新之处并不在剖析"品牌资产",而是提出了深入发展品牌资产理论的重要新视角和路径。在他之前,"品牌资产"的理论开拓已有"财务视角"和"市场视角",凯勒开拓的第三种视角——"顾客视角",这与现代营销学的核心思想一拍即合,从而爆发出更强大的学术生命力。

1998年,凯勒将其经典论文的思想扩充成一部著作《战略品牌管理》出版。[55] 他以科特勒的经典著作《营销管理》为榜样,持续更新版本,使这部著作成为一部独树一帜的奠基之作,最终获得了品牌"圣经"之誉。这部著作的问世标志了现代品牌理论大厦的初步成型,这一年,凯勒42岁。

凯勒的《战略品牌管理》第1版的学术贡献主要有三方面:

1)整合创新的科学风格,确立了战略品牌管理的严谨逻辑系统。

2)建立了该书长期发展的基本框架,这个基本框架可以称为"基于顾客的品牌资产框架"。其基石是品牌资产,其独特的理论是"基于顾客的品牌资产理论"。

3)重要概念创新:品牌联想(Brand Associations)、品牌知识(Brand Knowledge)和品牌营销(Brand Marketing)等。

什么是凯勒品牌理论的核心基础?是**"品牌价值链"**(BVC,Brand Value Chain)和**"品牌共鸣模型"**(BRP,Brand Resonance Pyramid)。这在2013年凯勒的第4版第三章中,已经明确。

品牌价值链模型以顾客品牌知识为关键点,由"营销投入—顾客知识的改变—市场业绩—资本市场收益"四个阶段构成,前为因,后为果。其结论是,品牌价值来源于顾客的品牌知识的变化。凯勒的**品牌价值链模型**不仅解释了品牌资产的来源,而且统一了早期对品牌资产的不同视角的理解。在这个模型中,现代品牌资产理论的三种不同视角(企业的、顾客的、市场的)之逻辑关系得到了统一。**"营销投入"**是企业的视角,**"顾客知识"**是顾客的视角,**"业绩和股价"**是市场的视角。或者说,品牌价值链模型统一了前述品牌资产的三种不同视角和学术观点。

"品牌共鸣模型"则是回答另一个基本问题:如何创建品牌?创建品牌的

路径和步骤是什么？凯勒的"品牌共鸣模型"综合了此前各种品牌化观点和众多方案，形成了清晰的品牌化的过程结构和逻辑。即自下而上通过"理性路径"和"感性路径"两条路径"双管齐下"，分四个阶梯创建品牌的逻辑方法。

为什么凯勒的《战略品牌管理》被誉为"品牌圣经"？笔者认为，作为现代品牌思想的核心人物，凯勒对现代品牌理论和思想的主要贡献在以下方面：

1）确立理论范式的核心。明确提出并开拓出了品牌资产理论的主流理论——"基于顾客的品牌资产"（BBE）。

2）提升学科方法。将科学（特别是心理学）研究方法注入品牌领域，提升了品牌理论的科学性和严谨性。

3）建立体系。整合了品牌理论知识的逻辑结构，提出了清晰的现代品牌理论的逻辑和结构，即以"基于顾客的品牌资产理论"为根基，以"创建品牌资产—发展品牌资产—评估品牌资产"为问题主线。

4）学术关键点的创新突破。品牌价值链、品牌共鸣模型、品牌联想、品牌营销流程、品牌知识和品牌定位模型等。

5）综合品牌学术和实践的新进展。该书的引文和索引提供了品牌相关学术研究的重要文献集合，案例反映了代表性的品牌实践的创新。

通观凯勒的论著，能够强烈感受到，将品牌知识系统化、逻辑化、模式化，是凯勒的基本追求，也是凯勒的主要贡献所在。在佩服他所建构的品牌理论大厦的精巧之余，也应该指出，**品牌科学逻辑的追求和发现，既是凯勒的成功之处，也是凯勒品牌理论的过犹不及之处**。这是因为，品牌在人类生活中，毕竟不是完全的理性之物，在新新世代面前，纯粹的逻辑和理性往往暴露出它的无力和苍白。品牌需要科学，但品牌不完全是科学——这正是凯勒说过的话。

回望：现代品牌思想的九座里程碑

在现代品牌思想的群山峻岭中，有三座最醒目的"会当凌绝顶，一览众山小"的高峰，即卡普菲勒、阿克和凯勒。此外，还有若干座独特而令人注目的山峰也不可忽视。在品牌学术思想和文献的海洋中，能为后来者树立标杆和路标，开拓出新的学术空间或指出新方向的，为数寥寥。大者确立了品牌学术的主流走向，小者开辟出了某一创新的学术空间，笔者将关键性的创新思想和重大的标志性成果称为品牌思想进程中的里程碑。回望这些里程碑，品牌思想的创新足迹更加连贯完整、一目了然。笔者按照时间顺序简要梳理在如下表格中，并略加点评。

表　现代品牌学术思想的九座里程碑

序号	里程碑名称	代表人物	核心表述
1	品牌识别	卡普菲勒（J.N.Kapferer）	"我是谁"的品牌自我界定系统
2	品牌形象（1955）	列维（S.J.Levy）	品牌最早的独立价值
3	品牌三维概念（1986）	帕克（C.W.Park）	品牌发展的空间结构
4	品牌资产（1988），阿克五星模型（1991）	MSI，阿克（D.Aaker）	现代品牌理论的第一块基石
5	品牌个性（1997）	珍妮弗·阿克（J.Aaker）	品牌拟人化之始
6	基于顾客的品牌资产（1993），《战略品牌管理》（1998）	凯勒（K.L.Keller）	基于顾客视角的现代品牌理论与战略
7	品牌关系（1998）	弗尼亚（S.Fournier）	从品牌自我转向品牌关系
8	品牌体验（2000，2009）	施密特（B.H.Schmitt）	开辟顾客品牌体验管理
9	品牌社群（2001）	莫尼兹（A.M.Muniz）	从"我的品牌"进化到"我们的品牌"

里程碑 1：品牌识别（卡普菲勒）

品牌识别（Brand Identity）是早期品牌实践的核心部分长期凝聚出的一种思想和方法。为了实现品牌身份的差异化，在不同的情境中，从不同的方向，用不同的手段或途径，都是为了展示或回答"我是谁"的问题。历史上商业设计和广告的创意曾经留下了许多不朽的经典之作，CIS（公司识别系统）也曾经风靡一时。品牌识别也是早期品牌学术研究的重点，欧洲的卡普菲勒（J.N.Kapferer）

和美国的阿克在他们的著作中都对品牌识别有突出的贡献。[56]品牌识别尤其被品牌欧洲学派看重，这与品牌理论的企业视角紧密相关。20世纪90年代之后，尽管品牌识别和品牌名称方面的研究论文至今一直时有出现而没有消失，**但品牌识别作为一个研究主题已经从核心滑落到了边缘**。自我投射的立场已经转向关注外部联想的立场，或被后者所主导，同时，品牌识别逐步完善整合为一个由许多品牌元素构成的品牌识别系统，并且视觉表现越来越重要。

里程碑2：品牌形象（列维，1955）

对品牌的理性认识，是从以产品为参照的比较研究开始的，第一步是进行二者之间的比较而发现品牌不同于产品之特殊所在。列维（S.J.Levy）和加德纳（B.B.Gardner）1955年发表在《哈佛商业评论》上的文章《产品与品牌》[57]首先开启了认识品牌的理性之路，尤其是创造性地提出了"品牌形象"（BI，Brand Image）这一全新的概念，认为它是区分二者的关键，从而初步揭开了品牌神秘的面纱。"品牌形象"是产品世界中没有的东西，它像一个精灵，带给品牌世界无穷的想象和商业机会，它变成了广告、设计和传播行业的大生意。品牌形象更是品牌学术世界的第一个专门概念。"品牌形象"活跃了很长的时间，学术上被引用了数千次，直到"品牌联想"逐步替代了它的重要性。

里程碑3：品牌的三维概念（帕克，1986）

但是，品牌的独立价值依然没有被充分挖掘出来。美国的帕克教授（C.W.Park）并不满足于"品牌形象"，他认定品牌与产品的区别还有潜伏在外表之下的更深不同。他和合作者最终探究出品牌概念的深层结构，1986年发表在权威的《营销学报》上，[58]这就是被称为BCM的品牌概念结构，即品牌具有三个维度：功能的维度、体验的维度和符号的维度。后来的发展证明，帕克的这一思想为品牌构想出了很大的空间结构，可以容纳和放入许许多多新东西。十几年后，品牌体验开始成为品牌研究的热门方向，至于品牌象征或符号的意义，更是奥妙无穷，至今还处在不断开拓发展之中。如果说，品牌形象是现代品牌理论的第一个生长点，那么，品牌概念的三维结构就进一步撑开了现代品牌理论可能的发展空间。

里程碑 4：品牌资产（MSI，1988）和阿克的品牌资产模型（1991）

到 20 世纪 80 年代末，品牌的神秘面纱虽然被学者逐步揭开，品牌孕育的能量却还没有真正发挥出来。在外部需求和内部共鸣的双重驱动下，时机终于到来。一个革命性的新思想诞生了，这就是美国营销科学研究院（MSI）在 1988 年提出的大主题——**"品牌资产"**（Brand Equity）。品牌资产犹如一个巨大的无字碑，为现代品牌理论奠定了第一块基石，指出了品牌学术发展的大方向。此后，品牌学者绝大多数都在"品牌资产"的范式中施展拳脚大做文章。而在这块无字碑上首先刻上姓名的，是美国的学者阿克，他是品牌资产理论的开山学者，他的著作《管理品牌资产》（1991）成为研究者必读的经典和企业品牌行动的北极星。特别是，阿克在该书中提出的"品牌资产要素模型"，第一次为难以捉摸的、抽象的"品牌资产"勾勒出了具体的框架，这被称为"阿克模型"，扬名天下。[59]

里程碑 5：品牌个性（珍妮弗，1997）

品牌大师阿克的成就还体现在他将女儿培养成了一名出类拔萃的学者。1997 年阿克的女儿珍妮弗（J.Aaker）完成并发表了一项堪称经典的品牌研究，[60] 树立了另一座新的里程碑——**"品牌个性"**（Brand Personality）。珍妮弗用实证方法得出的品牌个性的"大五模型"，不仅使得品牌个性成为品牌理论和实践中新的重要概念，而且提供了品牌个性的基本参照系。珍妮弗的创新源于她的想象力："如果一个品牌是一个活生生的人，他将是一个什么样的人？他会做什么？说什么？"

若与 40 多年前的"品牌形象"相比较，不言而喻，品牌形象是外在的，品牌个性是内在的。品牌由此被赋予了灵动的活力和生命，品牌被拟人化了。在品牌思想史上，这无疑开辟了一个新的发展空间和方向。品牌个性不仅为品牌战略提供了崭新的思想和武器，而且重要的是，在学术上，它更为后来的品牌关系的研究突破做出了贡献，是发展品牌关系的一块不可或缺的铺路石，因为个性是关系之基础。

里程碑 6：凯勒和基于顾客的品牌资产理论（1993-1998）

紧接着，阿克的下一代学者凯勒完成了现代品牌理论的核心——基于顾客的品牌资产理论（CBBE），它初见锋芒于 1993 年，蔚然成形则是在 1998 年。[61]凯勒（K.L.Keller）开创的"基于顾客的品牌资产理论"成为中流砥柱，撑起了现代品牌理论和战略的大厦。所以凯勒是现代品牌理论之集大成者，他系统回答了如何创建、发展和评估品牌资产的问题，重新界定了品牌战略和品牌营销的框架。从 1988 年提出"品牌资产"，到 1998 年现代品牌资产理论自成一体，前后历经十年，可谓"十年磨一剑"，树立起了品牌思想的第六座里程碑。

在这座巍峨的 CBBE 里程碑上，镌刻了不少的学术独创，其中首要的，就是凯勒 2003 年提出的"品牌价值链"。[62]20 世纪 80 年代曾经困惑良久的大难题"品牌是如何创造价值的"，因品牌价值链而获得了理性的逻辑的答案。

里程碑 7：消费者 - 品牌关系模型（弗尼亚，1998）

20 世纪 90 年代是全球品牌学者的黄金时代，就在凯勒发表奠基之作《战略品牌管理》的同一年，另一位美国品牌女性学者弗尼亚（S.Fournier）开创了另一个意义深远的新领域——消费者—品牌关系。弗尼亚在关系营销学范式的背景中，实现了品牌领域关系范式的具体化，她以"品牌关系质量"（BRQ）为核心奠定了消费者—品牌关系的理论基础。[63]

关系的含义从来都是难以驾驭的，弗尼亚的研究首次揭开了品牌关系朦胧而复杂神秘的面纱。她采用了感性的思维加上理性的方法，解析出品牌关系的内幕和结构，并且提供了度量消费者—品牌关系的方法。她的消费者—品牌关系模型成为后来者的研究源头和品牌理论中的经典，这是品牌思想历程中的第七座里程碑。

此前的品牌视野，无论是企业的角度，还是顾客的角度或市场的角度，都是单向的。此后的品牌视野，则越来越聚焦在双向甚至多边的互动关系之中。凝视这座里程碑，可以清楚看到女性思维在学术研究中的优势，这种优势至少已经在弗尼亚和珍妮弗身上彰显无疑，并将继续得到证明。

里程碑 8：品牌体验及量表（施密特，2000，2009）

自 1986 年帕克教授提出品牌的体验维度之后大约 15 年，品牌体验终于落地开花。这首先要归功于美国哥伦比亚大学的营销学教授**施密特**（B.H.Schmitt）。2000 年，施密特在《体验营销》[64]一书中，以破旧立新之气魄，称此前的营销为"传统的营销"，关注的是"（产品）属性和利益"；将自己提出的"体验营销"称为"革命"，关注的是"（顾客）体验"。他强调体验营销是创立品牌的新路径。

施密特的第二大贡献是10年后提出了品牌体验的测量量表。在2009年发表于《营销学报》的论文中，[65]他和合作者开发的四维度（各用三个简单问题）量表，使得抽象随意的品牌体验变得可以把握和管理。该体验量表的四个维度是：感官的（sensory）/感动的（affective）/行为的（behavioral）/思考的（intellectual）。[66]

"顾客满意"（CS，Customer Satisfaction）曾经是顾客关系的第一个里程碑。自从 1965 年"顾客满意"概念出现，此后长达 30 多年的时间里，顾客满意是学术研究和企业营销实践中使用频率最高的概念之一，也非常普遍应用于公司的关键绩效指标和营销管理中。20 世纪 80 年代学术界从不同的角度研究了顾客满意度的测量方法，提出了多种测量模型。[67]从"品牌满意"到"品牌体验"，这是品牌营销的一大步，意味着顾客品牌关系的视角发生了根本性的转换：顾客满意的主角是企业，顾客体验的主角转为顾客，从供应商主导转向顾客自身感受主导。过去的问题是：品牌如何让你更满意？现在的问题变成：你的品牌体验是怎样的？如何激活你更美好的品牌体验？

里程碑 9：品牌社群（莫尼茨等，2001）

21 世纪的品牌世界充满了非同寻常的变化，这些变化似乎都与一个新事物有关——品牌社群。在学术思想上，**"品牌社群"**（Brand Community）出现在世纪之交，源自两位名不见经传的小人物。2001 年声名显赫的《消费者研究学报》发表了酝酿修改六年之久的题目为《品牌社群》的论文，[68]这份著名的学术期刊以它的慧眼和远见，不仅扶植了莫尼茨（A.M.Muniz）这样的学术新秀，更加因此建立了长远影响未来的一块新的品牌思想里程碑。

莫尼茨等将"我的"品牌变成了"我们的"品牌，这一改变是意味深长的。2004 年社交媒体兴起之后，在社交媒体、智能手机、AI 等新技术的推动下，品牌社群从线下到线上再到二者交互，不仅使得消费者—品牌关系进入到全新的境界，而且几乎成为覆盖品牌实践和品牌学术的主体力量。体验、互动、共享、浸合和品牌生态圈因而空前活跃。数字化及其后的时代，尽管还会有许多变化，但是品牌社群及其影响力无所不在这一点是难以改变的。

13.4 品牌学术丛林的基本格局

20 世纪 80 年代开始形成的全球品牌学术丛林是多样化的，其基本格局是，存在三种学术视角取向和三股基本的学术力量。

三种视角取向

将品牌资产确立为现代品牌理论之核心，何谓品牌资产，即如何解析品牌资产就成了现代品牌理论的基本问题和源头问题。围绕该问题的求索，不同的思想激发出了多元化的视角。起初的研究分析出"品牌资产"的定义存在三种主要的不同理解，[69]反映出看待品牌资产所持的不同的基本立场：企业的角度、市场的角度和顾客（消费者）的角度。2016 年何佳讯进一步指出，**现代品牌理论的发展呈现出了三种基本的取向：基于企业的；基于顾客的；基于市场（企业＋顾客）的**。[70]

不同的视角取向不仅反映对品牌资产的基本理解有所差异，对品牌与产品的边界有不同的界定，而且直接导致品牌资产测量评估方法的多元化。[71]更加重要的是，从根部潜移默化，进一步演变形成品牌学术丛林出现不同的学术立场和代表人物，乃至出现不同的品牌学派。现代品牌理论三位奠基学者——卡普菲勒、凯勒和阿克——就分别代表了这三种学术视角。卡普菲勒代表了**基于企业的视角**，注重产品和品牌识别；凯勒代表**基于消费者的视角**；阿克代表**基于市场的视角**，兼顾品牌的内在因素和消费者因素。从逻辑上说，这也可以形象地看成是攀登品牌资产这座高山的三条不同的路径。美国学派、欧洲学派，乃至可能出现的新兴市场学派，各学派之区别都可归因于不同路径的选择。所以，这是解读现代品牌理论流派和思想之关键，不可掉以轻心。

主系、旁系和潜系

现代品牌学术丛林也因此形成**"一主一旁一潜"的全球基本格局。美国学派占主导和引领的绝对地位，欧洲学派处于旁系地位，新兴市场品牌学派还在潜伏和涌动之中。**

美国品牌理论体系是现代品牌理论范式的主流，以凯勒和阿克为代表，美国的品牌核心学者人数最多、实力雄厚、论著丰富、创获最多、贡献最大。现代品牌思想范式的主脉络是凯勒在 1993 年开始创立的**"基于顾客的品牌资产理论"**（CBBE），迄今是全球影响最大的现代品牌系统理论。相应地在企业品牌实践的得分上，全球最佳品牌排行榜等也反映出美国品牌超过半壁江山、长期独占鳌头。

美国学者确立了现代品牌理论范式的**三块重要的基石**。第一块基石是"品牌资产"，由美国营销科学研究院（MSI）在 1988 年确立，阿克首先提出了品牌资产模型。第二块基石是"基于顾客视角的品牌资产"，由凯勒在 1993-1998 年确立。第三块基石是"品牌关系"（1997）和"品牌社群"（2001）。前者的核心贡献者是弗尼亚，后者的开创者是穆尼茨。如果没有第一块基石，就进入不了现代品牌时期；如果没有第二块基石，就没有现代品牌理论体系；如果没有第三块基石，就没有通向 21 世纪的品牌化蓬勃发展。

这一主脉络的形成，开始于 20 世纪 90 年代之初阿克对"品牌资产"的探索，从"品牌资产"到"基于顾客视角的品牌资产"只用了 2~3 年时间。这当然与以美国为主体建立的现代营销的核心思想——顾客导向完全一致，是与其一脉相承的结果，是凯勒将品牌资产的消费者视角发挥到极致的结果。此后的 20 多年，凯勒不断完善发展这一主流理论，使其成为现代品牌思想的中流砥柱。

相对而言，以法国的卡普菲勒、英国的切纳托尼（L.de Chernatony）和埃略特（R.Elliott）为代表的**欧洲品牌学派**，虽然处于旁系，却有其独立鲜明的品牌思想主张。切纳托尼深化品牌识别，提出了欧洲特色的品牌化战略框架。埃略特等致力开拓品牌与文化的关系及战略，而创造出品牌化的欧洲色彩。

"欧洲个性"在学术上时有凸显。欧洲学者理解和建构品牌知识大厦的不同和坚持，早就有不凡的表现。例如，法国的卡普菲勒在1991年首创提出了"战略品牌管理"的概念。[72]美国的阿克在1996年提出"强势品牌"（Strong Brands）因而长期受到全球关注。不过，英国的**切纳托尼等**自1992年就在《**创建强势品牌**》一书中更早提出了类似的概念（Powerful Brands）。美国主导全球的品牌教科书是凯勒的《战略品牌管理》，欧洲也有自己的影响广泛的品牌教科书，这就是**切纳托尼等持续十几年**已经更新至第4版的《创建强势品牌》。[73]

卡普菲勒等人代表的欧洲品牌学派，虽然只是全球品牌学术格局中的旁系，却是美国主流之外的重要学术力量，有其独特的品牌思想主张和不可替代的价值。**欧美品牌学派之差异**，从两者对比中可辨析出。

差异1：美国是"顾客取向"，欧洲是"企业取向"

欧洲品牌学派的企业取向是其基本视角，特别体现在：以产品为品牌的基础；将"品牌识别""品牌愿景"作为核心。卡普菲勒的品牌著作最显著的特征是"企业取向"。其《战略品牌管理》第3版（2004）的序言中明确说"其核心是整合品牌与企业（商务）"。在其《战略品牌管理》第5版（2012）的序言中，卡普菲勒更开宗明义声明，他这本书的**独特在于"（本书）是企业取向的"**。[74]切纳托尼提出的品牌化战略——从品牌愿景到品牌评估，将"品牌愿景"作为品牌化的起点也是始于企业取向的。

差异2：品牌资产为基石，还是品牌文化为基石

美国品牌理论的代表人物阿克和凯勒从一开始就明确站在"品牌资产"这块概念基石之上，其理论内容都以"品牌资产"这条红线贯通。而欧洲的卡普菲勒、切纳托尼和埃略特等则是**立足于更加宽泛的"品牌"概念之上**，他们往

往更看重品牌的文化意义。

这种（品牌）文化大于（品牌）资产的欧洲品牌思想的倾向，在有影响的欧洲品牌著作中常常得到印证。以卡普菲勒和埃略特各自的著作《战略品牌管理》为例，卡氏《战略品牌管理》并不完全凸显"品牌资产"，品牌资产只是全书内容的一部分。埃氏的《战略品牌管理》[75]一书中，品牌文化的基调更是清晰可见。其他的欧洲品牌学者如巴尔默（J.Balmer）等认为，品牌不仅仅属于经济（商业）的范畴，品牌对时代的价值观、认知、政治和文化都有重要的影响力。所以他们强调从社会—文化的视角去建构品牌理论。法国品牌专家戈贝（M.Gobe）2002年出版的《公民品牌》一书，重点是要凸显品牌的社会文化内涵，也是一例。从总体上，欧洲品牌学派并不将自己的理论和战略局限在"品牌资产"的框架之内，而更加看重发展品牌的文化视角。

欧洲学派聚焦奢华品牌正是基于品牌文化。谈起奢华品，自然都想到欧洲，而不是美国。毫无疑问，奢华品牌是欧洲贵族文化的产物，是欧洲品牌最有代表性的核心。奢华品牌的深处，是欧洲文化的传统和血统。**奢华品牌就是强调文化。**若不从文化的角度出发，对奢华品牌的理解就难免会隔靴搔痒。

看重**"品牌资产"**，是走向商业化和实用主义，重视品牌作为无形资产的效益。看重**"品牌文化"**，是重视品牌作为符号的人文意义、历史意义和社会价值。可以说，美国品牌理论注入的是资本基因，欧洲品牌理论注入的是文化基因。

主流和支流之外，全球品牌学术的格局在21世纪还出现了一支**潜流——新兴市场的品牌化创新**。这是一股已经兴起而尚未完全浮出水面的潜在学术力量。这股潜流是伴随全球经济格局的变化和数字化趋势而来的。正如麦肯锡咨询在2014年的报告《管理：下一个50年》中指明的，"新兴市场的经济腾飞"是改变世界的三大驱动力量之一。[76]全球品牌排行榜的数据显示，新兴市场正在进入全球品牌百强的行列，例如中国的华为和联想。

新兴市场品牌如何崛起？这一问题已经受到西方学者的关注，重量级的西方品牌学者库马尔和斯廷坎普率先开拓了新兴市场品牌全球化的研究，并且已经出版了《品牌突围》等重要的相关研究论著。[77]他们主要解决的问题是新兴市场品牌全球化的路径和进程。求解这一问题，也就是在新兴市场的情境中寻求"何谓品牌"和"如何品牌化"这两个基本问题的满意答案。

由于文化和情境的不同，新兴市场品牌化研究有其特殊的价值。相比国际学术研究晚了大约十年的中国品牌学术界的重大历史机会，即在于"新兴市场的品牌化创新"。新兴市场品牌研究的挑战和价值在于，在不同于西方的文化和情境中提出品牌化的有效理论和解决方案，从而有所创新，贡献于全球品牌理论。

常规态的学术研究

现代品牌理论范式确立之后，20世纪90年代之后的品牌学术研究进入常规时期。其特征是：向纵深发展扩大覆盖面；实证方法前提下的精细研究；以求证而不是提出新问题为主。凯勒在他的《战略品牌管理》中，将品牌研究的选择分为三大类：**如何建立品牌资产；如何发展品牌资产；如何评估品牌资产**。

如何评估品牌资产在全球出现了几十种方法模型，其研究力量基本是以英特品牌为代表的品牌咨询公司，将研究结果直接应用于商业。

如何发展品牌资产与品牌战略的关联最大。早期研究选题比重最大的热点区域是"品牌延伸"。品牌与公司业绩的实证关联、基于品牌资产的公司战略等选题都是热点。由于现代品牌理论的核心是"基于顾客"，"品牌与顾客关系"及消费者品牌行为成为最大的研究空间，或贯穿各种选题的切入点。作为品牌战略的相对薄弱之处，品牌全球化的研究成为另一个兴起的研究热点区域。21世纪以来，最大的研究兴趣落在"品牌社群"上，数字化"品牌社群"的相关研究更是风生水起。品牌社群不仅关联到如何发展品牌资产，也关联到如何建立品牌资产的创新路径。

如何建立品牌资产的早期研究，其研究选题主要围绕"品牌识别"，后来，品牌传播和品牌营销的研究展现出更大的选题空间。在形形色色的研究中，"基于顾客的品牌联想"是现代品牌范式提供的最普适的理论基点。

2010年之后，基于数字化范式的品牌学术研究令人耳目一新，传统与创新在冲突中交织。大数据和 AI 等能否冲破品牌学术研究的常规藩篱，开创品牌学术研究的新境界？决定性的因素并不在技术层面，而在理论层面。

13.5 演化趋势：品牌学科基因与人物展望

如同一棵大树的生长，从小到大，不断分枝，最终根深叶茂。品牌思想和知识的演化也可以比喻为一棵主干上写着"品牌"的成长之树。它欣欣向荣、蔚然成荫，其分支逐渐增多，其叶果日见茂盛，其根基越来越深广，伸向消费者、市场和人类社会。刺激品牌思想发展的是人类源源不断的价值需求，品牌之树成长的营养来自多学科。

品牌知识的演化地图：多学科基因之交织

品牌知识在演变发展过程中，其知识的来源和成长表现出不同的学科特色。这与现实提出的品牌问题有关，也与研究者的学科背景有关，即品牌知识的思想视角是多元化的。归纳起来，先后有以下五种基本的学科视角。

视角 1 基于识别—传播的品牌理论：传播学、广告学、心理学的视角

早期的品牌理论，集中在品牌识别和品牌传播的范畴，知识的背景和来源是心理学、广告学和传播学；提出了"品牌形象""品牌个性"等概念。

视角 2 基于资产的品牌理论：经济—市场的视角

始于 20 世纪 80 年代的现代品牌理论，建立在"品牌资产"的基石之上，发端于金融市场，关注品牌资产和品牌财产，是经济—市场的视角；产生了战略品牌管理、品牌资产评估、品牌全球化等重大的理论和全球品牌排行榜等。

视角 3 基于社群的品牌理论：社会学和社会网络的视角

基于社群的品牌理论从社会学中吸取相关的思想和概念，应用于品牌理论的开发；影响最大的是 2000 年后提出的"品牌社群"概念和 2010 年后提出的"品牌浸合"概念，其他如"品牌关系""品牌网络""口碑传播"等都来自社会学。

视角 4 基于生态类比的品牌理论：仿生学的视角

一些学者将自然生态和生物学的概念引入商业研究而创新，如美国的巴斯金（K.Baskin）在 1998 年提出市场生态和公司 DNA 的概念，[78] 巴斯金的研究角度是公司组织，如果转向品牌，则可能从品牌基因的角度研究品牌化。

特别是穆尔（J.F.Moore）在 1993-1996 年提出的商业生态圈思想，在 21 世纪孕育出了品牌生态圈思想。里斯在 2004 年提出了品类品牌化思想（《品牌的起源》）。

视角 5 基于文化的品牌理论：社会心理学的文化视角

立足于文化来建立新的品牌理论，是强调社会心理学的文化学术视角。欧洲学者首先开拓了这个视角而有所创获，美国学者也开始注重这一方向，特别在品牌全球化的研究中，引入了**文化资产（Culture Equity）**的概念。

品牌实践中，可口可乐早已经将自己的品牌赋予了文化意义："可口可乐代表美国精神或美国文化。"学术上，品牌作为文化符号，开始于 1986 年帕克教授提出品牌的符号象征意义。21 世纪以来，品牌作为文化符号，其与文化之关系不断受到更多的关注，以文化为基石创新品牌理论开始形成趋势。如前所述，欧洲品牌学者极力开拓品牌理论的文化视角。除了欧洲学者，美国品牌学界也已经出现种种迹象，如 2004 年霍尔特提出文化品牌化（Cultural Branding）；2013 年托雷利（C.Torelli）的著作《全球化、文化和品牌化》提出**文化资产（Culture Equity）**是品牌全球化的杠杆。[79]2017 年斯廷坎普在其著作《全球品牌战略》中凸显出文化变量的关键作用。文化是品牌全球化的三大核心要素之一。中国何佳讯有关"文化认同"（Culture Identity）的研究，[80]都是属于这个视角。

品牌理论未来的三个方向

品牌范式和品牌学术研究正处在历史的转折点上。一个引人注目的信号是：著名学术期刊《消费者研究学报》将在 2021 年出版专刊《品牌的未来》（The Future of Brands），2019 年年底该刊与哥伦比亚商学院的全球品牌研究中心联手召开"品牌与未来"的学术会议，表现出对探索品牌未来的高屋建瓴的关注。

品牌理论在整个学术的丛林中，还是一棵小树。它不仅无法与传统的大学科如数学、物理学、哲学、经济学等相比，也暂时无法与市场营销学、消费者行为学这些新兴学科比肩。这不但是因为品牌学术的年轻，更因为它的影响力尚小。不过，毫无疑问，我们没有理由小看它的未来，"小"也意味着机会巨大和发展空间不可限量。

随着社会影响力的扩大，品牌在今日面临着营销在20世纪70年代同样的问题：是否应该扩充延伸其范围？1969年科特勒和列维提出的营销概念的泛化，成功拉升了营销学的社会历史地位。尽管如此，列维的想法——"品牌理论是整个营销的核心"——却依然有待观察。虽然教科书上已经写明了"品牌适用于各种场合"，不仅仅局限在商业活动之中，但是现有战略品牌管理的整套方法还是以面向企业为主。因此，谋求发展的品牌理论的视角，也不能仅仅局限在经济范畴之中。

任何学科的发展，都取决于新思想、新理论、新人才的出现。从过去到未来，影响品牌发展的重大因素有三个，其一是顾客；其二是颠覆性技术；其三是文化。一般而言，**品牌理论的未来发展离不开三个维度：经济的、技术的、文化的。**品牌思想和理论的未来，就是以下三个维度的发展交汇和整合。

维度一 基于品牌资产的品牌理论方向，以金融—管理为背景

以"品牌资产"为核心的方向，是20世纪80年代开创的现代品牌理论的继续深入，基本是在经济—管理维度上继续深化展开。

维度二 基于技术的品牌理论方向，以颠覆性技术为背景

颠覆性技术（互联网—数字化技术—人工智能）的问世，数字化和智能化时代的来到，催促品牌理论从技术维度跨入崭新的境界，呼唤技术人才加入营销学者的共同体中。技术基因将会如何改变现代品牌理论？从大数据对消费者的实时精准"画像"、智能商业的数据自动生成和智能平台取代自然人，就可以初步感觉到，其前景将是充满挑战且魅力巨大的。

维度三 基于文化的品牌理论方向，以社会心理和历史文化为背景

品牌文化的方向尽管早已发端，却发展迟缓，虽然前景诱人，却尚未有重大的突破，这个大方向正在吸引一些重要的学者（如珍妮弗）的参与。在人工智能的时代，品牌文化的价值在于，可以为保留人类的人文精神和人类文化情感而大放异彩。

基于文化的品牌研究已经挖掘出一个引人入胜的新主题——品牌与幸福（感）的关系研究，[81] 全球一些重要的品牌学者已经涉足这个新方向。幸福是人类社会文化的核心概念之一，品牌与幸福有何关系？品牌对幸福会有贡献吗？如何实证测量？从市场经济的角度来看，品牌是增加或激起人的欲望的东西，品牌可以满足人更大的欲望。但是，对立的观点（例如宗教）认为，欲望是痛苦之源，只有减少欲望，甚至抛弃欲望，才有内心的宁静和幸福。显然，学者必须跳出品牌的经济视角，才可能解决这个悖论。

鸟瞰：全球品牌学术人物

人物是品牌思想的灵魂所在，品牌思想因杰出人物而激活。这些杰出人物来自学术和实战两个方面。他们各领风骚，或开品牌化的风气之先，或提出原创的品牌思想，或以品牌创新惊艳市场，或长期专注于品牌学术，或天马行空跨界潇洒而为。总之，他们是开拓和变革品牌领域的最有影响的历史性人物。

本书涉及的实战品牌英雄包括：李维、伍德鲁夫、麦克尔罗伊、盛田昭夫、奥格威、李奥贝纳、特劳特和里斯、墨菲、林德曼、舒尔茨、埃德曼、林斯特龙等。

哪些学术人物和经典论著对品牌学术思想及变迁产生了最深远的影响？本书选择了品牌学术最核心的文献近百篇，囊括了全球品牌思想学术的 20 位核心人物，即美国的 15 位：阿克、凯勒、列维、帕克、弗尼亚、珍妮弗、斯廷坎普、库马尔、施密特、霍尔特、里斯、莫尼茨、巴恰、切尔内夫、马克琳等；欧洲的 3 位：卡普菲勒、切纳托尼和埃略特。另外，还简要概括了现代营销之父科特勒和欧洲营销泰斗格洛鲁斯的品牌思想。

若问谁是现代品牌理论的奠基者和影响最大者？当数以下三位学者：现代品牌理论集大成者**凯勒**、现代品牌理论的开山学者**阿克**和品牌欧洲学派的鼻祖**卡普菲勒**。

品牌思想原创性最强的杰出贡献学者，当推列维和帕克。他们的年龄虽然已偏高，但其经典论著依然还充满生命力，还在产生影响。此外，一批有过大影响的、年过六旬的重要品牌思想者，包括舒尔茨（D. Shultz）、赛克斯通（D.E. Sexton）、巴恰、卡恩和里斯等，他们中多数影响在逐步减退。

江山代代有人出，各领风骚数十年。**下一代品牌理论的领军人物何在？**放眼全球，当代品牌学界充满活力的中坚力量，基本是 20 世纪 60 年代前后出生的一批卓越的学者，他们绝大多数人都来自美国的大学，试列举如下：

斯廷坎普（J.B.Steenkamp），美国北卡罗来纳大学教授

弗尼亚（S.Fournier），美国波士顿大学教授

珍妮弗（J.Aaker），美国斯坦福大学教授

施密特（B.H.Schmitt），美国哥伦比亚大学教授

莫尼兹（A.M.Muniz），美国德保罗大学教授

切尔内夫（A.Chernev），美国西北大学凯洛格学院教授

斯娃米拉莎（V.Swaminathan），美国匹兹堡大学卡茨商学院教授

库马尔（N.Kumar），新加坡管理大学教授

霍尔特（D.B.Holt），曾经在英国牛津大学任教

马克琳（D.J.MacInnis），美国南加州大学教授

切纳托尼（L.de Chernatony），英国阿斯顿大学商学院教授

自古英雄出少年，今天一些更年轻的学者已经生龙活虎，脱颖而出。例如美国的沃伦（C.Warren）、米智（N.Mizik）等。

很遗憾，在上述名单中，暂时还没有列举中国学者。事实上，中国的品牌，如华为、阿里巴巴等已经闻名天下。中国的品牌学术在过去十几年也已有了很大的进步，越来越多的英文论著在国际上发表，品牌国际学术会议上中国学者

频繁亮相；在推动中国品牌上升的品牌实践中，学者也成为不可或缺的专业驱动力量。20 世纪 60 年代末 70 年代初出生的中国品牌研究学者，如何佳讯（华东师范大学欧亚商学院）、[82] 周志民（深圳大学）等，[83] 均显现出学术创新的潜质和后劲。笔者相信，中国品牌学术界中的佼佼者，在新兴市场品牌全球化的机遇中，在推进中国品牌实现梦想的重要历史时期，必将在品牌思想的历史进程中为世界贡献思想价值，留下光荣而值得自豪的足迹。假以时日，品牌思想史的全球优秀学者名单中，将一定会出现中国学者的名字。

13.6 小结

作为全书的升华，本章纵横经纬，粗线条勾勒了品牌思想的主要发展脉络、基本格局和未来趋势。包括：品牌思想基本问题的探索轨迹；品牌思想演变的范式转型；现代品牌理论的形成和品牌学术丛林的基本格局；品牌思想的基因、演进趋势及人物展望等。笔者不仅刻画了品牌思想的过去，而且大胆探索了品牌思想世纪变革的未来。

注 释

[1] 参见《圣经》之《马太福音》25:29。

[2] Porter M E, Kramer M R. The big idea: Creating shared value [J]. Harvard Business Review, 2011,（89）: 62–77.

[3] Gardner B B, Levy S J. The Product and the Brand [J]. Harvard Business Review, 1955, March–April: 33–39.

[4] Levy S J, Sidney J. Levy: An autobiography [J]. Journal of Historical Research in Marketing,2017,9(2): 127–143.

[5] 凯勒. 战略品牌管理 [M]. 卢泰宏，吴水龙，译. 3 版. 北京：中国人民大学出版社，2009: 序言.

[6] 参见《哈佛商业评论》中文版 2013 特刊《管理世纪》。

[7] Keller K L. Strategic brand management [M]. 3rd ed. New Jersey: Pearson, 2008:76.

[8] Brakus J J, Schmitt B H, Zarantonello L. Brand experience: What is it? how is it measured? does it affect loyalty? [J]. Journal of Marketing, May 2009, 73(3): P52−68.

[9] 凯勒. 战略品牌管理 [M]. 卢泰宏，吴水龙，译. 3 版. 北京：中国人民大学出版社，2009: 第一章.

[10] Kuhn T S. The structure of scientific revolution [M]. New York: Routledge, 1962；参见中译版：库恩. 科学革命的结构 [M]. 李宝恒，纪树立，译. 上海：上海科技出版社，1980.

[11] 凯勒. 战略品牌管理 [M]. 卢泰宏，吴水龙，译. 3 版. 北京：中国人民大学出版社，2009: 3.

[12] Kahn B E. Global brand power: Leveraging branding for longterm growth[M]. Pennsylvania: Wharton Digital Press, 2013: Preface. 中译版：卡恩. 凭借品牌影响力获得长期增长（沃顿商学院品牌课）[M]. 崔明香，等译. 北京：中国青年出版社，2014: 引言.

[13] 卢泰宏，李世丁. 广告创意 100 [M]. 广州：广州出版社，1995.

[14] 卡普菲勒. 战略性品牌管理 [M]. 王建平，等译. 北京：商务印书馆，2000: 6.

[15] Maltz E. Managing brand equity: A conference summary [M]. Cambridge, MA: Marketing Science,1991.

[16] Special issue on brand management. Journal of Marketing Research, 1994, 31(May).

[17] Reviewed works: Strategic brand management: New approaches to creating and evaluating brand equity. Journal of Marketing, 1994, 58 (Jul.).

[18] 乔基姆塞勒等. 品牌管理（哈佛商业评论译丛）[C]. 北京：中国人民大学出版社，2001.

[19]Keller K L, Lehmann D R. Brands and branding: Research findings and future priorities [M]. Cambridge: Marketing Science, 2006,25(6):740−759.

[20] Kapferer J N. Strategic Brand Management [M]. London: Kogan Page, 1992.

[21] Elliott R, Percy L. Strategic brand management [M]. Oxford: Oxford University Press，1st ed，2007.；2015 年第 3 版增加了第三作者 Simon Pervan。

[22] Chernev A. Strategic brand management [M]. Chicago: Cerebellum Press,2015；2nd ed,2017.

[23] Aaker D. Aaker on branding：20 principles that drive success [M]. New York：Morgan James Publishing, 2014: Chapter1.；中译版：阿克，王宁子. 品牌大师 [M]. 陈倩，译. 北京：中信出版社，2015.

[24] Chernev A. Strategic marketing management [M]. 9th ed. Chicago: Cerebellum Press, 2018.

[25] Sterne J. Artificial Intelligence for Marketing[M]. New Jersey: John Wiley & Sons，2017.

[26] 请参考：《哈佛商业评论》2018 年度零售业数字化案例榜；《传统广告已死》刊载于 2014 年《哈佛商业评论增刊》；《数字营销革命》刊载于 2014 年《哈佛商业评论》第 7 期。

[27] Moore J F. The evolution of Wal-mart: Savvy expansion and leadership[J]. Harvard Business Review, 1993 May–June: 82–83.

[28] Ries A I, Ries L. The origin of brands [M]. New Zealand: HarperCollinsPublishers, 2004; 中译版：艾·里斯，劳拉·里斯. 品牌的起源 [M]. 寿雯，译. 太原：山西人民出版社，2010.

[29] Holt D B. How brands become icons: The principles of cultural branding [M]. Cambridge: Harvard Business Press,2004.

[30] Holt D, Cameron D. Cultural strategy: Using innovative ideologies to build breakthrough brands [M]. Oxford University Press,2010.

[31] Aaker D. Aaker on branding：20 principles that drive success [M]. New York：Morgan James Publishing, 2014.; 参考中译版：阿克，王宁子. 品牌大师 [M]. 陈倩，译. 北京：中信出版社，2015.

[32] Kompella K. The definitive book of branding [M]. SAGE, 2014.; 参见中译版：孔佩拉. 像品牌大师一样思考 [M]. 谭咏凤，译. 上海：格致出版社，2019.

[33] Keller K L. Strategic brand management [M]. 4th ed. New Jersey: Pearson, 2013: 80.

[34] Dayal S, Landesberg H, Zeisser M. Building digital brands[J]. The McKinsey Quarterly, Spring，2000.

[35] Edelman D C. Branding in the digital Age: You're spending your money in all the wrong places. [J].Harvard Business Review, 2010, 88(12）：62–69.

[36] Kotler P, Armstrong G. Principles of marketing [M].17th ed. New Jersey: Pearson,2018: 29.

[37] 转引自：曹虎，王赛. 数字化时代的营销战略 [M]. 北京：机械工业出版社,2017: 第 2 章.

[38] 科特勒等. 营销革命 4.0：从传统到数字 [M]. 王赛，译. 北京：机械工业出版社，2018.

[39] Zeithaml V A, Lemon K N, Rust R T. Driving customer equity: How customer lifetime value is reshaping corporate strategy [M]. New York. Simon and Schuster, 2000.

[40] Rust R T, Lemon K N, Zeithaml V A. Return on marketing: Using customer equity to focus marketing strategy [J]. Journal of Marketing, 2004, 68(1):109–127.

[41] 科特勒，等. 营销革命 4.0：从传统到数字 [M]. 王赛，译. 北京：机械工业出版社，2018.

[42] 曹虎，王赛. 数字化时代的营销战略 [M]. 北京：机械工业出版社，2017.

[43] Gardner B B, Levy S J. The Product and the Brand [J]. Harvard Business Review, 1955, March−April: 33−39.

[44] Levy S J. Brands, Consumers, Symbols, and Research: Sydney J. Levy on Marketing [M]. Thousand Oaks, CA: Sage Publications,1999.

[45] Levy S J. The Theory of the Brand [M]. Evanston: DecaBooks, 2016.

[46] Park C W, Jaworski B J, MacInnis D J. Strategic brand concept: Image management [J]. Journal of Marketing, 1986,50(10): 135−145.

[47] Kapferer J N. Strategic brand management: Creating and sustaining brand equity long term [M]. Kogan Page,1992, 1st ed; 1997, 2nd ed; 2004, 3rd ed, 2008, 4th ed. Kapferer J N, The new strategic brand management: Advanced insights and strategic thinking [M]. 5th ed. Kogan Page, 2012.

[48] Aaker D. Aaker on branding：20 principles that drive success [M]. New York：Morgan James Publishing, 2014: Chapter1; 参考中译版: 阿克, 王宁子. 品牌大师 [M]. 陈倩, 译. 北京: 中信出版社, 2015: 第一章.

[49] Aaker D A. Managing brand equity: Capitalizing on the value of a brand name [M]. New York: The Free Press,1991.

[50] Aaker D A. Building strong brands [M]. New York: Free Press, 1996.

[51] Aaker D A, Joachimsthaler E. Brand leadership: Building assets in an information economy [M]. New York: The Free Press,2000.

[52] 科特勒, 弗沃德. 要素品牌战略 [M]. 李戎, 译. 上海: 复旦大学出版社, 2010: 228.

[53] Aaker D, Keller K L. Consumer evaluations of brand extensions [J]. Journal of Marketing, Jan,1990, 54(1):27−41.

[54] Keller K L. Conceptualizing, measuring, and managing customer−based brand equity [J]. Journal of Marketing, 1993, (57): 1−29.

[55] Keller K L. Strategic brand management [M]. New Jersey: Pearson, 1998; 2nd ed, 2003;3rd ed, 2008; 4th ed, 2013.

[56] Kapferer J N. Strategic brand management: Creating and sustaining brand equity long term [M]. London: Kogan Page,1992.

Aaker D A. Managing brand equity: Capitalizing on the value of a brand name [M]. New York: The Free Press,1991.

[57] Gardner B B, Levy S J. The Product and the Brand [J]. Harvard Business Review, 1955, March−April: 33−39.

[58] Park C W, Jaworski B J, MacInnis D J. Strategic brand concept: Image management [J]. Journal of Marketing, 1986,50(10): 135−145.

［59］Aaker D A. Managing brand equity: Capitalizing on the value of a brand name [M]. New York: The Free Press,1991.

［60］Aaker J L. Dimensions of brand personality [J]. Journal of Marketing Research, 1997, Vol. XXXIV : 347-356.

［61］凯勒开创性的《基于顾客的品牌资产》论文发表于 1993 年，他的代表性著作《战略品牌管理》第一版问世于 1998 年。

［62］Keller K L, Lehmann D. How do brands create value [J]. Marketing Management，2003, May/June:26-31.

［63］Fournier S. Consumers and their brands: Developing relationship theory in consumer research [J]. Journal of Consumer Research, March 1998, 24(4): 343-373.

［64］Schmitt B H. Experiential marketing [M]. New York: The Free Press, 2000. 中译版：施密特. 体验营销 [M]. 北京：清华出版社，2004.

［65］Brakus J J, Schmitt B H, Zarantonello L. Brand experience: What is it? How is it measured? Does it affect loyalty? [J]. Journal of Marketing, May 2009, 73(3): P52-68.

［66］引译自：Kotler P, Keller K L. Marketing management [M].15th ed, New Jersey: Pearson, 2016:43

［67］参见 https://en.wikipedia.org/wiki/Customer_satisfaction

［68］Muniz A M Jr, O'guinn T C. Brand community [J]. Journal of Consumer Research, 2001, 27(4): 412-432;

［69］卢泰宏，黄胜兵，罗纪宁. 论品牌资产的定义 [J]. 中山大学学报 (社科版)，2000，40(4): 17-22.

［70］何佳讯. 长期品牌管理 [M]. 上海：格致出版社，2016:1-6；自序：品牌与品牌化研究的取向、格局及趋势.

［71］卢泰宏. 品牌资产评估的模型和方法 [J]. 中山大学学报（社科版），2002，42（3）：88-96.

［72］参见卡普菲勒 1991 年法文版《战略品牌管理》。

［73］Chernatony D, McDonald L M, Wallace E. Creating Powerful Brands [M]. 4th ed. Oxford: Butterworth Heinemann，2010.

［74］Kapferer J N. The new strategic brand management: Creating and sustaining brand equity long term [M]. 3rd ed. Paris: Les Editions d'Organization, 2004: Preface; Kapferer J N.THE new strategic brand management: Advanced insights and strategic thinking M]. 5th ed. Paris: Les Editions d' Organization, 2012: Preface.

［75］Elliott R, Percy L. Strategic brand management [M]. Oxford: Oxford University Press，1st ed，2007；2015 年第 3 版增加了第三作者 Simon Pervan。

[76] 麦肯锡季刊. 管理：下一个 50 年 [M]. 上海：上海交通大学出版社，2014.

[77] Kumar N, Steenkamp J B. Brand breakout: How emerging market brands will go global[M]. Boston: Harvard Business Press, 2013.

[78] Baskin K. Corporate DNA: Learning from life [M]. UK: Reed Educational & Professional Publishing Ltd, 1998；中译本：巴斯金. 公司 DNA[M]. 刘文军，译. 北京：中信出版社，2000.

[79] Torelli C. Globalization, culture, and branding: How to leverage cultural equity for building iconic brands in the era of globalization [M]. London: Palgrave Macmillan, 2013.

[80] Jiaxun He. Culture：A big factor in branding campaigns [N]. Shanghai Daily，2018-12-18.

[81] 周志民，陈瑞霞. 品牌幸福感理论基础及其发展 [J]. 国际品牌观察 .2019（3）：22-24；

[82] 何佳讯. 品牌的逻辑 [M]. 北京：机械工业出版社，2017.；

Wang C L, He J X. Brand management in emerging markets [M]. Pennsylvania: IGI Global，2014.

[83] 周志民. 在线品牌社群研究 [M]. 天津：南开大学出版社，2020；Zhou Z M, et al. How do brand communities generate brand relationships: Intermediate mechanisms. Journal of Business Research[J]. 2012, 65(7): 890-895.

结 语

一百年前，品牌进入了人类生活，
近五十年，现代品牌理论和品牌战略蔚然成形。
品牌之力改变世界，
品牌思想令人惊叹。

今天，品牌思想正面临前所未有的突破：
新新品牌何等模样？它由谁创造？
现代品牌理论是否正进入后现代？
品牌化战略和方法的后现代意味着什么？

未来，品牌会消亡还是会更加神奇？
品牌是未来人类文明中更重要的符号吗？
品牌的更大魅力和影响源于思想创新，
思想玄机，其妙无穷。

附　录

附录A　品牌学术思想大事记

20 世纪 50 年代初　雷斯（R.Reeves）提出"独特的卖点主张"（USP），为品牌差异化提供了早期的武器。

1955　列维等在《哈佛商业评论》提出"品牌形象"（Brand Image）的开创性思想概念。

1969　特劳特和里斯提出定位论（Positioning），后来演变成"品牌定位"。

1986　帕克等在《营销学报》发表重要论文，提出现代品牌的三维概念。

1988　美国营销科学研究院（MSI）将品牌资产（Brand Equity）研究列为重大研究方向。

1989　英特品牌公司的墨菲（J.Murphy）编辑出版了品牌评估的专门著作。⊖

1991-1992　法国卡普菲勒的《战略品牌管理》（SBM）第 1 版法文版和英文版先后出版，确立了"品牌识别"（Brand Identity）的基础地位。

1991-2000　阿克的品牌三部曲著作英文版出版。

◇1991　《管理品牌资产》（*Managing Brand Equity：Capitalizing on the Value of a Brand Name*）

◇1996 年《创建强势品牌》（*Building Strong Brands*）

◇2000 年《品牌领导》（*Brand Leadership*）

⊖　Murphy J. Brand valuation: Establishing a true and fair view [M]. London: Hutchinson Business Books, 1989.

1992

✧《产品与品牌管理》（*Journal of Product and Brand Management*）专业期刊在英国创刊。

✧ 欧洲学者切纳托尼与合作者出版了《创建强势品牌》（*Creating Powerful Brands*）一书，2010 年更新至第 4 版，是欧洲影响最大的品牌学术教科书。

1993

✧ 凯勒发表开创性经典论文，提出了"基于顾客的品牌资产"（CBBE）的重大品牌思想，后来成为现代品牌理论的核心。

✧ 英文专业期刊《品牌管理学刊》（*Journal of Brand Management*）创刊。

1994

✧ 权威期刊《营销研究学报》（JMR）出版品牌管理研究专刊。⊖《营销学报》

⊖ Special issue. On brand management [J]. Journal of Marketing Research, 1994, 31.

出版战略品牌管理的评述专刊。[○]《哈佛商业评论》出版品牌管理文集。[○]

◇ 英特品牌公司组织出版《品牌力》一书。

1997

◇ 珍妮弗·阿克关于"**品牌个性**"的开创性论文发表。

◇ 卡普菲勒的《战略品牌管理》（SBM）英文第 2 版出版。

1998

◇ 凯勒的《战略品牌管理》(SBM)第 1 版出版。此书后被誉为"**品牌圣经**"。

◇ 弗尼亚关于"**品牌关系**"的开创性论文发表。

◇ 英特品牌公司主编的《品牌：新财富创造者》（*Brands：The New Wealth Creator*）一书在英国出版，代表了全球顶级品牌咨询公司对品牌和品牌化的基本观点。

1999　舒尔茨提出整合营销传播，后成为品牌营销的重要环节之一。

2000　著名的麦肯锡咨询公司在《麦肯锡季刊》中，率先提出了"数字品牌化"（Digital Branding）的全新理念。

2001

◇ 穆尼茨等关于"**品牌社群**"（Brand Community）的开创性论文在《消

○　Reviewed works. Strategic brand management: New approaches to creating and evaluating brand equity [J]. Journal of Marketing, 1994, 58.

○　乔基姆塞勒等.品牌管理（哈佛商业评论译丛）[M].北京：中国人民大学出版社，2001.

费者研究学报》发表。

◇ 欧洲学者切纳托尼等的《品牌化：从品牌愿景到品牌评估》（*From Brand Vision to Brand Evaluation*）第 1 版出版。2010 年更新至第 4 版。

2002

◇ 科特勒等发表关于国家品牌和地域营销的论文。

◇ 霍尔特在《消费者研究学报》发表论文《为什么品牌遇到麻烦？》，提出品牌战略的文化路线。

2003

◇ 凯勒等的论文提出"**品牌价值链**"的思想和模型。

◇ 凯勒的《战略品牌管理》第 2 版出版。

◇2003　经济学家杂志与英特品牌公司联合出版《品牌与品牌化》。

2004

◇ 科特勒《营销管理》第 12 版出版，加入了第二作者，即著名品牌学者凯勒，内容上增加了品牌内容板块。

◇ 卡普菲勒的《新战略品牌管理》第 3 版出版。

◇ 里斯的《品牌的起源》（*The Origin of Brands*）出版，提出了类别品牌化的创新思想。

◇ 霍尔特的著作《基于文化的品牌化》（*Cultural Branding*）出版。

2005

◇《凯洛格品牌论》（*Kellogg on Branding*）一书出版，标志全球营销学重镇美国凯洛格商学院开始强化品牌学术领域的建设。

◇ 林斯特龙出版《感官品牌》（*Brand Sense：Sensory Secrets Behind the Stuff We Buy*）一书，是主张品牌化感性路线的发端之作。

2006　凯勒等在权威期刊《营销科学》（*Marketing Science*）上发表品牌研究综述论文《品牌和品牌化》。[⊖]

⊖　Keller K L, Lehmann D R. Brands and branding: Research findings and future priorities [J]. Marketing Science, 2006, 25(6):740–759..

2008

✧ 凯勒的《战略品牌管理》第 3 版出版。

✧ 凯勒的《全球强势品牌最佳案例》出版。[⊖]

✧ 卡普菲勒的《新战略品牌管理》第 4 版出版。

2009

✧ 施密特等在《营销学报》（JM）发表了关于品牌体验的深度论文及量表。

✧《营销史研究学刊》（JHRM）在英国创刊。

2010　《哈佛商业评论》发表麦肯锡咨询公司埃德曼的文章《数字化时代的品牌化》（*Branding in Digital Age*），这是品牌数字化的开创性文献。

2012

✧《品牌战略》（*Journal of Brand Strategy*）创刊。

✧ 卡普菲勒的《新战略品牌管理》第 5 版出版。

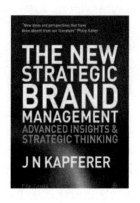

2013

✧ 凯勒的《战略品牌管理》第 4 版出版。

✧ 美国沃顿商学院出版品牌论文集《沃顿商学院品牌课》（*Global Brand*

⊖　Keller K L. Best practice cases in branding: Lessons from the world's strongest brands [M]. New Jersey: Pearson/Prentice-Hall, 2008.

Power）。

◇ 托雷利的著作《全球化、文化和品牌化》（*Globalization, Culture, and Branding*）出版，提出了**文化资产**（Culture Equity）的概念。

◇ 库马尔和斯廷坎普的《品牌突围》（*Brand Breakout*）一书出版，将新兴品牌的研究带入全新的境界。

2014

◇ 互联网在线杂志《品牌化》（*The Branding Journal*）创立，该刊物研究重点是品牌化战略。

◇ 阿克的《**品牌大师**》（***Aaker on Branding***）一书出版。该书浓缩了阿克品牌思想的精华，并体现了其思想的最新发展。

◇ 20位品牌实战与学术人物合著的《像品牌大师一样思考》（*The Definitive Book of Branding*）出版。

2016

◇ 列维的著作《品牌理论》（*The Theory of the Brand*）出版。

◇ 帕克的著作《品牌崇拜》（*Brand Admiration*）出版。

2017

◇ 斯廷坎普的《全球品牌战略》一书出版。

◇ 科特勒等出版著作《品牌情怀主义》，提出品牌化新的思想和战略目标。

◇ 米勒的《故事化品牌》（*Building a StoryBrand*）出版并成为畅销书。[一]

2019

◇ 美国凯洛格商学院出版《**凯洛格论超互联世界的品牌化**》，[二]这是凯洛格商学院应对数字化时代的变革，出版的第二本品牌化论文集。

◇ 凯勒的《战略品牌管理》第5版出版，突出了数字化的战略品牌管理。

[一] Miller D. Building a storybrand: Clarify your message so customers will listen [M]. Nashville: HarperCollins Leadership, 2017.

[二] Tybout A M, Calkins T. Kellogg on branding in a hyper-connected world [M]. New Jersey: Wiley，2019.

附录B　品牌实战大事记

17 世纪　中国出现商业老字号，如"陈李济"。

1799　早期的银行（服务）品牌开始出现——JP 摩根。

1873　"Levi's"（李维）牛仔裤申请商标保护，成为品牌法律保护的先例。

1876　全球首个商标标识在英国出现。

1886　全球著名的消费品品牌——可口可乐创立。

1802　B2B 品牌的发端——美国的杜邦。

1854　欧洲的路易·威登开创了奢华品品牌。

1882

◇ 第一个品牌（平面）广告——宝洁的象牙牌（Ivory）肥皂广告，并开创了运用品牌广告开拓全国市场的成功模式。

◇ 可口可乐特别设计的包装瓶强化了品牌识别和品牌传播，获得巨大成功而被奉为经典。

1900 米其林（Michelin）开创了品牌形象的拟人化（the Michelin man）。

1902 联合利华聘请广告代理商——全球著名的智威汤逊广告公司，开始了广告代理商负责品牌建立的运作模式。

1903 美国哈雷摩托车公司成立，其后成长为全球最经典的偶像品牌。

1931　宝洁开创"**品牌经理制**"的内部品牌管理组织制度。

1933　电视和广播媒体的**插播广告**开始出现。宝洁赞助的电台系列连续剧 *Ma Perkins* 在美国播出并大受欢迎。

宝洁公司肥皂广告的节目被称为"肥皂剧"。通过**大众媒体广告建立品牌**的方式成为主流。

1930-1940　迪士尼创立了另类的品牌——娱乐品牌，开创了品牌授权的商业模式。

1941　朗涛设计公司创立，它是一家品牌识别和品牌形象的专业公司，后来成为顶级的全球品牌咨询与品牌设计公司。

1950　NBC 开创了首个广播公司的图标。

1953　**麦当劳**开创品牌特许加盟店的经营模式，1968 年采用金色拱形门标识，逐步成为影响极大的品牌全球化经典。同时创造了许多经久不衰的品牌广告，是广告—大众媒体创建强势品牌的经典代表之一。

1955 品牌形象广告问世：李奥贝纳广告公司开创了经典的"万宝路"品牌形象广告。

1958 美国人戈登·利平科特（Gordon Lippincott）开创了公司识别（Corporate Identity）。

1960-1970

✧ 以沃尔玛为代表的大型零售商品牌蓬勃兴起，改变了市场竞争的大格局。

✧ 广告创意革命的浪潮极大推动了品牌化。随着许多经典品牌广告的问世传播，孕育出了一大批著名品牌。

✧ 亚洲新兴品牌索尼、丰田崛起，走向世界。

20世纪80年代 英特品牌公司等开始品牌（价值）评估，此后不断完善评估方法，开始发布具有广泛影响的年度全球品牌价值排行榜。

1980 宝洁作为全球领先的快消品品牌，销售额突破100亿美元，成为全美最大的跨国公司之一。从20世纪80年代宝洁开始大量的品牌并购。

1984　苹果公司挑战电脑行业领导者 IBM 的经典品牌广告 "1984" 问世，获得巨大成功。这是品牌被赋予价值观的典范。

1985　可口可乐的 "新可乐" 风波，引发了对品牌的深刻反思，升华了品牌认知。

1988　雀巢以高于账面数倍的价格收购了 Rowntree（拥有著名品牌 KitKat）这是品牌具有巨大无形资产价值在资本市场体现的典型案例。

1988　耐克提出创新的品牌口号 "只管去做"（Just do it），品牌诉求的是对运动的态度，而非产品，并且提倡简化品牌符号。由此，耐克超越了运动鞋原来的领导品牌锐步（Reebok）。

20 世纪 90 年代

✧ 零售商品牌在欧洲和北美洲大规模兴起。

✧ 奥美广告公司提出 "品牌管家" （Brand Stewardship）的客户服务宗旨。
全球大型广告公司都以品牌为中心服务客户。

1990　英特尔公司创造的 "intel inside" 将 B2B 品牌化战略推向高峰。

1996　《纽约时报》网络版上线。传统媒体开始衰退。

2000　星巴克开创以品牌体验（而非广告）创建强势品牌。

21 世纪头十年　高科技品牌大行其道，引领风骚，如微软、苹果。

2004

✧ 脸谱网（Facebook）在美国问世，标志着社交媒体时代的到来。自媒
体开始普及。顾客通过社交网络成为品牌化的参与者和主导者。

2007　苹果**智能手机**问世，标志移动互联网和数字时代到来。

2008 **爱彼迎**（Airbnb）在美国创立，并在全球有大规模的发展，代表了建立在虚拟经济而非实体资产之上的数字化品牌的成功。

2009　宝洁公司年销售额超 10 亿美元的品牌从 10 个增加到 23 个。

2010　苹果公司推出首款平板电脑 iPad。

21 世纪 10 年代

◇ **移动互联网品牌风生水起**，谷歌、苹果，亚马逊开始冲击全球品牌价值排行榜前 10 名。

◇ 新兴市场的互联网公司品牌迅速崛起，如阿里巴巴、腾讯等。

2011　中国腾讯公司推出微信（WeChat），其后迅速发展为中国及全球

广泛使用的社交软件。

2012 　三星电子取代诺基亚成为世界最大的移动电话制造商。三星成为全球著名的亚洲新兴品牌。

2016 　全球广告预算高达 6 050 亿美元。数字化广告投放金额首次超过电视广告。

2018

✧ 联合国国际电讯联盟宣布，全球的互联网使用率为 51.2%（首次超过 50% 人口），网络用户超过 39 亿人。品牌化进入数字化时代。

✧ 据福布斯 2018 全球最具价值品牌排行榜，前三位品牌中苹果价值 1 820 亿美元，谷歌价值 1 320 亿美元，微软价值 1 050 亿美元。

✧ 雀巢以 72 亿美元购买星巴克速溶咖啡品牌。

2019

✧ 微软公司市值超过 1 万亿美元。

✧ 中国华为创始人任正非被美国《时代》周刊选为业界泰斗人物。华为品牌名扬四海。

✧ 可口可乐董事长撰写出版《长期价值》（*Inside Coca-Cola*）一书。

附录C　全球累计被引用最多的品牌论文和著作[⊖]

品牌学术领域，累计被引用次数超过 3 000 次的论文有 11 篇，累计被引用次数超过 2 000 次的论文有 20 余篇。论文最高被引用次数超过 1.6 万次，出自凯勒。详见表 C-1。

累计被引用次数最多的品牌著作，出自阿克、凯勒和卡普菲勒。著作最高被引用次数超过 1.6 万次，出自阿克。详见表 C-2。

注：数据统计来源于谷歌学术搜索，截至 2019 年 3 月。

表 C-1　被引用最多的 20 余篇品牌研究论文（ - 2019.03）

（被引次数）	作者（发表时间）　　　论文名称　　　发表处
1（16 816）	Keller, K. L.（1993）. Conceptualizing, measuring, and managing customer-based brand equity. *Journal of Marketing*, 57（1），1 - 22.
2（9 304）	Aaker, J. L.（1997）. Dimensions of brand personality. *Journal of Marketing Research*, 34（3），347 - 356.
3（8 288）	Fournier, S.（1998）. Consumers and their brands：Developing relationship theory in consumer research. *Journal of Consumer Research*, 24（4），343-373.
4（6 278）	Dodds, W. B., Monroe, K. B., & Grewal, D.（1991）. Effects of price, brand, and store information on buyers'product evaluations. *Journal of Marketing Research*, 28（3），307 - 319.
5（6 089）	Chaudhuri, A., & Holbrook, M. B.（2001）. The chain of effects from brand trust and brand affect to brand performance：The role of brand loyalty. *Journal of Marketing*, 65（2），81 - 93.
6（5 961）	Muniz, A. M., & O'guinn, T. C.（2001）. Brand community. *Journal of Consumer Research*, 27（4），412-432.
7（4 839）	Aaker, D. A., & Keller, K. L.（1990）. Consumer evaluations of brand extensions. *Journal of marketing*, 54（1），27-41.

⊖　感谢中山大学管理学院朱翊敏副教授在赴美国学术访问期间协助搜索相关数据。

（续）

（被引次数）	作者（发表时间）　　论文名称　　发表处
8（4 596）	Aaker, D. A.（1996）. Measuring brand equity across products and markets. *California Management Review*, 38（3）.
9（3 364）	Yoo, B., Donthu, N., & Lee, S.（2000）. An examination of selected marketing mix elements and brand equity. *Journal of the Academy of Marketing Science*, *28*（2）, 195–211.
10（3 244）	McAlexander, J. H., Schouten, J. W., & Koenig, H. F.（2002）. Building brand community. *Journal of Marketing*, 66（1）, 38–54.
11（3 027）	Park, C. W., Jaworski, B. J., & MacInnis, D. J.（1986）. Strategic brand concept-image management. *Journal of Marketing*, *50*（4）, 135–145.
12（2 764）	Brakus, J. J., Schmitt, B. H., & Zarantonello, L.（2009）. Brand experience：what is it? How is it measured? Does it affect loyalty?. *Journal of Marketing*, *73*（3）, 52–68.
13（2 707）	Yoo, B., & Donthu, N.（2001）. Developing and validating a multidimensional consumer-based brand equity scale. *Journal of Business Research*, *52*（1）, 1–14.
14（2 557）	Bearden, W. O., & Etzel, M. J.（1982）. Reference group influence on product and brand purchase decisions. *Journal of Consumer Research*, *9*（2）, 183–194.
15（2 384）	Guadagni, P. M., & Little, J. D.（1983）. A logic model of brand choice calibrated on scanner data. *Marketing Science*, *2*（3）, 203–238.
16（2 320）	Algesheimer, R., Dholakia, U. M., & Herrmann, A.（2005）. The social influence of brand community：Evidence from European car clubs. *Journal of Marketing*, *69*（3）, 19–34.
17（2 298）	Holt, D. B.（2002）. Why do brands cause trouble? A dialectical theory of consumer culture and branding. *Journal of Consumer Research*, 29（1）, 70–90.
18（2 208）	Keller, K. L., & Lehmann, D. R.（2006）. Brands and branding：Research findings and future priorities. *Marketing Science*, 25（6）, 740–759.
19（2 194）	Keller, K. L.（2003）. Brand synthesis：The multidimensionality of brand knowledge. *Journal of Consumer Research*, 29（4）, 595–600.

（续）

（被引次数）	作者（发表时间）　　　论文名称　　　发表处
20（2 145）	Jacoby, J., & Kyner, D. B.（1973）. Brand loyalty vs. repeat purchasing behavior. *Journal of Marketing Research, 10*（1）, 1–9.
21（2 141）	Kotler, P., & Gertner, D.（2002）. Country as brand, product, and beyond：A place marketing and brand management perspective. *Journal of Brand Management, 9*（4）, 249–261.
22（2 074）	Simon, C. J., & Sullivan, M. W.（1993）. The measurement and determinants of brand equity： a financial approach. *Marketing Science, 12*（1）, 28–52.
23（2 032）	Schau, H. J., Muñiz Jr, A. M., & Arnould, E. J.（2009）. How brand community practices create value. *Journal of Marketing, 73*（5）, 30–51.

表 C-2　被引用最多的品牌著作（– 2019.03）

（被引次数）	作者（发表时间）　　　著作名称　　　　出版社
1 （1 6789）	Aaker, D. A.（2009）.*Managing brand equity.* Simon and Schuster.
2 （1 3854）	Keller, K. L., Parameswaran, M. G., & Jacob, I.（2011）. *Strategic brand management: Building, measuring, and managing brand equity.* Pearson Education India.
3 （1 2186）	Aaker, D. A.（2012）. *Building strong brands.* Simon and Schuster.
4（6 223）	Kapferer, J. N.（2008）. *The new strategic brand management: Creating and sustaining brand equity long term.* Kogan Page Publishers.
5（3 903）	Aaker, D. A., & Joachimsthaler, E.（2012）. *Brand leadership.* Simon and Schuster.

参考文献

［1］Bartels R. The history of marketing thought [M]. 3rd ed. Columbus, OH: Publishing Horizons, 1988.

［2］Bartels R. The development of marketing thought [M]. Homewood: Richard D. Irwin, Inc.1962.

［3］Tadajewski M, Jones D.G.B. History of marketing thought [M]. Thousand Oaks, CA: Sage Publications, 2008 Vol. 1–3.

［4］Aaker D A. Managing brand equity: Capitalizing on the value of a brand name [M]. New York: The Free Press,1991.

［5］Aaker D A. From Fargo to the world of brands: My story so far [M]. Iceni Books,2006.

［6］Keller K L. Strategic brand management [M]. New Jersey: Pearson,1998(Subsequent editions 2003–2e, 2008–3e, 2013–4e, 2020–5e).

［7］Kapferer J N. Strategic brand management: Creating and sustaining brand equity long term [M]. London: Kogan Page,1992(Subsequent editions 1997–2e, 2004–3e, 2008–4e).

［8］Crainer S. The management century: A critical review of 20th century thought and practice [M]. New Jersey: Jossey–Bass, 2000.;中译版: 克雷纳. 管理百年 [M]. 闾佳,译. 北京：中国人民大学出版社，2013.

［9］Wren D A , Bedeian A G. The evolution of management thought [M]. 6th Ed. New Jersey: John Wiley & Sons, 2009.;中译版：雷恩，贝德安. 管理思想史 [M]. 孙健敏，等译. 6 版. 北京：中国人民大学出版社，2012.

［10］Kiechel III W . The lords of strategy [M]. Boston: Harvard Business Press, 2010；中译版: 基希勒三世. 战略简史 [M]. 慎思行，译. 北京：社会科学文献出版社，2018.

［11］Kline M. Mathematical thought from ancient to modern times [M]. Oxford: Oxford University Press, 1972.;中译版：克莱因. 古今数学思想 [M]. 张理京，等译. 上海：上海科学技术出版社，2013.

［12］郭咸纲. 西方管理思想史 [M]. 4 版. 北京：北京联合出版社，2014.

［13］何佳讯，卢泰宏. 中国营销 25 年 [M]. 北京：华夏出版社，2004.

［14］海尔布鲁诺. 改变历史的经济学家 [M]. 蔡伸章，译. 台北：志文出版社，1983.

［15］梁启超 . 中国历史研究法 [M]. 南京：江苏文艺出版社，2008.

［16］冯友兰 . 中国哲学简史 [M]. 涂又光，赵复三，译 . 北京：北京大学出版社，2012.

［17］罗素 . 西方哲学简史 [M]. 西安：陕西师范大学出版社，2010.

［18］麦克尼尔 . 世界史 [M]. 施诚，赵婧，译 . 北京：中信出版社，2013.

［19］赫拉利 . 人类简史 [M]. 林俊宏，译 . 北京：中信出版社，2014.

后　记

我的思想史情结

学科思想史是一切学科发展的归属和升华。如中国近代著名思想家梁启超所言："无论何种学问，要想对于该种学问有所贡献，都应该做历史的研究。"（《中国历史研究法补编》，1926，p.899）然而，学科史拒绝急功近利，也不喜欢喧嚣浮华。

在拙作《品牌思想简史》交稿付梓之时，忽有所见，发现我似乎对思想史早就情有独钟。以下是我旧时记录中的点点滴滴，这些印记由潜隐的情结而显现出向思想史靠拢的一串足迹。30多年前，1987年我应邀去北京科技大学研究生院讲课，我自选的讲题是**"情报科学50年论纲"**，当时劲头十足，试图勾勒该学科发展历程的兴趣跃然于课堂演讲之中。1990年我发表在《情报学报》的学科史论文《情报科学发展中的四个里程碑》，[一]乃当时对情报科学演进认识的一个升华，曾被中国著名科学家、原中国科学技术协会主席朱光亚先生引用。[二]

入职中山大学后，1990年3月我为硕士研究生开设的第一门课程，就是我自报立题的**"情报科学思想史"**，这也是国内从未有过的研究生新课，从零开始，自编大纲。十余年后，还有学生上这门课。却也留下了一个遗憾，未能及时整

[一] 卢太宏（卢泰宏）.情报科学发展中的四个里程碑 [J]. 情报学报 .1990：（5）：394–400.该文获 1994 年国家科委信息司颁发的"神龙杯"奖及 1992 年广东省第五届自然科学优秀论文三等奖。

[二] 朱光亚 .也谈情报学研究要有个导向意识 [J]. 情报学报 .2003（2）：3–9.

理付梓我的讲稿"情报科学思想史"，未留下当时在课堂上即兴发挥的思想火花。尤其与我的另一次学术经验对照反衬，后来更觉甚为可惜。那是 20 世纪 90 年代初我承担国家科委项目"我国信息技术发展预测与相关政策研究"（1990–1992）的分项目研究，独立完成了研究报告"国家信息政策"。项目结题后，我意识到这是一个填补空白的研究成果，值得继续完善升华，便抓紧在 1992–1993 年全面补充修订，完成并出版了专著《国家信息政策》（1994）。[○]很幸运，我的《国家信息政策》一书在 1995 年获得了国家教委颁发的首届（1949–1994）中国高校人文社科优秀著作一等奖。由于这是新中国成后首次成果之大评选，又是中山大学全校荣获的两个一等奖之一，而引起关注。

20 世纪 90 年代初我跨界进入营销学，起初就很想探明营销学的历史发展，这种兴趣促使我与学生合作完成了一个小作品——**"营销百年"**系列通俗学术文章，2000 年开始连载在当年影响甚大的《销售与市场》杂志上，[○]这应该是国内营销史方面最早的普及性文章，产生过非常广泛的影响，十几年后甚至现在还被许多网站转载。接着在 2004 年，我与何佳讯（当时他在中大攻读博士）合作，出版了《**中国营销 25 年**》[○]一书，这或是中国营销史方面最早的专门著作（此书在 2006 年获得了上海市第八届哲学社会科学优秀成果三等奖）。此后，我又断断续续发表过营销史视角的一些专题综述，特别是 2008 年的《**营销管理的演进**》，[○]2015–2017 年的《**消费者行为学 50 年**》，[○]2018 年开始的《品

○　卢泰宏 . 国家信息政策 [M]. 北京：科技文献出版社，1994.

○　卢泰宏等 . 营销百年（上中下）[J]. 销售与市场，2000（1）（3）（9）（10）.

○　何佳讯，卢泰宏 . 中国营销 25 年 [M]. 北京：华夏出版社，2004.

○　卢泰宏 . 营销管理的演进 [J]. 外国经济与管理，2008，30（01）：39–42；卢泰宏 . 营销管理的演进（续）[J]. 外国经济与管理，2008，30（03）：34–42，52.

○　卢泰宏 . 消费者行为学 50 年：演进与颠覆 [J]. 外国经济与管理，2017（6）：23–38.；该文的部分内容亦见于：卢泰宏，周懿瑾 . 消费者行为学 .[M].2 版 . 北京：中国人民出版社，2015.

牌思想史论纲》，2019 年的《Marketing 在中国的启示》，⊖以及 2009-2010
年合作发表的《品牌理论里程碑探析》和《品牌实践演进中的里程碑》的综述
等，⊜这些文章都折射出我在学科思想演进历史方面的兴趣。2014-2016 年期
间，我还应邀先后在江南大学、中山大学、厦门大学和深圳大学做市场营销史
的专题演讲。

在市场营销学领域教学和探索的 30 年岁月中，我先后聚焦、驻足于广告—
品牌—营销管理—消费者行为—营销战略等领域。2012 年退休后，我更集中
于思考市场营销思想史。可以说，市场营销思想史是我最后的、也是最重要的
学术研究之地。

鉴于中国经济和品牌发展的迫切需要，2017-2018 年我聚焦在"品牌思想史"
上，在国内外没有同类著作参考的情况下，探索完成了这本《品牌思想简史》。
"文章千古事，得失寸心知。"，与以前我的一系列论著相比较，此书虽然
字数并不很多，却颇费心神和时间。常常为了一个史实、一个论断、一个见识，
反复核实、周旋良久，偶有开悟，得而忘苦。恰是：

> 探久才能见纬经，幽山无数到新深。
>
> 品题至旧知非意，牌入青云有香醇。
>
> 新篇破晓万家听，桃李开花只是春。
>
> 旧事何如知否限，符书不独问清晨。

"到此已穷千里目，谁知才上一层楼。"，云南香格里拉独克宗古城制
高点大佛寺的这副楹联，也是我完成此书稿之际的心情和感悟。万水千山，跋
山涉水，每次达到山顶都不容易，有时走投无路，还得折回重来。然而，享受

⊖ 参见《营销的力量》一书序言，机械工业出版社 2020 年出版。

⊜ 卢泰宏，吴水龙，朱辉煌等. 品牌理论里程碑探析 [J]. 外国经济与管理，2009（01）：
32-42.；卢泰宏，吴水龙，朱辉煌等. 品牌实践演进中的里程碑 [J]. 华东经济管理，
2010：24（7）.

也是在过程之中。尤其每次登顶，一览无余，发现了原来未见的脉络和路径，豁然贯通，这种体验让人忘记付出的辛劳和艰苦，而涌出兴奋和激情。所谓幸福感，此境界应该是也！

　　中国史学鼻祖司马迁所言"究天人之际，通古今之变，成一家之言"，为笔者指出了史学的最高境界。大千世界，多维空间。即使会当凌绝顶、已穷千里目，其实何尝不是广宇之微尘、沧海之一粟。雪泥鸿爪，何计东西。山外青山楼外楼，假以平生，古稀之年，若能更上一层楼，境界和领悟当会更胜一筹。此虽渺茫，而心向往之！

卢泰宏　谨识于广州　中山大学康乐园

2019 年 5 月 12 日

索 引

术语索引

人物索引